AF617824

ACCESO GRATIS *a la Lectura en la Nube*

Para visualizar el libro electrónico en la nube de lectura envíe junto a su nombre y apellidos una fotografía del código de barras situado en la contraportada del libro y otra del ticket de compra a la dirección:

ebooktirant@tirant.com

En un máximo de 72 horas laborales le enviaremos el código de acceso con sus instrucciones.

LA FUSIÓN DE SOCIEDADES DE CAPITAL: EL BALANCE

LA FUSIÓN DE SOCIEDADES DE CAPITAL: EL BALANCE

ENRIQUE MELCHOR GIMÉNEZ

tirant lo blanch
Valencia, 2025

En caso de erratas y actualizaciones, la Editorial Tirant lo Blanch publicará la pertinente corrección en la página web www.tirant.com.

La presente obra ha sido sometida a la revisión de pares ciegos según el protocolo de publicación de la editorial a efectos de ofrecer el rigor y calidad correspondiente tanto en su contenido como en su forma, aplicándose los criterios específicos aprobados por la Comisión Nacional E 016 (BOE num. 286, de 26 de noviembre de 2016).

COLECCIÓN DERECHO DE SOCIEDADES

Director:

JUAN IGNACIO PEINADO GRACIA

Catedrático de Derecho mercantil de la Universidad de Málaga,
Of Counsel en J&A Garrigues.

EDITA: TIRANT LO BLANCH
C/ Artes Gráficas, 14 - 46010 - Valencia
TELFS.: 96/361 00 48 - 50
FAX: 96/369 41 51
Email: tlb@tirant.com
www.tirant.com
Librería virtual: www.tirant.es
DEPÓSITO LEGAL: V-1568-2025
ISBN: 979-13-7010-061-2
MAQUETA: Innovatext

Si tiene alguna queja o sugerencia, envíenos un mail a: atencioncliente@tirant.com. En caso de no ser atendida su sugerencia, por favor, lea en www.tirant.net/index.php/empresa/politicas-de-empresa nuestro Procedimiento de quejas.

Responsabilidad Social Corporativa: http://www.tirant.net/Docs/RSCTirant.pdf

A mi familia y a Giovanna

ÍNDICE

SEGUNDA PARTE

ASPECTOS FORMALES DE LA REGULACIÓN DEL BALANCE DE FUSIÓN EN EL REAL DECRETO-LEY DE MODIFICACIONES ESTRUCTURALES

Capítulo III

FORMULACIÓN DEL BALANCE DE FUSIÓN

Capítulo IV

LA VERIFICACIÓN CONTABLE DEL BALANCE DE FUSIÓN

Capítulo V
EL BALANCE DE FUSIÓN EN LA FASE DECISORIA

Capítulo VI
EL BALANCE DE FUSIÓN EN LA FASE DE EJECUCIÓN DEL ACUERDO

Capítulo VII

LA IMPUGNACIÓN DEL BALANCE DE FUSIÓN

PRÓLOGO

Las modificaciones estructurales traslativas de las sociedades representan una categoría de operaciones, legislativamente reconocida, perteneciente al descriptor (atípico e incluso innominado en nuestra legislación jurídico-privada, pero de gran predicamento en la práctica) de las *fusiones y adquisiciones de empresas*. De todas estas se afirma su carácter multifuncional, que deriva de su idoneidad para servir como cauce tanto para la reorganización de la base corporativa o patrimonial de las empresas implicadas, como para implementar procesos de expansión objetiva y geográfica de su actividad, e incluso, como últimamente se viene poniendo de manifiesto con mayor intensidad, como mecanismo de ejecución de una reestructuración de pasivo que permita dar solución a una situación de graves dificultades financieras cuando el negocio se estima económicamente viable. En el caso de las modificaciones estructurales, la polivalencia y la amplia tipología conceptual de la categoría no empecen a la existencia de una serie de caracteres coincidentes que las hacen susceptibles de ser objeto de una regulación conjunta específica, formalmente apartada de la que disciplina los distintos tipos sociales (señaladamente, de la de las sociedades de capital), en muchos de sus aspectos común (como ahora, visiblemente, muestra el Libro I RDL 5/2023, de 28 de junio), que en buena medida toma como referente la operación que provoca un mayor grado de integración personal y patrimonial, que resulta cuantitativamente más importante en la realidad diaria, y que ha llamado más la atención de doctrina y legislación: la fusión de sociedades.

Dicha regulación *ad hoc* pretende, además de simplificar (a través de la regla de *sucesión universal*) la gestión de las novaciones en la titularidad de las posiciones jurídicas que estas operaciones llevan inevitablemente consigo, ofrecer un *puerto seguro* en el que cobijarse ante la complejidad que intrínsecamente las aqueja y la pluralidad de intereses en presencia dignos de tutela. Naturalmente, esa seguridad será tal si la disciplina dispuesta se rodea del grado de certidumbre y predictibilidad mínimamente requeribles para ser tomada por los operadores del tráfico como fiable, lo que en estos casos impone, antes que nada, *dejar bien atado* todo lo relacionado con la médula espinal del completo catálogo de las *fusiones y adquisiciones de empresas*: la valoración de las masas patrimoniales o unidades empresariales objeto de la operación de que se trate; pues solo de esta manera se podrá fijar (o disponer de una información precisa para convenir) la contraprestación a recibir por quienes van a desprenderse de estas o a integrarse en la entidad adquirente, a la par que, cuando sea el caso, ofrecer a otros *stakeholders* (señaladamente, trabajadores, acreedores) una idea formada sobre el previsible discurrir de sus relaciones con la empresa resultante en el corto y medio plazo.

Pues bien, no parece que en este aspecto clave, tan entreverado con ideas y criterios de actuación provenientes de la economía financiera y de la contabilidad, la regulación española de las modificaciones estructurales traslativas pueda considerarse del todo satisfactoria. Ni lo era bajo la Ley 3/2009, ni parece serlo ahora con la contenida en el Libro I RDL 5/2023. Un lector mínimamente iniciado en estas materias podrá advertir sin excesivo esfuerzo la presencia, por más que sean puntuales, de llamativas incongruencias, lagunas y solapamientos normativos entre los preceptos dedicados a esta cuestión en las fusiones, escisiones, segregaciones y cesiones globales, internas y transfronterizas. Circunstancia que pone de relieve la necesidad (a la vez que realza el valor) de la labor interpretativa y al mismo tiempo proyectiva (*de lege ferenda*) que desarrollan los investigadores jurídicos en el campo del Derecho de sociedades, sobre todo las de capital.

La obra que prologo se encuadra en esa labor, por centrarse justo en uno de los elementos normativos relacionados con la vertiente económico-patrimonial de una sociedad que, me atrevería a sugerir, suscita mayor perplejidad o incertidumbre dentro del caudal documental cuya elaboración, divulgación y explicación, en su caso, se requiere para abordar una modificación estructural traslativa: el balance de fusión. Y ello fundamentalmente por la excesiva parquedad de su regulación, por la dificultad de adivinar una razón común que justifique con la debida coherencia su exigencia en unos casos o su inexistencia en otros, o por las dudas que en general rodea a todo lo relacionado con su aprobación *ad hoc* junto con la fusión en sí y los efectos que podría desencadenar su impugnación. Se da además la paradoja de que, pese a su protagonismo en la normativa reguladora de estas operaciones desde la Ley de Sociedades Anónimas de 1951 (en que se llegaban a exigir dos balances por cada sociedad a extinguir), no ha sido hasta el momento objeto de ningún estudio científico jurídico-privado detenido en España. Razón de más para que se aproveche la ocasión que brinda la promulgación de una nueva disciplina de las modificaciones estructurales, pretendidamente más sencilla y sistemática, al objeto de acometer y publicar una monografía al respecto.

Como ha quedado dicho, el tema presenta evidentes implicaciones y ascendentes económico-financieros y contables, lo que sobre el papel debe requerir de quien lo aborde, aparte de una adecuada preparación jurídica para ello, un conocimiento de estas materias que haga posible imbricar correctamente sus principios y pautas de actuación con un proceso formal de preparación, aprobación y ejecución de estas operaciones rigurosamente dispuesto y con la tutela de los intereses en presencia que puedan considerarse dignos de atención por el legislador. Cualidades que, me atrevo a afirmar, adornan al autor.

Una simple ojeada por el recorrido curricular de Enrique Melchor bastaría para dar buena cuenta de su elevada formación jurídica, su apuesta por el rigor y el mérito como cimientos de la promoción académica, y su específica adecuación para una aventura como la que representa una monografía sobre el balance de fusión. De hecho, Enrique puede ser descrito como uno de los jóvenes valores que mejor ejemplifica en la actualidad la vitalidad y la resiliencia de la que viene a conocerse como la *Escuela Andaluza de Derecho Mercantil*, reputada entre otras por sus aportaciones doctrinales en el campo del Derecho de sociedades de capital, y que a día de hoy cuenta con el indiscutible liderazgo de mi admirado y muy querido colega Alberto Díaz Moreno. Su trayectoria desde que decidió dedicarse al mundo del Derecho así lo acredita gráficamente: Doble Grado en Derecho y Administración y Dirección de Empresas y Máster por la Universidad de Córdoba; Doctorado por la Universidad de Sevilla, tras haber disfrutado en esta Universidad de la condición de contratado predoctoral FPI, experiencia que derivó en la obtención de un contrato postdoctoral Margarita Salas adscrito a esa Universidad; y actual pertenencia al cuadro de Personal Docente e Investigador de la Universidad de Málaga, como Ayudante Doctor, en el área de Derecho Mercantil. Todo ello aderezado con diversas publicaciones en revistas especializadas y obras colectivas relacionadas con el tema de las fusiones y con estancias en centros universitarios nacionales y extranjeros de gran prestigio en el campo del Derecho, alguno de los cuales, incluso (como es el caso de la Universidad de Alcalá de Henares), particularmente orientado al estudio de las modificaciones estructurales. Como se observa, hitos más que suficientes para presumir su capacidad para abordar con solvencia el estudio de un tema tan complejo, e inserto en un terreno tan exigente y de un nivel científico tan estimable en España como el de las sociedades de capital.

La condición académica del autor no resta ni mucho menos preponderancia a su intención de ofrecer un estudio que asimismo presente un acusado cariz práctico, en el que la rigurosidad metodológica, propio de una obra científica de calidad como esta, se articule con naturalidad con un contenido que pretenda ofrecer respuestas argumentadas precisas a los problemas que suscita sobre el terreno la preparación y aprobación de los balances de fusión. Por este motivo se sigue una estructura general sistemática muy cuidada, y muy fácilmente asimilable, que divide los aspectos puramente sustantivos del balance de fusión de los otros más formales concernientes a su proceso interno de formación y adopción, sin perjuicio de mantener la indispensable conexión entre ambas facetas mediante las pertinentes y comedidas referencias cruzadas y breves recordatorios meramente introductorios o explicativos. En cada una de esas parcelas temáticas se procede a un examen pormenorizado y exhaustivo del régimen jurídico del balance de fusión sobre la base de un desglose analítico, ordenado lógicamente en epígrafes o subepígrafes separados, de las numerosas preguntas que suscita. Con ello se invita a efectuar una lectura integral de la obra con la ventaja de disponer un hilo del discurso coherente, ameno y enriquecedor, a la vez que se facilita la búsqueda intuitiva e inmediata (a través del índice) de respuesta a cuestiones puntuales cuya solución pueda llegar a plantear dudas en la práctica. Todo ello encarado desde una buena dosis de pragmatismo y honestidad intelectual, pues se huye en todo momento de la tentación (tan habitual por desgracia en las obras científicas), de intentar autoconvencerse, y convencer a su vez al lector, de las virtudes de la figura en estudio, aun forzando argumentos al efecto; Enrique Melchor no vacila en modo alguno, no ya en discutir el acierto de la regulación sobre el balance de fusión, sino incluso en ocasiones su propia virtualidad, a la vista de la admisión legal de otros cauces posiblemente más eficaces para valorar y, no digamos, para litigar sobre los patrimonios en juego y la contraprestación que merecen recibir los socios, así como de la sustitución legal del derecho de oposición de los acreedores por otro, bastante diferente en el plano formal, a la obtención de "garantías adecuadas".

Los aspectos sustantivos del balance de fusión ocupan la Parte inicial de las dos en que se divide formalmente el trabajo. De la lectura de esta Primera Parte se puede desprender sin dificultad cómo la evolución normativa de la figura hasta nuestros días y los vaivenes en la filosofía desde la que la legislación española ha contemplado una fusión de sociedades han conducido a la postre a ciertas "excentricidades" de la regulación patria respecto de las exigencias contenidas en la Tercera Directiva UE (78/855, de 9 de octubre, hoy integrada en la Directiva 2017/1132, de 14 de junio; cfr., su art.97); señaladamente, la obligación de someter el balance de cada sociedad a una aprobación por su junta general independiente de la del acuerdo de fusión; o la integración del balance dentro del mecanismo de tutela de los acreedores mediante su puesta a disposición tras la adopción de los referidos acuerdos.

Precisamente los desajustes e incongruencias que provocan estas singularidades en la regulación actual marcan en buena medida las principales conclusiones que se pueden extraer del análisis pormenorizado que efectúa el autor en torno al fundamento y función normativos del balance de fusión. Ante todo la obra pone claramente al descubierto la finalidad eminentemente informativa, que no estrictamente contable, de la figura, en el sentido de que no integra el ciclo contable ni en consecuencia forma parte del caudal documental que ha de llevar hasta la determinación y aplicación del resultado del ejercicio de las sociedades implicadas (hasta la redacción y aprobación de las cuentas anuales), como prueba el hecho de que tanto la fecha de "*efectos contables*" de la fusión como la que marca el punto de arranque del derecho de los nuevos socios a participar en las ganancias sociales (menciones del proyecto de fusión —art.40 RDL— de evidente significación contable) se mantienen completamente al margen de aquella. Esa información solo puede cobrar verdadera significación práctica si se considera orientada a instruir a los socios, pues, de suyo, un balance tiene como objetivo nuclear mostrar la situación patrimonial de la sociedad, indicar el valor del patrimonio de la sociedad que en este caso se fusiona, que representa la referencia fundamental (aunque, como bien dice el autor, sería defendible sostener que la Ley admitiría acudir a otros instrumentos alternativos a estos efectos; cfr. arts.5.3, 6.4 y 41.3 RDL) para justificar el tipo de canje mediante el que se va a proceder a la integración de las masas sociales de las entidades implicadas (y, si acaso, para adivinar el valor de cada porción del capital y lo que debería ofrecerse a los socios que hagan uso de su derecho a enajenar su participación *"a cambio de una compensación en efectivo adecuada"*, cuando este derecho se reconozca —art.12 RDL-). El balance no ofrece datos certeros sobre la situación financiera de la sociedad y su capacidad a corto y medio plazo para hacer frente a sus compromisos de pago, que es el parámetro que realmente pudiera preocupar a los acreedores y respecto del que están en disposición de exigir la prestación de *"garantías adecuadas"* (arts.13 a 15 RDL); circunstancia que pone en duda la utilidad de su ofrecimiento a los acreedores *ex post*, una vez adoptado el acuerdo de fusión (art.10 RDL), máxime cuando en buena parte de los casos ese derecho ya habrá precluido; un ofrecimiento (por si fuera poco) de cuyo cauce de satisfacción no se dice nada en la Ley, como el propio autor apunta en la Segunda Parte del trabajo.

Naturalmente, la exigencia (insoslayable, so pena de provocar una verdadera expoliación del socio) de que el tipo de canje se establezca sobre la base del *"valor razonable"* del patrimonio social lleva a que ese balance (se aproveche el del ejercicio anterior aprobado, se haga *ad hoc*, o incluso, se sustituya por el informe financiero semestral en el caso de las cotizadas) deba ajustar los valores de sus elementos patrimoniales a aquel concepto de nuestra legislación contable. Por ello el autor no duda en sostener, y argumentar ampliamente (en el Capítulo III, Segunda Parte), que la expresión *"podrán modificarse"* del art.43.2 RDL no encierra realmente una potestad concedida a los administradores sociales para cambiar las valoraciones que pudieran desprenderse de la aplicación del principio de coste de adquisición de los activos por las que derivan del concepto de "*valor razonable*". Es, simplemente, una autorización a esquivar los criterios de valoración de los elementos integrantes de las partidas de las cuentas anuales legalmente impuestos en principio si así se hiciera preciso para alcanzar el objetivo legal de mostrar ese "*valor razonable*" del patrimonio social.

Justamente, la conexión medio-fin, establecida legalmente, entre el balance de fusión y la fijación del tipo de canje pone de relieve otra de las grandes incertidumbres que rodea la regulación de esta pieza. La visión economicista que invade nuestra legislación societaria actual, y que se empeña, entre otras cosas, en resaltar sobre todo el papel de los socios como últimos acreedores en rango de la entidad, si hubiera insolvencia o simple *probabilidad* de producirse, lleva a establecer, en caso de disconformidad con el tipo de canje fijado, una tutela para aquellos resarcitoria (una petición de reparación económica) antes que impugnatoria (una petición de nulidad del acuerdo de fusión y de la operación ejecutada tras el mismo, de consecuencias jurídicas difícilmente encajables en caso de estimación: arts.11 y art.49 RDL). A tal fin se contempla un cauce específico para dicha reclamación del socio; ante el que cabe cuestionarse, como con buen criterio hace el autor, por el sentido y, sobre todo, las consecuencias jurídicas de la impugnación del acuerdo aprobatorio del balance que se dispone en el art.45 RDL. Desde luego, a mi modo de ver, pareciera (una vez más; como otras tantas últimamente) como si el empeño por no tocar más que aquello a lo que específica e indubitadamente conduce la transposición de una norma comunitaria, sea cual fuere el resultado legislativo obtenido (me atrevo a añadir, aun a costa de la deseada predictibilidad de la norma jurídica), hubiera llevado a mantener una norma vacua que, en realidad, no viene a ser más que el corolario de una exigencia perfectamente evitable: la aprobación del balance de fusión por la junta general, además de la fusión en sí (diríase que se habría llegado a la conclusión de que, habiendo un acuerdo de la junta general, debería admitirse que fuera de alguna manera impugnable...aunque no se sepa exactamente para qué).

La Segunda Parte de la monografía traza un recorrido (en paralelo, *mutatis mutandis*, con el que siguen las cuentas anuales) por el proceso formal conducente a la fijación del balance y su "incorporación a la escritura pública" de fusión que habrá de ser inscrita en el Registro Mercantil (art.50.1 RDL ¿de verdad queda sujeto el balance a los principios de calificación, legitimación, fe pública y publicidad material?). Un recorrido mediante el que, a la sazón, el lector podrá corroborar, con mayor argumento si cabe, las conclusiones extraídas anteriormente sobre el fundamento y función del balance de fusión. Los Capítulos que la integran (del III a VII) están plagados de cuestiones de indudable calado práctico, respecto de las que el autor ha debido forzar su ingenio para ofrecer soluciones razonadas, sobre todo porque en buena parte de las ocasiones se responde a preguntas "nuevas", no solo en el sentido de que hayan surgido *ex novo* del RDL, sino en el de que, hasta el momento, nadie en la doctrina se había acercado siquiera a su planteamiento. Me limitaré a señalar solo las que entiendo más destacables: el alcance objetivo de la exigencia legal de preparar, aprobar y publicar un balance de fusión, con especial hincapié en los supuestos, tan frecuentes en el día a día de las modificaciones estructurales, de su aprobación por unanimidad en junta universal y de su realización en el seno de grupos empresariales (con un interesante excurso sobre el contenido del art.71.1 RDL en relación con la simplificación de requisitos de la escisión); la justificación de ordenar una nueva auditoría del balance, pese a contarse ya con la verificación de las cuentas anuales; los aspectos procedimentales vinculados a la constitución y al desarrollo de la junta general por lo que hace al acuerdo de aprobación del balance (quórum y mayorías requeridos; orden del día y votación en relación con su "hermano mayor": el acuerdo de fusión); los motivos de impugnación del balance de fusión, principalmente a la vista de la "poda" contenida en el art.204.3 LSC; o la ya comentada difícil convivencia entre tal acción de impugnación y la de reclamación de una reparación por la falta de adecuación del tipo de canje: los numerosos problemas de orden sustantivo y, más preocupante aún, de orden procesal, que desata.

En conclusión, el lector tiene ante sí una obra científica que examina de forma concienzuda, con una estructura sistemática perfectamente perceptible y un hilo del discurso ameno y muy formativo en torno a la operativa de las modificaciones estructurales traslativas en general, los distintos interrogantes que, bajo la regulación actualmente contenida en el libro I del RDL 5/2023, suscita el balance de fusión. Espero que este prólogo anime a su lectura, convencido como estoy de que resultará muy fructífera a quien la aborde.

Sevilla, a quince de octubre de dos mil veinticuatro.

José Carlos Vázquez Cueto
Catedrático de Derecho Mercantil

TABLA DE ABREVIATURAS

AktG	*Aktiengesetz vom 6. September 1965*, Alemania
AP	Audiencia Provincial
BNCFE	Borrador de Normas de Contabilidad aplicables a las Fusiones y Escisiones de Sociedades (BOICAC n.º 14, de octubre de 1993)
BOCG	Boletín Oficial de las Cortes Generales
BOICAC	Boletín oficial del Instituto de Contabilidad y Auditoría de Cuentas
BORME	Boletín oficial del Registro Mercantil
CC	Código Civil
CCom	Código de Comercio
CE	Comunidad Europea
CEE	Comunidad Económica Europea
CNMC	Comisión Nacional de los Mercados y la Competencia
CNMV	Comisión Nacional del Mercado de Valores
DGRN	Dirección General de los Registros y el Notariado, desde el Real Decreto 139/2020, de 28 de enero, Dirección General de Seguridad Jurídica y Fe Pública
EBIDTA	*Earnings Before Interest, Taxes, Depreciation, and Amortization*
EEE	Espacio Económico Europeo
FJ	Fundamento jurídico
IASB	*International Accounting Standards Board*
ICAC	Instituto de Contabilidad y Auditoría de Cuentas
LAC	Ley 22/2015, de 20 de julio, de Auditoría de Cuentas

LDC	Ley 15/2007, de 3 de julio, de Defensa de la Competencia
LEC	Ley 1/2000, de 7 de enero, de Enjuiciamiento Civil
LH	Ley Hipotecaria aprobada por el Decreto de 8 de febrero de 1946
LIS	Ley 27/2014, de 27 de noviembre, del Impuesto sobre Sociedades
LME	Ley 3/2009, de 3 de abril, sobre modificaciones estructurales de las sociedades mercantiles
LMV	Ley 6/2023, de 17 de marzo, de los Mercados de Valores y de los Servicios de Inversión
LOPJ	Ley Orgánica 6/1985, de 1 de julio, del Poder Judicial
LSA de 1951	Ley de 17 de julio de 1951 sobre Régimen jurídico de las Sociedades Anónimas
LSA de 1989	Texto refundido de la Ley de Sociedades Anónimas aprobado por el Real Decreto Legislativo 1564/1989, de 22 de diciembre
LSC	Texto refundido de la Ley de Sociedades de Capital aprobado por el Real Decreto Legislativo 1/2010, de 2 de julio
LSRL de 1953	Ley de 17 de julio de 1953 sobre Régimen Jurídico de las Sociedades de Responsabilidad Limitada
LSRL de 1995	Ley 2/1995, de 23 de marzo, de Sociedades de Responsabilidad Limitada
NECA	Normas de elaboración de las cuentas anuales del Plan General de Contabilidad
NIC	Normas Internacionales de Contabilidad
NIIF	Normas Internacionales de Información Financiera
NMC	Normas del marco conceptual de la contabilidad del Plan General de Contabilidad
NRV	Normas de registro y valoración del Plan General de Contabilidad

OIC	*Organismo Italino di Contabilità*
PGC	Plan General de Contabilidad aprobado por el Real Decreto 1514/2007, de 16 de noviembre
PGC de 1990	Plan General de Contabilidad aprobado por el Real Decreto 1643/1990, de 20 de diciembre
PGC de PyMES	Plan General de Contabilidad de Pequeñas y Medianas Empresas aprobado por el Real Decreto 1515/2007, de 16 de noviembre
RDGRN	Resolución de la Dirección General de los Registros y el Notariado, en la actualidad Dirección General de Seguridad Jurídica y Fe Pública
RDLME	Real Decreto-Ley 5/2023, de 28 de junio, por el que se adoptan y prorrogan determinadas medidas de respuesta a las consecuencias económicas y sociales de la Guerra de Ucrania, de apoyo a la reconstrucción de la isla de La Palma y a otras situaciones de vulnerabilidad; de transposición de Directivas de la Unión Europea en materia de modificaciones estructurales de sociedades mercantiles y conciliación de la vida familiar y la vida profesional de los progenitores y los cuidadores; y de ejecución y cumplimiento del Derecho de la Unión Europea.
RICAC	Resolución del Instituto de Contabilidad y Auditoría de Cuentas
RLAC	Reglamento de desarrollo de la LAC aprobado por el Real Decreto 2/2021 de 12 de enero
ROAC	Registro Oficial de Auditores de Cuentas
RRM	Reglamento del Registro Mercantil aprobado por el Real Decreto 1784/1996, de 19 de julio
RRM de 1919	Reglamento para la organización y régimen del Registro Mercantil aprobado por el Real Decreto de 20 de septiembre de 1919
RRM de 1956	Reglamento del Registro Mercantil aprobado por el Decreto de 14 de diciembre de 1956

RRM de 1989	Reglamento del Registro Mercantil aprobado por el Real Decreto 1597/1989, de 29 de diciembre
SAP	Sentencia de la Audiencia Provincial
STS	Sentencia del Tribunal Supremo
TS	Tribunal Supremo
UE	Unión Europea

INTRODUCCIÓN

1. LA FUSIÓN, SUS EFECTOS Y FASES

El balance de fusión forma parte de la información documental específica exigida en el proceso conducente a la aprobación y ejecución de la fusión de sociedades mercantiles. El requisito de elaboración de un balance para la realización de la operación es común en otros tipos de modificaciones estructurales como son la transformación y la escisión, pero no en la cesión global. Las modificaciones estructurales, dentro de las que se incluye la fusión, fueron caracterizadas por la Ley 3/2009, de 3 de abril (en adelante LME)[1], en su Exposición de Motivos, como operaciones que alteran la sociedad en mayor grado que una mera modificación estatutaria, por incidir en su estructura patrimonial o personal. Tal delimitación conceptual puede mantenerse, pese a la derogación de la LME por el Real Decreto-Ley 5/2023, de 28 de junio (en adelante RDLME)[2], y engloba a la transformación por cambio de tipo social, fusión y cesión global. La transformación transfronteriza, que es la denominación empleada para designar lo que en el régimen precedente era conocido como traslado in-

1 Ley 3/2009, de 3 de abril, sobre modificaciones estructurales de las sociedades mercantiles.

2 Real Decreto-Ley 5/2023, de 28 de junio, por el que se adoptan y prorrogan determinadas medidas de respuesta a las consecuencias económicas y sociales de la Guerra de Ucrania, de apoyo a la reconstrucción de la isla de La Palma y a otras situaciones de vulnerabilidad; de transposición de Directivas de la Unión Europea en materia de modificaciones estructurales de sociedades mercantiles y conciliación de la vida familiar y la vida profesional de los progenitores y los cuidadores; y de ejecución y cumplimiento del Derecho de la Unión Europea.

ternacional del domicilio social[3], pese a no afectar siempre a la estructura patrimonial o personal societaria, es incluida en la categoría de las modificaciones estructurales por la importancia que conlleva el verse afectada la sociedad por un cambio en cuanto al régimen legal aplicable.

La fusión, según su concepto legal contenido en los arts. 33 y 34 RDLME, persigue la integración de dos o más sociedades en una sola, que puede ser una de las sociedades participantes (fusión por absorción) o una sociedad de nueva creación (fusión por constitución). Para lograr la unificación de las sociedades bajo una misma personalidad jurídica, deben darse tres efectos simultáneos: la extinción de todas las sociedades fusionadas, si la fusión es por constitución, o la de todas menos una, si es por absorción; la sucesión de la sociedad resultante en la titularidad de los patrimonios de las sociedades fusionadas; y la incorporación de los socios de las sociedades extinguidas en la sociedad resultante mediante la atribución de acciones o participaciones en esta. Tales efectos tienen la consideración de efectos característicos o definitorios de la fusión, si bien la integración de los socios de las sociedades extinguidas no es requerida en las conocidas como fusiones especiales. En concreto, en la absorción de sociedad íntegramente participada (art. 53 RDLME) o en la absorción en la que la absorbida posee la totalidad del capital de la sociedad absorbente (art. 56 RDLME), por ser una de las sociedades participantes el único socio de las restantes; en la absorción de sociedad participada en más del noventa por ciento sin

3 Exposición de motivos del RDLME: "*Asimismo, en ocasiones ha sido necesario un cambio de denominación de las tradicionales modificaciones estructurales internas incluidas en la Ley 3/2009, de 3 de abril, pasando a denominarse, de conformidad con la Directiva (UE) 2019/2121, el «traslado internacional de domicilio» como «transformación transfronteriza», que, a su vez, se diferencia de la transformación por cambio de tipo social, que no conlleva cambio de ley nacional*".

llegar a la totalidad del capital social, si la sociedad absorbente adquiere las acciones o participaciones de los socios minoritarios de la absorbida (art. 54 RDLME); y en las fusiones en las que las sociedades intervinientes están participadas íntegramente por el mismo socio, o los mismos socios con idéntica participación en todas las sociedades fusionadas (art. 56 RDLME).

Para poder llevar a cabo la fusión y que se desplieguen los comentados efectos, se requiere la sujeción a un proceso reglado y dividido en varias fases. Este se compone de una fase *previa* o *preparatoria* de la fusión, una *decisoria* y una tercera de *ejecución*.

En la fase *previa* o *preparatoria*, se redactan el proyecto e informes de la modificación estructural (arts. 4-6 RDLME) y el resto de la información documental requerida por el art. 46.1 RDLME, incluido el balance de fusión, para la deliberación sobre la operación. La existencia de esta fase se infiere de la exigencia de la elaboración de la información específica de la fusión, pero el proceso de fusión regulado por el RDLME, en sentido estricto, comienza con la firma del proyecto por los administradores de todas las sociedades intervinientes. Por lo tanto, la fase de preparación de la documentación exigida en la fusión puede tener inicio con anterioridad al procedimiento legalmente reglado.

La fase *decisoria* comienza con la convocatoria de la junta y concluye con la aprobación del acuerdo de fusión y del balance en cada una de las sociedades participantes. Durante la vigencia de la LME, esta fase estaba fundamentalmente dirigida a la formación de la voluntad de los socios llamados a deliberar en la junta general convocada para acordar la fusión, sin perjuicio de que la información prevista se extendiera también a otros sujetos para la tutela de sus respectivos derechos, como son los obligacionistas, titulares de derechos especiales y representantes de los trabajadores (art. 39.1 LME). Por ese motivo, antes de la convocatoria de la junta en la que se deliberara sobre la fusión, los sujetos mencionados tenían, y se les sigue reconociendo conforme al art. 46.1 RDLME, derecho a descargar de la web de la sociedad o, si se careciese de esta, a examinar en el domicilio social, así como a obtener entrega o envío gratuito del balance de fusión y demás documentos enumerados en el derogado art. 39.1 LME, en la actualidad en el art. 46.1 RDLME.

La protección de los derechos de los acreedores, a diferencia de los socios, tenía lugar una vez aprobada la fusión y publicado, o comunicado individualmente, el acuerdo (art. 43 LME). Esta descansaba en el reconocimiento del derecho de oposición (art. 44 LME) y, en conexión con el primero, en el derecho a obtener el texto íntegro del acuerdo y el balance de fusión (art. 43 LME). Con anterioridad a la adopción del acuerdo, la única información a la que podían acceder los acreedores, conforme a la LME, era la publicidad general de la que era objeto el proyecto común de fusión mediante su inserción en la web de cada una de las sociedades participantes o su depósito en el Registro Mercantil.

En el sistema vigente, los socios mantienen un papel protagonista en la fase decisoria, pero, junto a ellos, se establecen nuevos mecanismos de protección dirigidos a otros sujetos en esta fase previa a la deliberación en junta. Por un lado, se amplía la información objeto de publicidad general, que en la LME se limitaba al proyecto común de fusión. Además del proyecto, deben insertarse en las web de las sociedades participantes, o en su defecto depositar en el Registro Mercantil de su domicilio social: un anuncio dirigido a socios, acreedores y representantes de los trabajadores (o a los propios trabajadores si no tuviesen representantes) informándoles de que pueden presentar observaciones al proyecto, hasta cinco días laborables antes de la fecha de la junta; y el informe de experto independiente, cuando fuese exigible y excluyendo la información confidencial, en su caso (art. 7 RDLME). Voluntariamente, el órgano de administración puede añadir, a la información anterior, la declaración sobre la situación financiera, prevista en el art. 15 RDLME y relacionada con la protección de los derechos de los acreedores (arts. 13-14 RDLME). Por otro lado, se sustituye el derecho de oposición de acreedores por el de *reclamar garantías adecuadas* (art. 13 RDLME) y se adelanta su ejercicio a un momento anterior al de la aprobación de la fusión, ya que cuentan con un plazo de entre uno (operaciones internas) y tres meses (transfronterizas) desde la publicación del proyecto de fusión para hacer valer su derecho (art. 13.1 RDLME). Sorprendentemente, dentro de la información de la que disponen los acreedores para decidir si ejercer su derecho a reclamar garantías, no se encuentra el balance de fusión (tradicionalmente asociado al derogado derecho de oposición), del que siguen disponiendo a partir de la publicación del acuerdo de modificación estructural, en una aparente descoordinación fruto de la reforma.

En tercer lugar, la fase de *ejecución* se inicia tras la adopción de los acuerdos de fusión por todas las sociedades y finaliza con la inscripción de la operación. Antes de la reforma operada por el RDLME, esta era la fase en la que los acreedores podían ejercer su derecho de oposición, motivo por el cual debía transcurrir un plazo mínimo de un mes, desde la publicación del acuerdo, para poder inscribir la fusión (art. 44.1 LME). Ese plazo, igualmente servía a los socios para impugnar el acuerdo de modificación estructural, ya que, una vez inscrita, la posibilidad de impugnar la fusión se veía limitada (art. 47.1 LME), al mismo tiempo que se establecía un brevísimo plazo de caducidad de la acción de impugnación contra la operación inscrita (de tan solo tres meses desde que la inscripción era oponible al promotor de la impugnación, en virtud del art. 47.2 LME).

Conforme al régimen vigente, la duración mínima que potencialmente puede llegar a tener la fase de ejecución se ha visto considerablemente reducida. Al haberse adelantado la tutela de los derechos de los acreedores a la fase decisoria, se ha prescindido en el RDLME de la obligación de dejar transcurrir un mes desde la publicación del acuerdo para poder inscribir la operación. Eso significa que, una vez aprobada la fusión, nada impide que sea presentada para su inscripción inmediatamente después de completar la publicación (en el BORME y en la web de la sociedad o, en su defecto, diarios de mayor circulación en las provincias donde tengan sus respectivos domicilios las sociedades participantes) o realizada la última de las comunicaciones individuales a socios y acreedores, por las que se puede sustituir la publicación del acuerdo (art. 10 RDLME).

La disminución del periodo que puede transcurrir desde la publicación o comunicación individual del acuerdo hasta su inscripción restringe el acceso a la vía impugnatoria, como mecanismo de tutela de los sujetos afectados por la operación, ya que la fase de ejecución es el único momento en el que los acuerdos de aprobación de la modificación estructural y del balance de fusión son impugnables. Inscrita la fusión, y a diferencia del régimen anterior, se prevé en el art. 16.2 RDLME una prohibición absoluta de declaración de nulidad de la modificación estructural, permitiendo únicamente la vía resarcitoria para la tutela de los derechos de socios y terceros, a partir de que la operación deviene eficaz en la fecha de inscripción en el Registro Mercantil (art. 16.1 RDLME).

2. LA DISCUTIDA NATURALEZA Y FINALIDAD DEL BALANCE DE FUSIÓN

El balance de fusión, como cualquier balance, es un documento que refleja la situación económica y financiera de una sociedad en una fecha determinada, estructurado en tres grandes masas patrimoniales (activo, pasivo y patrimonio neto), que a su vez se dividen en cuentas. Esta apreciación, por obvia que pueda parecer, es relevante, ya que en la actualidad se niega el carácter de documento contable o de balance *stricto sensu* del balance de fusión. Lo que se traduce en que, pese a presentar la estructura de un balance y ser elaborado conforme a los mismos criterios que el balance de ejercicio (con la salvedad de la revisión de los valores contables en función de su valor razonable del art. 43.2 RDLME), no forma parte de la contabilidad de la sociedad. En el sentido de que no se integra en las cuentas anuales ni las modificaciones valorativas que se incluyan en el balance de fusión afectan a los valores por los que son registrados los elementos patrimoniales que conforman el activo y el pasivo.

La exigencia de un balance para la realización de la fusión ha sido una constante en la regulación de esta operación societaria en el ordenamiento español, desde el RRM de 1919, pasando por las posteriores LSA de 1951, LSA de 1989, LME y el vigente RDLME. Pese a tratarse de una institución jurídica de amplio recorrido histórico en la legislación española, aspectos trascendentales como su naturaleza y finalidad han sido objeto de una gran controversia y se han planteado una serie de interrogantes en relación con estos que todavía no pueden ser considerados plenamente resueltos. Las dudas respecto a la naturaleza y función del balance de fusión responden, en parte, a que los problemas jurídicos que se derivan de la fusión no se ciñen exclusivamente al ámbito del Derecho societario, sino que los efectos originados por la señalada operación de modificación estructural también son relevantes en otros planos jurídicos, en concreto en el del Derecho contable y en el del Derecho tributario[4]. Esto ha provocado que el régimen del balance de fusión se haya visto afectado por la injerencia en la regulación sustantiva de la fusión de la normativa contable y fiscal, sin que en todo momento se haya mantenido la necesaria cohesión normativa entre cada uno de estos ámbitos legales.

4 En este sentido v. CORTÉS DOMÍNGUEZ, L. J. y PÉREZ TROYA, A., *Fusión de sociedades*, en URÍA, R.; MENÉNDEZ, A.; y OLIVENCIA, M. (dirs.), *Comentario al régimen legal de las sociedades mercantiles*, t. IX, vol. 2.º, Civitas, Madrid, 2008, pp. 239-241.

Desde el punto de vista estrictamente societario, la fusión constituye una modificación sustancial de la estructura personal y patrimonial de las sociedades participantes, por lo que sus efectos pueden alterar el estatus de aquellas personas relacionadas con estas. Por un lado, la fusión origina la reordenación de las relaciones internas de la sociedad, al incorporar a los socios de las sociedades extinguidas en la absorbente o de nueva constitución, mediante la atribución de una participación en el capital social de la sociedad resultante, que debe respetar el principio de continuidad en la participación (art. 35 RDLME) y ser fijada en función del valor razonable de los patrimonios de las sociedades fusionadas (art. 36 RDLME). A excepción de los supuestos anteriormente mencionados, en los que no se requiere la incorporación de nuevos socios, la integración de todos los socios en una misma sociedad conlleva la dilución de su participación. Las normas que rigen la fijación del tipo de canje no persiguen impedir este efecto, inevitable, sino asegurar que el tipo de canje fijado sea debidamente justificado en atención al valor razonable de los patrimonios de las sociedades fusionadas. La inadecuada fijación de la relación de cambio entre las acciones o participaciones de las sociedades extinguidas y las de la sociedad resultante puede suponer una pérdida patrimonial tanto para los socios de las sociedades extinguidas como de los socios de la sociedad absorbente. A tal efecto, los socios requieren información sobre el valor patrimonial de las distintas sociedades con el fin de poder ejercer la autotutela de sus derechos e intereses.

Por otro lado, las relaciones externas de la sociedad se ven igualmente afectadas por la sucesión de la sociedad resultante en todas las relaciones jurídicas de las que eran titulares las sociedades fusionadas. Los acreedores de cualquiera de las sociedades fusionadas pasan a serlo de la sociedad absorbente o de nueva creación, que reunirá tanto el activo como el pasivo de las demás en virtud de la sucesión universal. La unificación de los patrimonios puede mermar las expectativas de satisfacción de los derechos de crédito de los acreedores, en función de cuál sea la situación económica de la sociedad resultante, una vez realizada la fusión. Ante esta posibilidad, el ordenamiento español reconoció tradicionalmente a los acreedores el derecho de oposición a la fusión. Para el ejercicio de tal derecho, se estimó oportuno proporcionarles una información sobre el valor y composición del patrimonio de las sociedades fusionadas suficientemente actualizada. El instrumento utilizado para proporcionar a socios y acreedores la información sobre la situación económica de las sociedades intervinientes en la operación necesaria para el ejercicio de sus respectivos derechos, y así tutelar sus intereses, ha sido fundamentalmente el balance de fusión.

No obstante, en la normativa vigente, la utilidad del referido balance con respecto a la tutela de los derechos de los acreedores es cuestionable. El motivo es que se ha sustituido el derecho de oposición por el de *reclamar garantías adecuadas* y este derecho ha pasado a ejercitarse a partir de la publicación del proyecto (art. 13 RDLME), sin embargo, el derecho a obtener el balance de fusión sigue siendo reconocido a los acreedores tras la publicación del acuerdo de fusión adoptado (art. 10.1 RDLME). Teniendo en cuenta que, como mínimo, debe mediar un mes entre la publicación de la inserción en la web de la sociedad o depósito del proyecto en el Registro Mercantil y la celebración de la junta que delibere sobre la fusión (art. 7.1 RDLME) y que el plazo del que disponen los acreedores para ejercer su derecho es de un mes desde dicha publicación en las fusiones internas (tres meses en las transfronterizas), para cuando puedan obtener el balance, una vez publicado el acuerdo, ya habrá concluido, al menos en las fusiones nacionales, el plazo para la solicitud de garantías adecuadas (art. 13.1 RDLME).

En la esfera contable, la fusión requiere la unificación de la contabilidad de las sociedades participantes. Por tanto, es necesario determinar el modo de trasladar los registros contables de las sociedades fusionadas a los libros de la sociedad resultante que unificará la contabilidad de todas ellas, proceso que es conocido como la *sucesión contable*. Para ejecutarla, además del modo, es importante fijar el momento en el que se debe producir dicha sucesión y los criterios a seguir al trasladar los valores de los distintos elementos patrimoniales. Es decir, si se deben mantener los valores históricos (que son aquellos valores que figuran en los libros contables con anterioridad a la fusión) o si, por el contrario, pueden ser revisados facultando a las sociedades participantes a realizar una nueva valoración de sus patrimonios con motivo de la fusión.

En relación con estas cuestiones, el balance de fusión llegó a desempeñar históricamente un papel fundamental. Constituyó el instrumento a través del cual se realizaba la sucesión contable, se cerraba la contabilidad de las sociedades extinguidas y era reflejado el valor por el cual serían registrados los elementos patrimoniales de las sociedades fusionadas en la contabilidad de la sociedad resultante[5]. No obstante, a partir de la entrada en vigor del Real Decreto 1514/2007, de 16 de noviembre, por el que se aprobó el Plan General de Contabilidad (en adelante PGC), y que por primera vez fijó unas normas de registro y valoración en las fusiones, el balance de fusión perdió toda relevancia en la contabilización de la operación.

En el plano fiscal, la sucesión de la sociedad absorbente o de nueva creación en la titularidad de los patrimonios de las sociedades incorporadas o absorbidas tiene relevancia tributaria. La fusión puede originar la revalorización de los patrimonios transmitidos por las sociedades extinguidas, al ser adquiridos por la

5 CORTÉS DOMÍNGUEZ, L. J. y PÉREZ TROYA, A., *Fusión de sociedades*, ob. cit., pp. 242-244.

sociedad resultante. Las potenciales plusvalías generadas por la operación, en caso de producirse, dan lugar al surgimiento de obligaciones tributarias, para cuya determinación la información contenida en el balance de fusión fue de gran importancia antes del reconocimiento del principio de neutralidad fiscal en las fusiones. La regulación fiscal de la fusión previa al citado principio contemplaba significativas bonificaciones en el impuesto de sociedades (de hasta el noventa y nueve por ciento) sobre los incrementos patrimoniales puestos de manifiesto en la fusión, si las sociedades se acogían al régimen especial de incentivos fiscales (Ley 76/1980, de 26 de diciembre). Bajo dicho régimen, el balance de fusión servía para determinar la base imponible y, al mismo tiempo, para ejercer un control administrativo respecto a la posible sobrevaloración del patrimonio (incentivada fiscalmente). El reconocimiento del principio de neutralidad fiscal (por la Ley 29/1991, de 16 de diciembre) trajo consigo la supresión del régimen de incentivos fiscales en las fusiones, con el fin de no promover ni obstaculizar la realización de este tipo de operaciones. En su lugar, se permitió tributar con carácter inmediato o diferido, pero el incremento patrimonial derivado de la operación era gravado fiscalmente en ambos casos, por lo que no se requirió un control administrativo tan exhaustivo para evitar la sobrevaloración, como en el régimen anterior al reconocimiento del principio de neutralidad fiscal. Este cambio en la legislación fiscal, unido a la comentada pérdida de relevancia del balance de fusión en la contabilización de la operación, explica por qué el referido balance también perdió la trascendencia que se le había reconocido anteriormente en el plano fiscal.

En la actualidad, el alcance del balance de fusión queda circunscrito al ámbito estrictamente societario, es decir, su utilidad se limita a la tutela de los derechos e intereses de los sujetos que el legislador considera merecedores de protección en el seno del proceso de fusión. Sin embargo, es fundamental conocer las distintas funciones que ha desempeñado históricamente para entender la regulación vigente, especialmente sus requisitos de elaboración, verificación, aprobación, su inclusión en el derecho de información documental antes y después del acuerdo de fusión y su incorporación a la escritura.

Un segundo factor que debe ser tenido en cuenta, para comprender el debate sobre la naturaleza y finalidad del balance de fusión, ha sido que la propia naturaleza y configuración legal de la operación ha variado radicalmente desde su primera regulación y, con ella, la de los mecanismos de tutela de los derechos de los sujetos afectados por la fusión. Durante la vigencia de la LSA de 1951 la fusión fue caracterizada como un supuesto especial de disolución en el que se exceptuaba la liquidación por el traspaso del patrimonio a otra sociedad. Mientras que, tras la derogación de esta por la LSA de 1989, la operación pasó a ser considerada como una institución autónoma enmarcada dentro de la categoría de las modificaciones estructurales. La asimilación de la fusión a la disolución condujo a la acentuación del aspecto extintivo de la operación, en lugar del efecto integrador de organizaciones empresariales que continúan su actividad bajo la titularidad de la sociedad resultante. Lo que explica que la tutela de los derechos de los socios recayese en el reconocimiento del derecho de separación; y que la función principal del balance de fusión se asociase al cálculo de la cuota de liquidación del socio que ejerciera tal derecho. Con la promulgación de la LSA de 1989, la configuración de la fusión como una modificación estructural, en lugar de como un supuesto especial de disolución, además de alterar la naturaleza jurídica de la operación, transformó el sistema de tutela de los derechos de los socios y demás interesados. Desde ese momento, la protección de los derechos e intereses de los socios y demás sujetos afectados por la fusión fue asegurada mediante el reconocimiento de un amplio sistema de información específicamente previsto para la operación, en el que se incluyó el balance de fusión.

El RDLME ha ahondado aún más en la superación de la asimilación de la fusión a la disolución y en la moderación del aspecto extintivo. Ello se puede apreciar en la transformación que se ha producido en la configuración del derecho de separación. Tras la reforma, se sigue limitando el ámbito de aplicación objetivo de este derecho, en las fusiones internas, al supuesto de fusión especial en el que la absorbente es titular de más del noventa por ciento del capital social sin llegar a la totalidad, siempre y cuando se prescinda de los informes de administradores y expertos independientes y, en las fusiones transfronterizas, solo para los socios afectados por un cambio de *lex societatis,* en ambos casos condicionado a que el socio haya votado en contra o sea titular de acciones o participaciones sin voto (art. 12.1 RDLME). La novedad se encuentra en que la configuración clásica del *derecho de salida* del socio, mediante la separación, como una liquidación parcial de la sociedad, con un marcado carácter extintivo, ahora se regula como un *derecho a enajenar* las acciones o participaciones (art. 12 RDLME), lo que ayuda a superar ese aspecto extintivo y liquidatorio en favor de la comprensión de la fusión más bien como un fenómeno evolutivo.

Asimismo, no podemos dejar de reconocer la importancia del impulso dado por las Directivas europeas en materia de sociedades a la evolución del régimen sustantivo de la fusión, lo que en términos generales ha redundado en beneficio de la modernización y mejora de su regulación, pero, en lo que respecta al balance de fusión, algunos de los cambios producidos han dificultado su comprensión, esencialmente por responder a planteamientos distintos a los manejados por la tradición jurídica española. La significación que ha alcanzado la información en la regulación de la fusión se debe en gran medida a la transposición, a través de la LSA de 1989, de la Directiva 78/855/CEE de 9 de octubre de

1978 (conocida como Tercera Directiva). Igualmente, la posterior simplificación de algunas de las obligaciones informativas en la LME respondió a la modificación de la Tercera Directiva por la Directiva 2007/63/CE de 13 de noviembre de 2007 y la Directiva 2009/109/CE de 16 de septiembre de 2009. La Tercera Directiva y las Directivas que la reformaron fueron derogadas y codificadas por la Directiva 2011/35/UE de 5 de abril de 2011. También debe atenderse al papel de la Directiva 2005/56/CE de 26 de octubre de 2005, relativa a las fusiones transfronterizas, no solo en la regulación de este tipo de fusiones, sino en aspectos tan relevantes del régimen de las fusiones nacionales como el contenido del proyecto de fusión. En la actualidad, las referidas Directivas, junto con las que rigen otros aspectos del Derecho de sociedades, han sido codificadas por la Directiva (UE) 2017/1132 de 14 de junio de 2017. No obstante, la codificación de las Directivas en materia de sociedades no ha frenado la constante evolución de la normativa de la UE en este ámbito del Derecho. La Directiva (UE) 2017/1132 fue modificada por la Directiva (UE) 2019/1151 de 20 de junio de 2019, sobre la utilización de herramientas y procesos digitales en el Derecho de sociedades, y la Directiva (UE) 2019/2121 de 27 de noviembre de 2019, sobre transformaciones, fusiones y escisiones transfronterizas.

El incumplimiento de los plazos de transposición de la Directiva (UE) 2019/2121, y otras que no guardan ninguna relación entre sí, es lo que ha justificado la derogación de la LME por Decreto-Ley, regulando en un mismo texto normativo, junto a las modificaciones estructurales, materias tan dispares como la conciliación de la vida familiar y profesional, la prevención del blanqueo de capitales, así como el establecimiento de medidas de respuesta ante los efectos socioeconómicos de la Guerra de Ucrania y de reconstrucción de la isla de La Palma. Pese a la apresurada transposición, debe reconocerse el encomiable esfuerzo llevado a cabo por el grupo de trabajo constituido en el seno de la Sección Segunda, de Derecho Mercantil, de la Comisión General de Codificación, en la elaboración de la propuesta de revisión de la LME que sirvió de base al vigente RDLME. Fruto de ese trabajo, el RDLME no se ha limitado a trasladar las disposiciones aplicables a las operaciones transfronterizas de la Directiva (UE) 2019/2121 a la LME, sino que lo ha sustituido extendiendo, por un lado, las previsiones de la Directiva dirigidas a las operaciones transfronterizas a las de ámbito interno o nacionales, para lograr una regulación más armonizada de ambas y, por otro lado, restructurando el texto normativo de una forma más sistemática.

Conforme a la nueva estructura, la regulación de las modificaciones estructurales, contenida en el Libro primero del Real Decreto-Ley 5/2023, se organiza en varios niveles. En el Título I, se establecen las disposiciones preliminares y comunes aplicables a cualquier modificación estructural; en un segundo nivel, en el Título II, se contienen las previsiones específicas que rigen en cada tipo de modificación estructural interna; por último, en los títulos III y IV, se regulan las operaciones transfronterizas, correspondiendo el tercero a las intraeuropeas y el cuarto las extraeuropeas. Estos dos últimos títulos se subdividen en disposiciones generales, aplicables a cualquier modificación estructural de ámbito transfronterizo (diferenciando entre las intra y las extraeuropeas), y disposiciones específicas para cada tipo de operación. Además, debe tenerse presente que, en las disposiciones generales de las modificaciones estructurales transfronterizas intraeuropeas, se establece una remisión al régimen de las operaciones internas (art. 83 RDLME), y con respecto a las modificaciones estructurales extraeuropeas se hace otra remisión al régimen de las intraeuropeas (art. 122 RDLME). De esta manera, la estructura del RDLME evita la reiteración de las mismas previsiones en los distintos tipos de operaciones y ofrece una regulación armonizada y sistematizada de las modificaciones estructurales.

3. OBJETO, JUSTIFICACIÓN Y ESTRUCTURA DE LA OBRA

El objetivo principal de la presente obra es el análisis de la regulación del balance de fusión en las sociedades de capital. El cual se concreta en el estudio de los aspectos sustantivos de la regulación del balance de fusión, como son su naturaleza y función, y de los aspectos formales que deben seguirse en relación con el balance en las distintas fases del proceso de fusión.

El objeto de estudio lo constituye el régimen del balance de fusión en las sociedades de capital, si bien, de manera tangencial, procuraremos identificar los caracteres comunes y diferenciadores de este con respecto a los balances requeridos en la transformación y escisión. Especialmente, dado que el régimen de la escisión se remite al de la fusión en todo lo que no se prevé en el *Capítulo III De la escisión* (art. 63 RDLME), se atenderá a las implicaciones de la excepción contenida en el art. 71.1 RDLME respecto al balance de escisión, que constituye la principal diferencia en la regulación de ambos balances. En cuanto a la cesión global, pese a que comparte con la fusión el originar el efecto de la sucesión universal, con la importante diferencia de que la contraprestación no puede consistir en la atribución de acciones o participaciones a los socios, carece de una exigencia análoga a la de las referidas modificaciones estructurales, por lo que el estudio de su régimen excedería el propósito de este trabajo.

Esta obra se centra en el estudio de la regulación de las fusiones internas o nacionales, es decir, las llevadas a cabo entre sociedades sujetas al ordenamiento español. Lo que significa que no se dedica un capítulo o apartado específico a las fusiones transfronterizas, cuyo tratamiento en profundidad superaría el propósito de este trabajo. Aun así, a lo largo de la obra, al hilo del estudio de la regulación de las operaciones internas, se realizan las oportunas comparaciones y se indican las reglas especiales previstas en relación con las fusiones transfronterizas. Por el mismo motivo, se excluye del presente trabajo el estudio de las particularidades que presenta el desarrollo de una fusión en el seno del procedimiento concursal, pese al indudable interés práctico que tiene, por la idoneidad de las modificaciones estructurales para ejecutar la reestructuración de empresas en crisis.

Sin perjuicio de que el régimen de la fusión en el RDLME sea común para cualquier sociedad mercantil y, consecuentemente, gran parte de las conclusiones que se alcancen sean aplicables a otros tipos de sociedades, este trabajo se centrará en las sociedades de capital. Por lo que no se ahondará en las particularidades que presenta la tramitación y realización de la operación entre sociedades personalistas. Dentro de las sociedades de capital, dada la variedad de tipos y subtipos sociales existentes, vemos oportuno acotar la investigación al régimen general de las sociedades anónimas y sociedades de responsabilidad limitada. Ambos tipos sociales, además de ser los más habituales en la práctica empresarial, presentan unos caracteres comunes que permiten dotar de la necesaria cohesión al estudio del régimen jurídico del balance de fusión. Su principal rasgo diferenciador, en el ámbito de la fusión, reside en que solo se exige el informe de expertos independientes cuando participa, al menos, una sociedad anónima o comanditaria por acciones (art. 41.1 RDLME) y, cuando la sociedad resultante reviste una de las formas jurídicas señaladas, debe incluir la parte del informe relativa a la suficiencia del capital aportado (art. 41.3 RDLME). Esta disparidad se explica por el diverso tratamiento legal que reciben las aportaciones no dinerarias en la sociedad anónima y la sociedad de responsabilidad limitada. De acuerdo con la señalada delimitación del tema objeto de estudio, no se tratará la regulación de la sociedad anónima europea, pese al interés que pueda suscitar la utilidad de la fusión como una de las formas de constitución de sociedades anónimas europeas, ni la de otros subtipos sociales, salvo en lo relativo a la facultad reconocida a las sociedades cotizadas de sustituir el balance de fusión por el informe financiero semestral.

El estudio del balance de fusión en las sociedades de capital se justifica, desde el punto de vista del interés legislativo, en la accidentada evolución de su regulación jurídica, que ha originado una significativa confusión respecto a cuestiones tan elementales como la naturaleza, función y el sentido de los requisitos formales de este documento. El régimen vigente, por un lado, mantiene previsiones normativas establecidas originalmente conforme a una concepción de la finalidad del balance de fusión ya superada, que deben ser reinterpretadas a la luz de su significación actual en el proceso de fusión. Por otro lado, se han incorporado a la regulación de la fusión preceptos derivados de las Directivas europeas que responden a planteamientos ajenos a la tradición jurídica española y requieren una interpretación cohesionadora. Esos problemas jurídicos ya estaban presentes en el régimen previgente, por lo que hay que añadirles los nuevos retos que plantea la interpretación del balance de fusión en el reciente RDLME. Aunque los preceptos específicamente aplicables al balance de fusión (arts. 43-45 RDLME) han mantenido, salvo algunos cambios menores, un contenido similar al que tenían bajo la LME, se han introducido cambios en la regulación de la fusión que indirectamente también inciden en la interpretación de los citados preceptos. Entre otros, destaca la inclusión de nuevos mecanismos de tutela de socios y acreedores, como son el derecho a impugnar la ecuación de canje y la sustitución del tradicional derecho de separación por el de enajenación de las acciones o participaciones en el caso de los socios (arts. 12 y 49 RDLME); y el de reclamar garantías adecuadas, en lugar del derecho de oposición, en el caso de los acreedores (art. 13 RDLME). Otros cambios relevantes, ya han sido mencionados, como los que han afectado a la estructura del proceso de fusión, al sistema de información y los documentos exigidos en interés de los distintos sujetos, así como a la regulación de la impugnación de la fusión.

En cuanto a su interés práctico o socioeconómico, quizás la fusión no sea cuantitativamente la forma de concentración empresarial más utilizada en la práctica empresarial, dentro de la categoría de las *mergers and acquisitions*. Sin embargo, desde el punto de vista cualitativo es la que permite el máximo grado de integración entre dos empresas. Este aspecto ha determinado que la fusión se haya revelado como un instrumento idóneo para afrontar la reestructuración de las empresas de sectores estratégicos de la economía que requerían ser redimensionadas para afrontar las dificultades derivadas de la coyuntura económica. Entre ellos, destaca el proceso de concentración en el que se encuentra incurso el sistema bancario español desde hace más de una década.

Con el fin de dar respuesta a los objetivos indicados y partiendo de la identificación de los principales problemas jurídicos que se plantean en la actualidad en relación con el balance de fusión, esta obra se estructura en dos partes diferenciadas y subdivididas en capítulos.

En la primera parte, que abarca los capítulos primero y segundo, se analizan los aspectos sustantivos de la regulación vigente del balance de fusión. El propósito perseguido en esta es dar respuesta a las cuestiones que se plantean en torno a la naturaleza y función del balance en el seno del proceso de fusión. Tales cuestiones, en sí mismas, constituyen los principales problemas interpretativos que suscita la actual regulación. Pero, además, las conclusiones que se alcancen servirán de base para el posterior análisis del conjunto de requisitos formales del balance que deben seguirse para la aprobación y ejecución de la fusión.

El capítulo primero trata las cuestiones relativas al concepto y la naturaleza jurídica del balance de fusión, así como su encuadramiento dentro de la información documental exigida en la operación. En él concluimos que el balance de fusión es un estado financiero extraordinario de carácter informativo y extracontable (no se integra en las cuentas anuales ni afecta a los registros contables) cuya función es la de reflejar el valor y composición de los patrimonios de las sociedades participantes tomados como base para fijar el contenido de carácter económico del proyecto, para que los socios y demás destinatarios puedan conocer las circunstancias en que se proyecta la fusión, valorar las condiciones propuestas y actuar en consecuencia conforme a los derechos que cada uno tiene reconocidos. Sin perjuicio de lo anterior, su naturaleza informativa y carencia de efectos sobre los registros contables no implican que sea un documento irrelevante, habida cuenta del papel fundamental que cumple la información en la autotutela de sus destinatarios y en la justificación de la fusión. Más aún si se tiene en cuenta que, entre el contenido mínimo del proyecto común de fusión, se exige la inclusión de una mención en la que se haga constar la fecha de las cuentas cuyos valores han sido utilizados para establecer las condiciones en que se realiza la fusión (art. 40.8.º RDLME). Aunque el citado precepto no hace referencia expresa al balance de fusión, es el documento idóneo para cumplir la función de dar soporte valorativo a las condiciones de carácter económico establecidas en el proyecto. Lo que, como se explica en el señalado capítulo, implica que el RDLME (y con anterioridad la LME) establece una conexión entre ambos documentos, balance y proyecto.

En atención a la conclusión alcanzada en el capítulo anterior, en el segundo, se analizan las menciones del proyecto de carácter económico y su relación con el balance de fusión. Estas son: la relativa al tipo de canje (art. 40.3.º RDLME), las de las fechas de participación en ganancias y efectos contables (art. 40.5.º y 6.º RDLME) y la mención en la que debe figurar la información sobre la valoración de los patrimonios transmitidos por las sociedades extinguidas (art. 40.7.º RDLME).

En el apartado referido al tipo de canje, analizamos las reglas contenidas en el RDLME sobre su determinación. En este punto, advertimos que ni el mencionado Real Decreto-Ley ni la ciencia económica establecen un único método de valoración en la fijación del tipo de canje. Debe aplicarse el que resulte más adecuado según las circunstancias particulares concurrentes en cada caso concreto. No obstante, la doctrina ha puesto en duda la aptitud del balance de fusión para servir en la determinación de la ecuación de canje, por asociarse a métodos de valoración patrimoniales o estáticos (valor del patrimonio neto o patrimonio neto ajustado), entendiendo que los métodos dinámicos (como el descuento de flujos de caja) son más adecuados para tal función. En contra de esa idea, ponemos de relieve que sea cual sea el método de valoración al que se recurra para justificar el tipo de canje fijado, debe partirse de la información contable ofrecida en la fusión (cuentas anuales de los tres últimos ejercicios y balances de fusión). Los métodos patrimoniales aseguran una correspondencia directa entre la información reflejada en el balance y el tipo de canje. No obstante, los demás métodos de valoración (dinámicos o de múltiplos comparativos), en su mayoría, no prescinden de la información contable, sino que la combinan con elementos extracontables como proyecciones financieras y comerciales o información comparativa de otras empresas del sector.

Otras menciones del proyecto, como la fecha de efectos contables y la de participación en ganancias, son tratadas en relación con el balance por la vinculación que tradicionalmente han mantenido con este documento. Responden a lo que ha sido llamado como la *retrodatación económica* o anticipación de los efectos económicos de la fusión. La fecha de efectos contables, en particular, se entendió que permitía anticipar la unificación de la contabilidad de las sociedades participantes con respecto a la fecha de eficacia de la fusión, la de su inscripción, y que debía ir referida a la fecha de cierre del balance de fusión. Sin embargo, como se argumenta en esta parte del trabajo, tal fecha ha quedado desconectada de la de cierre del balance de fusión por la evolución de la normativa contable.

Para finalizar el capítulo segundo, se estudia la mención relativa a la información sobre la valoración del activo y el pasivo de los patrimonios transmitidos por las sociedades extinguidas (art. 40.7.º RDLME). Es una mención en la que se puede apreciar un solapamiento con la función informativa del balance de fusión respecto al valor y composición de los patrimonios de las sociedades participantes en la modificación estructural. Como se pone de relieve en esta obra, eso se debe a que el mencionado precepto (transpuesto al ordenamiento español en cumplimiento de la Directiva 2005/56/CE, sobre fusiones transfronterizas) procede de la tradición jurídica francesa en la que el proyecto, también denominado como *traité d'apport*, debía designar y valorar el activo y el pasivo transmitido por las sociedades extinguidas. Función que en España ha sido atribuida a los balances de fusión de las sociedades participantes históricamente. Dado que los balances de fusión son los documentos que informan sobre la valoración patrimonial de las sociedades intervinientes sobre la que se establecen las condiciones de la fusión, en la mención del proyecto del art. 40.7.º RDLME, deberá figurar el valor razonable atribuido a los patrimonios de las sociedades a extinguir, justificado con base en los valores que figuran en sus respectivos balances de fusión.

En la segunda parte, se examinan pormenorizadamente los aspectos formales de la regulación del balance de fusión en el RDLME. Los capítulos que la componen se establecen atendiendo a las distintas fases del proceso por las que debe transcurrir la modificación estructural. De modo que, se marca un recorrido que comienza con la formulación del balance de fusión, en la fase preparatoria, y concluye con la formalización e inscripción de la operación y la posibilidad de impugnar el balance.

En el capítulo tercero se aborda la formulación del balance partiendo del análisis del alcance de dicha exigencia. El balance de fusión es exigible para todas las sociedades implicadas en la fusión, tanto para la sociedad absorbente como para las sociedades absorbidas o incorporadas a una sociedad de nueva constitución. La única excepción que se prevé en relación con el alcance subjetivo de este requisito se da cuando participa una sociedad cotizada, en cuyo caso se permite sustituir el balance de fusión por el informe financiero semestral. Como se argumenta en el referido capítulo, este documento cumple la función informativa atribuida en el proceso al balance de fusión, pero no tiene la consideración de balance de fusión ni se rige por los mismos criterios de elaboración (no se deben ajustar sus valores en función del valor razonable, *ex* art. 43.2 RDLME) ni por los mismos requisitos formales de verificación y aprobación (arts. 43.3 y 44 RDLME). La razón es que, en todas las referencias al informe financiero semestral contenidas en el RDLME, siempre se afirma que sustituye al balance de fusión (*cfr.* arts. 43.3, 46.1.2.º y 50.1 RDLME). Por tanto, el legislador diferencia entre ambos documentos y los preceptos en los que solo se hace referencia al balance de fusión no son aplicables al informe financiero semestral. Diferenciación que se confirma al eximirse expresamente el requisito de verificación cuando se emplea el informe financiero semestral (art. 43.3 RDLME).

En el mismo capítulo, se estudia el supuesto de fusión acordada en junta universal y por unanimidad (art. 9 RDLME), sobre el que estando vigente la LME se discutió si el aprobar la fusión en tales condiciones permitía prescindir del requisito de elaboración del balance de fusión. Sin embargo, conforme a la redacción actual del citado precepto, únicamente se exime del requisito de publicación o depósito de los documentos exigidos en la fase preparatoria del acuerdo, pero no se ve afectada la exigibilidad del balance.

El análisis del alcance de la exigibilidad del balance de fusión concluye con la confrontación de la ausencia de excepciones con respecto al balance de fusión frente a la exención establecida en relación con el balance de escisión para la operación realizada en las condiciones establecidas en el art. 71.1 RDLME. Atendiendo al supuesto de hecho, el de la escisión en la que las sociedades beneficiarias son de nueva creación y en la que los socios reciban una participación proporcional a la que tenían en la sociedad escindida en cada una de las nuevas sociedades, la justificación de la exención responde a que ese tipo de escisiones no es susceptible de afectar a los derechos de los socios. En consecuencia, no parece razonable que el legislador español no extienda la misma exención a la absorción de sociedad íntegramente participada y supuestos análogos.

Asimismo, en el capítulo tercero, se distinguen las diversas posibilidades contempladas en el RDLME para dar cumplimiento a la exigencia de balance de fusión y las cuestiones específicas que suscita cada una. Estas posibilidades son: la formulación de un balance específico, la adopción como tal del balance de ejercicio y la sustitución de este por el informe financiero semestral. En los distintos apartados que componen esta sección de la obra, se tratan cuestiones como la facultad del órgano de administración para decidir entre las tres opciones señaladas, los mecanismos previstos en el RDLME para contrarrestar el riesgo de que la opción elegida por los administradores incida negativamente sobre el derecho de información de los socios (el deber de los administradores de informar sobre las modificaciones patrimoniales importantes acaecidas hasta la celebración de la junta, *ex* art. 46.3 RDLME, y el requisito de aprobación en la junta que delibere sobre la fusión, art. 44 RDLME), el doble requisito de aprobación del balance de ejercicio para poder ser considerado balance de fusión (aprobación como parte de las cuentas anuales y, en segundo lugar, como balance de fusión), la competencia del órgano de administración para la formulación del balance específico y el régimen aplicable cuando se emplea el informe financiero semestral.

Por último, en el capítulo tercero, se exponen los criterios que rigen en la elaboración del balance de fusión. En este punto, se presta especial atención a la excepción con respecto a los métodos y criterios de formulación del balance de ejercicio contenida en el art. 43.2 RDLME. Nos referimos a la posibilidad de incluir ajustes valorativos en el balance en función de las modificaciones importantes del valor razonable. Posibilidad en el sentido de habilitación legal, pues en este apartado sostenemos que la inclusión de los mencionados ajustes valorativos no constituye una facultad discrecional de los administradores, sino un deber, en caso de constatarse dichas modificaciones.

El capítulo cuarto se dedica al estudio de los rasgos específicos que presenta la verificación contable del balance de fusión, comenzando por la diferenciación funcional del informe de auditoría con respecto al del experto independiente. Contrariamente a lo que se ha defendido por parte de la doctrina, El requisito de verificación del balance de fusión no es redundante con respecto al informe de expertos independientes, pese a que ambos constituyan elementos de control externo sobre la corrección de la información de carácter económico prevista en la fusión. Los referidos informes difieren en cuanto al objeto material de la comprobación y a los aspectos sobre los que deben manifestar su opinión técnica.

Asimismo, en este capítulo, se discute el criterio de exigibilidad del informe de auditoría del balance de fusión establecido por el legislador y se confronta con otros criterios propuestos por la doctrina. En este sentido, resultan especialmente relevantes las exenciones introducidas por el RDLME. Una de ellas ha sido prevista en relación con el informe financiero semestral, que, en consonancia con la normativa reguladora del mercado de valores, no requiere ser auditado (art. 43.3 RDLME) y la segunda afecta a las sociedades en las que no se precise aprobar la modificación estructural en junta general (art. 44 RDLME). Esta última, a nuestro modo de ver, perjudica el derecho de información de los socios de aquellas sociedades en las que sí se celebre la junta general para aprobar la fusión, al no poder obtener el informe de auditoría del balance de la sociedad en la que no se requiera aprobar la fusión en junta y, en consecuencia, no se exija la verificación contable del balance. Sin embargo, confrontando lo dispuesto en los arts. 44 y 55.1 RDLME, queda patente la voluntad del legislador de exonerar del mencionado requisito a las sociedades en las que la fusión no precise ser acordada por el órgano deliberante de la sociedad.

El último apartado del capítulo cuarto se dedica al estudio del objeto de la verificación contable, el cual incluye tanto el balance de fusión como las modificaciones valorativas contenidas en este en virtud del art. 43.2 RDLME. De ello se deriva que, en el supuesto en el que se introduzcan ajustes valorativos en el último balance de ejercicio propuesto como balance de fusión, aunque las cuentas anuales hayan sido verificadas contablemente, se requerirá un nuevo informe de auditoría que comprenda el balance de fusión junto con las modificaciones valorativas incluidas en este. Por el contrario, si se adopta el último balance de ejercicio sin incluir ajustes valorativos, se considera innecesario auditar de nuevo el balance, dado que su contenido es idéntico al del balance de ejercicio ya auditado junto con las cuentas anuales en las que se integra. Si se formula un balance *ad hoc*, debe ser auditado por constituir un nuevo balance. En lo que respecta a la información sobre las modificaciones importantes del activo o del pasivo originadas desde la fecha del proyecto hasta la de aprobación de la fusión, al no incluirse en el balance de fusión, no tiene que ser auditada conforme al art. 44 RDLME, lo que sería difícil de llevar a la práctica y obstaculizaría la realización de la operación.

El capítulo quinto es el relativo a los requisitos que establece el RDLME en relación con el balance de fusión en la fase decisoria. Estos son aquellos previstos para asegurar el ejercicio del derecho de información documental previo a la deliberación sobre la fusión y para la válida aprobación del balance.

El mencionado capítulo comienza con la exposición de los aspectos relacionados con el derecho de información documental previo a la celebración de la junta, con especial referencia a las particularidades relativas al balance de fusión. En concreto, se tratan cuestiones tales como quiénes son los sujetos legitimados, el alcance del derecho, las modalidades en las que debe ser puesto a disposición de sus destinatarios, el momento a partir del cual puede ser ejercitado y hasta cuándo. Entre otros aspectos destacamos las cuestiones que plantea el hecho de que, cuando la sociedad carece de página web, los destinatarios de la información documental pueden solicitar el envío gratuito, pero, como novedad, conforme al art. 46.2 RDLME debe hacerse por medios electrónicos. Lo que, a nuestro juicio, no impide que el titular del derecho pueda acordar con la sociedad otra forma de envío.

En segundo lugar, se examina el contenido del deber de los administradores de informar en la junta sobre las modificaciones importantes del activo o el pasivo acaecidas desde la redacción del proyecto (art. 46.3 RDLME). Defendemos que este deber constituye una actualización de la información reflejada previamente en los balances de fusión comunicada aparte, sin ser incorporada a estos. Por otro lado, aunque el citado precepto se refiera únicamente a la comunicación de modificaciones en el activo o el pasivo, no es suficiente la mera aportación por los administradores de los valores actualizados de las partidas afectadas. Para que cumpla su propósito, es necesario que la información sobre la variación patrimonial sea acompañada de las oportunas aclaraciones sobre la causa de la modificación y sus implicaciones sobre las condiciones fijadas en el proyecto, a modo de rectificación de las explicaciones y la justificación dadas originalmente en el informe de los administradores. En lo que se refiere al carácter *importante* de las modificaciones, entendemos que no constituye un límite respecto a la información que puede ser ofrecida, por lo que nada impide que se aporte información sobre modificaciones poco significativas no recogidas en los balances de fusión. Por último, en esta sección del trabajo se analizan otros aspectos como los sujetos sobre quienes recae el deber (los administradores), los destinatarios de la información (únicamente los asistentes a la junta) y el carácter renunciable por los socios de esta información.

A continuación, en el mismo capítulo, se aborda el requisito de aprobación del balance de fusión, el cual caracterizamos como la aceptación por los socios de que el balance propuesto por los administradores, con las valoraciones contenidas en este, sirva de base al posterior acuerdo de fusión. Tras la entrada en vigor del RDLME, cobra interés la exención contenida en su art. 44 respecto del requisito de aprobación del balance en junta general para aquellas sociedades en las que no sea preciso aprobar por el órgano deliberante la modificación estructural. Circunstancia que se puede dar en las conocidas como fusiones especiales (arts. 53-56 RDLME). Es lógico que, si se prescinde de la reunión del órgano para aprobar la modificación estructural, se haga lo propio con respecto al balance. Ahora bien, lo anterior, como se explica en esta sección de la obra, no significa que se prescinda de la manifestación de voluntad de la sociedad sobre la aprobación del balance de fusión (o de la modificación estructural), sino que esta puede ser expresada, según los casos, por el órgano de administración, por la sociedad dominante o por el socio único de las sociedades fusionadas.

El capítulo quinto finaliza con un apartado relativo a los requisitos formales exigidos para la válida aprobación del balance, estos son: el pronunciamiento mediante un acuerdo específico, los requisitos de convocatoria y constitución y las mayorías necesarias. Al respecto, quizás la cuestión más controvertida es el hecho de que la aprobación del balance de fusión requiera de un acuerdo específico diferenciado del acuerdo de fusión. Exigencia legal que contrasta con la clara interdependencia existente entre el acuerdo de fusión y el de aprobación del balance y que es estudiada en detalle en esta parte de la obra.

El capítulo sexto presenta las cuestiones relativas al balance en la fase de ejecución de la fusión, en la que se incluyen el derecho de información posterior a la aprobación y publicación del acuerdo y la formalización e inscripción de la fusión.

La función informativa desempeñada por el balance de fusión en el proceso de modificación estructural no concluye con la adopción del acuerdo. Una vez aprobada la fusión, el acuerdo debe ser publicado en el BORME y en la web de la sociedad o, en su defecto, en un diario de gran circulación de la provincia, o provincias, donde se encuentren los domicilios de las sociedades fusionadas (art. 10 RDLME). Publicación que puede ser sustituida por comunicación individual dirigida a todos los socios y acreedores. Tanto en el anuncio como en la alternativa comunicación individual, se debe advertir del derecho que ostentan socios y acreedores de obtener el texto íntegro del acuerdo y el balance de fusión.

En el primer epígrafe de este capítulo, se da respuesta a las cuestiones más importantes que se suscitan en relación con el derecho de información posterior al acuerdo, tales como: su función, el contenido del derecho, el plazo de ejercicio y, finalmente, las reglas particulares previstas en las fusiones especiales en las que no se precisa la aprobación de la fusión por todas las sociedades en junta general, que consisten fundamentalmente en sustituir la publicación del acuerdo por la del proyecto de fusión.

En este punto, destaca la incidencia que han tenido el no reconocimiento del derecho de oposición y la previsión de nuevos instrumentos de tutela de los intereses de socios y acreedores en el RDLME sobre la interpretación del derecho de información posterior al acuerdo. En la legislación derogada, el derecho de acreedores a obtener el texto íntegro del acuerdo y el balance de fusión se asociaba al ejercicio del derecho de oposición. La sustitución del derecho de oposición por el de reclamar garantías y que se ejerza en un momento anterior conducen a que deba alterarse la interpretación respecto a la función del derecho de información posterior al acuerdo y aspectos formales no resueltos expresamente por el legislador como el plazo de ejercicio. Podemos adelantar que, en la actualidad, pese a hacerse mención expresa a los acreedores como destinatarios de la información posterior al acuerdo, los mecanismos de tutela de los que disponen en esta fase son los propios de cualquier tercero titular de un interés legítimo (acciones impugnatorias y resarcitorias). Mientras que para los socios sí se prevén, además de los anteriores, instrumentos de tutela específicos, relacionados con su *derecho de salida*, en las fusiones en las que es reconocido, y la impugnación de la ecuación de canje (arts. 12 y 49 RDLME). Por lo tanto, conforme al régimen vigente, son los socios los principales destinatarios de la información posterior a la adopción del acuerdo.

En el segundo epígrafe del capítulo sexto se aborda el estudio de la regulación de la formalización e inscripción de la fusión, tratando en profundidad los aspectos relacionados con el régimen del balance de fusión, que debe incorporarse a la escritura en virtud del art. 50 RDLME. Comienza con la exposición del contenido que debe figurar en la escritura de fusión, realizando una interpretación de lo exigido por el RRM conforme con el vigente RDLME. A continuación, se discute la función que cumple el requisito de incorporación de los balances de fusión de las sociedades participantes a la escritura, comparando la regulación especial del RDLME con las previsiones generales de la LSC en lo que respecta a la ampliación del capital y constitución de sociedades con aportaciones no dinerarias. Concluimos, en atención a la señalada comparación, que la inclusión de los balances de fusión en la escritura permite que quede reflejado en esta el valor y la composición del patrimonio de las sociedades fusionadas para el control registral del cumplimiento de los principios rectores del capital social. Por último, el capítulo octavo concluye con el análisis de los aspectos relacionados con la inscripción de la modificación estructural y, específicamente, los relativos a la calificación de la escritura y el procedimiento registral conducente a la inscripción.

Finalmente, en el capítulo séptimo se estudia uno de los preceptos de más difícil interpretación en la regulación de la fusión, por la poca claridad con la que se presentan en él la finalidad perseguida y la consecuencia jurídica prevista por el legislador. Nos referimos al art. 45 RDLME, sobre la impugnación del balance de fusión. Es un precepto que se ha mantenido en la regulación de la fusión de forma invariable desde la LSA de 1989 hasta el vigente RDLME, por el que se deniega efectos suspensivos a la impugnación del balance.

Pese a que su redacción y significado puedan parecer a primera vista simples, tras un exhaustivo análisis, que parte de su origen histórico y comparación con otras figuras afines como la impugnación del balance final de liquidación, se aprecia que el verdadero propósito del legislador al regular la impugnación del balance de fusión es el de establecer un instrumento de tutela judicial para los socios que se consideren perjudicados por la ecuación de canje, sin efectos suspensivos o invalidantes sobre la operación. No obstante, tal interpretación es matizada cuando, a continuación, se confrontan el mencionado precepto y el reciente reconocimiento de la posibilidad de impugnar la ecuación de canje (art. 49 RDLME). De esta, obtenemos que ambos preceptos (arts. 45 y 49 RDLME) no están conectados entre sí, sino que se solapan en la finalidad perseguida, lo que presumiblemente conducirá, por los defectos que se señalan en el trabajo en relación con la regulación de la impugnación del balance de fusión, a que la vía del art. 49 RDLME sea la empleada y que la de la impugnación de la ecuación de canje acabe por no ser aplicada en la práctica.

PRIMERA PARTE

ASPECTOS SUSTANTIVOS DE LA REGULACIÓN DEL BALANCE DE FUSIÓN EN EL REAL DECRETO-LEY DE MODIFICACIONES ESTRUCTURALES

Capítulo I

NATURALEZA Y FUNCIÓN DEL BALANCE EN EL MARCO DE LA INFORMACIÓN DOCUMENTAL DE LA FUSIÓN

1. CONCEPTO Y NATURALEZA JURÍDICA DEL BALANCE DE FUSIÓN

El balance de fusión es uno de los documentos que, según el art. 46 RDLME, debe ser puesto a disposición de los socios, obligacionistas, titulares de derechos especiales y de los representantes de los trabajadores, en la página web corporativa o, si no la tuviera, en el domicilio social, con anterioridad a la publicación del anuncio de convocatoria de las juntas de socios que hayan de resolver sobre la fusión (art. 46.1.2º RDLME).

Con carácter general el art. 43 RDLME prevé dos posibilidades alternativas[6] para dar cumplimiento a la exigencia del balance de fusión. Balance de fusión puede ser el último balance de ejercicio aprobado o un balance específicamente elaborado para la fusión (art. 43.1 RDLME). Cada sociedad participante puede optar entre emplear como balance de fusión el del último ejercicio o formular uno *ad hoc*, sin embargo, cuando el último balance de ejercicio haya sido cerrado más de seis meses antes de la fecha del proyecto, la formulación de un balance específico, cerrado dentro de los tres meses previos a la fecha del proyecto, es preceptiva. De este modo, el legislador asegura que la imagen de la situación

6 V. *infra* "Capítulo III.2."

económica de la sociedad reflejada en el balance sea lo suficientemente actualizada.

En ambos casos, se deberán seguir los mismos métodos y criterios de presentación del último balance anual, si bien *podrán* modificarse las valoraciones contenidas en este último en atención a las modificaciones importantes del valor razonable que no aparezcan en los asientos contables (art. 43.2 RDLME). Con carácter específico, para el supuesto en el que participen una o varias sociedades cotizadas, se admite como tercera posibilidad que la función de balance de fusión sea asumida por el informe financiero semestral exigido por la normativa reguladora del mercado de valores (*cfr.* art. 43.3 RDLME y art. 100 LMV[7]).

A pesar de que el RDLME se refiere al comentado documento como un balance y de que sigue la estructura de un balance de ejercicio y se rige por los mismos criterios de elaboración (con la importante salvedad de que sus valores pueden ser ajustados para reflejar las modificaciones importantes en el valor razonable) la mayoría de la doctrina española coincide en afirmar que su naturaleza jurídica no se corresponde con la de un balance en sentido estricto ni tiene carácter contable. Según defienden, el balance *stricto sensu* es exclusivamente el balance de ejercicio, pues es el único que forma parte de las cuentas anuales y, por tanto, se ve reflejado en los registros contables[8].

---

7 Ley 6/2023, de 17 de marzo, de los Mercados de Valores y de los Servicios de Inversión.

8 Entre otros v. PÉREZ TROYA, A., *La determinación del tipo de canje en la fusión de sociedades*, Marcial Pons, Madrid, 1998, p. 121; LARRIBA DÍAZ-ZORITA, A., "Problemas de valoración en las fusiones y escisiones de sociedades", *Partida Doble*, n.º 44, 1994, p. 11; CORTÉS DOMÍNGUEZ, L. J. y PÉREZ TROYA, A., *Fusión de sociedades*, ob. cit., p. 257; FERNÁNDEZ DEL POZO, L., *El derecho contable de fusiones y de las otras modificaciones estructurales. Problemática contable en la Ley de modificaciones estructurales de las sociedades mercantiles*, Marcial Pons, Madrid, 2010, p. 110; LARRIBA DÍAZ-ZORITA, A.

La señalada visión restrictiva del concepto de balance manejada por la doctrina fue motivada, en un primer momento, por el contenido del BNCFE (BOICAC n.º 14, de octubre de 1993)[9]. El vigente PGC tampoco otorga al balance de fusión *efectos contables*, es decir, no lo incluye entre los documentos que conforman las cuentas anuales y, en consecuencia, cualquier actualización de los valores de los elementos patrimoniales que aparezcan en el balance de fusión no se verá reflejada en los registros contables ni en las cuentas anuales. De hecho, la normativa contable no contiene ninguna mención que haga referencia a dicho documento al establecer los criterios que deben ser seguidos en la contabilización de la fusión (*cfr.* NRV 19.ª y 21.ª PGC y arts. 47-52 RICAC de 5 de marzo de 2019[10]).

---

y MIR FERNÁNDEZ, C., "Aspectos contables de la ley sobre modificaciones estructurales de las sociedades mercantiles", *Revista de Derecho de Sociedades*, n.º 34, 2010, pp. 181-182; SÁNCHEZ-CALERO GUILARTE, J., "Informe de los Administradores y de los expertos independientes. Balance de fusión", en RODRÍGUEZ ARTIGAS, F. *et al.* (dirs.), *Modificaciones estructurales de las sociedades mercantiles*, t. I, Aranzadi, Cizur Menor (Navarra), 2009, p. 521; y GONZÁLEZ-MENESES, M. y ÁLVAREZ, S., *Modificaciones estructurales de las sociedades mercantiles*, Dykinson, 2.ª ed., Madrid, 2013, p. 184.

9 El ICAC elaboró un borrador de Normas de Contabilidad aplicables a las Fusiones y Escisiones de Sociedades (BOICAC n.º 14, de octubre de 1993). El cual nunca fue aprobado, pero sirvió de referente interpretativo tanto para la doctrina y el sector profesional como para el propio ICAC en la resolución de las consultas que le fueron formuladas.

El art. 3 del BNCFE definió el balance de fusión como un documento informativo, obtenido a partir de la contabilidad y, en su caso, de ajustes extracontables en atención a las modificaciones importantes del valor real no registradas en los asientos contables. Consecuentemente, negó que el balance de fusión pudiera tener cualquier efecto en los registros contables o en la información contenida en las cuentas anuales, más allá de aquella que debía aparecer en relación con el proceso de fusión.

10 Resolución de 5 de marzo de 2019, del Instituto de Contabilidad y Auditoría de Cuentas, por la que se desarrollan los criterios de presentación de los instrumentos financieros y otros aspectos contables relacionados con la regulación mercantil de las sociedades de capital.

El único balance que puede formar parte de las cuentas anuales y afectar a los registros contables es el balance de ejercicio, también conocido como balance ordinario, que es al que se atribuye la consideración de balance en sentido estricto. Cualquier otro balance previsto en la legislación mercantil es considerado tradicionalmente como extraordinario, conformando una categoría bastante heterogénea cuyo único punto en común realmente consiste en no ser balance ordinario. Dentro de esta categoría se engloban documentos que responden a distintas finalidades, siempre diferentes a la de plasmar el resultado final del ejercicio[11]. Entre estos se encuentran los balances exigidos en determinadas operaciones societarias como en el aumento del capital social con cargo a reservas (art. 303 LSC), en la reducción del capital social por pérdidas (art. 323 LSC), en, en la liquidación (arts. 383 LSC y 390 LSC) y en operaciones de modificación estructural como en la transformación (art. 20.3.1.º RDLME), fusión y escisión (art. 43 RDLME).

En atención a su finalidad o a las circunstancias que justifican su formulación, algunos de estos balances extraordinarios presentan particularidades en sus criterios de valoración, como ocurre en los balances de liquidación y en el de fusión o escisión.

En el caso de los balances de liquidación, el hecho de que la sociedad haya acordado su disolución e iniciado las operaciones para la liquidación de su patrimonio puede hacer inadecuado, para reflejar una imagen fiel de la situación patrimonial y financiera de la empresa (art. 34.2 CCom), aplicar el principio con-

---

11 La cuestión de los balances extraordinarios ha sido abundantemente tratada por la doctrina italiana, v. entre otros PORTALE, G. B., "I bilanci straordinari delle società per azioni", *Rivista delle società*, fasc. 2-3, 1978, pp. 305-402; y LIBONATI, B., "I bilanci straordinari", *Giurisprudenza Commerciale*, fasc. 6, 1982, pp.824-840.

table de empresa en funcionamiento recogido en el art. 38 a) CCom[12].

En relación con el balance de fusión, la posibilidad de ajustar los valores contables a su valor razonable responde a la necesidad de aportar la información sobre el valor y composición de los patrimonios de las sociedades participantes tomados como base para fijar el contenido de carácter económico del proyecto de modificación estructural, para que los socios y demás destinatarios puedan conocer las circunstancias en las que se proyecta realizar la fusión, valorar las condiciones propuestas y actuar en consecuencia, conforme a los derechos que cada uno de ellos tiene reconocido en el proceso de fusión[13].

Si se acepta la interpretación, antes aludida, de que el único balance que verdaderamente puede ser considerado balance en sentido estricto y reconocérsele naturaleza contable es aquel que se integra en las cuentas anuales[14], todos los balances extraordinarios son de naturaleza *extracontable* o ajena a la regulación del

12 V. al respecto Norma Primera RICAC de 18 de octubre de 2013, sobre el marco de información financiera cuando no resulta adecuada la aplicación del principio de empresa en funcionamiento. En esta se establece como objetivo de la RICAC desarrollar "*el marco de información financiera cuando no resulta adecuada la aplicación del principio de empresa en funcionamiento*", incluyendo dentro de su ámbito de aplicación todas las entidades, independientemente de su forma jurídica, sujetas al PGC o PGC de PyMES, "*cuando se haya acordado la apertura de la liquidación*".

13 La función desarrollada por el balance de fusión en el proceso de modificación estructural, y específicamente su papel como base valorativa de la operación, será desarrollada a lo largo de todo el trabajo, pues su explicación requiere atender a la relación del balance con el contenido del proyecto de fusión (Capítulo II) y a los aspectos formales de su regulación en el RDLME (Segunda Parte).

14 Las cuales deben ser formuladas, con carácter general, "*con una periodicidad de doce meses, salvo en los casos de constitución, modificación de la fecha de cierre del ejercicio social o disolución*" (NECA 2.ª.1 del PGC).

PGC. Este criterio ha sido el marcado por el ICAC cuando ha debido pronunciarse sobre la naturaleza de cualquiera de los documentos exigidos por la legislación mercantil que no forman parte de las cuentas anuales según el PGC.

Al respecto, resulta muy clarificadora la RICAC de 18 de octubre de 2013, sobre el marco de información financiera cuando no resulta adecuada la aplicación del principio de empresa en funcionamiento. La mencionada resolución establece las normas que deben ser aplicadas cuando no es apropiado aplicar tal principio, entre otros supuestos, cuando la empresa se encuentra en liquidación. Al referirse a los documentos exigidos por la LSC en caso de liquidación (arts. 383 LSC y 390 LSC), considera que *"desde la perspectiva del Derecho contable podrían calificarse de «extracontables» o ajenos a la regulación contenida en el PGC, que se limita a desarrollar las normas contables para formular las cuentas anuales, entendidas como una unidad, a pesar de que se haya consolidado en la práctica, por motivos de claridad, tomar como referencia el modelo normalizado de presentación del Plan para cumplimentar dichos balances"*. Consecuentemente, en su norma cuarta 2.a, define tanto al balance inicial como al balance final de liquidación como documentos extracontables[15].

La citada resolución no es aplicable al balance de fusión, pero pone de manifiesto que el único balance que el ICAC considera estrictamente contable es el balance integrado en las cuentas anuales. A la vista del razonamiento que emplea para catalogar a dichos documentos como *extracontables*, parece que cualquier balance previsto en la legislación mercantil que no se integre en

15 *"El llamado «balance inicial» regulado en el artículo 383 de la Ley de Sociedades de Capital es un documento extracontable, como el propio «balance final de liquidación»"* (Norma cuarta 2.a RICAC de 18 de octubre de 2013).

las cuentas anuales tiene la misma naturaleza para el ICAC, como es el caso del balance de fusión[16].

Si se extrapola la interpretación realizada por el ICAC en relación con los balances de liquidación al resto de balances extraordinarios, resulta que ninguno de estos puede ser considerado documento de naturaleza contable. Así pues, la carencia de efectos contables del balance de fusión no es un hecho que deba conllevar una menor consideración con respecto a otros balances contemplados en la legislación mercantil[17], sino que es una carac-

---

16 En virtud de la disposición final tercera del RD 1514/2007, el ICAC solo es competente para aprobar normas de obligado cumplimiento, a través de sus resoluciones, cuando estas desarrollen el PGC y sus normas complementarias. A nuestro modo de ver, determinar la naturaleza jurídica de los balances de liquidación, catalogándolos como *extracontables* (Norma cuarta 2.a RICAC de 18 de octubre de 2013), o el de cualquier otro balance previsto en la legislación mercantil, excede su ámbito competencial. En consecuencia, entendemos que las consideraciones del referido instituto sobre qué balances pueden ser considerados o no como contables carecen de valor normativo. Lo anterior no obsta, sin embargo, a que la interpretación que realiza tenga valor como referente interpretativo, dado el carácter de expertos en materia contable de sus miembros. Sobre la falta de competencia del ICAC en aquellos asuntos jurídico-privados que no guardan estricta relación con las reglas de elaboración de las cuentas y los criterios de registro y valoración de las partidas de los documentos que las conforman v. VÁZQUEZ CUETO. J. C. "Las cuentas anuales durante la fase de liquidación. La articulación de su régimen jurídico por el instituto de contabilidad y auditoría de cuentas", en ROJO, A., QUIJANO, J. y CAMPUZANO, A. B. (dirs.), *La liquidación de la masa activa. VI Congreso Español de Derecho de la Insolvencia «In memoriam Emilio Beltrán»*, Thomson-Reuters Civitas, Cizur Menor (Navarra), 2014, p. 426, donde el citado autor señala otros puntos de la comentada RICAC de 18 de octubre de 2013 que plantean dudas acerca de la posible extralimitación competencial del ICAC abordando aspectos ajenos a la *contabilidad material*.

17 La falta de efectos contables del balance de fusión ha llevado a parte de la doctrina a sostener que es inútil o poco relevante. Entre otros, LARRIBA DÍAZ-ZORITA, A., "Problemas de valoración...", 1994, ob. cit., p. 11, al comentar la definición dada por el art. 3 BNCFE al balance de fusión, afirmó que la consideración del balance de fusión como "*mero documento informa-*

terística común a todos los balances extraordinarios. Su importancia dependerá de su utilidad o función en el proceso de fusión.

En atención a la falta de eficacia contable del balance de fusión (en el sentido de que carece de efectos sobre los registros contables y la información reflejada en las cuentas anuales), la doctrina mayoritaria coincide en definirlo como un documento *meramente informativo*[18] sin relevancia contable, lo que ha ido ligado al cuestionamiento de la utilidad de este documento. Esto se debe a que, tras la entrada en vigor de la LSA de 1989 y posterior evolución de la normativa contable, el balance de fusión perdió dos de las funciones principales que desempeñó durante la vigencia de la LSA de 1951: la de servir para fijar la cuota de liquidación del socio que ejerciera el derecho de separación y la de cerrar la

---

tivo" unida a su falta de efectos en los registros contables provocaba que su papel y significado fuese *"ciertamente bastante pobre"*. En el mismo sentido v. LARRIBA DÍAZ-ZORITA, A., "Responsabilidad del auditor en una auditoría innecesaria: la del balance de fusión", *Partida Doble*, n.º 65, 1996, p. 12. SÁNCHEZ OLIVÁN, J., *Fusión y escisión de sociedades. Aportaciones de activos y canje de valores. Cesión global del activo y del pasivo, 2.ª ed., CEF, Madrid, 2007*, p. 258, por su parte, negó al balance de fusión, tal y como estaba configurado bajo la LSA de 1989, la condición de verdadero balance de fusión si no se hacía coincidir su fecha de cierre con la de efectos contables y si no reflejaba los valores con que los distintos bienes del patrimonio de dichas sociedades serían incorporados a la sociedad beneficiaria.

18 V. PÉREZ TROYA, A., La determinación del..., ob. cit., pp. 121-122; LARRIBA DÍAZ-ZORITA, A., "Problemas de valoración...", 1994, ob. cit., p. 11; CORTÉS DOMÍNGUEZ, L. J. y PÉREZ TROYA, A., *Fusión de sociedades*, ob. cit., p. 257; GARRIDO DE PALMA, V. M., "Fusión", en ANSÓN PEIRONCELY, R.; BANACLOCHE PÉREZ, J. y GARRIDO DE PALMA, V. M., *La Ley 3/2009, de las modificaciones estructurales de las sociedades mercantiles*, Aranzadi, Cizur Menor (Navarra), 2009, p. 68; FERNÁNDEZ DEL POZO, L., El derecho contable..., 2010, ob. cit., p. 111; LARRIBA DÍAZ-ZORITA, A. y MIR FERNÁNDEZ, C., "Aspectos contables...", ob. cit., p. 181; GARRIDO DE PALMA, V. M., "Fusión", en GARRIDO DE PALMA, V. M., ANSÓN PEIRONCELY, R., BANACLOCHE PÉREZ, J., y ARANGUREN URRIZA, F. J., Las *modificaciones estructurales de las sociedades mercantiles*, Tirant lo Blanch, Valencia, 2013, p.121.

contabilidad de las sociedades extinguidas, reflejando el valor y composición de los patrimonios objeto de sucesión universal.

Como consecuencia de lo anterior, la función que se atribuye al balance de fusión en la actualidad es exclusivamente la de informar, a sus destinatarios según el art. 46.1 RDLME, sobre la situación patrimonial de las sociedades intervinientes en la operación[19] y su utilidad se circunscribe al ámbito del proceso de fusión.

Ciertamente no se puede poner en duda que el balance de fusión ya no tiene eficacia contable y que su carácter es informativo. No obstante, el hecho de que la naturaleza y función del balance de fusión sean informativas no consideramos que implique que este documento sea irrelevante o que merezca una peor consideración si se compara con el papel que desempeñaba en la regulación anterior. El término documento informativo, empleado por la doctrina para distinguir el balance de fusión de los documentos contables, puede designar una amplísima variedad de realidades, tanto documentos ajenos a la contabilidad como contables. De hecho, la función de la contabilidad en su conjunto es informativa. Por lo que, la no integración del balance de fusión en las cuentas anuales o su falta de efectos sobre los registros contables no significa que carezca de utilidad. Su relevancia depende de su valor como documento informativo en el proceso de fusión, siendo la información un elemento fundamental en la autotutela de los derechos e intereses de sus destinatarios y en la propia justificación de la operación.

19 V. RDGRN de 22 de marzo de 2002 (TOL228.558), fundamento de derecho tercero: "*En efecto desaparecido el derecho de separación*[...] *y, por ende, descartada la función del balance de fusión como instrumento para la fijación de la cuota correspondiente al socio que ejercitara el «ius separationis», dicho balance no es sino un elemento que refleja la situación patrimonial existente en el momento de la fusión*".

En la misma línea que quienes definen el balance de fusión como documento informativo por su falta de eficacia contable, algunos autores lo han asimilado a un estado financiero intermedio[20]. Es decir, para estos autores tendría la consideración de un *balance intermedio* (de situación), que es un estado contable independiente de las cuentas anuales, elaborado durante el desarrollo del ejercicio económico, conforme a los criterios de presentación y valoración del balance anual, para conocer la situación patrimonial y financiera de la empresa y el resultado de un periodo inferior al ejercicio anual[21], con la particularidad de que no va dirigido a mostrarlo y repartirlo. Por tanto, el balance de fusión sería una mera puesta al día de los movimientos o hechos contables a la fecha de su cierre, que debe ser próxima al proyecto de fusión, cuya única especialidad con respecto al balance de ejercicio sería de tipo cronológico.

20 V. FERNÁNDEZ DEL POZO, L., El derecho..., ob. cit., p. 116. En la doctrina italiana también se ha calificado al estado patrimonial (*situazione patrimoniale*) que debe ponerse a disposición de los socios con anterioridad a la celebración de la junta que delibere sobre la fusión como estado financiero intermedio. No obstante, es necesario señalar que en el ordenamiento italiano debe ajustarse a las mismas normas que el balance de ejercicio, sin que se contemple la posibilidad de actualizar sus valores en función de las modificaciones importantes del valor razonable (art. 2501-quáter *Codice Civile*). En este sentido v., MARCHETTI, P., "Appunti sulla nuova disciplina delle fusioni", *Rivista del notariato*, fasc. 1, 1991, p. 33, quien señaló que la especialidad de la *situazione patrimoniale* es meramente cronológica; DE ANGELIS, L., "Le operazioni di trasformazione, fusione e scissione nella legge delega per la riforma del diritto societario", *Rivista delle Società*, fasc. 1, 2002, p. 72; y LUCARELLI, P., "La nuova disciplina delle fusioni scissioni: una modernizzazione incompiuta" *Rivista delle società*, fasc. 6, 2004, p. 1356, quien afirma que la situación patrimonial del art. 2501-quáter *Codice Civile* constituye un balance de ejercicio en el curso del año.

21 V. VICENT CHULIÁ, F., "Disposiciones generales, balance, cuenta de pérdidas y ganancias", en URÍA, R., MENÉNDEZ, A. y OLIVENCIA, M. (dirs.), *Comentario al régimen legal de las sociedades mercantiles*, t. VIII, *Las cuentas anuales de la sociedad anónima*, vol. 1.º, Civitas, Madrid, 2000, p. 173.

La asimilación del balance de fusión a un balance intermedio podría ser acertada cuando se formula un balance específico para la operación de modificación estructural (*cfr.* NECA 14.ª PGC y art. 43.1 párr. 2.º RDLME). Sin embargo, esta es solo una de las tres posibilidades que contempla el art. 43 RDLME, ya que también puede ser empleado como balance de fusión el último balance de ejercicio aprobado o, en su caso, su función puede ser asumida por el informe financiero semestral (art. 43 RDLME apartados 1 y 3). Esta pluralidad de alternativas previstas por el legislador con respecto al balance de fusión dificulta el poder determinar la categoría jurídica a la que pertenece, si bien debe ser valorada positivamente la amplitud de posibilidades por sus implicaciones de orden práctico.

Dicho lo anterior, la cuestión de la naturaleza jurídica del balance de fusión no puede ser resuelta asimilando a este documento como un balance intermedio, un balance de ejercicio o un informe financiero semestral. Realmente lo que caracteriza al balance de fusión no es tanto el estado financiero por el que se opte (de los contemplados en el art. 43 RDLME), como los requisitos específicos contemplados en el RDLME en atención a la función que desempeña en el seno de la fusión. En otras palabras, es su función específica lo que le confiere el carácter de balance extraordinario y justifica las previsiones especiales que establece la RDLME para el balance de fusión, por ir destinado a informar sobre la valoración y composición del patrimonio de las sociedades participantes que sirve de base a las condiciones en que se propone realizar la operación y no a determinar el resultado del ejercicio como el balance anual o balance ordinario. Tales previsiones son de carácter sustantivo y formal.

Con carácter general, el balance de fusión no tiene por qué diferenciarse en el aspecto sustantivo de un balance de ejercicio, pues el último balance de ejercicio aprobado puede servir como balance de fusión y cuando se formula un balance específico le son aplicables *"los mismos métodos y criterios de presentación"* (art. 43.1 RDLME). No obstante, su contenido sí puede variar si los valores del último balance de ejercicio son corregidos en el balance de fusión en función de las *"modificaciones importantes del valor razonable"* (art. 43.2 RDLME). Facultad a la que no se tendrá que recurrir irremediablemente en todos los casos, pero que puede resultar necesaria para que el balance de fusión satisfaga su función informativa.

Lo que confiere al balance la naturaleza de balance de fusión, independientemente de si se emplea el balance de ejercicio o un balance intermedio elaborado específicamente para la fusión, es su aprobación como tal en la junta general en la que se delibere sobre la fusión (art. 44 RDLME). Este requisito permite que dos balances sustancialmente idénticos, el balance de fusión y el balance de ejercicio si se adopta como balance de fusión este último sin incluir modificaciones, sean formalmente distintos. Dicha decisión de la junta tiene lugar tras dar cumplimiento a los preceptivos requisitos de verificación, en su caso, información e inclusión en el orden del día de la convocatoria de la junta, que conducen a su aprobación (arts. 44 y 46 RDLME). Asimismo, tras la aprobación deberán seguirse requisitos adicionales de publicidad e información respecto del balance y acuerdo aprobados (art. 10 RDLME). Los referidos requisitos formales del balance de fusión se justifican en la finalidad específica, de carácter informativo, que cumple en el proceso de fusión. Ahora bien, el requisito fundamental es la aprobación como balance de fusión, pues constituye la manifestación de voluntad de la sociedad por la cual decide que el balance propuesto por los administradores sea el balance de la operación de modificación estructural.

2. EL BALANCE DE FUSIÓN COMO PARTE INTEGRANTE DE LA INFORMACIÓN DOCUMENTAL

2.1. Planteamiento

En el momento de entrada en vigor de la LME, el debate anteriormente sostenido por la doctrina, durante la vigencia de la LSA de 1989, sobre la función del balance de fusión como balance de cierre contable o como documento estrictamente informativo sin efectos sobre los registros contables había sido resuelto por la normativa contable en favor de la segunda postura y, en el vigente RDLME, no se han introducido cambios en este aspecto. Aclarado que el balance de fusión solo tiene relevancia como documento informativo en el seno del proceso de fusión, las cuestiones que se suscitan en la actualidad sobre este no giran en torno al registro y valoración contable de los patrimonios societarios transmitidos en la operación. En su lugar, las dudas que se plantean en el presente guardan relación con su papel dentro del conjunto de la información documental requerida en la operación, la propia utilidad o razón de su pervivencia en la regulación de la fusión y, en conexión con esta última cuestión, el sentido del mantenimiento de ciertos requisitos formales como el de verificación, aprobación e incorporación a la escritura del referido documento (arts. 44 y 50.1 RDLME).

Con el fin de dar respuesta a las preguntas antes planteadas, estimamos conveniente estudiar la relación existente entre el proyecto y el balance de fusión. El motivo que nos lleva a plantear la conexión entre ambos documentos es la exigencia, dentro del contenido mínimo que debe presentar el proyecto de modificación estructural, de dos menciones que, a nuestro modo de ver, enlazan la información sobre la valoración de los patrimonios de las sociedades ofrecida por los respectivos balances de las sociedades participantes con las menciones de carácter económico-financiero del proyecto. De modo que la función atribuida al balance por el RDLME, como argumentaremos, no es meramente informativa, sino que sirve de base valorativa para justificar y dar soporte al contenido del proyecto de fusión. Las menciones referidas son las relativas a la valoración del activo y pasivo del patrimonio transmitido (art. 40.7.º RDLME) y la fecha de las cuentas sobre las que han sido establecidas las condiciones de la operación (art. 40.8.º RDLME). Asimismo, consideramos que, a la luz de la normativa vigente, también merecen ser analizadas las menciones del proyecto de fusión que tradicionalmente han sido asociadas al referido balance, estas son el tipo de canje (art. 40.3.º RDLME), la fecha de participación en ganancias (art. 40.5.º RDLME) y la fecha de efectos contables (art. 40.6.º RDLME).

2.2. Breve apunte sobre la información documental en la fusión

La información documental en la fusión[22] está presente en las distintas fases de la operación de reestructuración, tanto en la fase anterior a la adopción del acuerdo o fase decisoria (art. 46 RDLME), como en la fase de ejecución (art. 10.1 RDLME), lo que pone de relieve la trascendencia que otorga el legislador a la información, configurándola como un elemento apreciable en todo el transcurso del proceso de fusión. Esta cumple una importante función instrumental posibilitando el ejercicio de los derechos que el legislador reconoce a los destinatarios de la información para su autotutela.

Asimismo, la información en la fusión, además de tener una función instrumental, se configura como un mecanismo de legiti-

22 El derecho de información documental será estudiado con mayor extensión al tratar los requisitos informativos específicos que estable el RDLME, en relación con el balance de fusión, con carácter previo a la celebración de la junta en la que se delibere sobre la operación y tras la adopción del acuerdo. V. *infra* "Capítulo V.1.1" y "Capítulo VI.1".

mación o justificación de la propia operación. De modo que también desarrolla una función autónoma de control social limitadora de la potestad de la mayoría de socios para imponer una decisión de tanto calado como supone la aprobación de una modificación estructural. Como exponente de tal función podemos señalar la exigencia de que los administradores expliquen y *justifiquen* en su informe el proyecto común de fusión, con especial referencia al tipo de canje (art. 5 RDLME), y que el experto independiente manifieste, en su respectivo informe, si el tipo de canje es *adecuado* (*cfr*. arts. 6.1.2.º RDLME y 41.3 RDLME)[23].

En la preparación de las juntas generales en las que se delibera sobre la fusión, en las fases preparatoria y decisoria, el RDLME establece un régimen de información especial. Dicha especialidad se concreta en la exigencia de una información documental específica, que debe cumplir determinados requisitos en cuanto a su elaboración y divulgación (arts. 5, 7, 46 y 47.2 RDLME). Además, junto a las previsiones especiales aplicables a la fusión, contenidas en el RDLME, deben ser observadas las normas que con carácter general regulan los mecanismos informativos previos a la preparación y celebración de la reunión de la junta general al adoptar asuntos de su competencia (arts. 196 y 197 LSC). Así se establece en el art. 47.1 RDLME, que exige la adopción del acuerdo de fusión en la junta de socios conforme a *"los requisitos y formalidades establecidos en el régimen de las sociedades que se*

23 La exigencia legal de que los administradores justifiquen la fusión en su informe y los expertos independientes ejerzan una función de control externo sobre tal justificación constituyen muestras significativas de la importancia de la información como mecanismo de control social y no como un instrumento exclusivamente vinculado al ejercicio del derecho de voto. De esta forma se limita desde una doble vertiente la discrecionalidad de la mayoría de socios. *Ex ante*, obliga a justificar la decisión y, *ex post*, permite la revisión material del acuerdo. V. PÉREZ TROYA, A., *La tutela del accionista en la fusión de sociedades*, Civitas, Madrid, 1998, p. 379.

fusionan". Es decir, en la preparación del acuerdo de fusión se deben combinar las normas generales aplicables a cualquier deliberación en junta general con las normas específicamente previstas para la fusión[24].

Una de las novedades destacables en el RDLME, respecto a la información documental en la fusión, se encuentra en la mayor relevancia que ha tomado, en comparación con la derogada LME, la información objeto de publicidad general. En la LME, esta recaía únicamente en el proyecto común de fusión, mediante su inserción en la web de la sociedad o depósito en el Registro Mercantil, con publicación en ambos casos en el BORME del hecho de la inserción en la web o depósito del proyecto (art. 32 LME). En el art. 7 RDLME, bajo el título "*Publicidad preparatoria del acuerdo*", además del proyecto común de fusión, se requiere insertar en las respectivas webs de las sociedades participantes o, en su defecto, depositar en el Registro Mercantil de su domicilio social el informe de expertos independientes, si fuera exigible, así como un anuncio por el que se informe a socios, acreedores y representantes de los trabajadores (o, si no los hubiera, a los trabajadores directamente) de su derecho a presentar observaciones con respecto al proyecto de fusión. Aunque el encabezado del artículo haga referencia a la preparación del acuerdo, debe advertirse que es un precepto enmarcado en las disposiciones comunes aplicables a todo tipo de modificaciones estructurales y que trata únicamente la información sometida a publicidad general. Los preceptos que regulan de forma específica para la fusión la información destinada, fundamentalmente, a los socios (aunque se extienda a otros sujetos) para que formen su juicio con respecto a la futura deliberación en junta sobre la modifica-

24 V. SÁNCHEZ-CALERO GUILARTE, J., "Informe de los Administradores...", ob. cit., p. 492.

ción estructural son el art. 46 RDLME (cuyo antecedente fue el art. 39 LME) y, únicamente con respecto al informe del órgano de administración, el art. 5.6 RDLME.

Por la decisión del legislador español de extender el régimen de las fusiones transfronterizas a las nacionales, se prevén dos preceptos (arts. 5.6 y 46.1 RDLME) que establecen distintos requisitos respecto de la forma y plazo de puesta a disposición e, incluso, destinatarios del informe (o informes si se separa su contenido en dos informes, art. 5.2 RDLME) de los administradores. Por un lado, el art. 5.6 RDLME [art. 124.6 Directiva (UE) 2017/1132, que rige en las fusiones transfronterizas] exige que, al menos, un mes antes de la celebración de la junta (en las fusiones internas) o seis semanas (en las transfronterizas) se ponga el informe a disposición de socios y representantes de los trabajadores (o directamente de los trabajadores, si no hubiera representantes) insertándolo en la página web de la sociedad o, en su defecto, mediante su remisión por vía electrónica. Por otro lado, el art. 46.1 RDLME [art. 97.1 Directiva (UE) 2017/1132, aplicable a las fusiones internas], establece los requisitos que rigen en relación con la información preparatoria del acuerdo, como se detallará a continuación, entre la que se incluye el informe del órgano de administración. Entendemos que los requisitos fijados por ambos preceptos deben ser cumplidos cumulativamente, dada la disparidad en cuanto al plazo y los destinatarios. Lo que significa que, en caso de carecer de página web, el hecho de haber remitido por medios electrónicos el informe de los administradores a socios y representantes de los trabajadores (art. 5.6 RDLME) no exime del requisito de puesta a disposición de este, junto a los demás documentos, en el domicilio social para su consulta por los demás destinatarios (obligacionistas y titulares de derechos especiales), conforme al art. 46.1 RDLME, o hacerles entrega o enviárselos por medios electrónicos (art. 46.2 RDL-

ME). Por su parte, en las fusiones transfronterizas, la remisión del informe de los administradores debe hacerse seis semanas antes de la celebración de la junta, mientras que el resto de documentos tendrán que ponerse a disposición de sus destinatarios, al menos, un mes antes (art. 47.2 RDLME).

El art. 46.1 RDLME enumera los documentos que deben ser puestos a disposición de los sujetos legitimados para su consulta con anterioridad a la celebración de las juntas en las que se delibere sobre la modificación estructural, entre ellos el balance de fusión (art. 46.1.2.º RDLME). Los documentos que figuran listados en el art. 46.1 RDLME deben completarse, por la remisión contenida en el citado artículo, con "*los especificados en las disposiciones comunes*", que son: el proyecto de fusión (art. 4 RDLME), el informe de administradores (art. 5 RDLME) y el informe de experto independiente (art. 6 RDLME). Dichos documentos tienen que ser publicados en la página web corporativa o, si no se dispone de ella, estar disponibles en el domicilio social con anterioridad a la publicación o comunicación individual a los socios de la convocatoria. Asimismo, debe hacerse constar en la publicación o comunicación individual de la convocatoria la fecha de inserción de dichos documentos en la página web o, en caso de no disponer de página web, el derecho de los distintos destinatarios a examinarlos en el domicilio social u obtener la entrega o envío de estos (art. 47.2 RDLME).

La ampliación de los mecanismos informativos en la preparación del acuerdo de fusión responde a la trascendencia de los efectos que desplegará el acuerdo en el supuesto de ser aprobado[25] y al más amplio conjunto de sujetos que pueden

25 En este sentido v. MARTÍ MOYA, V., *El procedimiento de fusión de las sociedades mercantiles: preparación, adopción e impugnación del acuerdo*, Comares,

verse afectados, cuyos derechos e intereses son merecedores de protección, según la Ley.

Ante esto se hace necesario que los socios cuenten con una información adecuada sobre las condiciones de la operación proyectada para poder decidir en la correspondiente junta general (art. 47.2 RDLME) y ejercer su autotutela. Asimismo, el legislador es consciente de que la operación puede afectar a otros sujetos distintos de los socios, por lo que decidió extender el ámbito subjetivo de los destinatarios de la información documental previa al acuerdo, prevista originalmente en la Tercera Directiva en favor de los socios, a los obligacionistas, titulares de derechos especiales y representantes de los trabajadores (art. 46.1 RDLME)[26].

2010, p. 86; SÁNCHEZ-CALERO GUILARTE, J., "Informe de los Administradores...", ob. cit., p. 491; y EMPARANZA, A., "Modificaciones estructurales, preconcurso y protección de los derechos de los socios", en DÍAZ MORENO, A. y VÁZQUEZ CUETO, J. C. (dirs), *Sociedades y Concurso. Estudios de Derecho societario de la crisis*, Aranzadi, Cizur Menor (Navarra), 2018, p. 229.

26 Pese a la ampliación de los destinatarios de la información, existe un amplio consenso en la doctrina con respecto a que la información documental previa a la adopción del acuerdo de fusión está fundamentalmente dirigida a la tutela del interés de los socios, que son quienes deben acordar o rechazar la operación proyectada. En este sentido v. LARGO GIL, R., *La fusión de sociedades mercantiles. Fase preliminar, proyecto de fusión e informes*, 2.ª ed., Civitas, Madrid, 2000, pp., 262-263 y 428-429, quien señala que no solo se ven afectados por la fusión con carácter inmediato, sino que son los únicos legitimados para decidir sobre la realización de la fusión y las condiciones en las que es aprobada. Por lo que considera que la finalidad principal del proyecto de fusión, el informe de los administradores y el del experto independiente es proporcionar una información adecuada a los socios para que puedan valorar la operación en su globalidad. En el mismo sentido v. SÁNCHEZ-CALERO GUILARTE, J., "Informe de los Administradores...", ob. cit., p. 492, quien expresamente señala que el grado de protección de los socios es distinto al del resto de destinatarios de la información porque son quienes deben decidir. Si bien, advierte que la información es igualmente necesaria para el ejercicio de los derechos reconocidos a otros sujetos distintos de los socios. También comparte esta interpretación MARTÍ MOYA, V., *El procedimiento de...*, ob. cit., p. 86. Por su parte, PÉREZ TROYA, A., *La tutela del...*,

En el caso específico de los obligacionistas, se les reconoce el mencionado derecho de información, dado que, si la fusión es aprobada por la asamblea de obligacionistas, no podrán hacer valer los mecanismos de protección previstos en favor de los acreedores en el art. 13 RDLME, es decir, el derecho a *reclamar garantías adecuadas* (art. 13.4 RDLME). Asimismo, encuentra fundamento en el reconocimiento al comisario del sindicato de obligacionistas del derecho a asistir a la junta general con voz, pero sin voto (art. 421.4 LSC)[27]. Por otro lado, los titulares de derechos especiales pueden no ver reconocidos sus derechos en la sociedad resultante o no recibir un derecho equivalente (art. 4.1.3.º RDLME). Finalmente, la alteración de la estructura societaria suele originar la necesidad de reestructurar la organización empresarial subyacente. Entre otros aspectos, es frecuente que la unificación de varias empresas haga necesario ajustar la plantilla laboral a las nuevas necesidades organizativas. Por ejemplo, algunos puestos laborales pueden superponerse en la misma función o determinadas ramas de actividad pueden devenir ineficientes. Lo que explica que los representantes de los trabajadores también sean destinatarios de la información documental.

ob. cit., p. 377, llega a una conclusión similar, pero desde un planteamiento distinto. Niega que la función principal de la información en la fusión sea la formación de la voluntad de los socios para el ejercicio del derecho de voto, al menos exclusivamente o con carácter prioritario. La referida autora sostiene que, más allá de cumplir una función instrumental al servicio del derecho de voto, desempeña una función de control social, con el fin de evitar la imposición de la mayoría de socios sobre la minoría. Pero, en definitiva, todos ellos coinciden en que la información está fundamentalmente dirigida a la tutela de los socios en general o de la minoría de socios en particular.

27 IGLESIAS-RODRÍGUEZ, P., "El derecho de información del socio y otros interesados en las modificaciones estructurales", en ROJO, A., CAMPUZANO LAGUILLO, A. B., CORTÉS DOMÍNGUEZ, L. J. y PÉREZ TROYA, A. (coords.), *Las modificaciones estructurales de las sociedades mercantiles*, 2ª ed., Aranzadi, Madrid, 2024, pp. 294-295.

Por último, la importancia de la información no se agota en la preparación y adopción del acuerdo. Una vez aprobada la fusión, el acuerdo debe ser publicado en el BORME y en la web de la sociedad o, a falta de esta, en un diario de gran circulación en las provincias donde cada una de las sociedades participantes tenga su domicilio (art. 10.1 RDLME). Alternativamente, la publicación puede ser sustituida por la comunicación individual del acuerdo a todos los socios y acreedores, siempre y cuando sea realizada por escrito (lo que incluye vía electrónica) y mediante un "*procedimiento que asegure la recepción de aquél en el domicilio que figure en la documentación de la sociedad*" (art. 10.2 RDLME). En el anuncio debe hacerse constar el derecho de socios y acreedores a obtener el texto íntegro del acuerdo y del balance de fusión, al igual que exigía el derogado art. 43.1 LME, pero se ha suprimido la anterior referencia al derecho de oposición que ya no es reconocido en el RDLME. Del contenido del art. 10 RDLME se desprende que tanto el balance como el texto íntegro del acuerdo son considerados necesarios, por el legislador, para la tutela de los derechos de socios y acreedores con posterioridad a la aprobación de la fusión.

En lo que respecta a los socios, esta información *postacuerdo* puede serles útil para ejercer los distintos derechos que se les reconoce: el de enajenar sus acciones o participaciones (en las fusiones en las que se reconoce este derecho, *ex* art. 12.1 RDLME), solicitar una compensación complementaria (art. 12.4 RDLME) e impugnar la ecuación de canje (art. 49 RDLME), el acuerdo (art. 11 RDLME) o el balance de fusión (art. 45 RDLME). No obstante, una vez sustituido el derecho de oposición de los acreedores por el de reclamar garantías adecuadas (art. 13 RDLME) y dado que el plazo de ejercicio de este último comienza antes de la adopción del acuerdo (art. 13.1 RDLME), resulta difícil entender qué utilidad tiene para ellos el obtener el texto del acuerdo y del balance, más allá de para conocer el resultado de una decisión en la que no han participado, pero que les afecta, y, en su caso, el de ejercitar las acciones de impugnación o resarcimiento.

2.3. El papel nuclear del proyecto común de fusión

Entre la información anterior al acuerdo destaca el proyecto común de fusión, el cual constituye el eje central del sistema informativo de la operación[28]. Su puesta a disposición, con anterioridad a la convocatoria de la junta general, responde a la necesidad de que los distintos interesados, y especialmente los socios, puedan conocer con suficiente antelación cuáles son las condiciones de la modificación estructural propuesta y de esta forma puedan ejercer los derechos que se reconoce a cada uno de ellos. Su importancia en la fase decisoria del procedimiento de fusión, con respecto al resto de elementos que conforman la información documental, queda patente cuando la Ley establece que la deliberación sobre el acuerdo de fusión debe ajustarse "*estrictamente*" al proyecto y que su modificación unilateral equivale al rechazo de la misma (art. 47.1 RDLME)[29]. El proyecto, por

28 En este sentido v. LARGO GIL, R., *La fusión de...*, ob. cit., p. 261; y CORTÉS DOMÍNGUEZ, L. J. y PÉREZ TROYA, A., *Fusión de sociedades*, ob. cit., p. 124.

29 La inclusión en el vigente art. 47.1 RDLME del matiz de que solo equivale al rechazo la modificación unilateral del proyecto responde a un debate doctrinal que se inició con el art. 240 LSA de 1989 y continuó con el art. 40 LME. La interpretación de los preceptos que antecedieron al art. 47.1 RDLME evolucionó desde una posición más literal, que sostenía la inmodificabilidad del proyecto, hacia una interpretación en favor de la posibilidad de modificar el proyecto por parte de los socios bajo determinados presupuestos o límites. Entre los primeros, se consideró que la modificación del proyecto por la mayoría de socios podía servir para evitar de forma indirecta las cautelas previstas para el proceso de fusión en interés del resto de socios y otros interesados, por lo que la modificación del proyecto originario podía conllevar la necesidad de reiniciar *ex novo* el proceso, elaborando de nuevo los informes conforme al nuevo proyecto, dando publicidad tanto al proyecto modificado como al resto de documentos y requiriendo un nuevo acuerdo. Desde esta

perspectiva, aunque los accionistas estuviesen de acuerdo con las modificaciones introducidas, *"el acuerdo de fusión es un acuerdo con trascendencia para intereses distintos de los de los socios"*, v. DUQUE DOMÍNGUEZ, J. F., "La fusión en el Proyecto de reforma del Derecho de las Sociedades de Capital y su comparación con el Derecho comunitario de la Tercera Directiva", *Revista de Derecho Bancario y Bursátil*, n.º 32, 1988, p. 749. Respecto a la doctrina que ha sostenido la modificabilidad del proyecto de fusión, se han aportado los argumentos que se detallan a continuación. En primer lugar, se defendió que siempre que no se vieran afectadas las líneas esenciales de la operación, la junta general podía modificar el proyecto sin necesidad de volver atrás en el procedimiento, v. GÓMEZ PORRÚA, J. M., *La fusión de sociedades anónimas en el derecho español y comunitario*, La Ley, Madrid, 1991, p.204; y ROMERO FERNÁNDEZ, J. A., *El derecho de información documental del accionista*, Marcial Pons, Madrid, 2000, p. 314. Otros autores se han manifestado en un sentido similar, aunque matizando que más que defender la modificabilidad o inmodificabilidad del proyecto de fusión son favorables a la *estabilidad* de este. Es decir, consideran que el proyecto es modificable, pero no de forma ilimitada y sin fundamento, sino cuando concurran determinadas circunstancias y bajo ciertos límites, fundamentalmente en atención al aspecto modificado, v. LARGO GIL, R., *La fusión de...*, ob. cit., pp. 500-528; y LARGO GIL, R., "La modificación del proyecto de fusión por los socios", en *Derecho de sociedades. libro homenaje al profesor Fernando Sánchez Calero*, vol. 5, McGraw-Hill, España, 2002, pp. 5062-5079. Por su parte, PÉREZ TROYA, A., La tutela del..., ob. cit., pp. 364-376, entendió que ni el análisis normativo de la LSA de 1989 ni la ratio de las exigencias informativas previstas en la fusión justificaban el pretendido carácter inmodificable del proyecto. Según sostuvo, las garantías informativas seguían siendo efectivas pese a la modificación del proyecto, pues habían servido para formar la emisión del voto de los socios y en base a ello habían podido decidir modificar el proyecto. Además, los documentos informativos seguirían ofreciendo la posibilidad de valorar la congruencia de la decisión adoptada, a pesar de no ser la inicialmente proyectada, y en su caso impugnar la fusión. Por último, argumentó que las garantías informativas, cuya finalidad era asegurar la tutela de los derechos de los socios, no podían ser interpretadas en un sentido que limitara tales derechos o el principio de soberanía de la junta. En el mismo sentido, pero respecto a la LME v. CORTÉS DOMÍNGUEZ, L. J. y PÉREZ TROYA, A., "La Ley de modificaciones estructurales y el nuevo régimen de la fusión", en GÓMEZ SEGADE, J. A.; GARCÍA VIDAL, Á. y OLIVENCIA RUIZ, M. (coords.), *El Derecho Mercantil en el umbral del siglo XXI: libro homenaje al Prof. Dr. Carlos Fernández-Novoa*, Marcial Pons, Madrid, 2010, p. 134. Finalmente, tanto, cumple una función nuclear en el procedimiento de fusión al contener las bases del futuro acuerdo. Los demás documentos enumerados en el art. 46 RDLME comparten con el proyecto de fusión la función de proporcionar los suficientes elementos de juicio para que los distintos afectados por la fusión puedan ejercer los derechos reconocidos por el RDLME para la defensa de sus derechos e intereses.

Siendo el proyecto de fusión el documento que contiene las condiciones de la fusión, el resto de documentos están llamados a desempeñar una función complementaria con respecto a aquél. Así pues, el informe de los administradores debe clarificar las menciones del proyecto, explicando y justificando de manera detallada su contenido, tanto en sus aspectos jurídicos como económicos, y su posible incidencia sobre los trabajadores, la actividad empresarial de la sociedad y los acreedores (art. 5.1 RDLME). Como novedad, con respecto a la LME, el informe del órgano de administración se divide en dos secciones destinadas respectivamente a socios y trabajadores (art. 5.2 RDLME). La parte destinada a los socios es renunciable por estos, si todos los socios con

en relación con el art. 40.1 LME, se señaló que el supuesto excluido por la norma era únicamente la modificación unilateral del proyecto por parte de una sociedad, v. CORTÉS DOMÍNGUEZ, L. J., "Novedades en el régimen de la fusión", *El Notario del siglo XXI*, n.º 28, 2009, [https://www.elnotario.es/]. En apoyo de este último argumento v. la RDGRN de 3 de octubre de 2013 (TOL3.999.070) donde se admitió la posibilidad de modificar en una segunda reunión de la junta general el acuerdo de fusión ya aprobado, sin necesidad de elaborar un nuevo proyecto ni de reiniciar el proceso. Es decir, no solo se modificó el proyecto, sino que la modificación se realizó mediante la rectificación de un acuerdo de fusión ya adoptado conforme al proyecto de fusión original. Además, la modificación fue sustancial pues en el segundo acuerdo se excluyó a una de las sociedades participantes en la fusión. En el fundamento cuarto de la comentada resolución la DGRN, entre otros argumentos alegados para apoyar su decisión, interpretó que el art. 40 LME solo prohibía la modificación unilateral.

derecho de voto de cada una de las sociedades participantes lo acuerdan (art. 5.4 RDLM), mientras que la sección dedicada a los trabajadores solo se exceptúa cuando los únicos trabajadores que tenga la sociedad, o sus filiales, sean los propios administradores y cuando la modificación estructural sea una transformación interna (art. 5.8 RDLME).

El informe de expertos, por su parte, aporta una opinión técnica sobre la congruencia del tipo de canje y la correspondencia entre el patrimonio aportado y el capital social. De tal forma que este informe permite a los socios contrastar el contenido del proyecto, formulado por los administradores, con la garantía que supone la intervención de un *controlador externo*[30]. A las dos partes en las que se dividía el informe de expertos bajo la LME (una sobre el tipo de canje y otra sobre la suficiencia de las aportaciones realizadas), se ha añadido una tercera dirigida específicamente a valorar la adecuación de las garantías ofrecidas a los acreedores, de carácter voluntaria para la sociedad y correspondiendo tal decisión a los administradores (*cfr.* art. 7 y art. 41 RDLME).

Los estatutos sociales vigentes (art. 46.1.3.º RDLME), junto con el proyecto de escritura de constitución o, en su caso, los estatutos de la sociedad absorbente, en los que deben destacarse las modificaciones que vayan a incluirse (art. 46.1.4.º RDLME), permiten a los socios comparar el contenido de los estatutos de la sociedad, antes de la fusión, con los estatutos propuestos para la

30 LARGO GIL, R., *La fusión de sociedades...*, ob. cit., pp., 261-268; 425-433; y 466-473, realizó un detallado análisis sobre la conexión existente entre el proyecto de fusión, el informe de los administradores y el del experto independiente. En su estudio sobre los referidos documentos, concluyó que los dos informes complementan la función informadora del proyecto de fusión desde dos planos. Por un lado, añaden datos no contenidos en el proyecto y, por otro lado, sirven para valorar la información recogida en el proyecto, desde el punto de vista de los administradores y desde el del experto independiente como *controlador externo*.

sociedad resultante en el proyecto de fusión (art. 40.2.º RDLME). Así se facilita a los socios el poder valorar las implicaciones sobre sus derechos y obligaciones que puedan derivarse de la alteración de los estatutos con motivo de la fusión.

Pues bien, junto a los referidos documentos, el RDLME exige que los socios y demás interesados cuenten con una información contable precisa sobre las sociedades participantes, con anterioridad a la adopción del acuerdo. Dicha información no solo consta en el balance de fusión (art. 46.1.2.º RDLME), sino que la imagen patrimonial actualizada de las sociedades recogida en el balance es completada por la contenida en las cuentas anuales e informes de gestión de los tres últimos ejercicios y, cuando corresponda, los informes de auditoría (art. 46.1.1.º RDLME). De esta forma se garantiza que los socios y demás destinatarios conozcan la situación patrimonial actual de las sociedades participantes, pudiendo compararla con la de los tres ejercicios anteriores a la fusión.

Parece evidente que el legislador da relevancia a que los socios y el resto de destinatarios cuenten con una información contable actualizada, global y de cierto recorrido para la valoración de las consecuencias económicas que producirá la fusión. Estas incidirán fundamentalmente sobre los intereses de los socios, pero también pueden afectar a las demás categorías de interesados mencionadas en el art. 46 RDLME. Sin olvidar a los acreedores, quienes solo tienen acceso al balance de fusión tras la aprobación de la operación (art. 10.1 RDLME).

La información debe ser relativamente actualizada porque así lo garantiza la necesidad de formular un balance específico cerrado con posterioridad al primer día del tercer mes previo al proyecto de fusión, cuando el último balance de ejercicio no haya sido cerrado dentro de los seis meses que preceden a la suscripción del proyecto (art. 43.1 RDLME). Lo cual debe ser puesto en relación con la obligación de los administradores de comunicar a las juntas de todas las sociedades participantes cualquier modificación importante del activo o del pasivo acaecida entre la fecha de redacción del proyecto de fusión y la de celebración de la junta general que haya de aprobarla (art. 46.3 RDLME).

Tiene carácter global, en el sentido de que la información contable que debe ser puesta a disposición de los sujetos recogidos en el art. 46.1 RDLME no se limita a la de la sociedad de la que forma parte el socio o aquella a la que están vinculados (en el caso de los demás interesados), sino que incluye la de todas las sociedades participantes. Así se desprende del uso del plural por parte del legislador al referirse tanto a las cuentas, informes de gestión y, en su caso, de auditoría *"de las sociedades"* (art. 46.1.1.º RDLME), como al *"balance de fusión de cada una de las sociedades"* (art. 46.1.2.º RDLME).

Finalmente, es de cierto recorrido porque no se circunscribe a la situación patrimonial inmediatamente anterior a la preparación de la fusión, sino que se extiende a los tres ejercicios previos (art. 46.1.1.º RDLME). Esta previsión responde a la necesidad de proporcionar una visión más amplia y así evitar el posible sesgo que originaría el mostrar únicamente la información de un ejercicio concreto. Asimismo, permite conocer la evolución financiera de las sociedades implicadas en la fusión, mostrando entre otros aspectos, los cambios producidos en los distintos ejercicios en sus flujos o en su política de dividendos.

2.4. La relación del balance de fusión con el proyecto común de fusión

El contenido que debe presentar el proyecto de fusión es regulado en los arts. 4, en las disposiciones comunes a cualquier modificación estructural, y el art. 40, en las disposiciones generales que rigen la fusión, del RDLME. Las menciones que se enumeran en los citados preceptos constituyen el *contenido mínimo e inderogable* que el legislador de forma expresa considera esencial para que los socios estén adecuadamente informados sobre las condiciones de la fusión proyectada, información que además deberá ser completada con los documentos que figuran en el art. 46.1 RDLME. No obstante, las menciones que aparecen en los arts. 4 y 40 RDLME no son las únicas que deben figurar necesariamente en el proyecto de fusión. Además de las menciones legalmente exigidas por los referidos preceptos, que constituyen el contenido mínimo obligatorio del proyecto, se distingue un *contenido variable y contingente*, que depende de las características particulares de cada fusión y de las sociedades que intervienen en ella[31].

Dentro de la enumeración de los arts. 4 y 40 RDLME encontramos menciones tan variadas que resulta difícil establecer una clasificación por su contenido, más aún teniendo en cuenta que en las sucesivas normas que han regulado la fusión se ha ido añadiendo cada vez más contenido. Sirva como ejemplo el hecho de que, en el art. 31 LME, se establecían once menciones obligato-

31 En relación con la LSA de 1989, v. ROJO, A., "La fusión de...", ob. cit., p. 358; GÓMEZ PORRÚA, J. M., *La fusión de...*, ob. cit., p. 184; y LARGO GIL, R., *La fusión de sociedades...*, ob. cit., pp. 276-278. A grandes rasgos, los citados autores defienden una posición similar ante la distinción entre un *contenido mínimo e inderogable* o *funcionalmente necesario* y un *contenido variable y contingente*. Sin embargo, mientras algunos solo incluyen dentro de la primera categoría el contenido expresamente exigido por el legislador (v. ROJO, A., "La fusión de...", ob. cit., p. 358), otros añaden aquellas menciones que deban ser incorporadas con motivo de otras disposiciones o en virtud de la función informativa del proyecto de fusión (v. LARGO GIL, R., *La fusión de sociedades...*, ob. cit., pp. 276-278). Respecto a la LME, v. LARGO GIL, R., "La fase previa y el proyecto de fusión", en RODRÍGUEZ ARTIGAS, F. *et al.* (dirs.), *Modificaciones estructurales de las sociedades mercantiles*, t. I, Aranzadi, Cizur Menor (Navarra), 2009, pp. 445-446, mantiene una interpretación similar a la sostenida antes de la entrada en vigor de la LME.

rias y, en el RDLME, sumando el contenido del art. 4 y el del 40, han pasado a ser dieciséis. Sin embargo, podemos distinguir:

— Las menciones relativas a la identificación registral de las sociedades participantes (art. 40.1.º RDLME), incluida la sociedad resultante, si fuese por constitución (art. 40.2.º RDLME). Mención, esta última, en la que se deben incluir, además, el proyecto de escritura y los estatutos de la nueva sociedad. Asimismo, en virtud del art. 4.1.º RDLME, debe hacerse constar la denominación, el tipo social y el domicilio de las sociedades que proyectan fusionarse, inclusive los de la sociedad resultante; y, en atención al art. 4.1.2.º RDLME, la manifestación del tipo de modificación estructural que se pretende realizar y el calendario propuesto para llevarla a cabo.

— El contenido relativo a las condiciones económicas de la fusión, que será objeto de análisis en el siguiente capítulo. Estas menciones comprenden el tipo de canje, la compensación complementaria en dinero y el procedimiento de canje (art. 40.3.º RDLME); la fecha de participación en ganancias de los socios incorporados a la sociedad resultante (art. 40.5.º RDLME); la fecha de efectos contables (art. 40.6.º RDLME); la información sobre la valoración del activo y pasivo del patrimonio de las sociedades absorbidas o incorporadas a la sociedad de nueva creación (art. 40.7.º RDLME); y las fechas de las cuentas utilizadas para fijar las condiciones en que se realiza la fusión (art. 40.8.º RDLME). Asimismo, debe incluirse en esta categoría, la mención sobre la compensación en efectivo ofertada a los socios a quienes se les reconozca el derecho a enajenar sus acciones o participaciones (art. 4.6.º RDLME). Aunque solo sea requerida en dos supuestos: por un lado, en las fusiones por absorción de sociedad participada en más del noventa por ciento, sin llegar a la totalidad, en las que se prescinda de los informes de administradores y experto independiente; y, por otro lado, en las fusiones transfronterizas, para aquellas sociedades afectadas por un cambio de Ley aplicable (art. 12 RDLME).

— Las menciones de carácter *jurídico-subjetivo*, denominadas así por ser aquellas referidas a sujetos o categorías de sujetos concretos que intervienen en la fusión o pueden verse afectados por ella. Estos son los socios industriales o quienes realicen alguna prestación accesoria en las sociedades extinguidas (art. 40.4.º RDLME); los titulares de derechos especiales o tenedores de títulos no representativos del capital (art. 4.3.º RDLME); los expertos independientes y los administradores de cualquiera de las sociedades fusionadas, si se les atribuye algún tipo de ventaja en la sociedad resultante (art. 4.5.º RDLME)[32].

— En el RDLME, a diferencia de la regulación anterior, se incorporan menciones al contenido del proyecto que están destinadas a sujetos distintos de los socios, también

32 LARGO GIL, R., *La fusión de sociedades...*, ob. cit., p. 279, definió esta categoría e incluyó en ella las menciones relativas a los derechos que se proponía otorgar en la sociedad resultante a los titulares de acciones de clases especiales y a los titulares de derechos especiales distintos de las acciones que se extinguirían por la fusión, o las opciones que en su caso les fuesen ofrecidas [art. 235. e) LSA de 1989]; y las menciones sobre las ventajas atribuidas en la sociedad resultante a los expertos independientes que intervinieran en el proyecto de fusión o a los administradores [art. 235.f) LSA de 1989]. Las anteriores se corresponden con las actuales menciones de los apartados 3.º y 5.º del art. 4 RDLME, a las que hemos añadido la del art. 40.4.º RDLME, sobre la incidencia de la fusión en las aportaciones de industria o prestaciones accesorias y las compensaciones que vayan a atribuirse a los socios afectados en la sociedad resultante. Aunque esta última no figuraba en la LSA de 1989 cuando se propuso la comentada clasificación, consideramos que su contenido comparte una finalidad similar a la del art. 235.e) LSA de 1989, informar a sujetos cuyos intereses se ven afectados de forma particular por la fusión.

afectados por la modificación estructural y merecedores de tutela. Estas son las menciones relativas a las implicaciones de la operación para los acreedores, en las que deben figurar, en su caso, las garantías ofrecidas (art. 4.1.4.º RDLME); y la concerniente a las consecuencias que se estima que tendrá la modificación estructural sobre el empleo (art. 4.1.7.º RDLME).

— Resta hacer referencia a una mención difícilmente encuadrable entre las demás, pero exigida por el art. 40.9.º RDLME, sobre la acreditación de que la sociedad se encuentra al corriente en el cumplimiento de las obligaciones tributarias y frente a la Seguridad Social.

Es necesario advertir que el contenido del proyecto relativo a las condiciones económicas de la fusión va más allá de los efectos sobre la estructura patrimonial o financiera de las sociedades participantes y alcanza por igual a la estructura personal de las sociedades participantes. Esto se debe a que entre tales menciones se encuentra el tipo de canje, el cual determinará la distribución interna, entre los socios de las sociedades fusionadas, del capital social de la sociedad resultante y, en consecuencia, el peso relativo de cada uno de ellos tras la fusión. Su designación como condiciones económicas de la operación solo responde a que la información ofrecida en dichas menciones es de carácter económico-financiero, pero no sus efectos, que inciden en la esfera personal y patrimonial de las sociedades. Estas menciones concretan la forma en la que se ejecutaran dos de los efectos característicos de la fusión, la sucesión patrimonial y la incorporación de los socios de las sociedades extinguidas. El tercer efecto, la extinción de las sociedades absorbidas o incorporadas, aunque es necesario para la consecución del objetivo de la fusión, la integración de una pluralidad de sociedades bajo una misma personalidad jurídica, es una consecuencia automática de la inscripción de la fusión que no requiere ser definida o concretada en el proyecto de fusión.

La distinción entre los comentados efectos nos permite crear una subdivisión conceptual dentro de la categoría de las menciones del proyecto sobre las condiciones económicas de la fusión. Por un lado, podemos distinguir las menciones asociadas al efecto de la incorporación de los socios de las sociedades extinguidas a la sociedad resultante y, por otro lado, aquellas que guardan relación con el efecto de la sucesión patrimonial.

Con respecto a la primera categoría, debe partirse de que el efecto de la incorporación de los socios está directamente vinculado con el problema de la determinación del tipo de canje, o relación de equivalencia entre las acciones o participaciones de la sociedad absorbida o incorporada y las de la sociedad resultante. Consecuentemente, esta primera categoría que proponemos, dentro de las menciones del proyecto relativas a las condiciones económicas de la fusión, engloba aquellas disposiciones referidas o relacionadas con el tipo de canje y la incorporación de los socios. Comprende las menciones que hacen referencia expresa al tipo de canje, la compensación complementaria en dinero y el procedimiento de canje (art. 40.3.º RDLME), pero también la relativa a la fecha a partir de la cual las nuevas acciones o participaciones darán derecho a participar en las ganancias sociales (art. 40.5.º RDLME).

La segunda categoría que hemos diferenciado, dentro del contenido del proyecto de carácter económico, está formada por aquellas menciones relacionadas con el efecto de la sucesión patrimonial y contable. En concreto, nos referimos a la fecha de efectos contables (art. 40.6.º RDLME) y la información sobre la valoración del activo y del pasivo transmitido a la sociedad resultante (art. 40.7.º RDLME). Aunque sean cuestiones formalmente distintas, el efecto de la sucesión patrimonial está conectado con la sucesión contable. Dado que la sucesión contable es la representación o el reflejo de la sucesión patrimonial en la contabilidad. Esta designa el proceso de traslación de los registros contables de las sociedades fusionadas a la sociedad resultante para su unificación, siendo la unificación contable la consecuencia o la plasmación en la contabilidad de la unificación patrimonial, si bien ambas no tienen que venir referidas a la misma fecha[33].

Las comentadas menciones de carácter económico del proyecto de fusión, tanto las relacionadas con la incorporación de los socios como con la sucesión patrimonial, están conectadas con la información reflejada en los balances de fusión y el resto de la información contable. Ambas no pueden ser comprendidas como elementos aislados, sino como complementarias, constituyendo la información contable la base sobre la que se establecen y justifican las condiciones económicas del acuerdo de fusión. Es decir, la información contable en la fusión (apartados 1.º y 2.º art. 46.1 RDLME) no ofrece la imagen de la situación financiera y del valor patrimonial de las sociedades participantes con el mero propósito de contextualizar las circunstancias económicas en que se realiza la operación. Al contrario, debe servir de soporte al contenido económico del proyecto, motivo por el cual se requiere indicar en el proyecto "*Las fechas de las cuentas de las sociedades que se fusionan utilizadas para establecer las condiciones en que se realiza la fusión*" (art. 40.8.º RDLME). Esta última mención conecta el contenido del proyecto de fusión, donde se recogen las condiciones de la operación, con la información contable que sirve de base valorativa para fijar tales condiciones, en especial el tipo de canje. Como explicaremos más adelante, dicha información valorativa es ofrecida fundamentalmente por los balances de fusión.

33 Los efectos de la sucesión contable, aunque están condicionados a que la fusión devenga eficaz y se produzca la sucesión patrimonial, suelen retrotraerse a un momento anterior a la inscripción de la fusión, que viene determinado por las NRV 19.ª y 21.ª PGC y los arts. 47-52 RICAC de 5 de marzo de 2019, como veremos *infra* "Capítulo II.3".

Ahora bien, como expondremos al estudiar individualizadamente cada mención, la relación con el balance de fusión de cada una de ellas no es siempre directa, sino mediata en algunos casos. Como ocurre en la mención relativa al tipo de canje, donde no se exige una correlación directa o exacta entre el valor del patrimonio neto reflejado en los balances y la ecuación de canje, si bien deben tomarse como base las valoraciones contenidas en estos, sobre la que se realizaran los oportunos ajustes o de la que partirá la valoración según el método empleado (no necesariamente asociada a un método estático), para justificar el tipo de canje propuesto. Asimismo, menciones que tradicionalmente han guardado una estrecha relación con el balance de fusión han quedado desvinculadas de este por la evolución de la normativa contable. Es el caso de la fecha de efectos contables (art. 40.6.º RDLME), que sin embargo merece ser incluida por la confusión que sigue generando en la actualidad el cambio operado en la regulación contable.

En el capítulo que sigue a continuación analizaremos las menciones sobre las condiciones económicas de la fusión, que deben figurar en el proyecto según el art. 40 RDLME, y su relación con el balance de fusión, en particular, y con la información contable en general. Para ello seguiremos con carácter general el orden establecido en el artículo antes citado, sin embargo, consideramos apropiado alterar la estructura legal en relación con la mención del art. 40.8.º RDLME. Comenzaremos con la citada mención por constituir el nexo que conecta la información contable con el proyecto. Por último, debemos advertir que no se ha incluido un apartado específico para la mención relativa a la compensación por la enajenación de las acciones o participaciones, por ser únicamente de aplicación en las fusiones transfronterizas y, en lo que se refiere a las fusiones internas, en el supuesto específico de absorción de sociedad participada en más del noventa por ciento en la que se prescinda de los informes de administradores y experto independiente.

Capítulo II

LAS MENCIONES DE CARÁCTER ECONÓMICO DEL PROYECTO DE FUSIÓN

1. LAS FECHAS DE LAS CUENTAS DE LAS SOCIEDADES UTILIZADAS PARA ESTABLECER LAS CONDICIONES EN QUE SE REALIZA LA FUSIÓN

El artículo 40.8.º RDLME encuentra su origen en el art. 5.l) de la Directiva 2005/56/CE del Parlamento europeo y del Consejo, de 26 de octubre de 2005, relativa a las fusiones transfronterizas de las sociedades de capital[34]. La finalidad de dicha Directiva era facilitar las fusiones entre sociedades de capital pertenecientes a los distintos Estados miembros, lo que redundaría en la mejora del funcionamiento del mercado interior[35]. No obstante, por los acuerdos entre la Unión Europea y el Espacio Económico Europeo (en adelante EEE) se extendió su ámbito de aplicación[36]. Por ese motivo el art. 80.1.2.º RDLME define las fusiones transfronterizas como aquellas en las que participen sociedades de capital constituidas de conformidad con la legislación de un Estado parte del EEE (con domicilio social, administración central o centro de actividad principal dentro del EEE), en las que al menos dos de ellas estén sujetas a la legislación de Estados miembros diferentes y uno de ellos sea España.

34 En la actualidad figura en el art. 122.l) Directiva (UE) 2017/1132.

35 Considerandos 1 y 2 de la Directiva 2005/56/CE.

36 V. DÍAZ RUIZ, E., "La fusión de sociedades; en particular, las fusiones transfronterizas", en BENEYTO PÉREZ, J.M. y LARGO GIL, R. (dirs.) y HERNÁNDEZ SAINZ, E. (coord.), *Transmisiones de empresas y modificaciones estructurales de sociedades*, Bosch, Barcelona, 2010, pp. 368-369.

La Directiva de fusiones transfronterizas no estableció una regulación completa de la operación, sino una serie de previsiones específicas a las que se aplicaría con carácter supletorio la legislación nacional de las fusiones internas (art. 4. Directiva 2005/56/CE). Entre dichas previsiones se incluyó el contenido mínimo del proyecto común de fusión transfronteriza (art. 5 Directiva 2005/56/CE), que era más amplio que el exigido por la Tercera Directiva para las fusiones nacionales. Así pues, además de reproducir las menciones que en su momento estableció la Tercera Directiva, se añadieron las siguientes: las posibles consecuencias sobre el empleo [art. 5.d)]; los estatutos de la sociedad resultante [art. 5.i)]; en su caso, los procedimientos por los que se habría de determinar la implicación de los trabajadores en la definición de sus derechos de participación en la sociedad resultante [art. 5.j)]; la información sobre la evaluación del patrimonio activo y pasivo transferido a la sociedad resultante [art. 5.k)]; y las fechas de las cuentas de las sociedades que se fusionan utilizadas para establecer las condiciones en que se realiza la fusión [art. 5.l)].

El legislador podría haber optado por requerir en las fusiones nacionales las menciones exigidas por la Tercera Directiva y en las transfronterizas el contenido del art. 5 de la Directiva 2005/56/CE[37]. Sin embargo, la solución a la que llegó fue, tanto en la LME como en el RDLME, integrar los requisitos del proyecto de fusión transfronteriza con los del proyecto de fusión exigido para las fusiones en las que todas las sociedades participantes estuvieran sujetas al ordenamiento español. Salvo aquellos que no eran

37 El legislador italiano decidió no incluir las menciones contenidas en la Directiva sobre fusiones transfronterizas en el contenido exigible al proyecto común de fusión en las fusiones nacionales, sin que ello contravenga el contenido de la citada Directiva, pues su ámbito de aplicación solo se extiende a las fusiones transfronterizas. *Cfr.* art. 2501 ter *Codice civile* y art. 6 *Decreto Legislativo 30 maggio 2008, n. 108, Attuazione della direttiva 2005/56/CE, relativa alle fusioni transfrontaliere delle società di capitali.*

conciliables con el régimen de la fusión nacional, que figuran en el art. 84 RDLME[38]. Eso explica por qué parte del contenido del art. 40 RDLME, y previamente en el art. 31 LME, procede de la Directiva de fusiones transfronterizas, entre ellas el apartado relativo a la fecha de las cuentas utilizadas para fijar las condiciones de la fusión (art. 40.8.º RDLME). Ahora bien, las cuestiones fundamentales que plantea el comentado precepto son, por un lado, qué debe entenderse por "*condiciones en que se realiza la fusión*" y, por otro lado, a qué documentos utilizados para fijar tales condiciones puede remitirse el proyecto, conforme al art. 40.8.º RDLME. La segunda de las cuestiones tiene una especial significación en nuestro ordenamiento, ya que la función de ofrecer la información sobre el valor y la estructura del patrimonio de las sociedades participantes en la fusión ha recaído tradicionalmente en el balance de fusión y, sin embargo, el legislador ha decidido trasladar literalmente el contenido de la Directiva 2005/56/CE refiriéndose a "*las cuentas*".

La DGRN interpretó el art. 31.10.ª LME, antecedente legal del art. 40.8.º RDLME, como una mención de carácter indiciario que conecta el contenido del proyecto con la información completa sobre la base económica de la operación, que en teoría es reflejada en el balance de fusión[39]. Asimismo, conforme a esta interpre-

38 El proyecto de fusión transfronteriza debe incluir, además del contenido exigible conforme en las modificaciones fusiones internas (arts. 4.1 y 40 RDLME), la información sobre los procedimientos por los que se determinen las condiciones de implicación de los trabajadores en la definición de sus derechos de participación en la sociedad resultante de la fusión, de acuerdo con el art. 84 RDLME.

39 RDGRN de 10 de abril de 2014 (TOL4.277.895), fundamento de derecho cuarto: "*Es cierto, como puso de relieve este Centro Directivo en Resolución de 22 de marzo de 2002, que el balance de fusión tiene un alcance eminentemente informativo, en cuanto sirve para permitir que los socios y los demás interesados a los que se refiere la Ley conozcan la situación económica de las sociedades que participan en la fusión. Pero no es menos cierto que cumple una finalidad*

tación, el balance de fusión explica las condiciones económicas de la modificación estructural solo mencionadas en el proyecto[40].

El significado que atribuye el RDLME a *"las condiciones en que se realiza la fusión"* no se relaciona con el problema del traslado de los registros contables a la sociedad resultante, o sucesión contable. De modo que no tendrá que coincidir la fecha a la que hace referencia la mención 8.ª del art. 40 RDLME con la de efectos contables, que tiene su propia mención en el proyecto (art. 40.6.º RDLME)[41] y debe regirse por lo dispuesto en el PGC[42].

El art. 40.8.º RDLME se refiere a una cuestión distinta, que es la valoración de los patrimonios sobre la que debe ser calculado el tipo de canje (art. 40.3.º RDLME) conforme al art. 36 RDLME. La vinculación entre el art. 40.8.º RDLME y el tipo de canje (art. 40.3.º RDLME) se hace manifiesta al examinar los supuestos en

adicional en cuanto sirve de base a las condiciones en que se propone a las personas interesadas llevar a cabo la fusión (artículo 25.1 de la Ley 3/2009), les proporciona información sobre tales circunstancias a fin de que ejerciten sus derechos con el mayor grado de conocimiento posible y, en su caso, para que ejerciten las acciones resarcitorias que el ordenamiento les reconoce (artículo 47 de la Ley 3/2009)".

40 RDGRN de 21 de abril de 2014 (TOL4.357.883), fundamento de derecho segundo: *"Por lo que a los socios se refiere, la Ley 3/2009, de 3 de abril, sobre modificaciones estructurales de las sociedades mercantiles establece en su artículo 31.10ª que el proyecto de fusión elaborado por los administradores debe hacer referencia a las «fechas de las cuentas de las sociedades que se fusionan utilizadas para establecer las condiciones en que se realiza la fusión», condiciones que incluyen el tipo de canje y la valoración del patrimonio a transmitir (artículo 31, 2.ª y 9.ª). En la medida en que esta información es solo indiciaria la Ley obliga a poner a disposición de socios y demás personas relacionadas estrechamente con la sociedad los documentos completos que puedan serles de utilidad a fin de ejercer sus derechos comprobando si lo estiman oportuno que las premisas establecidas para la realización de la fusión son conformes con la realidad de las cosas".*

41 V. FERNÁNDEZ DEL POZO, L., *El derecho contable...*, 2010, ob. cit., p. 103.

42 NRV 19.ª y 21.ª PGC y los arts. 47-52 RICAC de 5 de marzo de 2019, como veremos *infra* "Capítulo II.3".

los que se exime la inclusión de ambas menciones en el proyecto. Cuando la fusión es por absorción de sociedad (o sociedades) íntegramente participada (art. 53 RDLME) o una de las operaciones asimiladas a esta (art. 56 RDLME), se prescinde de tales menciones. Según el art. 53.1.1.º RDLME, cuando la sociedad absorbente es titular, ya sea de forma directa o indirecta, de la totalidad del capital social de las sociedades absorbidas, no será necesario incluir en el proyecto de fusión las menciones relativas al tipo de canje, la fecha de participación en las ganancias de los titulares de las nuevas acciones o participaciones, la información sobre la valoración del patrimonio transmitido a la sociedad resultante y las fechas de las cuentas utilizadas para establecer las condiciones en que se realiza la fusión. El sentido de la reducción del contenido mínimo exigible al proyecto de fusión en este tipo de operaciones es que no se requiere la incorporación de socios de las sociedades extinguidas y, por ello, se prescinde del canje de acciones o participaciones. Por tanto, entendemos que cuando el legislador se refiere a las condiciones de la fusión, en el art. 40.8.º RDLME, lo hace pensando en la ecuación de canje[43]. Así pues, la fecha que deberá ser incluida en el correspondiente apartado del proyecto de fusión será la de cierre de las cuentas que han sido tomadas como base valorativa para la fijación del tipo de canje[44].

En cuanto a qué documento (o documentos) puede cumplir dicha función, como hemos señalado anteriormente, la DGRN considera que es el balance de fusión el documento que debe reflejar la base económica sobre la que se determinen las condiciones de la operación[45]. Esta interpretación parece la más acorde con la vo-

---

43 De la misma opinión v. LARGO GIL, R., "La fase previa...", ob. cit., p. 455.

44 En este sentido v. GONZÁLEZ-MENESES, M. y ÁLVAREZ, S., *Modificaciones estructurales de...*, ob. cit., p. 158.

45 V. RDGRN de 21 de octubre de 2015 (TOL5.555.223), fundamento de derecho quinto: "*De todo ello resulta que el balance de fusión constituye la base*

luntad del legislador dado que: aporta una imagen actualizada de la situación patrimonial de las sociedades participantes, que como máximo puede ser seis meses anterior a la del proyecto para poder servirle de base valorativa (art. 43.1 RDLME); los elementos patrimoniales que lo componen pueden ser actualizados conforme a su valor razonable (art. 43.2 RDLME), para ofrecer una información más aproximada al valor razonable del patrimonio de las sociedades exigido por el art. 36.1 RDLME en la determinación del tipo de canje; y está sometido a una serie de requisitos formales que garantizan, en la medida de lo posible, la veracidad de su contenido y que este sea conocido por los socios. Entre dichos requisitos están su verificación mediante informe de auditoría si la sociedad está obligada a auditar sus cuentas (art. 44 RDLME), su puesta a disposición de los socios antes de la publicación de la convocatoria de la junta que haya de resolver sobre la fusión (art. 46.1.2.º RDLME) e incluso después de la adopción del acuerdo (art. 10 RDLME) y su aprobación en la misma junta que delibere sobre la fusión (art. 44 RDLME), pudiendo ser impugnado (art. 45 RDLME).

Sin embargo, la posición de la DGRN no es compartida por toda la doctrina. Ha habido quienes han considerado que el art. 40.8.º RDLME excluye la posibilidad de utilizar el balance de fusión, por exigir una fecha concreta mientras que los balances de fusión de las distintas sociedades no tienen por qué coincidir en su fecha de cierre[46]. No consideramos que la redacción del art. 40.8.º RDLME impida recurrir a los balances de fusión por el motivo alegado, pues el citado precepto no exige una fecha común, se refiere a "*las fechas*" en plural.

---

económica de la operación, base económica que, «cuando exista obligación de auditar» (artículo 37 de la Ley 3/2009), ha de ser contrastada mediante la opinión técnica del auditor".

46 V. en relación con el derogado art. 31.10.ª LME GONZÁLEZ-MENESES, M. y ÁLVAREZ, S., *Modificaciones estructurales de...*, ob. cit., p. 162.

Otra interpretación sugiere que el art. 40.8.º RDLME permite fijar las condiciones de la fusión tanto con el balance de fusión como con otros documentos contables. Se considera que lo más habitual será que la fecha que figure en la mención del proyecto exigida por el art. 40.8.º RDLME sea la fecha común de cierre de los balances de fusión, pero no se descarta que pueda decidirse tomar otra fecha distinta como referencia temporal para la fijación del tipo de canje[47]. En líneas generales compartimos esta opinión, aunque con ciertas matizaciones, ya que apreciamos que la fecha de los documentos a los que se remita el proyecto en virtud del art. 40.8.º RDLME debe cumplir las siguientes dos condiciones.

— La primera es que los documentos deben ser estados contables. Lo que se desprende de la referencia a "*las cuentas*" en el art. 40.8.º RDLME (incluyendo sin duda los balances de fusión, aunque no formen parte de las cuentas anuales). A nuestro juicio, este requisito se justifica en que el criterio del valor razonable como base de la determinación del tipo de canje (art. 36 RDLME), unido al principio de continuidad en la participación (art. 35 RDLME), impide la fijación de un tipo de canje arbitrario. Por este motivo, la valoración debe partir de datos objetivos, que son proporcionados por la información contable. Sin perjuicio de que sobre dicha base se puedan aplicar aquellos métodos que sean aceptados por la ciencia económica o aquellos ajustes valorativos que resulten justificados.

— La segunda es que tienen que formar parte de la información documental ofrecida en el proceso de fusión *ex*

47 V. respecto al comentado precepto en la LME FERNÁNDEZ DEL POZO, L., *El derecho contable...*, 2010, ob. cit., p. 103.

art. 46 RDLME. El RDLME exige que los socios cuenten con información contable sobre todas las sociedades participantes para que puedan juzgar la adecuación a sus intereses del tipo de canje propuesto. Dentro de la información contable proporcionada no solo constan los balances de fusión de las respectivas sociedades. Los socios también cuentan, en virtud del art. 46.1.1.º RDLME, con las cuentas anuales e informes de gestión de los tres últimos ejercicios y, en su caso, los correspondientes informes de auditoría (tanto los de las cuentas anuales como los de los balances de fusión) de todas y cada una de ellas. La cláusula del art. 40.8.º RDLME sirve para que los socios puedan saber qué documentos contables en concreto han sido utilizados para calcular el tipo de canje propuesto. Si se admitiera que los administradores pueden incluir en el proyecto la fecha de unas cuentas no comprendidas en la información contable suministrada a los socios, el precepto carecería de utilidad práctica. Por tanto, no se puede emplear cualquier documento contable como base para determinar el tipo de canje, sino que tiene que formar parte de la información aportada a los socios. A nuestro modo de ver, no sería admisible la elaboración de un balance intermedio para determinar las condiciones de la fusión, aunque su información fuese más actual o precisa que la del balance de fusión, pues sería una forma de eludir los requisitos de verificación, aprobación y publicidad que deben cumplir tanto las cuentas anuales como el balance de fusión.

El motivo por el que consideramos que el balance de fusión no es el único documento contable que puede ser utilizado para establecer las condiciones en que se realiza la fusión es que el balance solo refleja los saldos de las distintas cuentas que conforman el activo y el pasivo de una empresa en un momento determinado[48], pero no muestra toda la información contable contenida en las cuentas anuales[49]. El RDLME no requiere que el balance de fusión vaya acompañado del resto de documentos que conforman las cuentas anuales, por lo que parte de la información contable que puede ser relevante para la valoración no se encuentra en dicho balance. Por ejemplo, el *free cash flow*, o flujo de caja libre, se obtiene a partir del estado de flujos de efectivo o de la cuenta de pérdidas y ganancias. Este dato es necesario para aplicar el método de descuento de flujos de caja, que toma en cuenta la capacidad generadora de rentas de la empresa y es ampliamente utilizado en la práctica. En ese método también es importante contar con información de ejercicios anteriores, para una mejor estimación de la evolución de las rentas futuras. Así pues, entendemos que, en caso de optar por el método de valoración de descuento de flujos de caja, incluir las fechas de las cuentas anuales de los distintos ejercicios tomados en consideración, junto al balance de fusión, no solo no sería contrario al RDLME, sino que respondería a la finalidad del art. 40.8.º RDLME.

Tradicionalmente, el balance de fusión ha centrado la atención de los juristas al analizar la información contable en la fusión. Sin embargo, este no agota toda la información contable útil para la valoración de empresas. Tampoco permite utilizarlo como base para aplicar los distintos métodos de valoración reconocidos por la ciencia económica; solo es adecuado para calcular el valor del patrimonio neto o, si se realizan las oportunas modificaciones, el patrimonio neto ajustado. Lo anterior no quiere decir que sea un documento irrelevante o inapto para la determinación del tipo de canje. Simplemente queremos poner de relieve que la información reflejada en el balance de fusión no es la única a tener en cuenta en la protección del derecho de los socios a la fijación de

48 V. VICENT CHULIÁ, F., "Disposiciones generales, balance...", ob. cit., p. 158.

49 V. FERNÁNDEZ DEL POZO, L., *El derecho contable...*, 2010, ob. cit., p. 118.

un tipo de canje que respete las exigencias de proporcionalidad (art. 35.1 RDLME), valor razonable (art. 36.1 RDLME) y justificación (*cfr*. arts. 5.3.2.º, 6.1.2.º y 41.3 RDLME).

Las referidas exigencias son garantizadas cuando el cálculo del tipo de canje parte de una información objetiva, que es suministrada por la contabilidad en general y no solo por el balance de fusión. Todo ello sin perjuicio de que a partir de la información contable se hagan los ajustes valorativos o se apliquen los métodos que sean razonables, para una mejor aproximación al valor real.

Aunque anteriormente hemos expuesto que la DGRN considera que el balance de fusión constituye la base económica de la fusión y, en consecuencia, de la determinación del tipo de canje, indirectamente parece admitir, asimismo, que esa función es asumida por la información contable en su conjunto, como defendemos. En la RDGRN de 21 de abril de 2014 (TOL4.357.883) se afirma que, en atención al carácter meramente indiciario o referencial de la información sobre las condiciones económicas de la fusión contenida en el proyecto, los socios deben acceder a los "*documentos completos*". Al exponer los documentos que aportan la información completa sobre la base económica de la fusión proyectada, la Dirección menciona, además del balance de fusión, las cuentas anuales e informes de gestión de los tres últimos ejercicios y, en su caso, los informes de auditoría[50].

50 RDGRN de 21 de abril de 2014 (TOL4.357.883): "*Por lo que a los socios se refiere, la Ley 3/2009, de 3 de abril, sobre modificaciones estructurales de las sociedades mercantiles establece en su artículo 31.10ª que el proyecto de fusión elaborado por los administradores debe hacer referencia a las «fechas de las cuentas de las sociedades que se fusionan utilizadas para establecer las condiciones en que se realiza la fusión», condiciones que incluyen el tipo de canje y la valoración del patrimonio a transmitir (artículo 31, 2.ª y 9.ª). En la medida en que esta información es solo indiciaria la Ley obliga a poner a disposición de socios y demás personas relacionadas estrechamente con la sociedad los documentos completos que puedan serles de utilidad a fin de ejercer sus derechos*

En conclusión, la contabilidad en su conjunto representa la base económica de la fusión y, aunque el balance de fusión sea el documento más relevante por ser cerrado en una fecha próxima al proyecto de fusión, poder ajustar los elementos que lo conforman a valor razonable y contar con requisitos formales que permiten el control y conocimiento de su contenido por los socios, este no es el único documento que puede ser tenido en cuenta. Por ello, la función de la cláusula del art. 40.8.º RDLME es que los administradores identifiquen los documentos concretos, por remisión a su fecha de cierre, de todos los que conforman la información contable ofrecida en el proceso, que han sido empleados para la fijación de las condiciones de la fusión.

2. EL TIPO DE CANJE

2.1. Concepto y aspectos generales

El tipo de canje, también designado como relación de canje o de cambio, así como tipo de cambio, es la medida referencial que expresa las acciones o participaciones que deben ser asignadas, en la sociedad absorbente o de nueva creación, a los socios de las sociedades extinguidas, en función de las que poseían en la sociedad de origen[51]. Esta unidad de medida referencial puede ser representada como fracción o como número entero, seguido de

---

comprobando si lo estiman oportuno que las premisas establecidas para la realización de la fusión son conformes con la realidad de las cosas. Así lo establece el artículo 39.1 de la Ley al comprender entre dicha documentación tanto «las cuentas anuales y los informes de gestión de los tres últimos ejercicios, así como los correspondientes informes de los auditores de cuentas de las sociedades en las que fueran legalmente exigibles» como «el balance de fusión de cada una de las sociedades, cuando sea distinto del último balance anual aprobado, acompañado, si fuera exigible, del informe de auditoría...»".

51 V. PÉREZ TROYA, A., *La determinación del...*, ob. cit., p. 71; y SÁNCHEZ OLIVÁN, J., *Fusión y escisión...*, ob. cit., p. 16.

decimales en su caso. Cuando se expresa la relación de canje de forma fraccionaria, en el numerador figura el número de acciones o participaciones que serán atribuidas a los socios de la sociedad a extinguir con motivo de la fusión y en el denominador aparece el número de acciones o participaciones de la sociedad que será absorbida o incorporada. Si es representada como número entero, con decimales si procediese, este es el resultado de la división antes explicada y muestra el número de acciones o participaciones de la sociedad resultante de la fusión que corresponden a los socios de la sociedad extinguida por cada acción o participación en la sociedad a la que pertenecían[52].

La relación de canje es el aspecto más relevante de la fusión para los socios[53]. Del concreto tipo de canje que se fije depende la participación en el capital social de la absorbente que tendrán los socios incorporados en la sociedad resultante tras la fusión y, consecuentemente, los derechos asociados a dicha participación. Es la fórmula que determina o concreta cómo se realizará la reasignación del capital social que comporta, generalmente, la operación de fusión. La comentada reasignación del capital social deriva de la aplicación del efecto característico de la fusión consistente en la integración de los socios de las sociedades extinguidas en la sociedad resultante. La integración de los socios de las sociedades extinguidas en la sociedad absorbente, en la mayoría de los casos, requiere la emisión o creación de nuevas acciones o participaciones. A excepción de determinados tipos de fusiones en los que se prescinde del tipo de canje por no ser necesaria la incorporación de nuevos socios, estos son: la absorción de so-

52 SÁNCHEZ OLIVÁN, J., *Fusión y escisión...*, ob. cit., p. 16.

53 Entre otros v. EMBID IRUJO, J. M., "Comentario del artículo 235", en ARROYO MARTÍNEZ, I.; EMBID IRUJO, J. M.; y GÓRRIZ LÓPEZ, C. (coords.), *Comentarios a la Ley de Sociedades Anónimas*, Vol. III, 2.ª ed., Tecnos, Madrid, 2009, p.2256; y LARGO GIL, R., "La fase previa...", ob. cit., p. 459.

ciedades íntegramente participadas (art. 53 RDLME) y fusiones asimiladas a esta (art. 56 RDLME). Asimismo, no se requiere el aumento del capital social de la sociedad absorbente cuando esta disponga de suficientes acciones o participaciones en autocartera para integrar a los socios de las sociedades absorbidas[54] o cuando la absorbente posea más del noventa por ciento del capital social de la absorbida, sin llegar a la totalidad, y adquiera las acciones o participaciones de los socios minoritarios de la absorbida por su valor razonable o pueda canjear las acciones o participaciones no adquiridas por acciones o participaciones que tenga en autocartera (art. 54 RDLME)[55].

En las fusiones en las que sí se requiere la ampliación del capital social, esta se realiza sin reconocimiento del derecho de suscripción preferente, ya que las nuevas acciones o participaciones están destinadas exclusivamente a integrar a los socios de las sociedades absorbidas (art. 304.2 LSC). En consecuencia, origina una dilución de la participación de los socios de la socie-

54 Sobre la posibilidad de que la absorbente recurra a la autocartera para evitar o reducir la ampliación de capital necesaria para incorporar a los socios de las absorbidas v. ROJO, A., "La fusión de...", ob. cit., p. 353; SEQUEIRA MARTÍN, A., "Fusión", ob. cit., p. 307; PÉREZ TROYA, A., *La determinación del...*, ob. cit., pp. 62-63; LARGO GIL, R., *La fusión de sociedades...*, ob. cit., p. 312; CORTÉS DOMÍNGUEZ, L. J. y PÉREZ TROYA, A., *Fusión de sociedades*, ob. cit., p. 298; y FERNÁNDEZ DEL POZO, L., *El derecho contable...*, 2010, ob. cit., p. 222.

55 En este tipo de fusión no se prescinde del requisito de inclusión del tipo de canje en el proyecto de fusión, pero se permite la simplificación del procedimiento y puede prescindirse de la ampliación del capital social. Para ello, la sociedad absorbente debe ofrecer a los socios de la sociedad absorbida la adquisición de sus acciones o participaciones por su valor razonable. En caso de que haya socios que no transmitan sus acciones o participaciones a la sociedad absorbente, estas "*deberán ser canjeadas por acciones o participaciones propias que la absorbente tuviera en cartera*" (art. 54.3 RDLME). El capital social solo debe ser ampliado, en las fusiones realizadas conforme al art. 54 RDLME, si no se adquiere la totalidad de las acciones o participaciones o si las acciones o participaciones propias de la absorbente son insuficientes.

dad absorbente que también podría llegar a mermar el valor de la participación según el tipo de canje establecido. Igualmente, los socios de la sociedad absorbida y los de cualquiera de las sociedades intervinientes en una fusión por constitución ven afectada su participación relativa al integrarse en una nueva sociedad, en la que les corresponderá un porcentaje menor de participación a la que poseían originariamente, además de correr el riesgo de la pérdida de valor de su inversión[56].

Ante tal riesgo para los derechos e intereses de los socios, el legislador ha procurado, como límite frente poder de la mayoría al decidir sobre una operación que, por afectar a la estructura personal y patrimonial de la sociedad, puede resultar gravemente perjudicial para el resto de los socios, un amplio y detallado sistema de información. Sistema que, además de servir a los socios para formar el sentido de su voto, requiere la justificación de la fusión, y en particular, del tipo de canje, como presupuesto de validez del acuerdo de fusión[57]. El sistema de información, a su vez, se complementa con el reconocimiento del derecho a reclamar una compensación cuando el tipo de canje es inadecuado, siempre que el socio no haya votado a favor de la fusión o carezca de derecho de voto (art. 49 RDLME), o una compensación complementaria en las fusiones en las que se reconoce el derecho

56 Sobre la dilución de la participación de los socios como consecuencia de la fusión y su similitud con la ampliación de capital sin derecho de suscripción preferente v. PÉREZ TROYA, A., *La tutela del...*, ob. cit., pp. 154 y ss.; CORTÉS DOMÍNGUEZ, L. J. y PÉREZ TROYA, A., "El informe de los administradores en las modificaciones estructurales", en ROJO, A., CAMPUZANO LAGUILLO, A. B., CORTÉS DOMÍNGUEZ, L. J. y PÉREZ TROYA, A. (coords.), *Las modificaciones estructurales de las sociedades mercantiles*, Thomson-Reuters Aranzadi, Cizur Menor (Navarra), 2015, pp. 246-247; y, en la doctrina francesa, v. ROUTIER, R., *Les fusions de sociétés commerciales. Prolégomènes pour un nouveau droit des rapprochements*, Librairie Générale de Droit et de Jurisprudence, Paris, 1994, p. 67.

57 PÉREZ TROYA, A., *La tutela del...*, ob. cit., pp. 166-167.

a enajenar las acciones o participaciones (estas son las fusiones transfronterizas, para los socios afectados por el cambio de *lex societatis*[58] y las del art. 54 RDLME, en este último caso solo si prescinde de los informes de administradores y expertos independientes, requiriéndose en ambos supuestos que el socio haya votado en contra o sea titular de acciones o participaciones sin voto, *ex* art. 12.1 RDLME). Las dos medidas de protección de los socios señaladas suponen la sustitución de la tradicional vía impugnatoria por la resarcitoria en la tutela de los derechos de los socios, conciliando la defensa de los derechos de la minoría con el interés de la mayoría en que la modificación estructural se lleve a cabo. Como se pone de manifiesto, por un lado, en la denegación de efectos suspensivos frente a la inscripción de la fusión (art. 12.5 RDLME) y en la exclusión de las casusas de impugnación del acuerdo de fusión de la inadecuación de la compensación en efectivo o el tipo de canje (art. 11 RDLME)[59].

En lo que se refiere al sistema de información respecto al tipo de canje, son varios los preceptos concretos en los que se plasma el requisito de informar sobre el tipo de canje y justificarlo. En primer lugar se encuentra el art. 40.3.º RDLME, donde se exige la mención del tipo de canje en el proyecto de fusión. Di-

---

58 VIRGÓS SORIANO, M. y GARCIMARTÍN ALFÉREZ, F., "El nuevo régimen de las modificaciones estructurales: aspectos internacionales", en PULGAR EZQUERRA, J. y FUENTES NAHARRO, M., *La nueva Ley de modificaciones estructurales*, La Ley, Madrid, 2024, p. 304.

59 V. FUENTES NAHARRO, M. "El acuerdo sobre la modificación estructural", en PULGAR EZQUERRA, J. y FUENTES NAHARRO, M., *La nueva Ley de modificaciones estructurales*, La Ley, Madrid, 2024, pp. 151-154. Más en detalle, sobre los dos nuevos mecanismos de protección de los derechos de los socios reconocidos en el RDLME, v. PÉREZ TROYA, A., "La protección de los socios en las modificaciones estructurales: Derecho de enajenación y de impugnación de la relación de canje", en PULGAR EZQUERRA, J. y FUENTES NAHARRO, M., *La nueva Ley de modificaciones estructurales*, La Ley, Madrid, 2024, pp. 153-179.

cha mención, en la que meramente se enuncia el tipo de canje establecido, se complementa con el contenido de los informes de administradores y expertos independientes. Por un lado, los administradores deben explicar y justificar en su informe el proyecto común de fusión y, en la sección destinada a los socios, deben explicar en particular el tipo de canje y el método o métodos empleados para su determinación (art. 5.3.2.º RDLME). Por otro lado, en el informe de expertos independientes se deben *"exponer los métodos seguidos por los administradores para establecer el tipo de canje"* (art. 41.3 RDLME) e incluir la opinión del experto (o expertos) sobre la adecuación de los métodos de valoración empleados y del tipo de canje fijado (art. 6.1.2.º y 6.4 RDLME). En los citados preceptos se pone de manifiesto la exigencia de justificación del tipo de canje, abordándose desde una perspectiva interna (mediante el informe de los administradores) y externa (con el informe de los expertos independientes)[60]. Primero debe ser explicado y justificado por los propios administradores, que son quienes establecen el tipo de canje propuesto a los socios para su aprobación en junta. A continuación, los expertos independientes, en virtud de su capacidad técnica y carácter externo a la sociedad, deben emitir un juicio sobre si este es adecuado, en caso de requerirse el informe por participar en la fusión una sociedad anónima o comanditaria por acciones (art. 41.1 RDLME).

A los informes antes referidos, hay que añadir la información contable aportada a los socios, la cual es necesaria para la comprobación por estos de la congruencia o justificación del tipo de canje. Se trata de las cuentas anuales e informes de gestión de los tres ejercicios anteriores a la fusión, acompañados de los correspondientes informes de auditoría si la sociedad estuviera obligada a auditar sus cuentas, (art.46.1.1.º RDLME) y el balance

60 PÉREZ TROYA, A., *La determinación del...*, ob. cit., p. 28.

de fusión, que tiene un carácter preeminente sobre el resto de la información contable por reflejar la imagen sobre la situación patrimonial de la sociedad más próxima a la elaboración del proyecto, junto con el informe de auditoría, en su caso (art. 46.1.2.º RDLME).

Debe advertirse que las interpretaciones ofrecidas por la doctrina sobre la relevancia del balance de fusión en la fijación del tipo de canje son dispares. Numerosos autores han incidido en la insuficiencia del balance de fusión para explicar de forma plena la determinación de este[61] o solo cuando concurren determinadas circunstancias[62] y también ha habido quienes han reconocido al

61 Entre ellos VICENT CHULIÁ, F., *Compendio crítico de Derecho mercantil*, t. I, vol. 2.º, 3.ª ed., Bosch, Barcelona, 1991, p. 848, considera que sería incorrecto basarse únicamente en el valor patrimonial de un balance, incluso si se actualiza a valores de mercado, ya que, además de los valores *"estáticos o históricos"*, hay que tener en cuenta los *"factores dinámicos"*. En similares términos, LARGO GIL, R., *La fusión de sociedades...*, ob. cit., p. 300 niega que el tipo de canje pueda ligarse plenamente a la valoración resultante del balance de fusión, pues el criterio del *valor real* trasciende del valor del patrimonio neto obtenido a partir del balance de fusión. En el mismo sentido v. LARGO GIL, R., "La fase previa...", ob. cit., pp. 459-460. Igualmente, FERNÁNDEZ DEL POZO, L., *El derecho contable...*, 2010, ob. cit., pp. 100-101 señala que el balance de fusión no puede explicar de forma completa el tipo de canje porque, a pesar de poder ajustar los valores del balance, conforme al derogado art. 36 LME (art. 43.2 RDLME), el método de valoración del patrimonio neto obtenido del balance no permite considerar *"flujos ni proyecciones"*, pues solo tienen en cuenta *"valores históricos y estáticos"*.

62 Se considera que no siempre puede establecerse el tipo de canje en función del balance de fusión porque, en ocasiones, según las características particulares presentes en cada caso concreto, puede ser más adecuado emplear otro método que no gire en torno al valor patrimonial plasmado en el balance, el método del valor del patrimonio neto. En cuyo caso el balance de fusión solo serviría como elemento de contraste frente al método utilizado, para valorar si este método es adecuado, pero el tipo de canje en tal supuesto no se derivaría de los valores reflejados en el balance de fusión. En este sentido v. PÉREZ TROYA, A., *La determinación del...*, ob. cit., pp. 131-132; y CORTÉS DOMÍNGUEZ, L. J. y PÉREZ TROYA, A., *Fusión de sociedades*, ob. cit., pp. 258-259.

balance un papel destacado como base a partir de la cual se establece el tipo de canje[63]. Por lo general, la doctrina atribuye al balance de fusión un papel secundario, en el sentido de accesorio y no esencial, en la justificación y explicación del tipo de canje, con respecto a los informes de administradores y de expertos. Sin embargo, las referidas interpretaciones, en su mayoría, son anteriores o muy próximas en el tiempo a la reforma del régimen de la fusión por la LME, en la que se introdujo el requisito de incluir una nueva mención al proyecto de fusión que, a nuestro juicio, impone una interpretación diferente del papel del balance de fusión en la determinación del tipo de canje. Nos referimos al, ya comentado, art.31.10.ª LME, relativo a la mención sobre *"las fechas de las cuentas de las sociedades que se fusionan utilizadas para establecer las condiciones en que se realiza la fusión"* (en el art. 40.8.º RDLME). A nuestro modo de ver, las implicaciones de este precepto sobre la determinación del tipo de canje y su relación con el balance de fusión y el resto de la información contable no han recibido la suficiente atención por parte de la doctrina. Aunque se ha señalado por algunos autores la relación entre esta mención del proyecto con el tipo de canje y el papel del balance de fusión en su determinación[64], consideramos que su incidencia

63 GIMENO RIBES, M. *Endeudamiento empresarial y fusión de sociedades. Contribución al estudio de la fusión apalancada*, Marcial Pons, Madrid, 2015, pp. 259-260.

64 Entre ellos v. LARGO GIL, R., "La fase previa...", ob. cit., p. 455, quien señala que la rúbrica del art. 31.10.ª LME (antecedente del art. 40.8.º RDLME) está relacionada con la fijación del tipo de canje y con el alcance del balance de fusión. Al interpretar el mencionado precepto, manifiesta que el balance de fusión *"no cumple una función puramente informativa* y que *el valor resultante del balance de fusión es un elemento básico, el más seguro, para la valoración del patrimonio de una sociedad que se fusiona en términos reales"*, limitando la discrecionalidad de los administradores en la fijación del tipo de canje. Sin embargo, al mismo tiempo, niega que el balance de fusión pueda reflejar el valor real de los patrimonios de las sociedades participantes ni determinar la relación de canje. Esta interpretación, por la que se reconoce al balance

sobre la función del balance de fusión en la fijación del tipo de canje y la significación de este documento en el proceso es más importante de lo que se ha puesto de relieve, como tratamos en el epígrafe precedente.

Con respecto a la fijación del tipo de canje se han defendido dos teorías antagónicas y una tercera que podemos considerar ecléctica, si bien esta última alberga interpretaciones con matices muy importantes. La primera de las teorías parte de la idea de que el tipo de canje es asimilable al precio en una adquisición de empresa, con la particularidad de que es sufragado mediante títulos de la sociedad absorbente. En consecuencia, su determinación sería puramente negocial y podría ser libremente pactado por las partes[65]. Es decir, las sociedades, a través de su órgano de representación, podrían pactar cualquier tipo de canje, incluso uno que fuese más beneficioso para una de ellas en detrimento de las restantes, siempre que contase con el acuerdo de todas

de fusión una función relevante en la determinación al tipo de canje, pero negando que este pueda derivarse de aquel, está bastante generalizada en la doctrina. V. asimismo FERNÁNDEZ DEL POZO, L., *El derecho contable...*, 2010, ob. cit., p. 111, quien concluye que el balance de fusión *"ilustra, aunque no prueba, la relación de canje fijada"*. La función que parece desarrollar para la doctrina más reciente el balance de fusión es la de servir de elemento de contraste o comparación frente al verdadero valor de los patrimonios societarios empleado para fijar el tipo de canje, sin que este derive del balance de fusión. A nuestro entender, dicha interpretación no satisface la exigencia del art. 40.8.º RDLME de identificar en el proyecto de fusión las cuentas *"utilizadas para establecer las condiciones en que se realiza la fusión"*. Si el balance de fusión es el documento llamado a cumplir la función de *las cuentas* mencionadas en el art. 40.8.º RDLME, no es suficiente con que sirva de elemento de comparación o, de lo contrario, no podría afirmarse que los balances de fusión de las sociedades participantes *"son las cuentas de las sociedades que se fusionan utilizadas para establecer las condiciones en que se realiza la fusión"*.

65 Entre estos v. SÁNCHEZ OLIVÁN, J., *Fusión y escisión...*, ob. cit., p. 15, para quien *"la relación de participación asignada* (en la sociedad resultante) *refleja simplemente el punto en el que los negociadores se han puesto de acuerdo"*.

ellas expresado mediante su aprobación por los socios en los respectivos órganos de decisión societarios. Ni siquiera se considera exigible, por quienes defienden esta teoría, la realización de una valoración previa para poder fijar la relación de canje[66].

La segunda de las interpretaciones propuestas por la doctrina parte de una premisa totalmente opuesta a la anterior, esta es la existencia del derecho del socio al mantenimiento del valor real de su participación. Desde esta perspectiva, la mayoría de socios no estaría facultada para acordar una fusión en la que el tipo de canje no respetara la equivalencia de valor entre las acciones originarias y las entregadas por la sociedad resultante, escapando este aspecto del proyecto de fusión a la autonomía de la voluntad. Según esta interpretación, el tipo de canje debería deducirse de una tasación objetiva del valor real de los patrimonios de las sociedades participantes y no tendría el carácter de acuerdo negocial entre las partes intervinientes, sino más bien de una declaración de voluntad cuyo contenido estaría predefinido legalmente[67].

Por último, está la teoría que hemos denominado como ecléctica y es la mayoritariamente defendida por la doctrina actual. En esta se engloban todas aquellas interpretaciones que reconocen la necesidad de que el tipo de canje parta de unas valoraciones

---

66 Según SÁNCHEZ OLIVÁN, J., *Fusión y escisión...*, ob. cit., pp. 14-15 las partes pueden aceptar los resultados de la valoración para deducir de esta el tipo de canje, ajustar las valoraciones en función de circunstancias ajenas a la tasación e, incluso, prescindir de una tasación previa. Ello dependerá, para el citado autor, de la trascendencia que quieran dar las partes interesadas a las valoraciones.

67 Entre quienes defendieron esta interpretación v. VICENT CHULIÁ, F., "La fusión propia y las fusiones impropias en el Derecho español", en *Estudios jurídicos en homenaje a Joaquín Garrigues*, vol. 3, Tecnos, Madrid, 1971, pp. 493-494; y VICENT CHULIÁ, F., *Compendio crítico de...*, 3.ª ed., ob. cit., pp. 847-848.

objetivas, pero admiten un cierto ámbito de negociación derivado del margen de apreciación subjetiva que toda valoración comporta, siempre dentro del límite del requisito de justificación o razonabilidad del tipo de canje[68].

Las diferentes interpretaciones respecto a la determinación del tipo de canje, antes expuestas, derivan de la relevancia atribuida al art. 36.1 RDLME, por el cual se exige que el tipo de canje sea establecido *"sobre la base del valor razonable"* de los patrimonios de las sociedades participantes. El citado precepto se diferencia del derogado art. 25.1 LME en que se ha sustituido la tradicional referencia al *valor real* por el término *valor razonable*, que es el que más frecuentemente se emplea en la legislación societaria en el presente, pero no comporta un cambio sustancial pues su significado puede considerarse equivalente. En lo que se refiere a la tesis de la fijación negocial del tipo de canje, niega cualquier relevancia al requisito de que el tipo de canje derive de una valoración real/razonable, pues admite que la valoración pueda ser realizada conforme a criterios subjetivos, e incluso que se prescinda de la valoración para la negociación de la relación de canje. Mientras que la tesis contraria considera que la determinación del tipo de canje es ajena a la autonomía de la voluntad y que solo cabe fijarlo sobre la base de una valoración objetiva de los patrimonios societarios. Por último, la tesis ecléctica reconoce que el tipo de canje debe tener como base una correcta valoración de los patrimonios, pero niega que exista un único valor, que pueda

68 Entre estos v. LARGO GIL, R., *La fusión de sociedades...*, ob. cit., pp. 304-305; CÓRTES DOMÍNGUEZ, L. J. y PÉREZ TROYA, A., *Fusión de sociedades*, ob. cit. pp. 136-139; LARGO GIL, R., "La fase previa...", ob. cit., pp. 462-464; YANES YANES, P., "La tutela del socio en la escisión: continuidad de la participación, proporcionalidad asignativa y relación de canje", en RODRÍGUEZ ARTIGAS, F. *et al.* (dirs.), *Modificaciones Estructurales de las Sociedades Mercantiles*, t. II, Aranzadi, Cizur Menor (Navarra), 2009, pp. 548-549; y FERNÁNDEZ DEL POZO, L., *El derecho contable...*, 2010, ob. cit., pp. 100-102.

ser tenido como el valor objetivo o real/razonable de los patrimonios societarios, sino una pluralidad de ellos.

El primer paso en la fijación del tipo de canje consiste en la determinación del valor de los patrimonios de las sociedades intervinientes en la fusión, entendidos no como una mera agregación de elementos patrimoniales, sino como un todo orgánico, es decir, como una empresa. A partir de las referidas valoraciones, se obtiene el grado en el que el patrimonio de cada sociedad contribuye al valor total del de la sociedad resultante, lo que es clave para establecer la cuota del capital social que corresponderá al conjunto de socios de cada sociedad. A esta interrelación de los valores de los patrimonios de las sociedades fusionadas se la designa como *relación de paridad externa* y no determina la participación que corresponderá a cada socio, sino la cuota que será asignada a todos los socios de una misma sociedad. Es lo que se conoce por la doctrina como proporcionalidad externa.

Una vez determinada la relación de paridad o proporcionalidad externa, exigida por el art. 36.1 RDLME, es necesario concretar con base en esta el tipo de canje, que es el que determina el número de acciones o participaciones que serán atribuidas al socio individualmente considerado, en función de su participación originaria. En el escenario más simple, solo habría que dividir el número de acciones o participaciones asignadas al conjunto de socios de la sociedad absorbida o incorporada, en función de la relación de paridad externa, entre el número de acciones o participaciones de esta sociedad, fijándose una relación de canje para cada sociedad integrada en la resultante. No obstante, podría requerirse establecer más de un tipo de canje para una misma sociedad, si sus acciones o participaciones son de distinto valor nominal. En esta segunda fase, en la que a partir de la relación de paridad externa se establece el número de acciones o participaciones que corresponde a cada socio de una misma sociedad, lo que se fija es la *proporcionalidad interna*. De la cuota total que se atribuye al conjunto de socios de una misma sociedad, cada uno de los socios tiene derecho a recibir una participación proporcional a la que poseía originalmente. Se designa como proporcionalidad interna porque es el criterio que debe ser seguido en la distribución, entre los socios de una misma sociedad (de ahí su carácter interno), de la cuota del capital social que les corresponde en conjunto por el valor del patrimonio transferido a la sociedad resultante. Mientras que la proporcionalidad externa se obtiene a partir de la comparación de los valores de los patrimonios de las sociedades participantes, para así establecer una relación de paridad entre el valor del patrimonio aportado y la cuota global del capital social de la sociedad resultante atribuido al conjunto de todos los socios de una misma sociedad[69].

La comentada doble proporcionalidad, la externa y la interna, tiene su reflejo legal en los arts. 35 y 36 RDLME. Como ya hemos señalado, la proporcionalidad externa se deriva del requisito de que el tipo de canje de las sociedades intervinientes en la fusión sea establecido *"sobre la base del valor razonable de su patrimonio"* (art. 36.1 RDLME). En cuanto a la proporcionalidad interna, encuentra su origen en el principio de continuidad en la participación, recogido en el art. 35.1 RDLME. El principio de continuidad se concreta en el derecho de los socios de las sociedades extinguidas a integrarse *"en la sociedad resultante de la fusión, recibiendo un número de acciones o participaciones, o una cuota, en proporción a su respectiva participación"* en la sociedad de origen (art. 35.1 RDLME).

69 Sobre la doble paridad externa e interna v. PÉREZ TROYA, A., *La determinación del...*, ob. cit., pp. 71-73; YANES YANES, P., "La tutela del...", ob. cit., p. 548; y MUÑOZ PÉREZ, A. F., "La escisión", en BENEYTO PÉREZ, J.M. y LARGO GIL, R. (dirs.) y HERNÁNDEZ SAINZ, E. (coord.), *Transmisiones de empresas y modificaciones estructurales de sociedades*, Bosch, Barcelona, 2010, p. 432.

Por último, a los hasta ahora expuestos límites legales en la fijación del tipo de canje (justificación, valoración real y proporcionalidad), hay que añadir el principio de efectividad de la aportación (art. 59 LSC) que, como no podría ser de otro modo, también rige en la fusión. Así pues, en la fijación del tipo de canje, no se puede prever la emisión o creación, por parte de la sociedad resultante, de nuevas acciones o participaciones cuyo valor nominal sea superior al del valor de la aportación realizada, es decir, el patrimonio transmitido.

En la fusión por constitución, en principio, no debería suponer un problema el límite del art. 59 LSC, ya que las sociedades participantes cuentan con una amplia libertad a la hora de fijar la cifra de capital social y el valor nominal de las acciones o participaciones de la sociedad de nueva creación. En la fijación del tipo de canje en este tipo de fusión, la cuantía del capital social a repartir no es lo verdaderamente relevante, sino que el criterio de reparto sea proporcional, independientemente de si es mayor o menor la cifra a distribuir[70].

Sin embargo, en la fusión por absorción hay un capital social preexistente que es necesario ampliar para integrar a los nuevos socios. El valor razonable de las acciones o participaciones en las que se divide el capital social de la sociedad absorbente condiciona la cuantía en la que debe ser ampliado[71]. En la determinación del tipo de canje el valor a considerar es el razonable y no el nominal (art. 36.1 RDLME). Por tanto, si el valor razonable del patrimonio de la sociedad absorbente fuese inferior al capital social, la regla de fijación del tipo de canje sobre la base de este

70 En este sentido v., PÉREZ TROYA, A., *La determinación del...*, ob. cit., pp. 99-100.

71 Sobre el modo en el que la ampliación del capital social de la sociedad absorbente se ve condicionada por la existencia de un capital previo, a diferencia de la fusión por constitución, v. PÉREZ TROYA, A., *La determinación del...*, ob. cit., p. 100; y SÁNCHEZ OLIVÁN, J., *Fusión y escisión...*, ob. cit., pp. 17-18.

valor podría conducir, teóricamente, a la emisión de acciones o creación de participaciones cuyo valor nominal no tuviese una correspondencia con el patrimonio aportado. No obstante, en tal situación, el principio de realidad del capital social debe prevalecer y operar como un límite en la determinación del tipo de canje. En un escenario como el planteado, deberían buscarse otras soluciones como reducir el capital social de la absorbente antes de la fusión, optar por la fusión por constitución o modificar las posiciones de las sociedades absorbente y absorbida previstas inicialmente, pero en ningún caso podría emitir acciones o crear participaciones bajo la par[72].

El problema aludido no se da cuando son las sociedades absorbidas, o incorporadas a la de nueva creación, las que presentan un valor razonable del patrimonio inferior a su capital social. En tal caso, la ampliación del capital de la sociedad absorbente, o el capital social de la sociedad recién constituida, deberá estar cubierto por el valor de los patrimonios transmitidos por las sociedades extinguidas, pero nada impide que este pueda ser inferior al capital social de las sociedades absorbidas o incorporadas. En otras palabras, la Ley no impone que el capital social de la sociedad resultante deba ser igual o superior a la suma de los capitales nominales de las sociedades participantes, puesto que el criterio determinante en la fijación del tipo de canje es el valor razonable (art. 36.1 RDLME). De hecho, en la absorción de sociedad íntegramente participada (art. 53 RDLME), al no requerirse la ampliación del capital social y extinguirse la sociedad absorbida (con su capital como cifra de retención), el capital social tras la absorción será por sistema inferior al valor nominal acumulado de ambas sociedades antes de la operación. Lógicamente eso repercutirá negativamente en el interés de los acreedores, pero

72 V. al respecto PÉREZ TROYA, A., *La determinación del...*, ob. cit., pp. 100-101.

para su tutela el mecanismo del que disponen era el derecho de oposición[73] y conforme al régimen vigente disponen del derecho a reclamar garantías adecuadas.

Como última cuestión relacionada con el límite que supone la aplicación del principio de efectividad de la aportación en la fusión de sociedades, debemos referirnos, aunque sea brevemente, a la absorción de sociedad con patrimonio negativo. De partida debe rechazarse la posibilidad de que una sociedad amplíe su capital social para absorber a otra cuyo valor patrimonial sea negativo, como consecuencia del sobrendeudamiento, dado que contravendría el art. 59 LSC. El valor de canje debe ser siempre positivo[74]. Cabría plantearse si, en el supuesto en que dos sociedades pretendan fusionarse y una de ellas presente un patrimonio neto negativo, podría llevarse a cabo la fusión sin incorporar a los socios de dicha sociedad. En otras palabras, si para no vulnerar el art. 59 LSC sería admisible realizar la fusión con un tipo de canje igual a cero para la sociedad cuyo valor patrimonial es negativo, lo que significaría excluir a sus socios del canje. A nuestro modo de ver, una fusión llevada a cabo en tales términos contravendría el principio de continuidad (art. 35 RDLME), por lo que no parece admisible conforme al RDLME. No obstante, tal problema no se plantearía en la absorción de sociedad íntegramente participada ni en los supuestos asimilados en los que no se requiera fijar un tipo de canje (arts. 53 y 56 RDLME) ni en la absorción de sociedad participada en más del noventa por ciento, pero no en su totalidad, por la absorbente si esta adquiere las acciones o participaciones de los demás socios de la absorbida por su valor razonable o tiene suficientes acciones o participaciones propias

73 V. al respecto BONARDELL LENZANO, R. y CABANAS TREJO, R., "El aumento del capital en la fusión de sociedades por absorción", *Revista de Derecho de Sociedades*, n.º 44, 2015, pp. 110-114.

74 MUÑOZ PÉREZ, A. F., "La escisión", ob. cit., p.432.

para no requerir la ampliación del capital (art. 54.3 RDLME). En los referidos casos, el problema no residiría en la efectividad de la aportación (art. 59 LSC), dado que no se emiten o crean acciones o participaciones, sino en la conservación del capital social de la sociedad absorbente, que debería contar con reservas disponibles suficientes para poder realizar la operación[75].

2.2. Proporcionalidad externa

En la fijación del tipo de canje, es necesario determinar el valor de los patrimonios de las sociedades participantes, para establecer la relación de paridad externa que precisa el porcentaje del capital social de la sociedad resultante que corresponderá al conjunto de socios de cada sociedad, a partir de la cual se concretará la relación de canje de acciones o participaciones. Una vez conocido el valor del patrimonio de cada sociedad, se obtiene el porcentaje que representa este respecto del valor total de la sociedad resultante y dicho porcentaje determina la cuota del capital social que corresponde al conjunto de socios de cada sociedad. Se trata del aspecto más problemático al establecer el tipo de canje, pues conocida la relación de paridad o proporcionalidad externa la fijación de aquel es una cuestión puramente matemática[76], a excepción de ciertos ajustes que deben hacerse sobre la relación de proporcionalidad que comentaremos más adelante. Por el contrario, el presupuesto para obtener la relación de paridad es la valoración de los patrimonios, donde entran en juego elementos de carácter estimativo.

Como ya se ha indicado, que el tipo de canje sea fijado en atención al valor relativo de los patrimonios de las sociedades

75 Sobre las cuestiones planteadas por la absorción de sociedad con patrimonio negativo, v. con mayor extensión BONARDELL LENZANO, R. y CABANAS TREJO, R., "El aumento del...", ob. cit., pp. 136-145.

76 En este sentido v. PÉREZ TROYA, A., *La determinación del...*, ob. cit., pp. 72-75.

participantes es un requisito plasmado en el art. 36.1 RDLME. El citado precepto establece que el tipo de canje de las sociedades participantes sea fijado *"sobre la base del valor razonable de su patrimonio"*. Qué debe entenderse por *valor razonable* y cómo debe obtenerse dicho valor son cuestiones que la Ley no prevé y han sido objeto de interpretaciones muy variadas, como ya comentamos con anterioridad al explicar la tesis negocial, su opuesta y la postura ecléctica. Sin embargo, sí existe un cierto consenso en la doctrina en lo que respecta al objeto de valoración. Contrariamente a lo que pudiera invitar a pensar, a primera vista, la referencia al patrimonio societario como objeto de la valoración, este no debe ser entendido como la mera agregación de los elementos que conforman el activo menos la suma de los elementos del pasivo. El patrimonio de la sociedad, a estos efectos, debe ser valorado como una empresa en funcionamiento, en la que además del activo tangible y el pasivo, hay que tomar en consideración su valor como organización productiva.

En definitiva, el requisito de valoración de los patrimonios de las sociedades participantes en la fusión significa determinar el valor de las empresas implicadas. En este punto, ni la ciencia económica ni la Ley establecen un único método valorativo a seguir. El RDLME deja la cuestión del método de valoración indefinida, no optando por ninguno en concreto ni siquiera estableciendo un método preferente. De hecho, el Real Decreto-Ley presume la existencia de varios métodos de valoración, como se pone de manifiesto en el art. 41.3 RDLME. En el citado precepto, el legislador utiliza el plural en varias ocasiones para referirse a la revisión, por parte de los expertos independientes, de los métodos empleados por los administradores para fijar el tipo de canje. En su informe, los expertos independientes deben *"exponer los métodos seguidos por los administradores"*. De modo todavía más claro, se puede apreciar la idea anterior en la exigencia de que los administradores expliquen en su informe *"el método o métodos empleados"* para determinar el tipo de canje (art. 5.3.2.º RDLME). Del contenido de los artículos citados no solo se infiere que existen varios métodos de valoración generalmente aplicables, sino que, además, atendiendo a las circunstancias concretas, varios métodos pueden reputarse adecuados. Así pues, parece que lo pretendido por el legislador es que, de todos los métodos de valoración reconocidos por la ciencia económica, se emplee el más adecuado, o una combinación de estos, según las condiciones concurrentes en cada fusión individualmente considerada[77].

Aunque los distintos métodos valorativos son numerosos y evolucionan conforme avanza la ciencia económica, habitualmente se clasifican en las siguientes categorías: estáticos, dinámicos y comparativos. Los estáticos, o métodos patrimoniales, son denominados como tal por referenciar el valor del patrimonio de la empresa a un momento dado sin tomar en consideración proyecciones futuras. Entre ellos destacan la valoración del patrimonio neto y la del patrimonio neto ajustado. En ambos se valora la empresa a partir de los datos ofrecidos por la contabilidad, en concreto en el balance, si bien en el segundo se ajustan los valores contables a su valor de mercado, cuando se aprecie una desviación de uno con respecto al otro. Los métodos dinámicos, al contrario que los anteriores, toman como base la capacidad de generación de rentas futuras de la empresa, como por ejemplo el

77 Para ello habrá que atender a las características de las sociedades fusionadas, pudiendo resultar que el método valorativo más adecuado para cada una no sea coincidente. Deben aplicarse criterios homogéneos para que los valores sean comparables, pero eso no significa que los métodos deban ser idénticos, sino que respondan a la misma lógica valorativa y que se ajusten a las características de la empresa objeto de valoración, v. D'ANIELLO, A., "Le operazioni di fusione: fasi preparatorie e accordo di fusione", en SERRA, A. (dir.) y DEMURO, I. (coord.) *Trasformazione, fusione, scissione*, Zanichelli editore S.P.A., Turín (Italia), 2014, p. 723. En el mismo sentido v. MORENO GONZÁLEZ, D., "L'actuació de l'expert i l'auditor de comptes davant la Llei de modificacions estructurals", *La Notaria*, n.º 1, 2010, p. 33.

método de descuento de flujos de caja. Por último, los métodos comparativos, valoran la empresa aplicando múltiplos calculados a partir de la información de otras empresas comparables, por reunir características similares y pertenecer al mismo sector[78].

Como ya hemos advertido, el RDLME no indica qué método debe ser utilizado con carácter genérico, ni siquiera puede considerarse que los métodos patrimoniales tengan carácter preferente, como pudiera parecer por la referencia al *valor razonable* del patrimonio (art. 36.1 RDLME). Cada uno de los métodos antes expuestos presenta ventajas y defectos que deben ser evaluados para dirimir cuál resulta más adecuado en función de las características de la empresa objeto de valoración[79].

Atendiendo a las circunstancias del caso y a las particularidades de cada método valorativo, no siempre se puede reputar uno como el más adecuado, sino que varios de ellos pueden ser considerados válidos, arrojando resultados distintos. Del mismo modo, en la elección de los parámetros concretos al aplicar un método existe cierta discrecionalidad por la que pueden llegarse a distintos resultados, sin que pueda considerarse que haya un único valor posible[80]. Ante esta realidad, no puede hablarse de un

78 V. VALLS MARTÍNEZ, M. C., "Métodos clásicos de valoración de empresas", *Investigaciones Europeas de Dirección y Economía de la Empresa*, vol. 7, n.º 3, 2001, pp. 49-65; y BUITRAGO RUBIRA, J. R., "Fusión por absorción de bancos cotizados. Métodos de valoración a efectos del tipo de canje", *Revista Aranzadi de Derecho Patrimonial*, n.º 10, 2003, pp. 40-44.

79 Para una explicación detallada sobre los comentados defectos que presentan los distintos métodos de valoración v. VALLS MARTÍNEZ, M. C., "Métodos clásicos de...", ob. cit., pp. 51, 59 y 61; y en particular sobre las dificultades que plantea la valoración a través del método de descuento de flujos de caja v. LAMONTHE FERNÁNDEZ, P. y LÓPEZ LUBIÁN F. J., "Tendencias en la valoración de empresas: DFC vs Opciones Reales", *Análisis Financiero*, n.º 96, 2004, pp. 27 y ss.

80 Por ejemplo, uno de los métodos valorativos más utilizados es el de descuento de flujos de caja. En este método se deben estimar los rendimientos futuros, el

único resultado válido de la valoración y, en consecuencia, de un único tipo de canje justificado o adecuado. Más bien, habría una horquilla de valores a partir de los cuales podrían fijarse distintas relaciones de canje que tendrían la consideración de justificadas. Dentro de esta franja de potenciales tipos de canje es donde los administradores de las distintas sociedades pueden negociar cuál será la relación de canje que finalmente será propuesta para su aprobación por las juntas generales de socios[81].

En esa franja, aunque quepa un cierto margen de libertad negocial, estas actuaciones no pueden ser llevadas de forma completamente arbitraria, sino que los administradores deben velar

horizonte temporal o número de años en los que se va a considerar la generación de rentas y la tasa de actualización. Todos esos parámetros dependen del criterio del analista y la decisión de aplicar uno u otro puede alterar el resultado de la valoración. Incluso en el método de valoración del patrimonio neto ajustado, que es considerado más objetivo que el anterior, hay cierto margen de subjetividad. En este método se deben realizar ajustes en los valores contables para adecuarlos a su valor de mercado. Eso significa, entre otras actuaciones, reflejar la variación del precio de ciertos bienes, corregir las amortizaciones si no se corresponden con la depreciación efectiva del activo y revisar si las provisiones dotadas se corresponden con el verdadero riesgo. V. VALLS MARTÍNEZ, M. C., "Métodos clásicos de...", ob. cit., pp. 50-59.

81 Según PÉREZ TROYA, A., *La determinación del...*, ob. cit., pp. 88-92, en la determinación del tipo de canje existe un criterio de equivalencia mínimo y otro máximo para cada sociedad. Es decir, un tipo de canje mínimo, que marca el máximo sacrificio patrimonial que pueden aceptar sus socios, y uno máximo al que pueden aspirar. Los referidos tipos límites dependen del método o métodos valorativos aplicados, del incremento de valor expectante por la fusión y de la existencia de operaciones alternativas. En consonancia con lo anterior, las sociedades participantes cuentan con un cierto margen de negociación al acordar el tipo de canje, pero está limitado a una *"franja de criterios* (de equivalencia) *justificables"* acotada por los tipos mínimos y máximos de las distintas sociedades. En el mismo sentido v. CORTÉS DOMÍNGUEZ, L. J. y PÉREZ TROYA, A., *Fusión de sociedades*, ob. cit., pp. 137-138; y LARGO GIL, R., "La fase previa...", ob. cit., p. 462, quien considera que lo que impide la Ley es fijar un tipo de canje *"fuera de la banda de paridades que resulta admisible"*.

por el interés social, que es el de maximizar el valor de la participación de sus socios[82]. Esto plantea si los administradores pueden pactar, y la mayoría de socios acordar en junta, un tipo de canje que beneficie a una de las sociedades en detrimento de la suya. Es decir, si dentro de la banda de tipos de canjes posibles, pueden aceptar el menos beneficioso. Para dar respuesta a esta cuestión, hay que tener presente que, además del valor de las acciones o participaciones que recibirá el socio por su cuota del capital social originaria, influyen otros factores a la hora de determinar si el tipo de canje maximiza o no la participación del socio.

Entre estos factores se encuentra el posible efecto sinergia que pueda generar la fusión. Es decir, las expectativas de aumento del valor de la participación recibida gracias al mayor potencial de crecimiento derivado de la concentración de las empresas[83]. Si se prevé dicho efecto sinergia, esto podría justificar la adopción de un tipo de canje de inferior valor actual, pero con mayores expectativas de crecimiento de las que tendría de no acordar la fusión.

En segundo lugar, el coste de oportunidad también debe ser evaluado como factor determinante del tipo de canje. En la negociación del tipo de canje hay que valorar si aprobar la fusión

---

82 PÉREZ TROYA, A., *La determinación del...*, ob. cit., p. 88.

83 El efecto sinergia es el mayor valor que puede alcanzar la integración de dos empresas en comparación con la suma de las dos consideradas de manera independiente. Entre los factores que pueden generar el efecto sinergia podemos señalar el redimensionamiento de los costes fijos, el aumento del poder de negociación, la reducción de gastos financieros o de otros gastos como la inversión en I+D, además del aumento de los ingresos por el incremento de la capacidad de venta, la combinación de productos o servicios mediante la integración horizontal o el acceso a mercados estratégicos. V. GAY SALUDAS, J. M., "Fusiones y adquisiciones empresariales (I): Revisión de experiencias", *Partida Doble*, n.º 160, 2004, p. 104; y HERNÁNDEZ BARROS, R., "Operaciones de integración en las Fusiones y Adquisiciones de Empresas", *Análisis Financiero*, n.º 119, 2012, p. 8.

en los términos propuestos es más beneficioso que las restantes alternativas de que dispone la sociedad, como otras posibles formas de concentración empresarial. En tal caso, rechazar la fusión acarrearía un coste de oportunidad igual al beneficio no obtenido como consecuencia de haber optado por una alternativa distinta a la fusión. La existencia de dicho coste, según su cuantía, justificaría aceptar un tipo de canje inferior[84].

2.3. Proporcionalidad interna

Conocida la relación de paridad externa, la cual determina la cuota del capital social que corresponderá en la sociedad resultante al conjunto de socios de cada sociedad mediante la comparación del valor de los patrimonios societarios, es necesario concretar la forma en la que será distribuido dicho capital internamente. Esta distribución, necesaria para integrar a los socios de las sociedades extinguidas en la sociedad resultante de la fusión, debe realizarse conforme a un criterio de proporcionalidad respecto a la participación originaria (art. 35.1 RDLME).

La asignación de acciones o participaciones para incorporar a los socios de las sociedades extinguidas es la forma en la que se lleva a cabo el efecto característico de la fusión de integración de todos los socios de las sociedades participantes en una misma sociedad. El principio que rige tal distribución, y del que se deriva la misma, es el de continuidad en la participación. La propia naturaleza jurídica de la fusión impone que los socios mantengan su participación al incorporarse a la sociedad absorbente o de nueva creación, sin que la atribución de acciones o participaciones pueda ser considerada un pago por sus acciones o participaciones ori-

84 Sobre la incidencia del efecto sinergia y el coste de oportunidad de la operación en la fijación del tipo de canje v. PÉREZ TROYA, A., *La determinación del...*, ob. cit., pp. 89-95.

ginarias. Lógicamente, la continuidad en la participación y condición de socio no puede mantenerse de forma idéntica, pues, al pasar a formar parte de una sociedad mayor en número de socios y en patrimonio, todos experimentaran una dilución de su participación de forma análoga a lo que ocurriría ante una ampliación del capital social en la que no se reconociera el derecho de suscripción preferente. Por este motivo, la continuidad en la participación se concreta en la asignación a cada socio de una cuota del capital social proporcional a la que el socio poseía originalmente. Asegurando así, no que no se experimente una dilución en la participación, sino que esta sea proporcionalmente equivalente para todos los socios[85]. Si la fusión permitiese la alteración del porcentaje de participación relativa que tenían antes de la operación los socios de una misma sociedad o la exclusión del canje de alguno de ellos, se produciría una ruptura con la situación anterior y, por tanto, no se daría la continuidad en la participación.

Como ya hemos manifestado, el requisito de proporcionalidad hace efectivo el principio de continuidad. A su vez, la exigencia de proporcionalidad en la fusión es reconocida como una manifestación del principio de paridad de trato[86]. Cuando el art. 35.1 RDLME establece que los socios de las sociedades extinguidas deben integrarse en la resultante recibiendo una participación proporcional a la originaria, prohíbe un trato discriminatorio. A igual participación, iguales derechos, es decir, misma asignación de acciones o participaciones en la sociedad resultante. Eso no signi-

---

85 PÉREZ TROYA, A., *La determinación del...*, ob. cit., p. 102.

86 SEQUEIRA MARTÍN, A., "Fusión", ob. cit., p. 103; PÉREZ TROYA, A., *La determinación del...*, ob. cit., p. 102; y YANES YANES, P., "La tutela del...", ob. cit., p. 534. La doctrina francesa, igualmente, considera que la asignación proporcional de la participación en la sociedad resultante es una concreción del principio de igualdad de trato, v. DELLA FAILLE, P., *Fusions, acquisitions et évaluations d'entreprises. Une approche juridique, économique et financière*, Larcier, Bruselas, 2001, p. 436.

fica que deba aplicarse el mismo tipo de canje a todos los socios. La aplicación de una o varias relaciones de cambio en una misma sociedad vendrá determinada por la existencia o no de acciones o participaciones de distinto valor nominal, pero a las del mismo valor nominal habrá que aplicar idéntica relación de canje y en todo caso, para las acciones y participaciones de distinto valor, deberá seguirse el mismo criterio de proporcionalidad siempre referido a la participación que se posee en el capital social.

2.4. Correcciones a la regla de proporcionalidad

a) La compensación dineraria

La regla de proporcionalidad tiene una excepción reconocida en el art. 36.2 RDLME. El criterio general marcado por la Ley es que la continuidad en la participación sea asegurada mediante la atribución de una cuota del capital social de la sociedad resultante proporcionalmente equivalente a la originaria. Para que exista una estricta continuidad en la participación es necesario que la contraprestación recibida por el socio se conforme exclusivamente por acciones o participaciones[87]. Sin embargo, lo anterior no es siempre posible para todos los socios, pues el tipo de canje puede conducir a que a algunos socios no les corresponda un número entero de acciones o participaciones, sino que el resultado puede contener decimales. A esta situación se puede llegar tanto

87 Como señala YANES YANES, P., "La tutela del...", ob. cit., pp. 539-540, el principio de continuidad en la participación presupone que la contraprestación del socio se conforme de acciones, participaciones o cuotas, sin poder incluir bienes de distinta naturaleza. De tal forma que se puede afirmar que la tutela de los derechos del socio tiene como eje principal la prolongación de los vínculos societarios en la nueva estructura empresarial. No obstante, se permite un "*cierto margen a la no proporcionalidad a través de una limitada previsión de contraprestaciones mixtas*", formada por las acciones o participaciones junto con la compensación dineraria.

si el tipo de canje no es un número entero como cuando lo es, pero algunos de los socios no pueden canjear parte de sus acciones o participaciones por no alcanzar el número requerido por la relación de cambio establecida. Lo anterior ha sido designado como el problema de la *paridad imperfecta*[88].

No siendo posible subdividir en fracciones las acciones o participaciones entregadas, se hace necesario compensar a los socios afectados por *los picos o restos* con una cantidad dineraria. Si, por ejemplo, la relación de canje estableciese que una acción de la absorbente equivale a tres acciones de la absorbida, solo los socios de la absorbida titulares de un número de acciones múltiplo de tres recibirían íntegramente la contraprestación en acciones. Por el contrario, los socios que no fuesen titulares de un número múltiplo de tres recibirían tanto acciones como una compensación dineraria. En ese caso, los primeros recibirían una participación en la absorbente estrictamente proporcional a su participación originaria, mientras que los segundos verían mermada su participación relativa con respecto a los primeros[89].

La compensación dineraria, en tanto en cuanto constituye una excepción a la regla general que es la asignación de acciones o participaciones para asegurar la continuidad en la participación, viene limitada por dos condiciones, una de carácter cualitativo y otra cuantitativa. La primera es que la previsión de la compensación dineraria debe responder a un requisito finalista *"cuando sea conveniente para ajustar el tipo de canje"* (art. 36.2 RDLME). La segunda, de carácter cuantitativo, es que la compensación *"no exceda del diez por ciento del valor nominal"* de las acciones o participaciones. De estas, solo la de carácter

88 CORTÉS DOMÍNGUEZ, L. J. y PÉREZ TROYA, A., *Fusión de sociedades*, ob. cit., p. 457.

89 En este sentido v. CORTÉS DOMÍNGUEZ, L. J. y PÉREZ TROYA, A., *Fusión de sociedades*, ob. cit., p. 457.

cuantitativo proviene de la Tercera Directiva (arts. 3.1 y 4.1 de la Tercera Directiva, en la actualidad arts. 89.1 y 90.1 de la Directiva (UE) 2017/1132[90]). El requisito adicional de que la compensación dineraria deba ser *conveniente* en el ajuste del tipo de canje es una opción de política legislativa que demuestra la importancia atribuida por el legislador español al principio de continuidad en la participación[91].

No obstante, el uso del adjetivo *conveniente* y no *necesario* significa que el recurso a la compensación dineraria no está subordinado a la existencia de otras alternativas, menos convenientes pero posibles[92]. De esta forma, se aporta flexibilidad en la concreción del tipo de canje, pero asegurando que la compensación dineraria deba estar justificada en razón de su conveniencia[93] y que no rebase un porcentaje máximo, respecto de

90 Art. 89.1 Directiva (UE) 2017/1132: "*A efectos del presente capítulo, se considerará «fusión por absorción» la operación por la cual una o varias sociedades transfieren a otra, como consecuencia de una disolución sin liquidación, la totalidad de su patrimonio activa y pasivamente mediante la atribución a los accionistas de la o las sociedades absorbidas de acciones de la sociedad absorbente y, eventualmente, de una compensación en dinero que no supere el 10 % del valor nominal de las acciones atribuidas o, a falta de valor nominal, de su valor contable*".
Art. 90.1 Directiva (UE) 2017/1132: "*A efectos del presente capítulo se considerará «fusión por constitución de una nueva sociedad» la operación por la que varias sociedades transfieren a una sociedad que constituyen, como consecuencia de su disolución sin liquidación, la totalidad de su patrimonio activa y pasivamente mediante la atribución a sus accionistas de acciones de la nueva sociedad y, eventualmente, de una compensación en dinero que no supere el 10 % del valor nominal de las acciones atribuidas o, a falta de valor nominal, de su valor contable*".

91 YANES YANES, P., "La tutela del...", ob. cit., p. 540.

92 CORTÉS DOMÍNGUEZ, L. J. y PÉREZ TROYA, A., *Fusión de sociedades*, ob. cit., p. 457.

93 La compensación dineraria debe figurar en el proyecto de fusión (art. 40.3.º RDLME), ser explicada y justificada en el informe de los administradores (art. 5 RDLME) y comprobada por los expertos independientes pues está directa-

la contraprestación principal consistente en acciones o participaciones. Asimismo, el límite cuantitativo a la posibilidad de ajustar el tipo de canje denota el carácter complementario, y nunca sustitutivo, de la compensación dineraria con respecto a la asignación de la participación en el capital social de la sociedad resultante[94].

Por último, debemos hacer referencia al riesgo de exclusión de socios, también relacionado con el problema de la paridad imperfecta. Cuando algunos de los socios no alcanzan la titularidad del número de acciones o participaciones mínimo para recibir, al menos, una acción o participación en la sociedad resultante, se ha planteado si la sociedad está obligada a adoptar alguna medida que permita su permanencia en la sociedad absorbente o de nueva creación, o bien, pueden ser excluidos recibiendo únicamente una compensación dineraria. El RDLME no resuelve esta cuestión, pese a ser relativamente frecuente en la práctica, por lo que es difícil dar una respuesta interpretativa que pueda considerarse inequívoca.

Frente a las primeras posturas más rígidas, en favor de la obligación de la sociedad de procurar la permanencia del socio salvo acuerdo unánime o previsión estatutaria de la posibilidad de ser privado de la condición de socio por la fusión[95], se ha sostenido que la exclusión del canje de los socios, que no alcancen la titularidad del capital social mínimo para acceder a este, es admisible incluso en contra de su voluntad. No obstante, para que dicha exclusión sea posible, se considera que deben darse algunas condiciones. La primera es que la imposibilidad de fijar un tipo de

---

mente relacionada con la justificación del tipo de canje (art. 41.3 RDLME). V. al respecto CORTÉS DOMÍNGUEZ, L. J. y PÉREZ TROYA, A., *Fusión de sociedades*, ob. cit., p. 457; y YANES YANES, P., "La tutela del...", ob. cit., p. 541.

94 CORTÉS DOMÍNGUEZ, L. J. y PÉREZ TROYA, A., *Fusión de sociedades*, ob. cit., 457.

95 SEQUEIRA MARTÍN, A., "Fusión", ob. cit., p. 104.

canje que permita la permanencia de todos los socios responda a razones técnicas adecuadamente explicadas y justificadas en el informe de los administradores. La segunda, es que la sociedad haya ofrecido al socio alternativas tales como la de agrupar sus acciones o participaciones con las de otros socios[96].

b) *La existencia de acciones o participaciones privilegiadas*

En todo momento nos hemos referido al principio de continuidad en la participación y a la consecuente regla de proporcionalidad como una cuestión que atañe meramente a la cuota del capital social que se ostenta. Sin embargo, también se ha planteado que el principio de proporcionalidad, siendo una manifestación del de igualdad de trato, podría comprender no solo el aspecto cuantitativo, el valor nominal de la participación, sino también el aspecto cualitativo, es decir, el diferente contenido en derechos que pueden tener unas acciones o participaciones con respecto a otras. Esto obligaría, según entienden algunos autores, a fijar distintas relaciones de canje dentro de una misma sociedad si existieran acciones privilegiadas[97].

A nuestro juicio el art. 35.1 RDI MF solo obliga a lo que expresamente establece, a respetar la proporcionalidad en función de la cuota de participación en el capital social. No existe un derecho

96 En este sentido v. PÉREZ TROYA, *La tutela del...*, ob. cit., pp. 226-228; y CORTÉS DOMÍNGUEZ, L. J. y PÉREZ TROYA, A., *Fusión de sociedades*, ob. cit., pp. 454-455

97 V. PÉREZ TROYA, A., *La tutela del...*, ob. cit., p. 208; SÁNCHEZ OLIVÁN, J., *Fusión y escisión...*, ob. cit., pp. 36-38; LÁZARO SÁNCHEZ, E. J., "Comentario del art. 247", en ARROYO MARTÍNEZ, I.; EMBID IRUJO, J. M.; y GÓRRIZ LÓPEZ, C. (coords.), *Comentarios a la Ley de Sociedades Anónimas*, Vol. III, 2.ª ed., Tecnos, Madrid, 2009, p. 2372; y YANES YANES, P., "La tutela del...", ob. cit., p. 544.

a la capitalización de los privilegios o derechos asociados a una clase de acciones o participaciones[98].

Cuestión distinta, al inexistente derecho a la capitalización de los privilegios, es si, de entre las posibles alternativas que se pueden ofrecer a los titulares de derechos especiales (art. 4.1.3.º RDLME), se encuentra la asignación de acciones o participaciones en la sociedad resultante a cambio de renunciar a aquellos derechos. De reconocerse tal facultad a la junta general de socios, no estaríamos ante una consecuencia del principio de continuidad en la participación, sino ante una excepción a la regla de proporcionalidad no reconocida expresamente en la Ley. Compensar derechos especiales con una cuota de participación en la sociedad resultante reduce la que correspondería al resto de socios si solo se atendiera a la participación en el capital social de la sociedad de origen y se haría ante una circunstancia ajena a la titularidad del capital. En atención a ello, consideramos que la cuestión a resolver no es tanto si la existencia de acciones o participaciones privilegiadas obliga a fijar distintos tipos de canje, sino si la regla de proporcionalidad es disponible por los socios.

Planteado en estos términos, podría sostenerse que la distribución interna de la cuota asignada en la sociedad resultante al conjunto de socios de una misma sociedad solo afecta a estos. El requisito de que dicho reparto se lleve a cabo conforme a un criterio de proporcionalidad persigue impedir que la decisión de la mayoría pueda adoptarse en perjuicio de la minoría. Lo anterior no obsta a que sea una norma cuyo fin es tutelar los derechos de los socios y, como tal, podría exceptuarse el criterio de reparto conforme a una proporcionalidad estricta si se aprobara por unanimidad, partiendo de la base de que tal circunstancia fuera

98 OLEO BANET, F., *La escisión de la sociedad anónima*, Civitas, Madrid, 1995, pp. 147-148.

correctamente explicada y justificada en el proyecto de fusión y los informes de administradores y expertos[99].

2.5. La justificación del tipo de canje sobre la base del balance de fusión

Determinar si el balance de fusión es idóneo para justificar el tipo de canje fijado significa pronunciarse sobre si la información relativa al valor del patrimonio que ofrecen los distintos balances elaborados por las sociedades fusionadas es adecuada para servir de base a la fijación de la comentada relación de paridad o proporcionalidad externa de la que se deriva el tipo de canje. Dicho de otro modo, la pregunta que se plantea es si el *valor razonable* del patrimonio sobre el que se debe fijar el tipo de canje, según el art. 36.1 RDLME, es el reflejado en los balances de fusión de las sociedades participantes en la operación (concretamente el valor del patrimonio neto) o, en otro caso, qué papel cumple el balance de fusión respecto a la valoración patrimonial de la que se deduce el tipo de canje.

Como ya hemos señalado previamente, las interpretaciones que se han planteado al respecto o bien han cuestionado la idoneidad del balance de fusión para explicar el tipo de canje de forma plena o le han reconocido una utilidad condicionada a que no haya otro método más adecuado. Por un lado, se ha defendido que el balance de fusión, por su propia naturaleza, no ofrece una información suficiente para explicar plenamente el tipo de canje, por no poder incluir aspectos relevantes para la valoración como

99 Entre los autores que defienden que la regla de proporcionalidad interna es disponible, requiriéndose la unanimidad, v. PÉREZ TROYA, *La tutela del...*, ob. cit., p. 216; CORTÉS DOMÍNGUEZ, L. J. y PÉREZ TROYA, A., *Fusión de sociedades*, ob. cit., p. 444; y LÁZARO SÁNCHEZ, E. J., "Comentario del art. 247", ob. cit., p. 2373.

son las expectativas de crecimiento o generación de rentas, debiendo ser valorados los patrimonios como empresas en funcionamiento[100]. Por otro lado, se ha reconocido dicha deficiencia del balance, pero se ha sostenido que, según las circunstancias concurrentes, los métodos de valoración que toman por base la información del balance pueden servir para fijar el tipo de canje y, en caso contrario, sigue ofreciendo una información comparativa útil para que los socios puedan valorar la justificación de la relación de canje[101].

Las cuestiones de fondo sobre la función del balance de fusión en la justificación del tipo de canje, a nuestro modo de ver, son dos: por un lado, si hay unos métodos de valoración más apropiados con carácter general que otros o no y, por otro lado, si la aptitud del balance de fusión para justificar la ecuación de canje queda circunscrita al supuesto en el que sean empleados métodos de valoración estáticos.

100 La valoración de los patrimonios societarios como empresas en funcionamiento, como un todo unitario y no una mera agregación de sus elementos patrimoniales y en explotación (descartando su valor de liquidación y tomando en consideración las expectativas) ha sido ampliamente compartida por la doctrina, v. entre otros ROJO, A., "La fusión de...", ob. cit., p. 351; VICENT CHULIÁ, F., *Compendio crítico de...*, 3.ª ed., ob. cit., p. 848; SEQUEIRA MARTÍN, A., "Fusión", ob. cit., p. 137; CORTÉS DOMÍNGUEZ, L. J. y PÉREZ TROYA, A., *Fusión de sociedades*, ob. cit., p. 131; LARGO GIL, R., "La fase previa...", ob. cit., pp. 459-460; y MARTÍ MOYA, V., *El procedimiento de...*, ob. cit., p. 99. Los balances de fusión, al reflejar el valor del patrimonio en una fecha dada, valores estáticos, no pueden incluir proyecciones. Por eso, se considera que, ni siquiera realizando ajustes valorativos en virtud del derogado art. 36.2 LME (art. 43.2 RDLME), *"puede salvarse la insuficiencia radical o inidoneidad funcional de las cuentas o del balance de fusión/escisión para explicar de manera cumplida, satisfactoriamente, el tipo o relación de canje escogido"*, v. FERNÁNDEZ DEL POZO, L., *El derecho contable...*, 2010, ob. cit., p. 100.

101 Sobre las referidas críticas al papel del balance de fusión en la justificación del tipo de canje v. *supra* "Capítulo II.2.1".

Respecto a la primera cuestión, quienes descartan la idoneidad del balance consideran que los métodos estáticos o patrimoniales, que recurren a la valoración de los distintos elementos que conforman el patrimonio contable incluyendo, en su caso, ciertos ajustes valorativos, son inferiores a los métodos dinámicos, que sí incluyen las expectativas de crecimiento de las empresas objeto de valoración. Por el contrario, quienes reconocen la utilidad del balance de fusión entienden que la determinación del método valorativo depende de las circunstancias concurrentes en cada caso, no pudiendo sostener que con carácter general unos métodos sean superiores a otros. En atención a las previsiones establecidas en el RDLME en relación con los principios que rigen la determinación del tipo de canje, como se ha visto[102], la segunda postura es la que consideramos más acorde con la legislación vigente.

En cuanto a si la utilidad del balance de fusión para justificar o servir de base a la relación de canje fijada en la operación se limita exclusivamente al supuesto en el que se recurra a métodos de valoración estáticos o patrimoniales, depende de si se considera que tal función solo es desarrollada si el valor de los patrimonios de las sociedades intervinientes empleado debe explicarse plenamente a partir de la información reflejada en los balances de fusión o si esa función también es satisfecha cuando, junto con el balance de fusión, se recurre a la información contenida en las cuentas anuales o, incluso, se atiende a datos económicos no extraídos directamente de la contabilidad de las sociedades.

Los métodos de valoración en los que el valor resultante deriva directamente de la información contenida en el balance, en el caso de las fusiones el balance de fusión, son los métodos estáticos o patrimoniales, como el valor del patrimonio neto o

102 V. *supra* "Capítulo II.2.1".

el del patrimonio neto ajustado. Estos son los que centran la valoración en la información contable contenida en el balance, pero eso no significa que los restantes métodos prescindan de ella. Por ejemplo, los métodos dinámicos, como el descuento de flujos de caja, parten de la información contable para realizar la estimación de rentas futuras y descontarlas al momento de la valoración[103]. Los métodos de múltiplos comparativos, igualmente, recurren a la información contable para determinar las empresas que son comparables. La mayoría de métodos valorativos, en mayor o menor medida, emplean la información que consta en la contabilidad, sin que en ningún caso se prescinda por completo en la valoración de esta[104]. Por lo tanto, en tales supuestos también es cierto que para fijar las condiciones de la fusión se ha partido de una información contable, cuya fecha de referencia debe constar en el proyecto de fusión en virtud del art. 40.8.º RDLME.

103 Dentro de los métodos de descuento de rentas futuras se recurre a distintas variables para estimar dichas rentas, entre ellas destacan los flujos de caja y el EBIDTA (*Earnings Before Interest, Taxes, Depreciation, and Amortization*). Ambos se extraen de la contabilidad, en concreto de la cuenta de resultados o de pérdidas y ganancias. El flujo de caja es la suma del beneficio neto más las amortizaciones y provisiones y el EBIDTA se calcula a partir del resultado de explotación. En este sentido v. LEÓN SANZ, F. J., "La significación de la información contable en las modificaciones estructurales" en *Derecho de sociedades: libro homenaje al profesor Fernando Sánchez Calero*, vol. 2, McGraw-Hill, España, 2002, p. 2149, quien señala que la valoración de la empresa en las modificaciones estructurales parte del análisis de los recursos generados en el pasado, a través del examen de la relación entre ingresos y gastos de los ejercicios previos, que constituyen la realidad objetiva sobre la que se realizan las proyecciones futuras.

104 En este sentido v. FERNÁNDEZ DEL POZO, L., *El derecho contable...*, 2010, ob. cit., pp. 100-101. Según afirma el citado autor, según la Ley, se debe tener en cuenta la información contable, tanto la ofrecida por las cuentas anuales anteriores como la del balance de fusión, que opera como un "*balance intermedio*".

Dentro de la información contable que debe ser puesta a disposición de los socios y demás destinatarios, los balances de fusión son los que ofrecen una información más próxima a la fecha de redacción del proyecto, donde se determina el tipo de canje. No obstante, no son los únicos documentos a tener en cuenta en la valoración de los patrimonios. Junto a los balances de fusión también deberá atenderse a la información ofrecida por las cuentas anuales de los ejercicios anteriores, por ejemplo, para estimar las proyecciones de crecimiento de la empresa o realizar los ajustes valorativos que corresponda.

En definitiva, el tipo de canje no tiene que derivarse en todos los casos directamente del valor del patrimonio neto que conste en los balances de fusión. Dependerá de las circunstancias concurrentes en cada supuesto la elección del método de valoración más adecuado, pero el RDLME prohíbe que en la realización de la valoración se prescinda de la información contable (*ex* art. 40.8.º RDLME). Si el método considerado más apropiado es el del valor del patrimonio neto, el tipo de canje sí se derivará directamente de los valores reflejados en el balance. A excepción de la incidencia, en su caso, de los ya estudiados efecto sinergia y coste de oportunidad, circunstancias todas ellas que deberán ser explicadas en el informe de los administradores. Si, por el contrario, el método valorativo más adecuado no es de carácter estático o patrimonial (como son los dinámicos o de múltiplos comparativos), aunque el tipo de canje no se deduzca directamente de los valores reflejados en el balance, sí que se derivará de forma mediata de los valores que figuran tanto en las cuentas anuales como en los balances de fusión. Esto se debe a que, por ejemplo, para realizar las oportunas estimaciones de rentas futuras o comparaciones con otras empresas de similares características, se debe emplear la información contable, si bien en tales casos se combinará con elementos valorativos de carácter extracontable como proyecciones financieras y comerciales o información comparativa de otras empresas del sector.

3. LA FECHA DE EFECTOS CONTABLES Y LA FECHA DE PARTICIPACIÓN EN GANANCIAS

3.1. Las distintas fechas de efectos de la fusión

En nuestro ordenamiento, la fusión adquiere eficacia plena con la inscripción de la operación en el Registro Mercantil competente, pues esta tiene carácter constitutivo (art. 51.1 RDLME)[105]. En ese momento, y en un solo acto, se producen los efectos característicos de la fusión, que son la extinción sin liquidación de las sociedades absorbidas o incorporadas a una sociedad de nueva creación, la adquisición de los patrimonios de las sociedades fusionadas mediante sucesión universal por parte de la sociedad absorbente o recién constituida y la integración de los socios de las sociedades extinguidas en la sociedad resultante (*cfr.* arts. 33-35 RDLME).

La fecha de eficacia de la fusión, a la que nos hemos referido como plena, coincide con la eficacia externa, o *erga omnes*, y es aquella en la que tienen lugar los efectos propios de la fusión ya comentados. Desde la entrada en vigor de la LSA de 1989, forman parte del contenido mínimo del proyecto de fusión las menciones relativas a la fecha de efectos contables [arts. 235.d) LSA de 1989 y 40.6.º RDLME] y la fecha de participación en las ganancias sociales de los socios de las sociedades extinguidas [arts. 235.c) LSA de 1989 y 40.5.º RDLME]. Las fechas a partir de las cuales se producen tales efectos, no la de los efectos jurídico-sustantivos de la operación que solo pueden tener lugar al ser inscrita la operación, pueden referirse a un momento distinto al de la fecha de inscripción de la fusión o fecha de eficacia plena, lo que se ha interpretado como el reconocimiento legal de la posibilidad de anticipar, con respecto a la inscripción, los efectos

105 V. *infra* "Capítulo VI.2.3.a)".

contables y el derecho de participación en las ganancias sociales de los socios de las sociedades absorbidas o incorporadas a la de nueva creación.

La fecha de participación en ganancias, según la literalidad del art. 40.5.º RDLME, designa la fecha a partir de la cual los socios de las sociedades extinguidas tendrán derecho a participar del resultado de la actividad de la sociedad resultante a la que se incorporan. Sin embargo, esta mención del proyecto se interpreta en unos términos mucho más amplios, abarcando cualquier tipo de pacto que se quiera incluir en relación con la participación en ganancias. Por ejemplo, estableciendo un reparto de dividendos que discrimine entre los socios de distintas sociedades fusionadas, lo que lógicamente repercutirá en el tipo de canje fijado.

La fijación de esta fecha puede hacerse dentro de unos límites discrecionales bastante amplios que, aunque el RDLME no los establezca, consideramos deben circunscribirse al ejercicio (o ejercicios) en el que tiene lugar la fusión. Así pues, a nuestro juicio, no debe anticiparse más allá del inicio del ejercicio en que es aprobada la fusión ni postergarse más allá del fin del ejercicio en que es inscrita la fusión. Si se admitiese la fijación de una fecha de participación en ganancias posterior al final del ejercicio en que es inscrita la fusión, se estaría excluyendo, de manera injustificable, a los socios incorporados por efecto de la fusión de las ganancias generadas en un ejercicio en el que todos los socios (originarios e incorporados) han formado parte de la misma sociedad desde el inicio de este. En cuanto a la fijación de la comentada fecha en un momento anterior al inicio del ejercicio en el que es aprobada la fusión, no consideramos posible reconocer ningún tipo de eficacia a la operación en dicho periodo previo al ejercicio en el que tiene lugar la adopción del acuerdo de fusión.

La fecha de efectos contables, por su parte, es la fecha tomada como referencia para el registro y valoración contable de los patrimonios transmitidos por las sociedades extinguidas y determina el momento a partir del cual la actividad desarrollada por las sociedades fusionadas es imputada contablemente a la sociedad resultante. A diferencia de la fecha de participación en ganancias, la de efectos contables debe adecuarse a la regulación del PGC (NRV 19.ª y 21.ª y a los arts. 47-52 RICAC de 5 de marzo de 2019, que desarrollan las citadas normas del PGC), la cual ha restringido enormemente la facultad de elegir la fecha de efectos contables, en comparación con la libertad que se reconocía antes de la entrada en vigor de las NRV 19.ª y 21.ª PGC y, sobre todo, tras la modificación de las citadas normas del PGC por el RD 1159/2010, de 17 de septiembre. Desde la reforma del PGC por el RD 1159/2010, la fecha de efectos contables viene establecida por la regulación contable. De forma resumida, pues se tratará posteriormente con mayor detalle, para determinar la fecha de efectos contables es necesario, en primer lugar, determinar si la fusión constituye una *combinación de negocios* o una *operación intragrupo*. En el primer caso, se considera que una de las sociedades (no necesariamente la absorbente) adquiere a las restantes y la fecha de efectos contables es la *fecha de adquisición del control*. La normativa contable identifica como fecha de adquisición (fecha de efectos contables) la de aprobación de la fusión por la sociedad adquirida, si bien permite que se posponga tal fecha de adquisición del control (contablemente), como máximo, hasta la fecha de inscripción de la fusión (NRV 19.ª2.2 PGC y art. 48.2 RICAC de 5 de marzo de 2019[106]).

106 NRV 19.ª 2.2 PGC: "*La fecha de adquisición es aquélla en la que la empresa adquirente adquiere el control del negocio o negocios adquiridos.*
En los supuestos de fusión o escisión, con carácter general, dicha fecha será la de celebración de la Junta de accionistas u órgano equivalente de la empresa adquirida en que se apruebe la operación, siempre que el acuerdo sobre el proyecto de fusión o escisión no contenga un pronunciamiento expreso sobre la asunción de control del negocio por la adquirente en un momento posterior".

En el supuesto de las operaciones intragrupo, no hay una adquisición como tal, dado que las sociedades ya se encuentran bajo un control común con anterioridad a la operación. En tal caso, la normativa contable determina que la fecha de efectos contables debe ser la de inicio del ejercicio en el que es aprobada la fusión (NRV 21.ª 2.2.2 PGC). Solo si alguna de las sociedades se incorporó al grupo en el mismo ejercicio en que tiene lugar la fusión, pero antes de la aprobación de la operación, su fecha de efectos contables será dicha fecha de incorporación y no la de inicio del ejercicio (la sociedad incorporada después del inicio del ejercicio, pero antes de la aprobación de la fusión tendría en ese caso una fecha de efectos contables distinta a las de las demás sociedades).

De lo anterior se deriva que el PGC, solo permite un cierto margen de discrecionalidad cuando la fusión tiene la consideración de una *combinación de negocios*. En tal caso, se permite fijar la fecha de efectos contables dentro del periodo delimitado por la fecha de aprobación del acuerdo por la sociedad adquirida y la de la inscripción de la fusión (NRV 19.ª PGC). Por el contrario, cuando la fusión tiene la consideración contable de una *operación intragrupo*, la fecha de efectos contables no es disponible y debe ser fijada conforme a los criterios antes expuestos (NRV 21.ª2.2.2 PGC)[107].

Los comentados efectos, el de participación en ganancias y el de efectos contables, no son estrictamente los característicos de la fusión, que solo se originan una vez es inscrita, *ipso iure*. No obstante, están claramente vinculados, pues la participación en las ganancias sociales está asociada a la adquisición de la condición de socio y la fecha de efectos contables es aquella desde la

107 V. al respecto FERNÁNDEZ DEL POZO, L., "A vueltas con la «fecha de efectos contables» de la fusión/escisión o cesión global tras la última reforma del PGC por RD 1159/2010", *Revista de Derecho de Sociedades*, n.º 36, 2011, pp. 382-385.

cual, una vez inscrita la operación, la sociedad resultante registra contablemente el patrimonio y las operaciones de las sociedades extinguidas como propias. Es decir, es el reflejo contable de la sucesión patrimonial. Tradicionalmente se ha interpretado la potestad atribuida por la Ley sobre la fijación de las fechas de efectos contables y de participación en ganancias como una forma de anticipar convencionalmente, y con una eficacia meramente interna, algunos de los efectos de la fusión a la fecha de eficacia plena[108]. Como consecuencia de esta interpretación, se defendió que, en la fecha de efectos contables y antes de la inscripción de la fusión, las sociedades absorbidas podían cerrar su contabili-

108 En cuanto a la mención del proyecto sobre la fecha de efectos contables, la doctrina ha destacado su efectividad meramente contable o interna, frente a la eficacia jurídico-sustantiva de la operación que sí tiene carácter externo; v. FERNÁNDEZ DEL POZO, L., *Las reservas atípicas...*, ob. cit., p. 336. Tal distinción parte de la constatación de que un pacto *inter partes* no puede anticipar los efectos de la fusión en perjuicio de terceros (arts. 245 LSA de 1989, 16.1.7.º y 21 CCom y 9 y 94.7.º RRM), pero sí se consideró ajustado a derecho que las sociedades anticipasen los efectos contables de la fusión, pues la libertad para regir sus relaciones incluía "*disciplinar los efectos económicos y contables de la fusión*". Dicha potestad también era extensible a otros efectos como el de la participación en ganancias de los socios incorporados a la sociedad resultante, considerándose que ambos efectos (el de efectividad contable y el de participación en ganancias) eran desplegados internamente con anterioridad a la fecha de efectividad plena, sin perjuicio de que quedaran subordinadas o condicionados a la inscripción de la fusión, para poder tener eficacia externa; v. FERNÁNDEZ DEL POZO, L., "La denominada «retroactividad contable»...", ob. cit., p. 105; FERNÁNDEZ DEL POZO, L., *El derecho contable...*, 2010, ob. cit., pp. 67-73; y en el mismo sentido v. MARTÍ MOYA, V., *El procedimiento de...*, ob. cit., p. 112. No obstante, aun defendiendo el carácter interno u obligacional de la fecha de efectividad contable y de participación en ganancias (hasta la inscripción de la fusión), algunos autores advirtieron que la mención sobre la fecha de efectos contables también tenía una cierta eficacia externa en el ámbito fiscal, es decir, en relación con la Administración financiera; v. DUQUE DOMÍNGUEZ, J. F., "La fusión en...", ob. cit., pp. 756-757, notal al pie 31; y CORTÉS DOMÍNGUEZ, L. J. y PÉREZ TROYA, A., *Fusión de sociedades*, ob. cit., p. 152.

dad y trasladarla a la sociedad resultante, la cual se encargaría de la llevanza de la contabilidad de las sociedades fusionadas, integrándola en la suya propia, desde ese momento[109]. La justificación de la anticipación de los efectos contables encontró como base que la efectividad de la cláusula de retroactividad era meramente interna y que en ningún caso podía perjudicar a terceros, pues el patrimonio no pasaría a ser de titularidad de la sociedad absorbente hasta la inscripción de la operación, a la cual quedaba supeditada la efectividad de la fusión (art. 245.1 LSA de 1989). En definitiva, la cuestión de la unificación de la contabilidad de las sociedades fusionadas era entendida como un problema que solo afectaba al ámbito interno de la sociedad y que, por tanto, podía realizarse en el momento que las sociedades decidieran discrecionalmente.

Como explicaremos en los apartados que siguen a continuación, en la actualidad no puede ser sostenida tal interpretación.

109 FERNÁNDEZ DEL POZO, L., *Las reservas atípicas...*, ob. cit., p. 336, estudiando la mención sobre la fecha de efectos contables del art. 235.d) LSA de 1989 concluyó que su finalidad consistía en determinar "*cuándo se registra contablemente el traspaso patrimonial, de suerte que los activos y pasivos, los ingresos y los gastos de la «transmitente» empiezan a inscribirse a partir de esa fecha en los libros de la «adquirente»*". En el mismo sentido v. FERNÁNDEZ DEL POZO, L., *El Derecho contable...*, 2007, ob. cit., p. 56; y CORTÉS DOMÍNGUEZ, L. J. y PÉREZ TROYA, A., *Fusión de sociedades*, ob. cit., p. 150. Respecto al art. 31.7.º LME, similar en su contenido al derogado art. 235.d) LSA de 1989 y al vigente art.40.6.º RDLME, se mantuvo la misma interpretación, hasta la reforma del PGC por el RD 1159/2010, v. FERNÁNDEZ DEL POZO, L., *El derecho contable...*, 2010, ob. cit., pp. 87-88; y MARTÍ MOYA, V., *El procedimiento de...*, ob. cit., p. 111. Tras la señalada reforma, la NRV 19.ª PGC en su apartado 2.2 impide que se reconozcan los efectos de la fusión hasta la inscripción de la operación. Una vez inscrita la fusión, se reconocen los efectos contables de la operación desde la fecha de efectos contables, pero hasta que no se da la inscripción no se puede registrar el traspaso patrimonial. V. al respecto FERNÁNDEZ DEL POZO, L., "A vueltas con...", ob. cit., pp. 369-370, quien pese a haber defendido una interpretación distinta antes de la reforma de 2010, indica que la vigente redacción del PGC consagra esta solución.

La fijación de una fecha de efectos contables, o de participación en ganancias, anterior a la fecha de inscripción de la fusión no supone ni que la sociedad absorbente pueda registrar en sus libros contables la transmisión del patrimonio de las sociedades absorbidas antes de que se produzca la sucesión patrimonial ni que puedan ser distribuidos beneficios de la sociedad absorbente entre socios que todavía no forman parte de esta. Ambos efectos, el de la sucesión patrimonial y el de la incorporación de los socios de las sociedades extinguidas, a los que están ligados respectivamente la sucesión contable y la participación en las ganancias sociales, tienen lugar en el momento de la inscripción de la fusión. Es a partir de ese momento cuando la sociedad resultante registrará en su contabilidad la transmisión de los patrimonios de las sociedades extinguidas y cuando los socios podrán participar en las ganancias sociales. Lo que permiten las menciones establecidas en los arts. 40.5.º y 40.6.º RDLME es que, una vez inscrita la fusión, el registro contable pueda hacerse con referencia a una fecha anterior y que los socios procedentes de las extinguidas, siendo ya socios de la resultante, puedan beneficiarse de unas ganancias que han sido generadas en un periodo anterior a su incorporación.

3.2. La mención sobre la fecha de efectos contables

a) La cuestión del momento en el que se produce la sucesión contable y el concepto de fecha de efectos contables

El vigente RDLME se limita a exigir que figure en el contenido del proyecto de fusión *"la fecha a partir de la cual la fusión tendrá efectos contables"* (art. 40.6.º RDLME), pero no define lo que se entiende por *efectos contables*. Por el contrario, en la derogada LSA de 1989 sí figuraba una definición legal del concepto de efectividad contable en su art. 235.d), siendo la fecha de efectos contables aquella *"a partir de la cual las operaciones de las Socie-*

dades que se extingan habrán de considerarse realizadas a efectos contables por cuenta de la Sociedad a la que traspasan su patrimonio". Como ya hemos mencionado, de este precepto se extrajo que la referida fecha marcaba el momento a partir del cual las operaciones realizadas por las sociedades participantes pasaban a ser imputadas a la sociedad resultante y la fecha en la que debía ser registrada contablemente la transmisión de los patrimonios de las sociedades extinguidas. En otras palabras, era la fecha en la que se unificaba la contabilidad de las sociedades fusionadas o fecha de sucesión contable.

Sin embargo, la interpretación anterior no es acorde con la actual regulación contable. Conforme a la NRV 19.ª 2.2 PGC (según la redacción dada por el art. 4.3 del RD 1159/2010, de 17 de septiembre) "*las obligaciones registrales previstas en el artículo 28.2 del Código de Comercio se mantendrán en la sociedad adquirida o escindida hasta la fecha de inscripción de la fusión o escisión en el Registro Mercantil. En esta fecha, fecha de inscripción, la sociedad adquirente, reconocerá los efectos retroactivos de la fusión o escisión a partir de la fecha de adquisición, circunstancia que a su vez motivará el correspondiente ajuste en el libro diario de la sociedad adquirida o escindida para dar de baja las operaciones realizadas desde la fecha de adquisición. Una vez inscrita la fusión o escisión la adquirente reconocerá los elementos patrimoniales del negocio adquirido, aplicando los criterios de reconocimiento y valoración recogidos en el apartado 2.4 de esta norma*" (v., asimismo, los arts. 48.3 y 49.4 RICAC de 5 de marzo de 2019[110]).

110 Art. 48.3 RICAC de 5 de marzo de 2019: "*Sin perjuicio de lo anterior, las obligaciones registrales previstas en el artículo 28.2 del Código de Comercio se mantendrán en la sociedad adquirida (absorbida) hasta la fecha de inscripción de la fusión en el Registro Mercantil. En esta fecha, fecha de inscripción, la sociedad adquirente (absorbente) reconocerá los efectos retroactivos de la fusión desde la fecha de adquisición, y los elementos patrimoniales de la sociedad adquirida (absorbida) de acuerdo con los criterios de reconocimiento y valoración*

Frente a las dudas iniciales respecto a si la cláusula de retroactividad contable permitía anticipar la unificación de las contabilidades de las sociedades participantes a la fecha de efectividad de la fusión, la de la inscripción, el PGC establece de forma expresa que la mención sobre la fecha de efectos contables no puede vulnerar el deber de todo empresario de llevar directamente la contabilidad de la empresa (art. 25.2 CCom). Las sociedades a extinguir por la fusión no están facultadas para acordar delegar dicha función en la que será la sociedad absorbente, pues hasta que no se extingan, al ser inscrita la fusión, subsistirá su deber contable[111]. La llevanza de la contabilidad no afecta exclusivamente

regulados en la norma sobre combinaciones de negocios del Plan General de Contabilidad, con abono a la cuenta «Socios de sociedad disuelta», por el valor razonable de la contraprestación acordada".

Art. 49.4 RICAC de 5 de marzo de 2019: "*Las obligaciones registrales previstas en el artículo 28.2 del Código de Comercio se mantendrán en la sociedad adquirida hasta la fecha de inscripción de la fusión en el Registro Mercantil. En esta fecha, fecha de inscripción, la sociedad adquirida (absorbida) reconocerá los efectos contables de la fusión a partir de la fecha de adquisición...*"

111 El ICAC se ha pronunciado al respecto en varias de las consultas que ha resuelto. V. Consulta 1 BOICAC n.º 60 de diciembre de 2004: "*Adicionalmente, en virtud del artículo 245 del TRLSA la eficacia de la fusión quedará supeditada a la inscripción de la nueva sociedad o, en su caso, a la inscripción de la absorción. Por tanto, hasta que ésta no se produzca, todas las sociedades que participan en la fusión deberán formular cuentas anuales, dado que no se ha producido la extinción de ninguna de ellas*"; Consulta 1 BOICAC n.º 75 de septiembre de 2008: "*En cualquier caso, debe recordarse que en virtud del artículo 245 del TRLSA la eficacia de la fusión quedará supeditada a la inscripción de la nueva sociedad o, en su caso, a la inscripción de la absorción, y en este sentido ha de señalarse que la obligación de formular cuentas anuales se mantiene hasta la fecha en que las sociedades que participan en la fusión se extingan, con el contenido que de ellas proceda de acuerdo con lo expuesto anteriormente*". Igualmente la DGRN, refiriéndose a la doctrina del ICAC, ha constatado que la obligación del registro contable de las operaciones se mantiene en la escindida que va a integrarse en una sociedad beneficiaria hasta la inscripción de la escisión en el Registro Mercantil, v. RDGRN de 21 de octubre 2014 (TOL4.542.465), fundamento de derecho séptimo: "*las obligaciones registrales (de practicar apuntes contables) previstas en el artículo 28.2 del Código*

a la presentación de las cuentas anuales, como establece el art. 28.2 CCom al que se remite la NRV 19.ª 2.2 PGC. El empresario debe registrar día a día en el libro diario todas las operaciones relativas a la actividad de la empresa (*cfr.* arts. 25.2 y 28.2 CCom), deber que no puede ser asumido por la sociedad absorbente hasta la extinción de la sociedad absorbida.

La fusión, por tanto, no surte efectos contables hasta la inscripción, fecha en la que se unifica la contabilidad de las sociedades participantes mediante la cancelación de las operaciones del libro diario de las sociedades adquiridas y el reconocimiento de los elementos patrimoniales adquiridos en la contabilidad de la adquirente. Dicho de otro modo, la sucesión contable no puede darse hasta que la fusión no es inscrita. La excepcionalidad de la mención de efectos contables, o cláusula de retroactividad, radica en que, cuando la fusión despliega sus efectos como consecuencia de su inscripción, los efectos contables se retrotraen a un momento distinto y anterior que es el que debe figurar en el proyecto de fusión conforme al art. 40.6.º RDLME. No es lo mismo desplegar efectos de forma anticipada que hacerlo con carácter retroactivo. En el segundo caso, que es el establecido en nuestra normativa contable, la sucesión contable no tiene lugar hasta que se cumple la *conditio iuris* de la inscripción, pero, cuando esta es realizada, sus efectos pueden retrotraerse a una fecha distinta, la llamada fecha de efectos contables.

Así pues, la fecha de efectos contables del art. 40.6.º RDLME no es la fecha de sucesión contable, o de unificación contable. En la actualidad, la fecha de efectos contables es aquella toma-

de Comercio (LEG 1885, 21) se mantienen en la escindida hasta la fecha de inscripción de la escisión en el Registro Mercantil y en la fecha de inscripción en el Registro Mercantil, cada una de las sociedades beneficiarias reconocerá los efectos retroactivos de la escisión a partir de la fecha de efectos contables que es el inicio de ejercicio".

da como referencia para el reconocimiento y valoración de los elementos patrimoniales transmitidos, además de la imputación contable de las actividades realizadas por las sociedades extinguidas por cuenta de la sociedad resultante, cuando se realiza la unificación contable tras la inscripción de la fusión. Esta última, la de unificación efectiva de la contabilidad es la fecha de sucesión contable y coincide con la inscripción, momento en el que tiene lugar la sucesión patrimonial y la extinción de las sociedades absorbidas o incorporadas.

b) El origen histórico de la cláusula de retroactividad contable

En un primer momento, la retroacción contable fue creada para resolver el problema de los *riesgos de la fusión*. Por *riesgo de la fusión* se entiende la posibilidad de que la situación patrimonial de las sociedades participantes se vea alterada en el periodo que media entre el momento en el que son acordadas las condiciones de la fusión por los administradores y la fecha en la que la fusión es aprobada por los socios e inscrita. En una época en la que no se comprendía con total claridad el fenómeno de la sucesión universal, se consideraba que la alteración sobrevenida de los patrimonios de las sociedades fusionadas podía conducir a una continua revisión de las bases de la operación, en particular del tipo de canje, lo que dificultaba la consecución de la fusión. En este contexto, la cláusula de retroactividad surgió con la finalidad de poder negociar las condiciones de la fusión sobre una base valorativa estable. Al incluir en el contenido del acuerdo una cláusula que anticipaba los efectos de la fusión a la fecha en la que habían sido cerradas las cuentas utilizadas para fijar las condiciones de la operación, se evitaba el mencionado riesgo. Sin embargo, pronto advirtió la doctrina que las sociedades implicadas en la fusión no podían convenir la anticipación de los efectos extraordinarios de la fusión en perjuicio de terceros y que, por tanto, la eficacia de la cláusula de retroactividad solo podía ser obligacional e interna.

Dicha cláusula no podía adelantar el efecto de la sucesión patrimonial, pero se entendió que los efectos contables sí podían ser anticipados, por lo que pasó a ser conocida como cláusula de retroacción contable[112].

El ordenamiento español fue ajeno a la problemática de la retroacción de los efectos de la fusión hasta la entrada en vigor de la LSA de 1989, que incluyó entre el contenido mínimo del proyecto de fusión la fecha de efectos contables [art. 235.d)]. El mencionado precepto transpuso el contenido del art. 5.2.e) de la Tercera Directiva que recogió una práctica reconocida en las legislaciones de determinados Estados miembros, entre ellos Francia[113]. Dicha práctica fue la surgida para solucionar el problema de los riesgos de la fusión. No obstante, cuando la cláusula de efectos contables fue reconocida legalmente en España, el efecto de la sucesión universal ya estaba plenamente reconocido como uno de los efectos propios de la fusión y no había duda de que la sociedad absorbente sucedía en el patrimonio a la absorbida, con la composición que tuviera en el momento de eficacia de la fusión, sin necesidad de recurrir a la retroactividad[114].

En la LSA de 1989 se contemplaban otros medios para evitar los riesgos de la fusión, que también están presentes en el RDLME. En primer lugar, al fijar las condiciones de la fusión en el proyecto, los administradores deben prever que el proceso a seguir hasta la efectividad de la fusión tendrá una cierta duración;

112 Sobre el aquí expuesto origen histórico de la cláusula v. FERNÁNDEZ DEL POZO, L., "La denominada «retroactividad contable»...", ob. cit., pp. 102-105.

113 V. ROJO, A., "La fusión de...", ob. cit., p. 359; y FERNÁNDEZ DEL POZO, L., "La denominada «retroactividad contable»...", ob. cit., pp. 101-102.

114 V. SEQUEIRA MARTÍN, A., "Fusión", ob. cit., p. 144; LARGO GIL, R., *La fusión de sociedades...*, ob. cit., pp. 339-340; y FERNÁNDEZ DEL POZO, L., "La denominada «retroactividad contable»...", ob. cit., p. 108.

y, una vez suscrito el proyecto tienen el deber de abstenerse "*de realizar cualquier clase de acto o de concluir cualquier contrato que pudiera comprometer la aprobación del proyecto o modificar sustancialmente la relación de canje de las acciones*" (art. 234.2 LSA de 1989 y el vigente art. 39.2 RDLME). Además, en caso de que se produzca una variación significativa en el patrimonio de cualquiera de las sociedades, entre la redacción del proyecto y la reunión en la que se apruebe la fusión, deben informar a las juntas de todas las sociedades participantes (art. 238.2 LSA de 1989 y art. 46.3 RDLME). Por último, los socios tienen la posibilidad de rechazar la fusión si la situación patrimonial de alguna de las sociedades participantes hace que las condiciones de la fusión proyectada no sean acordes con sus intereses, perdiendo el proyecto de fusión toda eficacia (art. 234.3 LSA de 1989 y art. 39.3 RDLME)[115].

Por tanto, la función de la retroactividad en la LSA de 1989 no era resolver la cuestión de los riesgos de la fusión, sino que meramente permitía fijar la fecha en la que tendría lugar la sucesión contable en un momento distinto al de la inscripción de la operación. La fecha a la que hacía referencia el art. 235.d) LSA de 1989 fue llamada doctrinalmente fecha de efectos contables y se consideró que marcaba el momento en el que se unificaría la contabilidad de las sociedades participantes y las actividades desarrolladas a partir de ese momento por las sociedades fusionadas serían imputadas y registradas contablemente por la sociedad resultante[116]. Lo más habitual en la práctica fue hacer coincidir la fecha de efectos contables y la de participación en ganancias con

115 V. FERNÁNDEZ DEL POZO, L., "La denominada «retroactividad contable»...", ob. cit., pp. 108-109.

116 Esta fue la función que le atribuyeron autores como FERNÁNDEZ DEL POZO, L., *Las reservas atípicas...*, ob. cit., p. 336; y CÓRTES DOMÍNGUEZ, L. J. y PÉREZ TROYA, A., *Fusión de sociedades*, ob. cit., p. 150.

la fecha de cierre del balance de fusión[117], aunque no era exigido legalmente[118].

c) La función actual de la fecha de efectos contables

Conforme a la normativa contable vigente, la fijación de la fecha de efectos contables ha dejado de ser potestativa, al menos con carácter general. Así pues, la fijación de la fecha de efectos contables se rige por criterios técnicos, de naturaleza estrictamente contable[119].

Este cambio en la normativa contable repercute en la función desempeñada por la referida mención del proyecto de fusión. La utilidad de la mención del art. 40.6.º RDLME, ya no puede responder a razones de conveniencia en la planificación del desa-

117 Como recoge el ICAC en la Consulta 1, BOICAC n.º 75 de septiembre de 2008: *"Sin duda el caso más habitual (que algún sector de la doctrina ha denominado "modelo de frecuencia") han sido los acuerdos en los que el proyecto de fusión hacía coincidir la fecha del balance de fusión, la fecha de participación en beneficios de los nuevos accionistas y la fecha de retroacción contable, con el 31 de diciembre del año anterior a la fecha de aprobación e inscripción de la fusión"*. FERNÁNDEZ DEL POZO, L., *El derecho contable...*, 2010, ob. cit., pp. 74-75, calificó este modelo como ejemplo paradigmático y justificó la coincidencia de las distintas fechas de participación en ganancias, efectos contables, cierre de los balances de fusión y cierre del ejercicio en razón de la mayor comodidad.

118 En este sentido v. ROJO, A., "La fusión de...", ob. cit., p. 359; y GÓMEZ PORRÚA, J. M., *La fusión de...*, ob. cit., p. 185. Parte de la doctrina, aun no siendo exigido expresamente por la LSA de 1989, sí consideró necesario conectar la fecha de cierre del balance de fusión con la de efectos contables, ya que atribuían al referido balance la función de balance final que había desarrollado durante la vigencia de la LSA de 1951. Sobre esta cuestión v. *supra* "Capítulo II.8".

119 Sobre la pérdida del carácter potestativo de la fijación del tipo de canje v. LARRIBA DÍAZ-ZORITA, A. y MIR FERNÁNDEZ, C., "Aspectos contables de...", ob. cit., p. 184; y VIVES RUIZ, F. y TAPIAS MONNÉ, A., "La Ley de Modificaciones Estructurales: una norma técnicamente fallida", InDret, 2013, [indret.com], pp. 18-19.

rrollo y ejecución del proceso de fusión por parte de los administradores de las sociedades implicadas[120]. Simplemente es una manifestación más de los principios contables de imagen fiel y de prevalencia de la realidad económica sobre la forma jurídica (art. 34.2 CCom)[121]. El sentido de la fecha de efectos contables es reflejar contablemente la operación conforme a la realidad económica subyacente tras la operación de fusión. Su inclusión en el proyecto en la actualidad sirve para que los socios y todos aquellos interesados que tengan conocimiento del contenido del proyecto puedan comprobar si los administradores han cumplido correctamente un deber de carácter técnico. Solo en el supuesto en el que la fusión tenga el tratamiento contable de combinación de negocios, se permite un cierto margen de discrecionalidad en la fijación de la fecha de efectos contables. Por lo tanto, la mención de la fecha de efectos contables en el proyecto de fusión exclusivamente forma parte del contenido de las bases de la operación disponible por las partes en el supuesto de la combinación de negocios.

3.3. La fecha de efectos contables en las combinaciones de negocios

El PGC reguló por primera vez en nuestro ordenamiento los criterios que deben ser seguidos en el registro contable de las fusiones de sociedades, mediante las NNRV 19.ª y 21.ª. Estas, como

---

120 Motivo por el cual se consideraba que la Ley otorgaba flexibilidad en la fijación de la fecha de efectos contables. V. CORTÉS DOMÍNGUEZ, L. J. y PÉREZ TROYA, A., *Fusión de sociedades*, ob. cit., pp. 150-151; y FERNÁNDEZ DEL POZO, L., *El derecho contable...*, 2010, ob. cit., p. 74.

121 En palabras de VIVES RUIZ, F. y TAPIAS MONNÉ, A., "La Ley de...", ob. cit., p. 18, *"La fecha de efectos contables ha pasado a pertenecer al conjunto de elementos cuya función y finalidad es la de proporcionar una imagen fiel de la entidad resultante"*.

se sabe, se inspiran en el principio de prevalencia del fondo económico sobre la forma jurídica[122], por lo que es posible que dos operaciones que pertenezcan a la misma categoría jurídica sean contabilizadas conforme a criterios diferentes e incluso puede suceder que, según las circunstancias, la sociedad que conforme al régimen sustantivo es absorbente no sea la que desde la perspectiva contable toma el control de la sociedad absorbida. La idea de adquisición del control es un elemento central en la regulación del registro contable de las operaciones de fusión. El hecho de que la fusión sea empleada para que una sociedad adquiera el control de otra o que existiera una relación de control con anterioridad a la operación determina que se apliquen criterios contables distintos. En concreto, esta circunstancia sirve para diferenciar las operaciones que pueden ser calificadas como *combinaciones de negocios* (a las que se aplica la NRV 19.ª PGC) o como *operaciones entre empresas del grupo*, u operaciones intragrupo (a las que se aplica la NRV 21.ª PGC). La categorización de la operación de uno u otro modo afecta a la concreción de la fecha de efectos contables.

El PGC define las combinaciones de negocios como "*aquellas operaciones en las que una empresa adquiere el control de uno o varios negocios*" (NRV 19.ª1 PGC). Entendiendo negocio como "*un conjunto integrado de actividades y activos susceptibles de ser dirigidos y gestionados con el propósito de proporcionar un rendimiento, menores costes u otros beneficios económicos directamente a sus propietarios o partícipes*" (NRV 19.ª1 PGC). Es decir, la definición contable de negocio se aproximaría al concepto de empre-

122 V. GONZÁLEZ ANGULO, J. A. y LARRIBA DÍAZ-ZORITA, A., "El régimen contable de las combinaciones de negocios (I): El método de adquisición", en ROJO, A., CAMPUZANO LAGUILLO, A. B., CORTÉS DOMÍNGUEZ, L. J. y PÉREZ TROYA, A. (coords), *Las modificaciones estructurales de las sociedades mercantiles*, Thomson-Reuters Aranzadi, Cizur Menor (Navarra), 2015, p. 779.

sa o de unidad económica utilizados por el RDLME (*cfr.* arts. 60.1, 61 y 73 RDLME)[123].

Como se desprende de la definición de combinación de negocios, para que una operación sea considerada como tal, es necesario que dé lugar a la adquisición del control de uno o más negocios. A tal efecto, se define control como *"el poder de dirigir las políticas financiera y de explotación de un negocio con la finalidad de obtener beneficios económicos de sus actividades"* (NRV 19.ª1 PGC). Por tanto, si una sociedad estaba previamente bajo el control de otra, entre otros posibles motivos por estar íntegramente participada por esta, si se fusionan no se les aplicarán las normas contables correspondientes a las combinaciones de negocios, dado que tal control no se adquiere merced de la fusión. Asimismo, el control adquirido debe ejercerse sobre un negocio, lo que implica que la mera adquisición de activos o incluso de un paquete de acciones que no dé el control de la empresa (que sí es un negocio), no tiene la consideración de combinación de negocios[124].

La combinación de negocios puede originarse como consecuencia de operaciones de diversa naturaleza jurídica. Además de la fusión o escisión [NRV 19.ª1.a) PGC], constituyen combinaciones de negocios la adquisición de todo el patrimonio de una empresa (o de una parte de la empresa que pueda ser considerada negocio) [NRV 19.ª1.b) PGC], la adquisición de las acciones o participaciones de una empresa [NRV 19.ª1.c) PGC] y cualquier operación o suceso que dé lugar a la adquisición del control de

123 V. FERNÁNDEZ DEL POZO, L., "El derecho contable de fusiones", en GINÉS CASTELLET, A. M.ª (coord.) *La reforma contable y su proyección sobre la normativa mercantil y fiscal*, Colección de formación continua Facultad de Derecho ESADE, J. M. Bosch editor, Barcelona, 2008, p. 171.

124 V. GONZÁLEZ ANGULO, J. A. y LARRIBA DÍAZ-ZORITA, A., "El régimen contable de...", ob. cit., p. 780.

una empresa sin realizar una inversión [NRV 19.ª1.d) PGC]. No obstante, el tratamiento contable que se da a las combinaciones de negocios de los apartados a) y b) es distinto al de los apartados c) y d). A las primeras, entre las que se encuentran las fusiones y escisiones, se les aplica el método contable denominado *método de adquisición* (regulado por la NRV 19.ª2 PGC). Mientras que las combinaciones de negocios de los apartados c) y d) se rigen por la NRV 9.ª2.5 PGC relativa a las *inversiones en el patrimonio de empresas del grupo, multigrupo y asociadas*.

El método de adquisición parte de la premisa de que, en las fusiones en las que no existe una relación de control previa a la operación, una empresa adquiere el control sobre las demás. La regulación contable vigente niega la posibilidad de que los socios de varias sociedades decidan compartir la titularidad de los respectivos patrimonios de las sociedades a las que pertenecen bajo un control común sin identificar una empresa adquirente y otra adquirida. Se ha optado por establecer un método contable único, frente a otros métodos reconocidos en la norma internacional de contabilidad n.º 22 (NIC 22) y en el BNCFE (BOICAC n.º 14, de octubre de 1993), en los que se reconocía un método alternativo, que no exigía la identificación de una empresa adquirente, conocido como el *método de unión de intereses*[125].

125 La diferencia fundamental entre el *método de adquisición* y el de *unión de intereses* reside en que en el segundo no se considera que tiene lugar una adquisición, lo que tiene importantes consecuencias contables. En concreto, al no darse una adquisición, los patrimonios transmitidos por las sociedades extinguidas se contabilizan por el valor que constaba en los libros contables de estas, sin que quepa una revalorización de los elementos patrimoniales o el reconocimiento del fondo de comercio. La cuestión de los distintos métodos de contabilización de la fusión ha sido tratada, entre otros, por ROJO RAMÍREZ, A., *Principios contables y fiscalidad de la fusión de sociedades*, Instituto de Planificación Contable, Madrid, 1988, pp. 80-90; LARRIBA DÍAZ-ZORITA, A., "Responsabilidad del auditor...", ob. cit., pp. 20-21; APELLÁNIZ GÓMEZ, T. y APELLÁNIZ GÓMEZ, P., "Normativa contable...", ob. cit., pp.

En aplicación del principio de prevalencia de la realidad económica sobre la forma jurídica[126], al identificar a la empresa adquirente y a la adquirida (o adquiridas) hay que atender a otras circunstancias distintas a la de cuál será la sociedad resultante de la operación. Es más, en la fusión por constitución la adquirente nunca será la sociedad creada para integrar al resto de sociedades participantes, pues establece la NRV 19.ª2.1 PGC que, en estos supuestos, *"se identificará como empresa adquirente a una de las empresas que participen en la combinación y que existían con anterioridad a esta"*.

El criterio general en la identificación de la sociedad adquirente es qué empresa es la que entrega una contraprestación a cambio del negocio o negocios adquiridos (conformada, en el supuesto de la fusión, por las acciones o participaciones y, en su caso, la compensación dineraria entregada por la sociedad absorbente). No obstante, este dato no es definitivo, ya que también deben tomarse en consideración otros criterios de forma simultánea. En primer lugar, y con carácter preferente, habrá que identificar cuál es la sociedad cuyos socios retienen o reciben la mayoría de los derechos de voto o tienen la facultad de nombrar o cesar a la mayoría de los miembros del órgano de administración de la entidad combinada, o bien, sin retener la mayoría de los derechos de voto, actúan de forma organizada sin que otro grupo tenga una

38-39 y 42-43; APELLÁNIZ GÓMEZ, T. y APELLÁNIZ GÓMEZ, P., "Regulación contable de...", ob. cit., p. 57; MILLA GUTIERREZ, A., "Contabilidad de Fusiones y Escisiones: Una propuesta de regulación", *Partida Doble*, n.º 148, 2003, p. 7 y ss; GAY SALUDAS, J. M., "Fusiones y adquisiciones empresariales (y II): Procedimientos contables", *Partida Doble*, n.º 161, 2004, pp. 99-100; y SALVADOR MONTIEL, M. D., "Operaciones de escisión: Valoración de los patrimonios societarios", *Partida Doble*, n.º 153, 2004, pp. 40-43.

126 NRV 19.ª2.1 PGC: *"Para identificar la empresa que adquiere el control se atenderá a la realidad económica y no solo a la forma jurídica de la combinación de negocios"*.

participación significativa [NRV 19.ª2.1.a) PGC][127]. Si las empresas combinadas no se rigen por un órgano de administración, el criterio preferente será a qué empresa pertenecen los socios que pueden designar el *equipo de dirección* [NRV 19.ª2.1.b) PGC].

Con carácter subordinado al criterio antes mencionado, podrán aplicarse otros dos criterios: si una de las empresas tiene un valor razonable significativamente mayor al del resto [NRV 19.ª2.1.c) PGC] o, si una sociedad paga una prima sobre el valor razonable de las acciones o participaciones (u otros instrumentos patrimoniales) de las restantes [NRV 19.ª2.1.d) PGC]. Por último, si intervienen más de dos empresas, también se debe tomar en consideración qué empresa inició la combinación o si una empresa posee significativamente un mayor volumen de activos, ingresos o resultados [NRV 19.ª2.1 PGC].

Al combinar el criterio general (entrega de la contraprestación) con el preferente (quiénes ostentan la mayoría de los derechos de voto o la facultad de designar a la mayoría de los miembros del órgano de administración o equipo de dirección), resulta que si como consecuencia de la fusión los socios de la absorbente retienen menos derechos de voto que los recibidos por los socios de la absorbida, esta última será la adquirente, pese a que haya sido la absorbente la que ha entregado acciones o participaciones en contraprestación al patrimonio transmitido. En tal caso, cuando la sociedad absorbente no es la que adquiere el negocio, la operación es calificada contablemente como *adquisición inversa* (NRV 19.ª2.1 *in fine* PGC).

127 Dicho de otro modo, *"la empresa adquirente es la que acaba dirigiendo el patrimonio combinado, o la que designa el equipo directivo de la empresa resultante, lo que quiere decir que ha obtenido el control"*. V. GONZÁLEZ ANGULO, J. A. y LARRIBA DÍAZ-ZORITA, A., "El régimen contable de...", ob. cit., p. 783.

En las combinaciones de negocios, además de identificar la empresa adquirente y la adquirida, hay que determinar la *fecha de adquisición* [NRV 19.ª2.b) PGC], *"aquélla en la que la empresa adquirente adquiere el control del negocio o negocios adquiridos"* (NRV 19.ª2 PGC). Esta es la fecha de efectos contables que debe figurar entre las menciones del proyecto de fusión según el art. 40.6.º RDLME[128] y, con carácter general, es la de *"celebración de la Junta de accionistas u órgano equivalente de la empresa adquirida en que se apruebe la operación"* (NRV 19.ª2 párr. 2.º PGC). Salvo que, en el proyecto, se prevea expresamente que la asunción del control se lleve a cabo en una fecha posterior.

Siendo la fecha de efectos contables la de adquisición, que el PGC sitúa en la aprobación de la fusión por la sociedad adquirida, salvo que se posponga expresamente, surge la duda de cuál es la fecha de efectos contables cuando hay más de una sociedad adquirida y si la fecha de efectos contables debe ser única para todas las sociedades o puede haber una fecha de efectos contables para cada sociedad adquirida. La doctrina que ha tratado la cuestión, desde antes de la entrada en vigor del PGC, se ha dividido entre quienes sostienen que la fecha de efectos contables debe ser única para todas las sociedades fusionadas y quienes defienden que pueden establecerse distintas fechas para cada sociedad absorbida o incorporada (según la regulación contable actual, para cada una de las sociedades adquiridas). Los primeros se acogieron a una interpretación literal del art. 235.d) LSA de 1989 (en la actualidad el art. 40.6.º RDLME), pues se refería a *"la fecha"*, en singular. Dado que el proyecto de fusión es común para todas las sociedades (conforme a los derogados arts. 234.1 LSA de 1989 y 30.1 LME y al vigente art. 39.1 RDLME) la fecha

128 V. LARRIBA DÍAZ-ZORITA, A. y MIR FERNÁNDEZ, C., "Aspectos contables...", ob. cit., p. 183.

de efectos contables que figurase en él también entendían que debía ser única para todas ellas[129].

Otros autores, cuya interpretación compartimos, no vieron ningún inconveniente en fijar distintas fechas de efectos contables para cada sociedad adquirida. Aunque, como es lógico, la fecha en la que cada sociedad transmitiera a efectos contables su patrimonio sí debía coincidir con la fecha de registro contable de la adquirente[130]. El registro contable de los patrimonios transmitidos puede hacerse de forma escalonada[131]. Conforme a la normativa contable vigente, la fecha de efectos contables es la fecha de adquisición del control de la sociedad adquirida. Por tanto, entendemos que, si son varias las adquiridas, la fecha de adquisición de cada una de ellas será la de adopción del acuerdo de fusión por sus respectivas juntas. Esto significa que, una vez inscrita la fusión, la sociedad resultante unificará la contabilidad de todas las sociedades participantes tomando como referencia para el registro y valoración de los elementos patrimoniales, así como la imputación de la actividad previa de las adquiridas a la sociedad adquirente, la fecha de adopción del acuerdo de cada

129 DOMÍNGUEZ PÉREZ, J. L., "La retroactividad contable en las fusiones de empresas", *Partida Doble*, n.º 102, 1999, p. 31, entendió que la fecha de retrodatación había de ser la misma para todas las sociedades y argumentó que el art. 235 LSA de 1989 se refería a *la fecha* en singular. En el mismo sentido v. ROJO, A., "La fusión de...", ob. cit., p. 359; GÓMEZ PORRÚA, J. M., *La fusión de...*, ob. cit., p. 185; y URÍA, R., MENÉNDEZ, A. e IGLESIAS PRADA, J. L., "Fusión y escisión de sociedades", en URÍA-MENÉNDEZ, *Curso de Derecho mercantil*, t. I, 2.ª ed., Civitas, Madrid, 2006, p. 1397.

130 V. FERNÁNDEZ DEL POZO, L., *El derecho contable...*, 2007, ob. cit., p. 56. En el mismo sentido v. CÓRTES DOMÍNGUEZ, L. J. y PÉREZ TROYA, A., *Fusión de sociedades*, ob. cit., pp. 152-153; y MARTÍ MOYA, V., *El procedimiento de...*, ob. cit., p. 113, quien consideró que la LME permitía fijar distintas fechas de efectos contables, pero aun así era preferible fijar una misma fecha, coincidente con la de los balances de fusión, por motivos de simplicidad.

131 FERNÁNDEZ DEL POZO, L., *El derecho contable...*, 2010, ob. cit., p. 93.

sociedad adquirida. Las sociedades pueden fijar una misma fecha de efectos contables, si acuerdan la fusión en la misma fecha o si recurren a la posibilidad de posponer la asunción del control en una fecha común, pero, en caso contrario, no hay ningún impedimento al registro de los patrimonios de las sociedades adquiridas en la contabilidad de la sociedad adquirente con referencia a fechas distintas.

Respecto a los límites de la facultad de pactar la fecha de asunción del control en las fusiones consideradas combinaciones de negocios, esta no puede retrotraerse a un momento anterior al de adopción del acuerdo de fusión por la sociedad adquirida. La NRV 19.ª2.2 PGC[132] solo prevé la posibilidad de posponer la asunción del control con respecto al acuerdo de fusión, no anticiparla. Por lo que, en las fusiones que constituyan una combinación de negocios, el primer límite en la fijación de la fecha de efectos contables es el día de la aprobación de la fusión por la sociedad adquirida, no pudiendo preceder la fecha de efectos contables a la del acuerdo[133].

No resulta tan sencillo determinar con qué límite puede ser pospuesta la toma de control y, por ende, la fecha de adquisición o de efectos contables. La NRV 19.ª PGC no fija expresamente ningún límite al respecto y las interpretaciones propuestas son muy variadas. Con anterioridad a la reforma del PGC por el RD

---

132 NRV 19.ª2.2 párr. 2.º PGC: "*En los supuestos de fusión o escisión, con carácter general, dicha fecha será la de celebración de la Junta de accionistas u órgano equivalente de la empresa adquirida en que se apruebe la operación, siempre que el acuerdo sobre el proyecto de fusión o escisión no contenga un pronunciamiento expreso sobre la asunción de control del negocio por la adquirente en un momento posterior*".

133 En contra, V. GONZÁLEZ ANGULO, J. A. y LARRIBA DÍAZ-ZORITA, A., "El régimen contable de...", ob. cit., p. 785, quienes consideran que la toma de control puede hacerse efectiva en un momento anterior o posterior a la fecha del acuerdo.

1159/2010, de 17 de septiembre, una de las interpretaciones fue que la fecha límite en la que podía ser fijada la fecha de efectos contables era el cierre del ejercicio anterior y el del ejercicio en el que tuviese lugar la fusión, por respeto a las reglas de periodificación contable, pudiendo ser esta posterior a la inscripción de la fusión[134]. La interpretación mayoritaria, por el contrario, fue que la fecha de efectos contables no podía ser posterior a la fecha de eficacia plena de la fusión, dado que supondría imputar las operaciones realizadas a una sociedad ya extinguida[135].

El ICAC en sus consultas más recientes parece apuntar a la segunda opción, a que la fecha de efectos contables no pueda ser posterior a la de inscripción. No obstante, el fundamento no está en la imposibilidad de imputar la actividad a una sociedad extinguida, ya que esto no supone un impedimento ni en las escisiones en las que la beneficiaria es una sociedad de nueva creación ni en las fusiones por constitución, en las que se reconoce la posibilidad de retrotraer los efectos de la operación a un momento anterior al de la inscripción[136]. En ambos supuestos, la sociedad benefi-

134 FERNÁNDEZ DEL POZO, L., *Las reservas atípicas...*, ob. cit., p. 336; y, del mismo autor "La denominada «retroactividad contable»...", ob. cit., p. 127.

135 En este sentido v. DOMÍNGUEZ PÉREZ, J. L., "La retroactividad contable...", ob. cit., p. 31; y CORTÉS DOMÍNGUEZ, L. J. y PÉREZ TROYA, A., *Fusión de sociedades*, ob. cit., pp. 153-154.

136 En la Consulta 13 BOICAC n.º 85 de marzo de 2011, relativa a la fecha de efectos contables en una escisión cuando la beneficiaria es una sociedad de nueva creación, el ICAC concluyó que "*independientemente de que la sociedad beneficiaria de la escisión sea una sociedad preexistente u otra de nueva creación, la fecha de efectos contables será la del inicio del ejercicio salvo que el negocio adquirido se hubiera incorporado al grupo durante el mismo, en cuyo caso, la fecha de efectos contables será la fecha de adquisición*". La consulta se hizo en relación con la interpretación de la NRV 21.ª PGC en las escisiones donde la beneficiaria es de nueva creación, pero la idea de que los efectos contables pueden retrotraerse a un momento anterior al de la inscripción de la sociedad beneficiaria o resultante es trasladable a las fusiones por constitución. Como pone de manifiesto la consulta comentada, la retroacción de

ciaria de la escisión o la resultante de la fusión no existían en la fecha a la que se retrotraen los efectos contables, pero el hecho de carecer de personalidad jurídica en ese momento no impide que se le puedan imputar operaciones realizadas por su cuenta con anterioridad a la inscripción[137]. La verdadera razón por la que no puede fijarse una fecha de efectos contables posterior a la de la eficacia de la operación es que sería contrario al principio de imagen fiel. En el momento de la inscripción la fusión despliega sus efectos característicos *ipso iure*, sin posibilidad de pactar una fecha distinta. En ese momento se integran la estructura patrimonial y personal de las sociedades participantes bajo una misma organización, bajo un mismo poder de decisión. La contabilidad no puede ser ajena a ese hecho, toda vez que la combinación de los negocios ya se ha hecho efectiva por la sucesión patrimonial y la sociedad absorbente o de nueva creación ha asumido su control con plena eficacia.

En relación con las combinaciones de negocios, el ICAC solo ha manifestado que la asunción del control no puede ser anterior a la fecha del acuerdo, pero no ha dicho si puede ser posterior a

los efectos contables puede darse tanto en la escisión en la que la beneficiaria es una sociedad de nueva creación como en la fusión por constitución, pese a que parte de la doctrina se mostrara contraria a esta posibilidad en el pasado. V. entre otros MILLA GUTIERREZ, A., "Contabilidad de Fusiones...", ob. cit., p. 9. Sin embargo, también hubo autores que antes de que se pronunciara el ICAC defendieron la posibilidad de retrotraer los efectos de la fusión también en las fusiones por constitución y no solo en las absorciones, v. FERNÁNDEZ DEL POZO, L., *El derecho contable...*, 2007, ob. cit., p. 92.

137 En este sentido v. la RDGRN de 21 de octubre de 2014 (TOL4.542.465), fundamento séptimo: "*Ciertamente, desde una perspectiva jurídica —habida cuenta de que la inscripción de la escisión en el Registro Mercantil es constitutiva— la escisión sólo y exclusivamente produce efectos jurídicos frente a terceros una vez esté inscrita. Ahora bien, el hecho de que la beneficiaria sólo adquiera su personalidad jurídica con la inscripción registral no es óbice a que se lleven apuntes contables por cuenta de ella incluso en relación con las operaciones realizadas antes de la inscripción*".

la fecha de inscripción. No obstante, cuando la fecha de efectos contables en las operaciones entre empresas del grupo (NRV 21.ª PGC) era considerada potestativa (antes de la reforma del PGC por el RD 1159/2010), el ICAC reiteró en varias de sus consultas que el límite en la fijación de la fecha de efectos contables estaba entre el inicio del ejercicio y la inscripción[138]. Las consultas citadas se refieren a operaciones distintas a las combinaciones de negocios y la norma contable que interpretan ha sido reformada, pero parten de un razonamiento similar al que hemos manifestado. La autonomía de la voluntad no permite la fijación de una fecha de efectos contables posterior a la inscripción, porque la fecha de eficacia de la fusión es indisponible y, una vez tiene lugar, la contabilidad debe reflejar las consecuencias jurídicas y económicas de la operación en cumplimiento del principio de imagen fiel.

Por último, debemos estudiar qué forma debe revestir el acuerdo por el que se pospone la asunción del control a una fecha posterior a la junta de la sociedad adquirida en la que se decida sobre la fusión. En otras palabras, qué requisitos deben ser cumplidos para fijar una fecha de efectos contables distinta de la esta-

138 V. Consulta 1 del BOICAC n.º 75, de septiembre de 2009: "*En el caso de fusiones entre empresas del grupo, desde una perspectiva económica, no existe impedimento para que las sociedades puedan pactar una fecha de eficacia contable de la fusión anterior a la fecha en la que ésta se apruebe o inscriba (y siempre que sea posterior al momento en que dichas empresas formen parte del grupo), considerando siempre el límite del inicio del ejercicio (cuando el ejercicio coincide con el año natural, el 1 de enero), porque el carácter anual de las cuentas obligará en cualquier caso a las sociedades intervinientes a formular sus cuentas anuales en los tres primeros meses del ejercicio siguiente*". Posteriormente, en la Consulta 8 BOICAC n.º 80 de diciembre de 2009, reiteró lo dicho en la consulta antes citada y añadió que en las operaciones intragrupo podía pactarse libremente la fecha de efectos contables "*en el intervalo que media entre la fecha de inicio del ejercicio en que se aprueba la fusión y la fecha de inscripción en el Registro Mercantil, y siempre que sea posterior al momento en que cada una de ellas se hubiese incorporado al grupo*".

blecida por la regla general de la NRV 19.ª2.2 PGC, la de la fecha del acuerdo de la sociedad adquirida. Según la citada norma de valoración, la fecha de adquisición del control es la de la junta general en la que la adquirida apruebe la operación, "*siempre que el acuerdo sobre el proyecto de fusión o escisión no contenga un pronunciamiento expreso sobre la asunción de control del negocio por la adquirente en un momento posterior*". Los requisitos formales, según se desprende de la citada norma de valoración, son que la fecha de *asunción de control* debe figurar en el proyecto de fusión y ser aprobada mediante el propio acuerdo de fusión, que según el art. 47.1 RDLME debe ajustarse al contenido del proyecto común de fusión.

Sin embargo, a primera vista no es tan sencillo dilucidar qué debemos entender jurídicamente como "*pronunciamiento expreso sobre la asunción de control*". Según el ICAC, en las combinaciones de negocios el control es el "*poder de dirigir las políticas financiera y de explotación de un negocio con la finalidad de obtener beneficios económicos de sus actividades*"[139]. Pero no es cierto que la aprobación confiera tal facultad a la sociedad adquirente. Hasta la inscripción los órganos societarios de las sociedades fusionadas mantienen su funcionamiento autónomo y los socios, ya sean de la adquirente o de la adquirida, no pueden participar en la toma

139 V. Consulta 1 BOICAC n.º 75 de septiembre de 2008: "*En definitiva, en una fusión incluida en el ámbito de las combinaciones de negocios reguladas en la norma de registro y valoración 19ª del Plan General de Contabilidad, la fecha de efectos contables ha de coincidir con la fecha de adquisición, es decir, aquella en la que la sociedad adquirente adquiere el control (poder de dirigir las políticas financiera y de explotación de un negocio con la finalidad de obtener beneficios económicos de sus actividades) de la sociedad adquirida*". El RD 1159/2010, de 17 de septiembre, que reformó el PGC, utiliza el mismo concepto de control en su Preámbulo: "*Las nuevas normas de consolidación definen el control como el poder de dirigir las políticas, financiera y de explotación, de una entidad, con la finalidad de obtener beneficios económicos de sus actividades*".

de decisiones de las demás sociedades ni los administradores gestionar o actuar en nombre de otras sociedades. El efecto que despliega el acuerdo de fusión es que los administradores están obligados a ejecutar lo aprobado por la junta y llevar la fusión a su conclusión. Si por control entendemos la capacidad de dirigir las políticas de un negocio para obtener una ganancia, esta facultad solo es asumida conjuntamente por todos los socios de las sociedades fusionadas con la inscripción. Así pues, la fecha de adquisición del control debería ser aquella en la que deviene plenamente eficaz, la de la inscripción registral. A nuestro modo de ver, esta es una manifestación más del desconocimiento y desconexión de la normativa contable con respecto a la sustantiva.

Pese al defecto antes comentado, creemos que la mencionada fecha de *asunción de control* no hay que interpretarla desde su significación jurídica, sino contable. La referencia de la NRV 19.ª PGC a la postergación de la *asunción de control* no puede ser interpretada como un pacto expreso para posponer los efectos característicos de la fusión, es decir, la de integración de los socios y de los patrimonios bajo una misma estructura organizativa. Entendemos que se refiere más bien a la imputación contable de la actividad de las sociedades adquiridas a la adquirente y el registro y valoración de los elementos patrimoniales, la fecha de efectos contables. De tal forma que el contenido del pronunciamiento expreso que exige la NRV 19.ª PGC no es más que la mención de la fecha de efectos contables en el proyecto de fusión a la que se refiere el art. 40.6.º RDLME[140]. Si esta es posterior al acuerdo de fusión, se entenderá que las sociedades han decidido posponer la

140 FERNÁNDEZ DEL POZO, L., "A vueltas con...", ob. cit., p. 384, parece interpretarlo en este sentido. No se refiere expresamente a la mención del art. 40.6.º RDLME, pero interpreta que la mera indicación de que la operación tiene efectos contables desde una determinada fecha (posterior al acuerdo) puede ser el *pronunciamiento expreso* al que se refiere la NRV 19.ª2.2 PGC.

asunción del control o fecha de efectos contables. Así lo reconoció indirectamente la DGRN en la RDGRN de 8 de mayo de 2014 (TOL4.422.347)[141].

3.4. La fecha de efectos contables en las operaciones entre empresas del grupo

El registro y valoración contable de las operaciones de fusión y escisión entre empresas del mismo grupo es regulado por la NRV 21.ª PGC. Su ámbito de aplicación se limita a las operaciones entre empresas que formen parte del mismo grupo conforme a la NECA 13.ª PGC.

La citada norma de elaboración de las cuentas anuales contiene una definición de grupo empresarial más amplia que la de grupo societario del art. 42 CCom. A efectos contables, conforman un grupo empresarial tanto las *"empresas vinculadas por*

141 La citada resolución resolvió un recurso contra la calificación negativa dada por el registrador mercantil a una escritura de escisión en la que la beneficiaria era una sociedad de nueva creación. En el acuerdo se había fijado como fecha de efectos contables la de otorgamiento de escritura, pensando que se trataba de una combinación de negocios. No obstante, el registrador apreció que la operación era intragrupo y que la fecha de efectos contables no era acorde con lo dispuesto en el PGC. Frente a esto, el notario recurrente alegó que el registrador no debía valorar la existencia del grupo, sino comprobar si presuponiendo que era una combinación de negocios la fecha había sido fijada correctamente. En consecuencia, defendió que *"la designación de una fecha posterior en el proyecto de escisión constituiría el pronunciamiento expreso que explícitamente admite la norma reglamentaria"*. La DGRN aceptó la argumentación del notario relativa a la falta de competencia del registrador para valorar la existencia del grupo en ese caso y que el papel que le correspondía era apreciar si, presuponiendo que no era una operación entre empresas del grupo, la fecha de efectos contables era correcta. Lo relevante a efectos de la cuestión que estamos tratando es que aceptó la fijación de una fecha distinta a la del acuerdo de fusión por la mera inclusión en el proyecto de otra fecha de efectos contables.

una relación de control, directa o indirecta, análoga a la prevista en el artículo 42 del Código de Comercio para los grupos de sociedades" como las empresas *"controladas por cualquier medio por una o varias personas físicas o jurídicas, que actúen conjuntamente o se hallen bajo dirección única por acuerdos o cláusulas estatutarias"*.

Por tanto, la NRV 21.ª es aplicable tanto a las fusiones en las que una de las sociedades posee una participación significativa, de forma directa o indirecta, en el capital social de las demás sociedades participantes (conformarían un grupo societario y empresarial conforme al art. 42 CCom y a la NECA 13.ª PGC) como a las fusiones en las que la mayor parte del capital social pertenece a un mismo socio, si actúan conjuntamente o se hallan bajo una misma dirección por acuerdo o disposición estatutaria (constituiría un grupo empresarial según la NECA 13.ª PGC, pero no un grupo societario conforme al art. 42 CCom). Esta norma es especialmente relevante en relación con las fusiones especiales, también llamadas *fusiones simplificadas*, pues en la mayoría de los casos se regirán por la NRV 21.ª PGC. Nos referimos a la absorción de sociedad íntegramente participada (art. 53 RDLME), absorción de sociedad participada al noventa por ciento o más sin alcanzar el cien por cien (art. 54 RDLME), fusión gemelar (art. 56 RDLME)[142] y fusión inversa[143] (art. 56 RDLME).

142 Es como se conoce a aquellas fusiones en las que las sociedades fusionadas están íntegramente participadas, de forma directa o indirecta, por el mismo socio, ya sea persona física o jurídica.

143 Jurídicamente el concepto de fusión inversa se corresponde con aquellas fusiones por absorción en las que la sociedad absorbida es titular de forma directa o indirecta de todas las acciones o participaciones de la sociedad absorbente. No debe confundirse con el concepto contable de adquisición inversa (definido en la NRV 19.ª2.1 PGC) que designa aquellas fusiones en las que la sociedad absorbente es la adquirida a efectos contables, como ya se explicó anteriormente.

Respecto a la fijación de la fecha de efectos contables en las operaciones entre empresas del mismo grupo, en la redacción original del PGC, la NRV 21.ª no contenía ningún criterio para su determinación. Por el contrario, la NRV 19.ª sí establecía el criterio de la fecha de toma de control para datar la efectividad contable de la combinación de negocios. En consecuencia, se consideró que la fecha de efectos contables en las operaciones entre empresas del mismo grupo era potestativa, correspondiendo a los socios aprobar el proyecto con la fecha que decidieran discrecionalmente, dentro de los márgenes temporales que comentaremos a continuación[144]. Como ya hemos señalado, este tipo de operaciones se caracteriza por la existencia de una relación de control previa. Esto motivó que, en un primer momento, el ICAC interpretara que no había ningún impedimento económico o contable para que la fijación de la fecha de efectividad contable fuera potestativa en las operaciones a las que les resultaba aplicable la NRV 21.ª PGC. Los dos únicos límites que identificó en la primera consulta que se le planteó sobre la fecha de efectividad contable en tales operaciones fueron el del inicio de ejercicio, por el carácter anual de las cuentas, y el momento en el que las empresas se incorporaron al grupo. Pocos meses después de su primera consulta volvió a pronunciarse sobre la fijación de la fecha de efectos contables en las operaciones entre empresas del mismo grupo y añadió un tercer límite, el de la inscripción en el Registro Mercantil[145]. En definitiva, la fecha de efectos contables podía ser fijada

144 La restricción de la facultad de decidir la fecha de efectos contables en las combinaciones de negocios, frente a su mantenimiento en las operaciones entre empresas del mismo grupo, fue criticada por algunos autores, quienes no vieron justificada tal distinción y abogaron por flexibilizar el modelo en ambos casos. V. FERNÁNDEZ DEL POZO, L., *El derecho contable...*, 2010, ob. cit., pp. 91-92; y LARRIBA DÍAZ-ZORITA, A. y MIR FERNÁNDEZ, C., "Aspectos contables de...", ob. cit., p. 184.

145 V. las ya comentadas Consulta 1 BOICAC n.º 75, de septiembre de 2008 y Consulta 8 BOICAC n.º 80 de diciembre de 2009.

libremente en cualquier momento entre el inicio del ejercicio en el que se realizaba la fusión y la inscripción de la operación, salvo que alguna de las empresas se hubiese incorporado al grupo en el mismo ejercicio en el que se desarrollara la fusión, en cuyo caso la fecha de efectos contables debía ser posterior a la de incorporación al grupo[146].

Sin embargo, el carácter potestativo de la fijación de la fecha de efectos contables en las operaciones intragrupo según la redacción originaria del PGC no tardó en ser suprimido. En la reforma del PGC por el RD 1159/2010, se dio una nueva redacción a la NRV 21.ª estableciendo que la fecha de efectos contables es la de inicio del ejercicio en el que es aprobada la fusión, siempre que esta sea posterior al momento en que las sociedades se incorporaron al grupo. Si la incorporación al grupo de alguna de las sociedades se produce en el mismo ejercicio en el que tiene lugar la fusión, su fecha de efectos contables debe ser la de adquisición (NRV 21.ª2.2.2)[147]. Es decir, en el supuesto en el que sean dos sociedades del mismo grupo las que se fusionen, la fecha de efectos contables en general será la de inicio del ejercicio, salvo que el grupo hubiese sido formado en el mismo ejercicio, en cuyo caso la fecha determinante sería la de la operación que dio lugar a la relación de control. Cuando participen más de dos sociedades en la fusión intragrupo, también

146 Lo ilustraremos con un ejemplo, si B está íntegramente participada por A y se fusionan, conforme a la doctrina del ICAC podían fijar como fecha de efectos contables cualquier día entre el 1 de enero y la inscripción de la fusión. Si la participación de A en B, que dio lugar a la formación del grupo, fue adquirida en ese mismo ejercicio, la fecha de efectos contables solo podía ser fijada entre la fecha de la adquisición de la participación y la de la inscripción.

147 NRV 21.ª2.2.2: "*En las operaciones de fusión y escisión entre empresas del grupo, la fecha de efectos contables será la de inicio del ejercicio en que se aprueba la fusión siempre que sea posterior al momento en que las sociedades se hubiesen incorporado al grupo. Si una de las sociedades se ha incorporado al grupo en el ejercicio en que se produce la fusión o escisión, la fecha de efectos contables será la fecha de adquisición*".

será su fecha de efectos contables la del inicio del ejercicio, pero si una de ellas se incorporó al grupo en ese mismo ejercicio, solo esta última fijará la fecha de efectos contables en la de incorporación al grupo. Llegamos a esta conclusión a partir del razonamiento que expusimos en relación con las combinaciones de negocios y la innecesaridad de que la fecha de efectos contables sea coincidente para todas las sociedades participantes.

Así pues, en la normativa contable vigente se ha sustituido la flexibilidad que se reconocía anteriormente en la fijación de la fecha de efectos contables de las fusiones entre empresas del mismo grupo por un criterio rígido que no deja ningún margen a la autonomía de la voluntad. En consecuencia, en la actualidad la mención de la fecha de efectos contables del art. 40.6.º RDLME, cuando la operación es intragrupo, solo puede ser correcta o incorrecta[148]. Su inclusión en el proyecto tiene un carácter meramente informativo, no dispositivo[149].

3.5. La desconexión entre el balance de fusión y la fecha de efectos contables

Como se ha expuesto a lo largo de los apartados anteriores, ni el RDLME ni el PGC disponen que la fecha de efectividad contable

---

148 V. VIVES RUIZ, F. y TAPIAS MONNÉ, A., "La Ley de Modificaciones Estructurales:...", ob. cit., p.19.

149 El carácter indisponible de la fecha de efectos contables en las fusiones intragrupo ha sido reflejado tanto en consultas del ICAC como resoluciones de la DGRN. V. la Consulta 13 BOICAC n.º 85, de marzo de 2011: *"la fecha de efectos contables será la del inicio del ejercicio salvo que el negocio adquirido se hubiera incorporado al grupo durante el mismo, en cuyo caso, la fecha de efectos contables será la fecha de adquisición"*; y la RDGRN de 24 de abril de 2015 (TOL5.167.765), fundamento de derecho segundo: *"Consecuentemente, la fecha según el apartado 2.2.2 de la norma 21 «será la de inicio del ejercicio en que se aprueba la fusión siempre que sea posterior al momento en que las sociedades se hubieran incorporado al grupo», por lo que el defecto ha de ser confirmado"*.

deba conectarse con la de cierre del balance de fusión. Los criterios de datación de los efectos contables se vinculan a aspectos como la asunción del control de los negocios adquiridos, en las combinaciones de negocios, o el inicio del ejercicio y la fecha de incorporación al grupo, en las operaciones intragrupo.

Conectar la fecha de cierre del balance de fusión con la de efectos contables no solo no es un deber legal, sino que, además, según las circunstancias será imposible establecerlo convencionalmente, conforme a la actual normativa contable. El plazo que habilita la Ley para cerrar el balance de fusión *ad hoc* o la posibilidad de adoptar el último balance de ejercicio como balance de fusión (art. 43.1 RDLME) no permiten en todos los supuestos establecer como fecha de efectos contables el día de cierre del mencionado balance.

En el caso de las combinaciones de negocios será imposible la comentada vinculación entre ambas fechas. El balance de fusión debe ser puesto a disposición de los socios y demás destinatarios, al menos, un mes antes de la fecha de celebración de la junta en la que se delibere sobre la fusión (*cfr.* arts. 46.1 y 47.2 RDLME). Dado que la NRV 19.ª PGC solo permite que la fecha de efectos contables sea fijada entre la celebración del acuerdo de fusión de la sociedad adquirida y la inscripción de la fusión, no es posible hacer coincidir la fecha de cierre del balance con la de efectos contables.

En las operaciones intragrupo, por el contrario, sí es factible que la fecha de efectos contables se conecte con la de cierre del balance de fusión (aunque no exactamente el mismo día), adoptando como balance de fusión el último balance de ejercicio, cuya fecha de cierre sería el día anterior al de efectos contables. En este tipo de operaciones la regla general es la de retroacción al inicio del ejercicio, por lo que, podría darse la señalada conexión entre ambas fechas. En caso de que el grupo hubiese sido formado en el ejercicio en el que se aprueba la fusión, también sería posible establecer la fecha de cierre del balance de fusión *ad hoc* en la de efectos contables. A tal efecto, puede formularse un balance específico cerrado el día en el que se origina la vinculación por una relación de control, que da lugar a la formación del grupo (conforme a la NECA 13.ª PGC). Puesto que, en tal supuesto, la fecha de efectos contables es la de incorporación al grupo (NRV 21.ª2.2.2 PGC) y no la de inicio del ejercicio o de aprobación de la fusión[150].

Ahora bien, la cuestión que debe ser resuelta es si, dada la función que cumple el balance de fusión en la actualidad, vincular la fecha de efectos contables a la de cierre de los balances de fusión tiene alguna utilidad práctica. Si es así, deberá ser tenido en cuenta este factor al planificar el desarrollo de la fusión, en los limitados supuestos en los que todavía es posible que ambas fechas se asocien. Asimismo, la respuesta a la cuestión planteada servirá para valorar las posibles consecuencias de la imposibilidad de fijar una fecha de efectos contables conectada con la de cierre de los balances de fusión cuando la fusión tenga la consideración de una combinación de negocios.

Como se ha expuesto al tratar el origen de la cláusula de retroactividad, la función que cumple la fecha de efectos contables no guarda relación con los *riesgos de la fusión*, sino que es la de reflejar la realidad económica de la operación, una vez realizada

150 A título ilustrativo, la Sociedad A y B podrían proyectar fusionarse asumiendo A el control de B antes de aprobar la fusión. La sociedad A podría adquirir el 1 de junio el cincuenta y uno por ciento de las acciones de la Sociedad B [convirtiéndose respectivamente en sociedad dominante y dependiente conforme al art. 42.1.a) CCom, al que se remite la NECA 13.ª PGC], formular cada una un balance específico cerrado ese mismo día (1 de junio) y, tras dar cumplimiento a las preceptivas exigencias informativas y de convocatoria (arts. 46.1 y 47.2 RDLME), aprobar la fusión.

la inscripción, en cumplimiento del principio de imagen fiel (NMC 1.ª PGC). El balance de fusión tampoco cumple en la actualidad la función de cuenta de cierre que, según se sostuvo en el pasado, podía desempeñar si se cerraba el balance de fusión de la sociedad absorbida el día anterior al de efectos contables[151]. El reflejo contable de la sucesión patrimonial se ejecuta mediante los correspondientes ajustes en el libro diario, sin necesidad de formular cuentas extraordinarias para cerrar la contabilidad de las sociedades extinguidas, y en las cuentas anuales elaboradas al finalizar el ejercicio en el que tiene lugar la fusión[152]. En las normas que regulan la contabilización de la fusión (NRV 19.ª y 21.ª

151 Con anterioridad a la entrada en vigor del vigente PGC, quienes sostenían la función de balance final del balance de fusión, conocedores de la interpretación del ICAC por la que el balance de fusión era considerado un documento *extracontable* (en el BNCFE), propusieron una interpretación para posibilitar que mantuviese la finalidad de balance final o de cierre. Esta interpretación consistía en tomar como balance de fusión el balance anual, que sí tiene carácter contable, y fijar como fecha de efectos contables la del cierre de ejercicio. V. SÁNCHEZ OLIVÁN, J., *Fusión y escisión...*, 2007, ob. cit., pp.259 y 265; LÁZARO SÁNCHEZ, E. J., "Comentario del art. 239", ob. cit., pp. 2292-2294; y MARTÍ MOYA, V., *El procedimiento de...*, ob. cit., p. 161.

152 Según FERNÁNDEZ DEL POZO, L., "La denominada «retroactividad contable»...", ob. cit., pp. 130-133, en la fecha de efectos contables no era necesario formular, auditar, aprobar o depositar unas cuentas extraordinarias. Los administradores de las sociedades extinguidas debían extender los correspondientes apuntes en el libro diario para cerrarlos y trasladarlos a los registros contables de la sociedad resultante en la fecha convenida en el proyecto. Por su parte, la sociedad resultante registrará el correspondiente asiento dando recepción a los elementos que conforman el patrimonio realizando los ajustes técnicos necesarios. Los ajustes que debían ser realizados al registrar los patrimonios traspasados eran los derivados de la armonización de las prácticas contables de las sociedades participantes; la regularización de prácticas irregulares en los libros de la absorbida, cuando las hubiera; la actualización de valores y, en su caso, la afloración del fondo de comercio, si se tratara de una fusión por adquisición; la eliminación de activos, pasivos y provisiones recíprocos; las eliminaciones por ajustes en recursos propios distintas de la dotación de la prima; y el posible reconocimiento de la prima de fusión.

PGC y arts. 47-52 RICAC de 5 de marzo de 2019) no se atribuye ninguna función al respecto al balance de fusión, el cual es omitido por completo en las citadas normas. Así que, se conecten o no la fecha de cierre de los balances de fusión y la de efectos contables, no tendrá ninguna repercusión sobre la contabilización de la operación.

Sin embargo, eso no significa necesariamente que el balance de fusión carezca plenamente de utilidad en relación con la cuestión de la sucesión contable. Los socios y los demás destinatarios de la información contenida en el balance de fusión requieren conocer el valor del activo y pasivo de los patrimonios de las sociedades participantes, para la tutela de sus derechos e intereses (como exige el art. 40.7.º RDLME que analizaremos más adelante). Esto no es únicamente relevante para comprobar la justificación del tipo de canje propuesto, al que ya nos hemos referido, sino que, además, sirve para conocer las implicaciones económicas de la fusión, como el valor patrimonial que tendrá la sociedad resultante o su solvencia. De modo que los socios y demás destinatarios puedan formarse una idea, con conocimiento suficiente, sobre las ventajas de tipo económico que puedan derivarse de la operación, si es que las hay y, por tanto, la realización de la fusión está justificada. Siendo los balances de fusión de las sociedades participantes los que ofrecen esta información y la fecha de efectos contables la que se toma como referencia para el registro y valoración contable de los patrimonios transmitidos, el problema que se plantea cuando no hay una vinculación entre sus fechas es que los destinatarios de la información no pueden conocer el valor por el que serán registrados contablemente los patrimonios transmitidos por las sociedades extinguidas. Tal incertidumbre se mantendrá hasta que se elaboren las cuentas anuales posteriores a la inscripción de la fusión, cuando lo más probable es que la operación ya sea irreversible. En consecuencia, si están desconectadas la fecha de efectos contables y la de cierre de los balances de fusión, la información sobre la valoración del activo y pasivo ofrecida por estos solo será una aproximación del valor por el que efectivamente se registren en la contabilidad de la sociedad resultante los patrimonios de las sociedades extinguidas.

Sin perjuicio de lo anterior, la falta de información sobre el registro contable de la operación es compensada por otras vías previstas en el RDLME. Aunque no se ofrezca información sobre la contabilización de la fusión hasta la presentación de las cuentas posteriores a la inscripción, los socios y demás destinatarios cuentan con la información sobre el valor y composición de los patrimonios societarios contenida en los balances de fusión. Asimismo, la información reflejada en los balances debe ser completada por los administradores, comunicando a las respectivas juntas de socios de cada sociedad cualquier modificación importante en el activo o el pasivo que se pueda producir, hasta la propia reunión de la junta en la que se delibere sobre la fusión (art. 46.3 RDLME). Esta previsión, junto al requisito de que los balances sean cerrados en una fecha próxima a la del proyecto (art. 43.1 RDLME), garantiza adecuadamente que los socios dispongan de una información representativa del valor de los patrimonios de las sociedades fusionadas en el momento de aprobar la fusión.

Por último, es necesario tener presente que los criterios que rigen el registro y valoración contable de los patrimonios transmitidos por las sociedades extinguidas no coinciden con los que deben ser aplicados en la valoración para la fijación del tipo de canje. En el primer caso prima la fiel representación de la realidad económica de la operación (NMC 1.ª PGC), para lo que es fundamental determinar si la fusión puede ser considerada contablemente una *adquisición* o no, de lo que se deriva que solo el valor del patrimonio *adquirido* puede ser actualizado. En el segundo caso, el de la valoración para la fijación del tipo de canje, todos los patrimonios de cada una de las sociedades participantes en la fusión deben ser valorados en función de su *valor razonable* (art.

36.1 RDLME), independientemente de la consideración que merezca a efectos contables la operación.

En consecuencia, debe optarse entre que los balances informen sobre el valor por el que se realizará el registro contable de los patrimonios de las sociedades extinguidas o que reflejen el *valor razonable* sobre el que es fijado el tipo de canje. A nuestro juicio, en el RDLME hay claras muestras de que el legislador ha optado por favorecer la representación en los balances de fusión del *valor razonable* de los patrimonios frente al valor por el que serán registrados contablemente. Lo anterior se pone de manifiesto fundamentalmente en la posibilidad contenida en el art. 43.2 RDLME de ajustar las valoraciones contenidas en el último balance en función del *valor razonable*, pero también en el requisito de que los balances sean cerrados en una fecha próxima a la de redacción del proyecto (art. 43.1 RDLME) y no a la de efectos contables, o en la necesidad de incluir en una mención específica del proyecto la fecha de las cuentas sobre las que se han establecido las condiciones en que se realiza la fusión (art. 40.8.º RDLME). Por tanto, la desconexión de la fecha de cierre de los balances de fusión y la de efectos contables no merma el valor informativo de estos, cuya función no está dirigida a informar sobre el registro contable de la operación, ni es un cambio normativo que se deba lamentar.

3.6. La fecha de participación en las ganancias

La fecha de participación en ganancias es una de las menciones que forma parte del contenido obligatorio del proyecto común de fusión (art. 40.5.º RDLME). Sin embargo, su inclusión se exceptúa en aquellas fusiones en las que la absorbida esté participada íntegramente por la absorbente (art. 53.1 RDLME) y en las asimiladas a las anteriores (art. 56 RDLME). La razón de la exención es que su contenido se refiere a los derechos de los socios incorporados a la sociedad resultante y en estos supuestos especiales no se da dicha incorporación. La citada mención se corresponde con la del art. 5.2.d) Tercera Directiva [en la actualidad en el art. 91.2.d) Directiva (UE) 2017/1132] y su antecedente más remoto se encuentra en el derogado art. 235.c) LSA de 1989 y, posteriormente, en el art. 31.6.ª LME.

Como ya se ha dicho, esta mención tradicionalmente ha sido catalogada como una de las cláusulas que, junto a la fecha de efectos contables, permite retrotraer algunos de los efectos de la fusión a un momento anterior a la de efectividad de la fusión. En concreto, se le ha atribuido la capacidad de anticipar, o incluso postergar, un derecho inherente a la condición de socio, que es el derecho a participar en las ganancias sociales [art. 93.a) LSC][153]. Como los demás efectos propios de la fusión, la incorporación de los socios de las sociedades extinguidas a la sociedad resultante es un efecto *ipso iure* que tiene lugar con la inscripción de la fusión. Por tanto, hasta que esta no tiene lugar los socios de las sociedades absorbidas o incorporadas no adquieren la condición de socios[154]. Motivo por el cual sorprende que el RDLME, y previamente la LSA de 1989 y LME, posibilite el reconocimiento del derecho de participación en las ganancias de la sociedad resultante a los socios de las sociedades extinguidas con anterioridad a su ingreso en la sociedad absorbente o de nueva creación.

153 V. GÓMEZ PORRÚA, J. M., *La fusión de...*, ob. cit., p. 185; LARGO GIL, R., *La fusión de sociedades...*, ob. cit., p. 336; CÓRTES DOMÍNGUEZ, L. J. y PÉREZ TROYA, A., *Fusión de sociedades*, ob. cit., p. 146; y MARTÍ MOYA, V., *El procedimiento de...*, ob. cit., p. 110. En la doctrina italiana v. BERGAMO, E., "La fusione", en BERGAMO, E. y TIBURZI, P., *Le nuove trasformazioni, fusioni, scissioni*, Giuffrè editore, Milano, 2005, p. 159.

154 V. CORTÉS DOMÍNGUEZ, L. J. y PÉREZ TROYA, A., *Fusión de sociedades*, ob. cit., p. 146.

No obstante, y pese a que ese es el sentido literal del art. 40.5.º RDLME, la función de esta mención no es ni dotar de eficacia retroactiva al derecho de participación en las ganancias sociales ni anticipar sus efectos a un momento anterior al de la inscripción. Fijar una fecha de participación en ganancias anterior a la inscripción, es decir, antes de la adquisición de la condición de socio, no habilita a la sociedad absorbente a repartir dividendos entre socios que todavía no forman parte de la sociedad. En cuanto al reconocimiento de eficacia retroactiva del citado derecho, también conocida como *retroacción económica*[155] (distinta a la retroacción contable), podría parecer a primera vista que el art. 40.5.º RDLME faculta a las sociedades para fijar una fecha desde la cual, si la sociedad absorbente distribuye parte de sus *ganancias* antes de haberse producido la inscripción, cuando esta tiene lugar se reconoce a los nuevos socios el derecho a participar en ese reparto de dividendos que tuvo lugar con anterioridad a su incorporación. Sin embargo, el sentido de este artículo es distinto, como veremos al analizar de dónde proviene.

Al igual que la fecha de efectos contables, esta mención del proyecto encuentra su origen en una problemática particular a la que nuestro ordenamiento fue ajeno, la cuestión de los llamados *riesgos de la fusión*. La cual, como vimos, también fue el fundamento de la regulación de la cláusula de retroactividad contable en los ordenamientos de algunos de los Estados miembros de la UE que posteriormente fue incorporada a la Tercera Directiva. En un momento en el que no era plenamente reconocido el efecto de la sucesión universal en la fusión, los prácticos del derecho utilizaron la cláusula de retroactividad contable para dotar de estabilidad a la valo-

155 Entre quienes se refirieron a la fecha a partir de la cual las nuevas acciones darían lugar al derecho a participar en las ganancias sociales como la fecha de retroactividad económica v. LARGO GIL, R., *La fusión de sociedades...*, ob. cit., p. 337.

ración de los patrimonios societarios sobre la que se había fijado la ecuación de canje. Su finalidad era que cuando la fusión adquiriese eficacia plena la sociedad resultante incorporase los patrimonios de las extinguidas desde esa fecha, asumiendo todas las variaciones patrimoniales habidas desde entonces, sin que alterasen la relación de cambio. La doctrina italiana discutió sobre si las pérdidas y ganancias generadas por las sociedades extinguidas desde el inicio del ejercicio hasta la efectividad plena de la fusión correspondían a los socios de la sociedad resultante o a los de las extinguidas. Dichos resultados solo podían ser conocidos una vez cerradas sus cuentas con motivo de su extinción, por tanto, con posterioridad a la fijación del tipo de canje. El problema residía en que el posible mejor o peor resultado de las sociedades participantes podía alterar la equidad del tipo de canje fijado con anterioridad y lo que se discutía era si todas debían asumir ese riesgo, compartiendo el resultado de ese periodo, o si debía individualizarse atribuyendo a los socios de cada sociedad el resultado de sus respectivas sociedades de origen generado hasta la fecha de efectividad de la fusión. La cláusula de retroactividad económica, o fecha de participación en ganancias, permitía aclarar esta cuestión. Si se fijaba como la fecha en la que los socios de las extinguidas participaban en el beneficio de la sociedad resultante el día de efectividad plena, los socios de cada sociedad asumían el resultado del periodo que mediaba entre el inicio del ejercicio y la incorporación a la sociedad. Si, por el contrario, se hacía coincidir esta fecha con la del inicio del ejercicio, todos los socios, independientemente de su sociedad de procedencia, compartían el resultado[156].

Cuando esta mención fue incorporada al ordenamiento español a través del art. 235.c) LSA de 1989, con motivo de la transposición

156 Sobre el comentado origen de la mención relativa a la fecha de participación en ganancias v. FERNÁNDEZ DEL POZO, L., *El derecho contable...*, 2010, ob. cit., pp. 157-158.

de la Tercera Directiva, generó gran confusión en la doctrina, pues su origen respondía a un problema de la fusión que no había sido planteado en nuestro ordenamiento. En primer lugar, porque suponía la más que dudosa atribución al dividendo del carácter de fruto civil[157]. Tal y como fueron formulados tanto el art. 235.c) LSA de 1989[158] como el art. 5.2.d) Tercera Directiva[159], y de acuerdo con la formulación vigente del art. 40.5.º RDLME, el legislador parece asumir que los socios solo tienen derecho a la parte de las ganancias que ha sido generada desde su incorporación. Es decir, aquella parte del resultado del ejercicio en cuya producción ha coadyuvado la aportación realizada por el socio. En el supuesto de la fusión, esta aportación *in natura* es el patrimonio societario. Según esta lógica, los socios que se incorporan a la sociedad resultante en la fusión no tendrían derecho al beneficio en cuya formación solo han participado las aportaciones que en su momento hicieran los antiguos socios, salvo que estos acuerden expresamente compartirlo.

En segundo lugar, desde una perspectiva contable, es difícil de entender que en una fusión haya, por un lado, una fecha de efectos contables, que sirve de fecha de referencia para el traslado de todos los apuntes contables y el registro y valoración de los elementos patrimoniales de las sociedades fusionadas en la contabilidad de la resultante; y, por otro lado, una fecha distinta a partir de la cual los resultados de la actividad de todas las sociedades participantes son imputados a la resultante. La fecha de efectos contables define el

157 V. ROJO, A., "La fusión de...", ob. cit., p. 359.

158 Art. 235. c) LSA de 1989: "*Contenido del proyecto de fusión. El proyecto de fusión contendrá, al menos, las menciones siguientes: c) El procedimiento por el que serán canjeados los títulos de las Sociedades que hayan de extinguirse, la fecha a partir de la cual las nuevas acciones darán derecho a participar en las ganancias sociales y cualesquiera peculiaridades relativas a este derecho*".

159 Art. 5.2.d) Tercera Directiva: "*El proyecto de fusión mencionará al menos: d) la fecha a partir de la cual estas acciones darán derecho a participar en los beneficios, así como toda modalidad particular relativa a este derecho*".

momento desde el que, una vez inscrita la fusión, la actividad de las sociedades fusionadas es imputada a la sociedad resultante. Si se considera que antes de la fecha de participación en ganancias los resultados generados por las distintas sociedades corresponden a sus socios y a partir de dicha fecha a todos en común, será muy complejo reflejarlo contablemente cuando no coincida con la fecha de efectos contables. Imaginemos que la fecha de participación en ganancias es anterior a la fecha de efectos contables, la actividad que se desarrolle hasta la fecha de efectos contables será imputada a cada sociedad, pero desde la fecha de participación en ganancias los resultados de dicha actividad serán atribuidos a todos los socios como si la fusión ya hubiese tenido lugar (todo ello a condición de que la fusión sea finalmente inscrita).

En definitiva, siguiendo el ejemplo anterior, desde la fecha de participación en ganancias hasta la fecha de efectos contables habría una disociación entre la actividad, que sería imputada a las sociedades individualmente, y el resultado de dicha actividad, que sería imputado a los socios de todas las sociedades participantes. Si la fecha de participación en ganancias fuese posterior a la de efectos contables ocurriría lo mismo, pero a la inversa, la actividad sería imputada a la sociedad resultante, pero el resultado de la actividad debería ser individualizado en función de la sociedad de origen, hasta la fecha de participación en ganancias acordada. No es de extrañar que, cuando se reguló por primera vez esta mención como parte del contenido mínimo del proyecto de fusión [en el art. 235.c) LSA de 1989], la doctrina española mostrase su desconcierto ante la necesidad de incluir una fecha de estas características que no tuviera que coincidir ni con la fecha de efectividad de la fusión ni con la de efectos contables[160].

160 *"Es éste uno de los puntos de la 3D que más me desconcierta, no en relación con la forma en que debe hacerse el canje, que me parece una previsión conveniente, sino por la necesidad de fijar la fecha en que las nuevas acciones vayan a*

Por último, la idea de que el beneficio acumulado por cada sociedad participante en la fusión, hasta la fecha de participación en ganancias, corresponde a los socios de las respectivas sociedades que lo han generado rompe el principio de que los patrimonios son adquiridos mediante sucesión universal (art. 34.1 RDLME). Si la sociedad resultante de la fusión sucede a las extinguidas en todos sus derechos y obligaciones, también debe hacerlo en el resultado de su actividad desarrollada durante el ejercicio en el que tiene lugar la fusión. Por tanto, imputar las pérdidas y ganancias de cada sociedad fusionada a sus respectivos socios y no a la sociedad absorbente o de nueva creación contradice lo dispuesto en el RDLME respecto al modo en el que se adquiere la titularidad de los patrimonios transmitidos. Cuestión distinta es si la Ley permite que la sociedad resultante, a quien se imputa el resultado de la actividad de todas las sociedades fusionadas, pueda discriminar entre socios *nuevos* y *antiguos* al decidir sobre la aplicación del resultado del ejercicio en el que se da la fusión.

En la actualidad, el sentido que se atribuye a la mención del art. 40.5.º RDLME no es el de permitir la llamada *retrodatación económica*. Es decir, la fecha de participación en ganancias que se fije no implica que la sociedad resultante deba identificar en sus cuentas qué parte del resultado del ejercicio ha sido generada por cada sociedad participante desde el inicio del ejercicio hasta esa fecha. Todo el resultado acumulado del ejercicio en el que tiene lugar la fusión es imputado a la sociedad absorbente o de nueva creación, el cual adquiere junto al resto del patrimonio

empezar a participar en las ganancias, porque ese momento no debería ser otro que el de la efectividad de la fusión [...] *Por eso, me limito a dejar constancia de que existe la posibilidad de fijar una fecha para la participación en resultados, que no tiene por qué coincidir con aquella en que los nuevos socios adquieren la condición de tales, o con aquella otra en que la fusión produce efectos económico-contables*", en SÁNCHEZ OLIVÁN, J. *La fusión de...*, 1991, ob. cit., pp. 162-163.

de las sociedades extinguidas en virtud de la sucesión universal. El art. 40.5.º RDLME, por el contrario, es interpretado como el reconocimiento de la posibilidad de discriminar entre los socios provenientes de las distintas sociedades fusionadas, al decidir sobre la aplicación del resultado del ejercicio en el que tiene lugar la fusión[161].

La citada norma solo hace referencia al derecho de participación en las ganancias sociales de los titulares de las nuevas acciones o participaciones. Por lo que en principio el alcance de la mención solo parece afectar a los socios de las sociedades extinguidas por la fusión, ya sea por absorción o por constitución. De tal forma que, según el tenor literal del precepto, se puede acordar que los socios que se incorporen a la nueva sociedad no adquieran el derecho a participar en las ganancias sociales hasta el inicio del ejercicio siguiente a aquel en el que se realiza la fusión, que puedan concurrir en el reparto de dividendos con el resto de socios desde el inicio del ejercicio o desde cualquier otra fecha que se convenga[162].

161 En un primer momento, FERNÁNDEZ DEL POZO, L., "La denominada «retroactividad contable»...", ob. cit., pp. 120-121, interpretó que la fecha de participación en ganancias determinaba el momento a partir del cual el resultado de las sociedades extinguidas pasaba a ser imputado a la sociedad resultante, sin tener que coincidir con la fecha de efectos contables, en la que se producía la sucesión contable. Sin embargo, más adelante entendió que la imputación de la actividad de las sociedades extinguidas a la sociedad resultante se producía en la fecha de efectos contables y que la función de la mención sobre la fecha de participación en ganancias era que las sociedades pudieran convenir *"en el marco de la operación ciertas modalidades de participación en ganancias/pago de dividendos que discrimine entre socios antiguos y socios nuevos"*, v. FERNÁNDEZ DEL POZO, L., *El derecho contable...*, 2010, ob. cit., p. 157.

162 CÓRTES DOMÍNGUEZ, L. J. y PÉREZ TROYA, A., *Fusión de sociedades*, ob. cit., p. 149, señalan, entre las posibles fechas con las que se puede hacer coincidir la de participación en ganancias, la fecha de valoración de las sociedades, la de cierre de los balances de fusión, la de cierre del ejercicio anterior a la

Sin embargo, tradicionalmente se le ha atribuido un alcance mucho más amplio que el de la mera designación de la fecha a partir de la cual los nuevos socios pueden concurrir con los demás en la distribución de ganancias sociales. Se ha interpretado que el precepto también faculta a las sociedades a alterar la proporcionalidad en el reparto del resultado del ejercicio en curso, tanto para los socios de las sociedades extinguidas como para los de la absorbente. Por tanto, se considera admisible que las nuevas acciones o participaciones den derecho a un dividendo menor que el reconocido a los titulares de las preexistentes[163] o alterar la proporción de participación en beneficios de los socios provenientes de una determinada sociedad, pudiendo incluso limitar el derecho a participar en las ganancias de los socios de la sociedad absorbente[164]. En definitiva, el alcance subjetivo de la norma va

realización de la fusión y la del cierre del ejercicio inmediatamente posterior a la fusión, aunque pueden ser más. Por su parte, MARTÍ MOYA, V., *El procedimiento de...*, ob. cit., pp. 110-111, añade a los ejemplos anteriores la fecha de inscripción de la fusión y la fecha en la que son canjeados los títulos, pudiendo dar lugar este último criterio a que la fecha de adquisición del derecho no sea la misma para todos los socios. En definitiva, los citados autores consideran que la Ley reconoce una amplia potestad discrecional en la fijación de la fecha de participación en ganancias, para su adecuación a las circunstancias particulares de cada fusión.

163 V. ALONSO ESPINOSA, F. J., "Fusión y escisión...", ob. cit., p. 4909; y LARGO GIL, R., *La fusión de sociedades...*, ob. cit., p. 337.

164 Según CÓRTES DOMÍNGUEZ, L. J. y PÉREZ TROYA, A., *Fusión de sociedades*, ob. cit., pp. 146-148, en el proyecto de fusión se puede modificar la regla de proporcionalidad previendo "*que las nuevas acciones den derecho tan sólo a una parte del dividendo total que en su caso resulte del ejercicio en curso en el momento de la fusión*". Al igual que puede estar justificado "*que se altere la proporción de participación en beneficios de los socios que provengan de una determinada sociedad para compensar el tipo de canje propuesto*". En el mismo sentido, FERNÁNDEZ DEL POZO, L., *El derecho contable...*, 2010, ob. cit., p. 158, afirma que es posible incluir en la mención del proyecto, a la que se refería el derogado art. 31.6.ª LME (art. 40.5.º RDLME), el reconocimiento de un dividendo a favor de los socios de las absorbidas o escindidas o la constitución de una reserva especial en beneficio exclusivamente de los socios de

más allá del derecho a participar en las ganancias sociales de los socios de las sociedades extinguidas y puede afectar a los socios de cualquiera de las sociedades fusionadas.

Respecto al alcance objetivo del precepto, en principio parece que la participación en ganancias se refiere a la aplicación del resultado del ejercicio en el que tiene lugar la fusión. Ese ejercicio contable tiene un carácter singular, pues parte del resultado deriva de la actividad de las sociedades fusionadas anterior a la fusión y otra parte deriva de la actividad de la sociedad resultante tras la operación. La posibilidad de realizar un reparto desigual o no estrictamente proporcional a la participación en el capital social (diferenciando entre socios *nuevos* y *antiguos*) en ese ejercicio es un elemento más a tomar en consideración en las negociaciones previas, que puede redundar en beneficio de alcanzar un acuerdo. Ahora bien, el ejercicio anterior a aquel en el que se desarrolla la fusión y el posterior no tienen tal carácter singular, que fundamenta la previsión de la fecha de participación en ganancias en el proyecto de fusión. Consecuentemente, no consideramos justificado discriminar entre socios según su sociedad de origen en la aplicación del resultado del ejercicio iniciado tras la inscripción de la fusión[165] ni convenir una fecha de participación en ganancias

las extinguidas. Es decir, la posibilidad de alterar la regla de proporcionalidad no afecta exclusivamente a los socios de las sociedades extinguidas, sino que también puede alcanzar a los de la absorbente.

165 MARTÍ MOYA, V., *El procedimiento de...*, ob. cit., p. 111, advierte que la postergación del derecho de participación en las ganancias sociales de los socios incorporados a la sociedad resultante *"constituye una excepción al principio de igualdad de trato* y puede suponer *un vaciamiento abusivo o injustificado del derecho mínimo de todo accionista a participar en el reparto de las ganancias sociales"*. Por lo que debe estar justificado y *"debe evitarse que la medida se prolongue injustificadamente en el tiempo"*. Coincidimos con ella en que la alteración de la proporcionalidad en el reparto de dividendos no puede prolongarse más de lo debido y consideramos que el límite máximo debe ser el inicio del ejercicio inmediatamente posterior a la inscripción de la fusión.

referida a un ejercicio anterior a aquel en el que se aprueba la operación. En el primer caso, los socios de las extinguidas adquirieron la condición de socios de la resultante con la inscripción, en el ejercicio anterior, por lo que desde el inicio del ejercicio forman parte de la misma sociedad en igualdad de condiciones. En el segundo supuesto, el de la aplicación del resultado del ejercicio anterior al acuerdo de fusión, no puede atribuirse a la operación ningún tipo de eficacia, ni siquiera obligacional o interna, en dicho periodo previo a la aprobación. En consecuencia, el resultado de dicho ejercicio corresponde a la sociedad a la que le es imputable.

Al mismo tiempo, la facultad de alterar la proporcionalidad en la distribución de las ganancias sociales del ejercicio en el que tiene lugar la fusión debe conciliarse con el derecho del socio a participar en el reparto de ganancias sociales [art. 93.a) LSC] y el principio de igualdad de trato a los socios que se encuentre en condiciones idénticas (art. 97 LSC)[166]. Esto significa que el acuerdo que adopten las sociedades implicadas sobre la fecha de participación en ganancias, incluida en el proyecto, debe estar

---

Aunque no lo dice expresamente, al comentar las fechas en las que puede ser fijado el inicio de la participación en ganancias de los socios de las sociedades extinguidas, parece compartir la opinión de que no puede postergarse más allá del inicio del ejercicio siguiente a la fusión. En concreto manifiesta que, *"incluso, podría retrasarse la participación en las ganancias hasta el ejercicio siguiente a aquél en que tiene efectiva realización la operación"*, lo que da a entender que el inicio del ejercicio siguiente a la inscripción de la fusión es el límite de postergación que considera posible. En contra de la consideración del inicio del ejercicio siguiente como límite de postergación v. GONZÁLEZ-MENESES, M. y ÁLVAREZ, S., *Modificaciones estructurales de...*, ob. cit., pp. 157-158. Los citados autores interpretan que también se puede prever una proporción distinta de la normal en la participación en las ganancias del ejercicio siguiente al de aquel en el que se realizó la fusión.

166 V. en este sentido SEQUEIRA MARTÍN, A., "Fusión", ob. cit., pp. 143-144; LARGO GIL, R., *La fusión de sociedades...*, ob. cit., p. 338; CORTÉS DOMÍNGUEZ, L. J. y PÉREZ TROYA, A., *Fusión de sociedades*, ob. cit., p. 147; y MARTÍ MOYA, V., *El procedimiento de...*, ob. cit., p. 111.

suficientemente justificado y entendemos que dicha justificación debe ser de carácter contable, encontrando su apoyo en la información suministrada por los balances de fusión (en los que figurará el resultado acumulado desde el inicio del ejercicio hasta la fecha de cierre de los balances, si se formulan balances específicos) y el resto de la información contable ofrecida en la fusión.

Tal justificación se refiere únicamente a la de la inclusión de dicha mención en el proyecto, que debe ser explicada en el informe de los administradores en relación con la referida información contable. La aplicación del resultado del ejercicio en el que tiene lugar la fusión, en el que se permite la comentada diferenciación entre los socios de las distintas sociedades fusionadas, lógicamente no se hará sobre la base de los balances de fusión, sino de las cuentas anuales de dicho ejercicio. Si se altera la proporcionalidad en la aplicación del resultado del ejercicio en función de la sociedad de origen, también deberá justificarse en las cuentas de dicho ejercicio. La normativa contable actual no contiene ninguna previsión al respecto, sin embargo, el estado contable más idóneo para desarrollar la necesaria justificación es *la memoria*[167], tal y como se estableció en su momento en el art. 10.3 BNCFE[168].

En resumen, si se incluye en el proyecto una mención por la que se proponga dar un trato desigual o diferenciado a los socios de las

167 V. FERNÁNDEZ DEL POZO, L., *El derecho contable...*, 2010, ob. cit., pp. 158-159. Según el citado autor, "*de todos esos pactos deberá darse cumplida información en la memoria de la resultante/beneficiaria, tanto en el apartado sobre Combinaciones de negocios (apartado 19.° Memoria) como en el de Aplicación de resultados (apartado 3.° Memoria)*".

168 Art. 10.3 del Borrador de normas de contabilidad aplicables a las fusiones y escisiones de sociedades (BOICAC n.° 14, de octubre de 1993): "*Si la fecha de efectos contables no coincide con la fecha a partir de la cual las nuevas acciones darán derechos a participar en las ganancias sociales deberá informarse en la memoria acerca de la parte de los resultados que corresponden a los socios antiguos y a las nuevos socios de la sociedad resultante de la fusión*".

distintas sociedades participantes en la futura aplicación del resultado del ejercicio en el que es realizada la fusión, debe justificarse en el informe de los administradores con apoyo en los balances de fusión y el resto de la información contable ofrecida en virtud del art. 46 RDLME, para que los socios puedan formar su juicio al respecto al aprobar la fusión. Ahora bien, la aplicación del resultado del ejercicio, una vez concluido, se hará conforme a las cuentas que se formulen y aprueben tras la inscripción de la operación, en las que también se deberá justificar contablemente.

Pese a que hemos manifestado que *a priori* la mención del art. 40.5.º RDLME parece referirse a la aplicación del resultado del ejercicio, la referencia del precepto a incluir *"cualesquiera peculiaridades relativas a este derecho"* implica que sea necesario incorporar cualquier reparto de dividendos que se prevea realizar en el desarrollo de la fusión y no solo la aplicación del resultado del ejercicio en curso[169].

Este aspecto es de gran trascendencia en la fusión por su vinculación con el tipo de canje. Desde que este es fijado en el proyecto hasta que se inscribe la fusión, las sociedades participantes podrían acordar el reparto de dividendos con cargo a reservas voluntarias o con cargo al resultado del ejercicio (a pesar del deber impuesto por el art. 39.2 RDLME a los administradores), lo que podría ocasionar un vaciamiento patrimonial de la sociedad que alterara la equidad de la relación de canje propuesta[170]. Por

169 Según CÓRTES DOMÍNGUEZ, L. J. y PÉREZ TROYA, A., *Fusión de sociedades*, ob. cit., pp. 149-150, la referencia del art. 235.c) LSA de 1989 a incluir *"cualesquiera peculiaridades"* sobre el derecho de participación en ganancias (idéntica a la que recoge el vigente art. 40.5.º RDLME) constituía una exigencia. Consecuentemente, también consideraron necesario hacer constar en el proyecto los abonos de dividendos que cada sociedad hubiese previsto realizar con anterioridad a la efectividad de la fusión.

170 Sobre la posibilidad de que el reparto de dividendos suponga un vaciamiento patrimonial y altere la correspondencia entre el tipo de canje y el valor real v.

este motivo, si las sociedades participantes planean distribuir entre sus socios cualquier tipo de dividendo antes de que la fusión devenga eficaz, deben hacerlo constar en la mención del proyecto de fusión que estamos analizando. De este modo, los efectos de la distribución de dividendos en el tipo de canje, que habrá sido fijado tomando en consideración dicho reparto, deberán ser detallados por los administradores en su informe explicativo del proyecto de fusión y tenidos en cuenta por los expertos independientes al valorar la justificación de la ecuación de canje[171]. En cuanto al balance de fusión, el supuesto al que nos referimos es de un reparto de dividendos proyectado, por lo que solo reflejará sus efectos sobre el patrimonio de la correspondiente sociedad si el reparto de dividendos es finalmente aprobado antes de la formulación del balance de fusión, si este es un balance *ad hoc*.

Sin perjuicio de lo anterior, el reparto de dividendos por una de las sociedades participantes antes de la deliberación sobre la fusión constituye una modificación importante del activo o del pasivo. Si ese acuerdo de reparto de dividendos no es reflejado en los balances de fusión, los administradores deberán informar a los socios de sus respectivas sociedades sobre la modificación patrimonial acaecida y a los administradores de las demás sociedades participantes para que hagan lo propio (art. 46.3 RDLME). Esta información deberá rectificar la contenida en los balances de fusión sobre el valor y composición del patrimonio de las socie-

---

SÁNCHEZ OLIVÁN, J., *Fusión y escisión...*, ob. cit., p. 232; CORTÉS DOMÍNGUEZ, L. J. y PÉREZ TROYA, A., *Fusión de sociedades*, ob. cit., pp. 149-150; y GONZÁLEZ-MENESES, M. y ÁLVAREZ, S., *Modificaciones estructurales de...*, ob. cit., p. 158. Los últimos autores citados ponen como ejemplo las consecuencias de la aprobación del reparto de dividendos con cargo a reservas libres, que serán perjudiciales para el resto de socios si la valoración sobre la que se fijó el tipo de canje fue anterior al acuerdo de distribución de dividendos.

171 V. CÓRTES DOMÍNGUEZ, L. J. y PÉREZ TROYA, A., *Fusión de sociedades*, ob. cit., p. 148.

dades participantes, pero entendemos que no debe ser de carácter meramente cuantitativo. En caso de afectar a la ecuación de canje, la información derivada del art. 36.3 RDLME debería ampliar o corregir las explicaciones dadas sobre esta en el informe de los administradores, para que los socios puedan comprender los efectos del reparto de dividendos no previsto en el proyecto sobre el tipo de canje propuesto[172].

4. LA INFORMACIÓN SOBRE LA VALORACIÓN DE LOS PATRIMONIOS TRANSMITIDOS POR LAS SOCIEDADES FUSIONADAS

El art. 40.7.º RDLME dispone que, entre el contenido mínimo del proyecto común de fusión, figure una mención que contenga *"la información sobre la valoración del activo y pasivo del patrimonio de cada sociedad que se transmita a la sociedad resultante"*. Se trata de una mención que fue incluida por vez primera en la LME (art. 31.9.ª LME). Al igual que la mención del art. 40.8.º RDLME, su incorporación fue motivada por la transposición de la Directiva sobre fusiones transfronterizas. En el art. 5.k) de la Directiva se determinó que el proyecto común de fusión debía contener *"información sobre la evaluación del patrimonio activo y pasivo transferido a la sociedad resultante de la fusión transfronteriza"* [art. 122.k) de la vigente Directiva (UE) 2017/1132]. Aunque las previsiones de la citada Directiva solo son aplicables a las fusiones entre sociedades sujetas a las legislaciones de dos Estados miembros diferentes, el legislador español incluyó el contenido del art. 5. K) en la regulación del proyecto de las fusiones nacionales en la LME, lo que se ha mantenido en el RDLME, y, por supuesto, también rige en las fusiones transfronterizas (art. 84 RDLME).

172 V. *infra*, con una exposición más detallada sobre la información del art. 46.3 RDLME, "Capítulo V.1.2".

El apartado que estamos comentando ha sido escasamente tratado por la doctrina española. La mayoría de autores, al explicar el contenido del proyecto de fusión, evitan profundizar en el estudio de esta mención del proyecto y suelen manifestar sus dudas sobre la función, e incluso la utilidad, de esta[173]. La confusión generada por el art. 40.7.º RDLME es comprensible, pues es ajeno a la tradición jurídica española, al igual que otros apartados del proyecto analizados (como la fecha de efectos contables y la de participación en ganancias, art. 40.6.º y 5.º RDLME).

El origen del apartado relativo a la valoración del activo y pasivo transmitido, incorporado a nuestro ordenamiento por la transposición de la Directiva sobre fusiones transfronterizas, se encuentra en la tradición jurídica francesa[174]. En el país vecino, la información sobre la valoración de los patrimonios de las sociedades extinguidas ha sido reflejada históricamente en el proyecto de fusión. Antes de la redacción de la Tercera Directiva, que armonizó la regulación de la fusión en los Estados miembros, el *Décret n°67-236 du 23 mars 1967 sur les sociétés commerciales*

173 Entre otros, GONZÁLEZ-MENESES, M. y ÁLVAREZ, S., *Modificaciones estructurales de...*, ob. cit., p. 161, consideraron, en relación con la derogada LME, que la finalidad de la mención del art. 31.9.ª LME (se corresponde con el vigente art. 40.7.º RDLME), que relacionaron con la información sobre el tipo de canje, era más propia de otros documentos como el informe de los administradores y de expertos. Por su parte, MERCADAL VIDAL, F., "El proyecto de las modificaciones estructurales", en ROJO, A., CAMPUZANO LAGUILLO, A. B., CORTÉS DOMÍNGUEZ, L. J. y PÉREZ TROYA, A. (coords), *Las modificaciones estructurales de las sociedades mercantiles*, Thomson-Reuters Aranzadi, Cizur Menor (Navarra), 2015, p. 90, también en referencia a la LME, señaló que esta mención ha suscitado dudas en la doctrina acerca de su función y que, según han propuesto otros autores, podría responder a la finalidad de informar sobre los principios y criterios de registro y valoración contable aplicados, así como los criterios empleados para determinar el tipo de canje.

174 V. FERNÁNDEZ DEL POZO, L., *El derecho contable...*, 2010, ob. cit., pp. 136-137.

incluía, entre las menciones que debían figurar en el proyecto de fusión, la designación y valoración del activo y del pasivo que se preveía transmitir a la sociedad resultante (art. 254. 3.º de la citada norma)[175]. Aunque no se incorporó al contenido que debía figurar en el proyecto de fusión según la Tercera Directiva, esta mención ha permanecido en la regulación de fusiones y escisiones francesa hasta la actualidad[176], y fue en la redacción de la Directiva sobre fusiones transfronterizas cuando se incorporó a las Directivas europeas [art. 5.k) de la Directiva].

En el ordenamiento francés, la información sobre la valoración del activo y del pasivo transmitido constituye una parte fundamental del contenido del proyecto. De hecho, el proyecto de fusión también es designado como *traité d'apport*[177], lo que muestra la importancia atribuida a la valoración de la aportación realizada por las sociedades extinguidas, consistiendo esta en sus respectivos patrimonios. Aunque también responde a razones históricas[178].

175 Art. 254: "*Le projet de fusion ou de scission est arrêté par le conseil d'administration, le directoire ou les gérants, soit de chacune des sociétés participant à la fusion, soit de la société dont la scission est projetée. Il doit contenir les indications suivantes: 3° La désignation et l'évaluation de l'actif et du passif dont la transmission aux sociétés absorbantes ou nouvelles est prévue*".

176 En la regulación vigente figura en el art. 236-1 del Reglamento del Código de comercio francés, reproducido literalmente *infra* en el texto.

177 El derogado Reglamento francés sobre el tratamiento contable de las fusiones y operaciones asimiladas (*Règlement n°2004-01 du 4 mai 2004 relatif au traitement comptable des fusions et opérations assimilées*) y el vigente Plan General Contable francés, aprobado por el *Règlement ANC n.° 2014-03*, contienen repetidas referencias al *traité d'apport* previsto en el art. *L. 236-6 Code de commerce*. Sin embargo, en el artículo al que se remite el citado Reglamento no se emplea el término *traité d'apport*, sino el de *projet de fusion ou de scission*. V. el art. 710.1 del *Règlement ANC n.° 2014-03*.

178 En su origen, la fusión era realizada en dos tiempos. La sociedad absorbida se disolvía conforme a sus disposiciones estatutarias. Después, sus liquidadores hacían aportación de su activo, una vez deducido su pasivo, a la sociedad ab-

En el art. *R. 236-1. 3.° Code de commerce*, se establece la obligación de incluir en el proyecto de fusión "*la désignation et l'évaluation de l'actif et du passif dont la transmission aux sociétés absorbantes ou nouvelles est prévue*". Como se desprende de este artículo, el proyecto debe describir tanto el activo como el pasivo transmitido (*désignation*), pero la mera descripción no es suficiente. El precepto también determina que el patrimonio debe ser valorado (*évaluation*), según se interpreta, para poder establecer el tipo de canje. Por lo que, pese a que el precepto solo se refiere al patrimonio transmitido, se considera que también debe ser valorada la sociedad absorbente, pues la fijación del tipo de canje lo requiere[179].

Además de la función de reflejar las valoraciones que han conducido al tipo de canje propuesto, la normativa contable francesa atribuye al proyecto de fusión un papel relevante en la realización de la sucesión contable. Según el art. 213-2 Plan General Contable francés (*Règlement ANC n.° 2014-03*), sobre la valoración de los activos recibidos a título de aportación *in natura*, se entiende que el coste de adquisición de los bienes y derechos recibidos por la sociedad beneficiaria es aquél que figura en el *traité d'apport*[180]. Asimismo, en el art. 720-1 del Plan General Contable francés, se fija como criterio de registro de las aportaciones en las cuentas

sorbente, que aumentaba su capital y entregaba las nuevas acciones a los accionistas de las sociedades disueltas. V. DIDIER, P. et DIDIER, P., *Les sociétés commerciales*, en MOLFESSIS, N. (dir.) *Droit Commercial*, t. II, Ed. Economica, Paris, 2011, p. 1013.

179 V. DIDIER, P. et DIDIER, P., *Les sociétés commerciales*, ob. cit., pp. 1019-1020.

180 Art. 213-2. Plan General Contable francés: "*Le coût d'acquisition s'entend pour les biens et titres reçus à titre d'apports en nature par la société bénéficiaire, des valeurs figurant dans le traité d'apport, déterminées et évaluées selon les dispositions du titre VII.*".

de la sociedad beneficiaria que sean inscritas por los valores que figuren en el *traité d'apport*[181].

En la tradición jurídica española, a diferencia de la francesa, la función de reflejar el valor de los patrimonios de las sociedades fusionadas, ya sea para determinar el tipo de canje o para ejecutar la sucesión contable, nunca ha sido atribuida al proyecto de fusión. Esta función, pese al debate doctrinal sobre su idoneidad para justificar el tipo de canje y sobre su relevancia contable, ha correspondido al balance de fusión.

En la regulación francesa de la fusión, el estado contable que debe ser puesto a disposición de los socios, según el art. *R. 236-3.4.º Code de commerce*, no está sometido a los mismos requisitos formales de aprobación y verificación ni de publicidad que el balance de fusión ni tampoco se le atribuye mayor relevancia que a otros documentos contables como las cuentas e informes de gestión de los tres últimos ejercicios. En el ordenamiento francés, solo es *una puesta al día del balance ordinario*, dado que debe seguir sus mismos criterios de elaboración y presentación, sin que se prevea la posibilidad de ajustarlo al valor real o razonable[182]. Estas diferencias son comprensibles, si se atiende a que, cuando la Tercera Directiva fue transpuesta, el ordenamiento jurídico francés atribuía la función de reflejar el valor del patrimonio transmitido al proyecto de fusión, mientras que en España había

181 Art. 720-1 Plan General Contable francés " *Les apports sont inscrits dans les comptes de l'entité bénéficiaire pour les valeurs figurant dans le traité d'apport*".

182 Art. *R. 236-3.4.º Code de commerce*: " *Un état comptable établi selon les mêmes méthodes et suivant la même présentation que le dernier bilan annuel, arrêté à une date qui, si les derniers comptes annuels se rapportent à un exercice dont la fin est antérieure de plus de six mois à la date du projet de fusion, doit être antérieure de moins de trois mois à la date de ce projet ou, le cas échéant, le rapport financier semestriel prévu à l'article L. 451-1-2 du code monétaire et financier, lorsque celui-ci est publié*".

sido atribuida a balances específicamente formulados con motivo de la operación, desde el RRM de 1919. Por este motivo, no es de extrañar que al incorporar a los respectivos ordenamientos el estado contable previsto en la Tercera Directiva [art. 11.c)], el legislador español lo asimilara al balance de fusión, dotándolo de una relevancia que no ostenta en otros Estados miembros; mientras que el legislador francés no le atribuye mayor relevancia que al resto de documentos contables que son puestos a disposición de los socios.

La dificultad a la hora de buscar una finalidad propia a la mención sobre la valoración del activo y el pasivo transmitido reside en que esa información ya está, en parte, contenida en el balance de fusión. Fruto de la armonización europea de la regulación en materia de fusiones y escisiones, nuestro ordenamiento ha incorporado un precepto que, en cierta medida, parece redundante, ya que la comentada mención del proyecto cumple una función similar a la del balance de fusión[183]. En el ordenamiento francés sí

183 En Italia han adoptado una solución distinta a la seguida por España al transponer el contenido de la Directiva sobre fusiones transfronterizas. En lugar de incluir la mención sobre la valoración del activo y del pasivo transmitido en la regulación general del contenido del proyecto de fusión, forma parte del contenido específico exigible, exclusivamente, en las fusiones transfronterizas [art. 6.1.f) *Decreto Legislativo 30 maggio 2008, n. 108*]. Aun así, la doctrina italiana también encuentra dificultades a la hora de atribuir una finalidad concreta a este nuevo apartado del proyecto en las fusiones transfronterizas. El principal obstáculo al que se enfrenta la doctrina italiana es similar al que se da en nuestro ordenamiento. En España, la función de la comentada mención del proyecto se ha atribuido tradicionalmente a otro documento, el balance de fusión. En Italia, por el contrario, la función de informar sobre la valoración de los patrimonios de las sociedades participantes ha recaído en el informe de los administradores y no en el proyecto de fusión, ni en la *situazione patrimoniale* (equivalente *mutatis mutandi* a nuestro balance de fusión). V. RESCIO, G. A., "La fusione e la scissione", en IBBA, C. e MARASÀ, G. (dirs.) *Trattato delle società a responsabilità limitata*, vol. VII, Wolters Kluwer, Italia, 2015 pp. 186-187.

tiene una razón de ser, puesto que solo el proyecto de fusión refleja el valor del patrimonio transmitido, pero en el sistema español esta mención no posee, aparentemente, una función propia.

A nuestro modo de ver, la exigencia del art. 40.7.º RDLME, de aportar información sobre la valoración del activo y del pasivo transmitido, debe ser cumplida haciendo constar el valor razonable atribuido al patrimonio de las sociedades absorbidas o incorporadas a la de nueva creación, calculado sobre la base de sus respectivos balances de fusión, para un mejor conocimiento, por los destinatarios de la información del proyecto y de los balances de fusión, de la valoración de los patrimonios transmitidos por las sociedades extinguidas[184].

Consideramos que la interpretación más acertada es que el art. 40.7.º RDLME, al referirse únicamente a los patrimonios transmitidos, persigue la finalidad de trasladar al proyecto de fusión la información necesaria para el control de la efectividad de la aportación (art. 59 LSC)[185]. De modo que el proyecto de fusión debe contener una mención relativa a la información contable sobre la que se han establecido las condiciones de la fusión (art. 40.8.º RDLME), lo que engloba con carácter general cualquier condición del proyecto que requiera una base valorativa, fundamental-

184 Otros autores han propuesto incluir la información sobre la valoración efectuada para la fijación del tipo de canje o sobre el registro contable de la operación. V. FERNÁNDEZ DEL POZO, L., *El derecho contable...*, 2010, ob. cit., pp. 138-139. Asimismo, informar sobre el valor por el que serán registrados en la contabilidad de la sociedad resultante los patrimonios societarios también parece ser la función atribuida a esta mención del proyecto por TAPIA FRADE, A., *La fusión transfronteriza de sociedades anónimas en Derecho español y europeo*, Aranzadi, Cizur Menor (Navarra), 2019, pp. 580-589.

185 En este sentido v. MARTÍNEZ MARTÍNEZ, M., "La fase decisoria: información sobre la fusión, desarrollo de la junta, publicación del acuerdo de fusión", en RODRÍGUEZ ARTIGAS, F. *et al.* (dirs.), *Modificaciones estructurales de las sociedades mercantiles*, t. I, Aranzadi, Cizur Menor (Navarra), 2009, p. 541.

mente el tipo de canje (art. 40.3.º RDLME) y la mención del art. 40.7.º RDLME. La comentada mención ofrece una información específicamente dirigida a la comprobación de si el valor de los patrimonios transmitidos da cobertura a la cifra de capital social de la sociedad de nueva creación o la ampliación del capital de la sociedad absorbente.

Cuando la sociedad resultante de la fusión sea una sociedad anónima o comanditaria por acciones (art. 41.3 RDLME), la información contenida en el proyecto sobre la valoración de los patrimonios que serán transmitidos, junto con los balances de fusión, será un elemento más a tener en cuenta por los destinatarios de la información documental del art. 46.1 RDLME, a la que se añadirá la que ofrece la parte del informe de los expertos independientes sobre la efectividad de la aportación (art. 41.3 RDLME). Lo anterior no constituye una reiteración o un solapamiento de funciones innecesario. La opinión emitida por los expertos independientes al respecto, en su informe, tiene un papel fundamental debido a su carácter de técnicos especializados y la independencia que se presume de ellos por ser nombrados por el registrador mercantil. No obstante, el contenido del referido informe en lo concerniente a esta cuestión solo refleja la conclusión a la que han llegado los expertos, por lo que no parece inoportuno que junto con este informe se ofrezca la información sobre la valoración de los patrimonios de las sociedades a extinguir, a través del proyecto y de los balances de fusión, para que sus destinatarios puedan extraer sus propias conclusiones y ejercer su autotutela.

En las fusiones en las que la sociedad resultante no sea una sociedad anónima o comanditaria por acciones y no sea exigible la parte del informe de expertos independientes relativa a la efectividad de la aportación, el proyecto, junto con los balances de fusión, constituirá el principal elemento de juicio del que dispondrán los destinatarios de la información documental en la fusión para comprobar la adecuación a sus intereses de la cifra de capital social de la sociedad resultante. Igualmente, cuando la escritura se presente para la inscripción de la operación, el registrador mercantil solo dispondrá de la información valorativa contenida en el proyecto y los balances de fusión para comprobar la correspondencia mínima entre la cifra de capital social y el patrimonio transmitido[186].

186 En relación con la simplificación procedimental que permitió el art. 42 LME cuando la fusión era acordada en junta universal y por unanimidad (en la actualidad se corresponde con el art. 9 RDLME), se discutió si la redacción original del citado precepto permitía prescindir del balance de fusión. Uno de los argumentos propuestos por la doctrina para descartar la admisibilidad de tal exención fue que cuando la fusión era entre sociedades de responsabilidad limitada, no requiriéndose por tanto el informe de expertos, el registrador mercantil carecería de cualquier mecanismo de control sobre la integridad del capital social si se prescindía del balance de fusión. V. CABANAS TREJO, R., "Las modificaciones estructurales simplificadas", en ROJO, A., CAMPUZANO LAGUILLO, A. B., CORTÉS DOMÍNGUEZ, L. J. y PÉREZ TROYA, A. (coords), *Las modificaciones estructurales de las sociedades mercantiles*, Thomson-Reuters Aranzadi, Cizur Menor (Navarra), 2015, p. 550.

SEGUNDA PARTE

ASPECTOS FORMALES DE LA REGULACIÓN DEL BALANCE DE FUSIÓN EN EL REAL DECRETO-LEY DE MODIFICACIONES ESTRUCTURALES

Capítulo III

FORMULACIÓN DEL BALANCE DE FUSIÓN

1. LA EXIGIBILIDAD DEL BALANCE DE FUSIÓN

1.1. El alcance subjetivo y objetivo del deber de formular el balance fusión

El balance de fusión aparece recogido en la sección 3.ª *Del balance de fusión*, capítulo II, título II, libro primero RDLME (arts. 43 a 45 RDLME). En dicha sección se establecen sus criterios de elaboración y presentación (art. 43 RDLME), los requisitos de verificación y aprobación (art. 44 RDLME) y la posibilidad de impugnar el balance de fusión (art. 45 RDLME), pero no así su exigibilidad.

El resto del articulado del RDLME también contiene abundantes referencias al mencionado documento, pues está presente en cada una de las distintas fases en las que se divide el proceso de fusión. Así pues, el art. 46.1.2º RDLME determina que el balance de fusión de cada una de las sociedades participantes, siempre y cuando sea distinto del último balance anual aprobado, debe ser insertado en la página web corporativa, o puesto a disposición de los socios y demás interesados en el domicilio social, antes de la publicación de la convocatoria de la junta en la que se deliberará sobre la fusión. Si se adopta como balance de fusión el del último ejercicio, igualmente debe cumplirse el requisito anterior en virtud del art. 46.1.1.º RDLME, que no se refiere expresamente al balance de fusión, pero sí a las cuentas anuales de los tres últimos ejercicios, de las que forma parte el último balance de ejercicio propuesto como balance de fusión. Debe ser verificado, cuando la sociedad esté sometida a la obligación de auditar las cuentas anuales, y ser aprobado en la misma junta en la que se delibere sobre la fusión, con mención expresa en el orden del día (art. 44 RDLME). Una vez aprobado el acuerdo de fusión, el anuncio en el que se dé publicidad al acuerdo adoptado, o la comunicación individual sustitutiva, debe informar sobre "*el derecho que asiste a los socios y acreedores de obtener el texto íntegro del acuerdo adoptado y del balance presentado*" (art. 10.1 RDLME)[187]. Por último, al elevar el acuerdo a escritura pública, se incorporará a esta el balance de las sociedades fusionadas (art. 50 RDLME). Es decir, los artículos concretos de los que se deriva la obligatoriedad y el alcance de la formulación del balance de fusión se encuentran en gran parte fuera de la sección dedicada al balance, lo que es de lamentar desde la perspectiva de la sistemática legal.

A partir de la lectura de los preceptos citados se puede apreciar con claridad que la formulación del balance de fusión (o adopción del último balance de ejercicio como tal) es un deber que afecta a todas las sociedades implicadas. En primer lugar, se pone de manifiesto al requerir el art. 46.1.2.º RDLME la puesta a disposición del balance "*de cada una de las sociedades*", en favor de los socios y demás interesados, desde la convocatoria de la junta en la que se deliberará sobre la fusión. Por tanto, los socios y demás interesados deben poder acceder a los balances de fusión de todas y

187 En el art. 10.1 RDLME se hace referencia al *balance presentado* y no al *balance de la fusión* (como contenía el art. 43.1 LME), entendemos que el cambio responde únicamente a haberse regulado la publicación del acuerdo en las disposiciones comunes aplicables a toda clase de modificación estructural, por lo que el uso del adjetivo *presentado* no tiene mayor significación que el de ser un término genérico que pueda englobar también a otros balances como el de transformación o escisión. En contra, se ha sugerido que la referencia al *balance presentado* implica que el balance que tienen derecho a obtener socios y acreedores en virtud del art. 10.1 RDLME no tiene que ser necesariamente el *balance aprobado*, opinión que no compartimos por los argumentos expuestos. V. SÁNCHEZ RUS, H., "El balance de modificación estructural", *La Ley mercantil*, n.º 111, 2024, [https://laleydigital.laleynext.es/], p. 9.

cada una de las sociedades participantes. En segundo lugar, el art. 50 RDLME, al fijar que el balance de fusión sea incorporado a la escritura, alude al balance de "*aquéllas*", es decir, al de "*las sociedades que se fusionan*". No obstante, debe señalarse que, debido a que el RRM no ha sido reformado para adaptarse a la legislación vigente (lo que arrastra desde la LME), existe una contradicción entre el contenido que debe ser incorporado a la escritura según el RDLME y el que recoge el RRM[188]. En concreto, el art. 227.2.5.º RRM solo exige que se incorpore a la escritura de fusión el balance de las sociedades que se extinguen. Dicho precepto de rango reglamentario es contrario al contenido del RDLME, que establece que debe ser incorporado el balance de las sociedades que se fusionan (incluida la absorbente), por lo que debe prevalecer lo dispuesto en el art. 50 RDLME.

188 La contradicción existente ya se daba entre el art. 45 LME y el art. 227.2.5.º RRM, lo que ha dificultado la perfección de algunas fusiones por la confusión generada. En la RDGRN de 21 abril de 2014 (TOL4.357.883), se denegó el recurso planteado por el notario contra la calificación negativa del registrador mercantil fundada, entre otros motivos, en que no había sido incorporado a la escritura de fusión el balance de la sociedad absorbente. El notario recurrente alegó que si se interpretaba que el art. 45 LME exigía la incorporación de los balances de fusión de todas las sociedades participantes a la escritura, se estaría dando una interpretación contraria a la finalidad de simplificación del procedimiento incluida en la Exposición de motivos, pues en la LSA de 1989 solo se exigía el balance de la sociedad absorbida. Sin embargo, la DGRN resolvió en el sentido contrario, interpretando que, según el contenido literal del art. 45 LME, debían incorporarse a la escritura los balances de fusión de todas las sociedades participantes, pese a que existiera una contradicción con el art. 227 RRM que desarrollaba la legislación derogada. V. la RDGRN de 21 abril de 2014 (TOL4.357.883), fundamento de derecho cuarto: "*la dicción literal del nuevo artículo 45 de la Ley 3/2009, así como el cambio que implica en relación con la redacción del artículo 227 del Reglamento del Registro Mercantil, desarrollo de la anterior legislación en materia de fusión, lleva a entender que el legislador ha optado por modificar el sistema anterior, y exigir no sólo el balance, auditado en su caso, de las sociedades que se extinguen, sino los de todas las sociedades participantes en la fusión*".

La única excepción que contempla el RDLME en relación con el requisito del balance de fusión es la prevista en el art. 43.3 RDLME[189]. Si en la fusión participa una sociedad cotizada, o varias, con valores ya admitidos a negociación en un mercado regulado domiciliado en la Unión Europea, el balance de fusión puede *"ser sustituido"* por el informe financiero semestral de cada una de dichas sociedades cotizadas. La inclusión de la posibilidad de sustituir el balance de fusión por el informe financiero semestral, en el artículo dedicado al balance de fusión (art. 43 RDLME), a primera vista, genera la duda de si se trata de una excepción a la regla de exigibilidad del balance de fusión o una forma más de dar cumplimiento a dicha regla. Es decir, el art. 43.3 RDLME, en lugar de una excepción, podría constituir otra alternativa que se suma a las ya existentes, que son la adopción de un balance de ejercicio o la formulación de un balance específico, previstas en el primer apartado del mismo artículo[190]. Después de todo, el comentado informe aporta información de carácter financiero (comprende los estados financieros semestrales, art. 100.3 LMV) de un periodo inferior al año, como el balance específico de fusión, y debe ser cerrado (y publicado) dentro de los seis meses anteriores a la fecha del proyecto, que es la misma condición requerida si se adopta el último balance de ejercicio (art. 43.1 RDLME). Además, si se recurre al informe financiero semestral, debe ser insertado

---

189 Así la califican, como excepción al requisito del balance de fusión, GONZÁLEZ-MENESES, M. y ÁLVAREZ, S., *Modificaciones estructurales de...*, ob. cit., p. 186.

190 Esa parece ser la interpretación de DÍAZ MORENO, A. y JUSTE MENCÍA, J., "Apuntes de urgencia sobre la ley 1/2012, de 22 de junio, de simplificación de las obligaciones de información y documentación de fusiones y escisiones de sociedades de capital", *Revista de Derecho de Sociedades*, n.º 39, 2012, p. 224. Los citados autores señalaron, en relación con la derogada LME, que en virtud del art. 46.3 LME, similar en su contenido al art. 43.3 RDLME, cuando la sociedad cotice en un mercado secundario oficial, *"vale como balance de fusión la información financiera semestral"*.

en la página web o puesto a disposición de los destinatarios de la información previa al acuerdo de fusión (art. 46.1.2.º RDLME), por lo que comparte con el balance de fusión, al que sustituye, la función de informar sobre la situación económica de la sociedad desde la convocatoria hasta la adopción del acuerdo.

Sin perjuicio de lo anterior, lo cierto es que un análisis más detallado de las previsiones contenidas en el RDLME, respecto del informe financiero semestral, invitan a pensar que sí se trata de una verdadera excepción a la regla de exigibilidad del balance de fusión. El motivo es que la comentada afirmación de que el informe financiero semestral sustituye al balance de fusión es reiterada por el legislador cada vez que se refiere al informe financiero semestral (v. arts. 43.3, 46.1.2.º y 50.1 RDLME). Eso indica que el RDLME hace una distinción entre ambos documentos y que, por tanto, cuando un precepto contiene alguna previsión referida al balance de fusión no se puede interpretar que también comprende al informe financiero semestral. Distinción que se hace evidente al establecer el art. 43.3 RDLME que el informe financiero semestral no precisa ser auditado, mientras que el art. 44 RDLME requiere la verificación del balance de fusión cunado la sociedad esté obligada a auditar.

De la indicada distinción se deriva que las únicas indicaciones contenidas en el RDLME sobre el informe financiero semestral, además de la no exigibilidad de su verificación contable, son el periodo máximo que puede mediar entre su fecha de cierre y publicación y la fecha del proyecto (art. 43.3 RDLME), que forma parte de la información documental previa a la aprobación de la fusión (art. 40.1.2.º RDLME) y que debe ser incorporado a la escritura junto al acuerdo de fusión (art. 50.1 RDLME).

Fuera de los preceptos aplicables al informe financiero semestral quedan previsiones fundamentales del régimen del balance de fusión como son la posibilidad de ajustar sus valores en función de los cambios importantes del *valor razonable* (art. 46.2 RDLME), el requisito de aprobación (art. 44 RDLME) y verificación (por la señalada exención expresa), su impugnación (art. 45 RDLME) y la inclusión, en el anuncio del acuerdo de fusión, del derecho de socios y acreedores de obtener el balance de fusión, no el informe financiero semestral (art. 10 RDLME).

En definitiva, el informe financiero semestral cumple la función informativa sobre la situación económica de la sociedad que con carácter general se atribuye al balance de fusión (arts. 40.1.2.º y 10.1 RDLME), cuando participe una sociedad cotizada y sustituya el balance de fusión por este documento. Sin embargo, no tiene la consideración de balance de fusión ni se rige por los mismos criterios de elaboración (prescindiéndose de la inclusión de ajustes valorativos conforme al art. 46.2 RDLME) ni los mismos requisitos formales de verificación y aprobación (art. 44 RDLME).

Respecto al alcance objetivo de la exigencia del balance de fusión, se extiende a cualquier tipo de fusión, independientemente de que se trate de una fusión por absorción o constitución de nueva sociedad, de una fusión acordada en junta universal y por unanimidad (art. 9 RDLME) o de una de las denominadas fusiones especiales (arts. 53, 54 y 56 RDLME), como desarrollaremos en los siguientes apartados. Hecho que contrasta con la excepción reconocida con respecto al balance de escisión en el art. 71.1 RDLME, a la que también haremos referencia al tratar la exigibilidad del balance de fusión en las fusiones especiales.

1.2. La exigibilidad del balance de fusión en las fusiones especiales: confrontación con el supuesto de escisión contemplado en el art. 71

El RDLME exime de algunos de los requisitos informativos y procedimentales de la fusión, y otras modificaciones estructurales, bajo determinadas circunstancias, que hacen innecesario su mantenimiento por no verse afectados los intereses que normalmente serían merecedores de tutela[191]. Dichas excepciones se refieren fundamentalmente a los documentos informativos dirigidos específicamente a la tutela de los intereses de los socios, y no los de terceros, pero también afectan a aspectos procedimentales esenciales como la aprobación de la fusión sin necesidad de que se acuerde en junta general por la sociedad absorbida (art. 53.1.4.º RDLME) o la sustitución del requisito del acuerdo en junta de la absorbente por la decisión del órgano de administración (art. 55 RDLME).

Entre los documentos de los que se puede prescindir en la fusión, se encuentra el apartado del informe de expertos relativo al tipo de canje, que es renunciable por parte de los socios (art. 41.4 RDLME), cuando sea preceptivo por participar en la fusión una sociedad anónima o comanditaria por acciones (art. 41.1 RDLME). Así como la parte del informe de los administradores destinada a los socios, también renunciable por estos (art. 5.4 RDLME). Cuando la fusión es acordada, en cada una de las sociedades, en junta universal y por unanimidad, tampoco es necesario elaborar el informe de los administradores (se entiende que solo la parte destinada a los socios y no la dirigida a los trabajadores, por lo dispuesto en el art. 9.2 RDLME) ni publicar o depositar con carácter previo a la celebración de la junta el resto de docu-

191 V. en este sentido la RDGRN de 10 de abril de 2014 (TOL4.277.895), fundamento de derecho segundo: "*debe tenerse en cuenta que la protección de los distintos intereses que pueden resultar afectados en modificaciones estructurales de sociedades como son la escisión y la fusión se disciplina legalmente mediante la regulación de un procedimiento, de carácter obligatorio, que sólo cuando es debidamente cumplimentado surte los efectos previstos por el legislador. Pero, habida cuenta de la diversidad de los intereses potencialmente afectados* [...] *la mayor o menor complejidad de ese procedimiento legalmente previsto para su protección viene determinada por la presencia en cada situación concreta de unos u otros intereses*".

mentos enumerados en los arts. 7.1 y 46 RDLME, entre ellos el balance de fusión, del mismo modo que tampoco se exige realizar el anuncio respecto al derecho a formular observaciones al proyecto (art. 9 RDLME). No obstante, eso no exime del requisito de incorporación del balance, junto con el acuerdo, a la escritura, lo que muestra que el art. 9 RDLME no permite prescindir de este documento (*cfr*. arts. 9.1 y 50.1 RDLME).

En cuanto a las medidas de simplificación de la información documental en las fusiones especiales (arts. 53-56 RDLME), no son exigibles la parte del informe de expertos independientes relativa al tipo de canje ni el informe de los administradores en los siguientes casos: cuando la absorbente sea titular de forma directa[192] de todas las acciones o participaciones de la absorbida (art. 53.1.2.º RDLME); cuando la absorbente sea titular de forma directa del noventa por ciento o más de las acciones o participaciones de la absorbida, pero no de la totalidad, a condición de que la sociedad absorbente ofrezca a la minoría de socios de la absorbida la adquisición de sus acciones o participaciones (art. 54.1 RDLME); cuando las sociedades estén íntegramente participadas de forma directa por el mismo socio o por varios con la misma participación en todas las sociedades[193] (art. 56.1 RDL-

192 Cuando la titularidad de las acciones o participaciones sea indirecta, no será exigible el informe de los administradores, pero sí será necesario el informe de expertos independientes (art. 53.2 RDLME).

193 Esta es una novedad del RDLME que supone el reconocimiento de una posibilidad que fue discutida durante la vigencia de la LME, la de extender la simplificación prevista para el supuesto de que todas las sociedades estuvieran íntegramente participadas por el mismo socio al supuesto en el que varios socios tuviesen idéntico porcentaje en cada una de laS sociedades intervinientes, conocida como *fusión gemelar*. V. al respecto MELCHOR GIMÉNEZ, E., "La fusión gemelar: Especial referencia al supuesto de participación por una pluralidad de socios", *Revista Lex Mercatoria*, n.º 21, 2022, pp. 7-30. Disponible en: https://revistas.innovacionumh.es/index.php/lexmercatoria/article/view/1841/1834

ME); y cuando la sociedad absorbida sea titular de forma directa de todas las acciones o participaciones de la sociedad absorbente (art. 56.1 RDLME)[194].

La previsión de excepciones, respecto al deber de elaboración de los referidos documentos, responde al fundamento de qué sujetos son los titulares de los intereses que cada uno de estos persigue tutelar. Cuando la Ley atribuye a alguno de los documentos informativos la función de tutelar en exclusiva los intereses de los socios, como ocurre con la parte de los informes de administradores y expertos destinada a los socios, quienes pueden decidir sobre su renuncia. Igualmente, cuando no se produce la incorporación de nuevos socios y, por tanto, sus intereses no son susceptibles de verse lesionados, como sucede en la absorción de sociedad íntegramente participada o en la fusión de sociedades con un único socio común (o una pluralidad, cada uno con un porcentaje del capital social idéntico en cada sociedad), no se exigen ni el informe de administradores ni la parte del informe de expertos relativa al tipo de canje[195]. Con base en dicho razonamiento,

194 En estos dos últimos supuestos, los de la fusión de sociedades participadas por el mismo socio y la conocida como fusión inversa, si la titularidad de las acciones y participaciones es indirecta, no es exigible el informe de los administradores, pero sí el de los expertos independientes (art. 56.2 RDLME).

195 En las fusiones simplificadas o especiales (arts. 53-56 RDLM), no solo no se precisa ampliar el capital social para incorporar a los socios de la absorbida, (o de la absorbente en la fusión inversa), sino que hacerlo sería contrario al principio de efectividad de la aportación, pues en dichas operaciones la unificación patrimonial es meramente formal, ya que existía previamente una situación de titularidad plena (o casi plena en la absorción de sociedad participada en más del noventa por ciento sin llegar a la totalidad) del capital social de las sociedades absorbidas. V., con respecto a la LME, ÁLVAREZ RUBIO, J., "El informe de expertos independientes en las modificaciones estructurales" en ROJO, A., CAMPUZANO LAGUILLO, A. B., CORTÉS DOMÍNGUEZ, L. J. y PÉREZ TROYA, A. (coords.), *Las modificaciones estructurales de las sociedades mercantiles*, Thomson-Reuters Aranzadi, Cizur Menor (Navarra), 2015, pp. 198-199; y, del mismo autor, pero en relación con el RDLME, v. "El

cuando el documento informativo persigue la tutela de terceros, por ejemplo, de los acreedores, la Ley no permite que los socios renuncien a este ni reconoce excepciones. Entre los documentos que no son renunciables por los socios, podemos señalar el balance de fusión, para el que no se prevé excepción alguna[196], la sección del informe de los administradores dirigida a los trabajadores (art. 5.5 RDLME) y la parte del informe de expertos relativa a la efectividad de la aportación al capital social, siempre exigida cuando se requiera ampliar el capital social o constituir una sociedad con motivo de la fusión y la sociedad resultante sea una sociedad anónima o comanditaria por acciones (*cfr.* arts. 6.2 y 41.3 RDLME)[197].

---

informe de expertos independientes" en ROJO, A., CAMPUZANO LAGUILLO, A. B., CORTÉS DOMÍNGUEZ, L. J. y PÉREZ TROYA, A. (coords.), *Las modificaciones estructurales de las sociedades mercantiles*, 2.ª ed., Aranzadi, Madrid, 2024, pp. 234-235.

196 El balance de fusión es exigido en toda fusión, sin que el RDLME dispense este requisito en ningún caso. No obstante, debemos mencionar, dado que la escisión se rige por el mismo régimen que las fusiones con ciertas salvedades (art. 63 RDLME), la existencia de una única excepción a la formulación del documento análogo al balance de fusión, el de escisión. El art. 71 RDLME, cuyo motivo de inclusión en el RDLME trataremos en el presente apartado, permite prescindir del balance de escisión, además del informe de los administradores y del de los expertos independientes, si en la escisión por constitución de nuevas sociedades "*si las acciones, participaciones o cuotas de cada una de las nuevas sociedades se atribuyen a los socios de la sociedad que se escinde proporcionalmente a los derechos que tenían en el capital de ésta*". Precepto que, por su carácter de excepción, solo es aplicable al supuesto de hecho contenido en la norma.

197 VIVES RUIZ, F. y TAPIAS MONNÉ, A., "La Ley de Modificaciones Estructurales...", ob. cit., pp. 5, 16-17 y 29-31, señalaron que, los principales defectos técnicos que tenía la LME derivaban de la falta de coordinación normativa y de la incorrecta identificación de los intereses objeto de protección en cada caso. Por este motivo, cuando los referidos autores analizaron si eran coherentes las excepciones previstas en la Ley en relación con el balance de fusión y el informe de expertos independientes, lo hicieron partiendo de la base de la identificación de los intereses protegidos. En reiteradas ocasiones la DGRN

En cuanto respecta a la irrenunciabilidad del balance de fusión por los socios, esta no se deriva de las Directivas en materia de fusiones y escisiones. Las Directivas facultaron a los Estados miembros para permitir que los socios pudiesen renunciar al balance de fusión y el legislador español decidió no hacer uso de tal posibilidad.

A este respecto, resulta conveniente recordar que, en un principio, la Tercera Directiva no contemplaba la posibilidad de que los socios pudieran renunciar a la elaboración del balance de fusión ni a ninguno de los informes documentales exigidos. Aunque sí se establecieron excepciones en relación con la exigencia del informe de los administradores y el de expertos independientes en la absorción de sociedades participadas en más de un noventa por ciento por la absorbente (arts. 24-29 Tercera Directiva, de los que se derivan los arts. 53 y 54 RDLME). El balance de fusión (o *estado contable* según la terminología empleada en la Tercera Directiva), por el contrario, debía ser puesto a disposición de los socios en toda fusión [art. 11.1.c) Tercera Directiva]. Este aspecto fue reformado por la Directiva 2009/109/CE[198], que modificó el contenido del art. 11 de la Tercera Directiva disponiendo que

ha aplicado en sus resoluciones el criterio del análisis de los intereses tutelados para resolver si alguno de los documentos informativos era prescindible en operaciones de modificaciones estructurales, concluyendo que la Ley solo exceptúa la elaboración de aquellos documentos cuando el interés que tutelan no es susceptible de verse afectado o permite su renuncia por parte de los socios cuando están previstos exclusivamente en interés de los socios y no de terceros. V., entre otras, RRDGRN, la de 21 de octubre de 2015 (TOL5.555.223), la de 21 de abril de 2014 (TOL4.357.883), la de 10 de abril de 2014 (TOL4.277.895) y la de 2 de febrero de 2011 (TOL2.059.673).

198 Directiva 2009/109/CE del Parlamento Europeo y del Consejo de 16 de septiembre de 2009 por la que se modifican las Directivas 77/91/CEE, 78/855/CEE y 82/891/CEE del Consejo y la Directiva 2005/56/CE en lo que se refiere a las obligaciones de información y documentación en el caso de las fusiones y escisiones.

"los Estados miembros podrán estipular que no se exija el estado contable si así lo han acordado todos los accionistas y poseedores de otros títulos que confieran derecho a voto de todas y cada una de las sociedades que participen en la fusión" [recogido en la actualidad en el art. 97.1 Directiva (UE) 2017/1132].

Entre los considerandos de la Directiva 2009/109/CE se identificó como uno de los motivos de la reforma la constatación de que, en este ámbito del Derecho, se imponía a las sociedades un gran número de obligaciones de información, algunas de las cuales parecían *"obsoletas o excesivas"*. En virtud de este razonamiento, se permitió a los Estados miembros establecer que no fuera necesario el cumplimiento de determinados requisitos de información en los procesos de fusión y escisión. Entre otras medidas, se añadió que los Estados miembros podían prever en sus ordenamientos la facultad de los socios de renunciar al balance de fusión, si así lo acordaban todos los socios de todas y cada una de las sociedades participantes.

A pesar de la posibilidad reconocida en la Directiva, el legislador español no reconoció el carácter renunciable del balance de fusión. Sin embargo, sí estableció una excepción, por mandato expreso de la Directiva 2009/109/CE, en relación con el balance de escisión. La Ley 1/2012, de 22 de junio, que transpuso la Directiva 2009/109/CE, introdujo en la LME el art. 78 bis (antecedente del vigente art. 71 RDLME). En él se estableció que no serían necesarios ni los informes de administradores y expertos independientes ni el balance de fusión en las escisiones por constitución, ya sea por escisión total, con extinción de la escindida y creación de varias sociedades beneficiarias, o por escisión parcial, con subsistencia de la escindida y constitución de una o varias sociedades beneficiarias[199]. Precepto, que ha mantenido la

---

199 En un primer momento se planteó si la referencia en el art. 78 bis LME a que la escisión fuera *"por constitución de nuevas sociedades"* excluía del supuesto

misma redacción en el art. 71 RDLME, salvo por la omisión en el supuesto de hecho a que la excepción se aplica a la escisión por constitución, lo que se debe únicamente a que la referencia a *"las nuevas sociedades"* hace innecesario especificar (por ser obvio) que se trata de una escisión por constitución.

Respecto a la exención relativa al informe de expertos, hay que advertir que esta debe ser leída en relación con los arts. 6 y 41 RDLME, así como los arts. 67 y 69 LSC. Entendemos que la excepción respecto al informe de expertos del art. 71 RDLME solo comprende la parte relativa al tipo de canje, ya que el requisito de un informe realizado por experto independiente sobre el valor de las aportaciones no dinerarias en la constitución de sociedades anónimas o comanditarias por acciones es exigido con carácter general por el art. 67 LSC y solo se exceptúa en la constitución por fusión o escisión cuando ese informe sea requerido por el RDLME, con el fin de evitar duplicidades innecesarias [art. 69.c) LSC][200].

de hecho la escisión de la que no resultara la constitución de una pluralidad de sociedades beneficiarias. De modo que las exenciones previstas en el art. 78 bis LME no serían aplicables a la escisión parcial en la que se constituyera una sola sociedad beneficiaria. No obstante, la DGRN resolvió que el uso del plural comprendía gramaticalmente tanto la escisión total con creación de varias sociedades como la escisión parcial con subsistencia de la escindida y constitución de una o varias sociedades beneficiarias. Interpretación que, además, es conforme con la finalidad de la norma, según el centro directivo, ya que en ambos casos no se ven comprometidos los intereses de los acreedores por la inexistencia de patrimonio preexistente. V. RDGRN de 8 de mayo de 2014 (TOL4.422.347), fundamento de derecho segundo.

200 En este sentido v. FERNÁNDEZ DEL POZO, L., "La dispensa del informe del experto en las fusiones y escisiones tras la desafortunada reforma de la LME por el Real Decreto-Ley 9/2012, de 16 de marzo", *Revista de Derecho del Mercado de Valores*, n.º 11, 2012, [https://laleydigital.laleynext.es/], p. 19. Asimismo, respecto al señalado fundamento del art. 69 LSC, v. RECALDE CASTELLS, A. y APILÁNEZ PÉREZ ONRAITA, E., "Reforma de la Ley de Sociedades de Capital y de la Ley sobre modificaciones estructurales de las sociedades mercantiles", *Diario La Ley*, n.º 7853, 2012, pp. 5-6. Disponible en [https://laleydigital.laleynext.es/].

El art. 71 RDLME incluye la condición de que las acciones, participaciones o cuotas de la sociedad beneficiaria sean atribuidas a los socios de la escindida en proporción a su participación en el capital social. Esta condición, en sí misma, no tiene ningún carácter especial, ya que el reparto proporcional es exigible con carácter general en todas las escisiones[201] conforme a los arts. 59 y 60.1 RDLME, a excepción de los supuestos de segregación (art. 61 RDLME) y constitución de sociedad íntegramente participada mediante transmisión del patrimonio (art. 62 RDLME), donde no se plantea el problema de la continuidad en la participación de los socios. En la segregación no se pone en cuestión el derecho a la continuidad en la participación del socio, mediante la asignación en la sociedad beneficiaria de una participación proporcional a su participación en la escindida, debido a que es la sociedad que se segrega, y no los socios, la que recibe las acciones o participaciones de la sociedad beneficiaria. En cuanto al supuesto contemplado en el art. 62 RDLME, constituye una operación de *filialización total* por la que la sociedad beneficiaria, de nueva creación, recibe todo el patrimonio de la sociedad transmitente que adquirirá, a cambio, la totalidad del capital social de la sociedad recién constituida. Como se puede apreciar, la característica común de los supuestos contemplados en los arts. 61 y 62 RDLME, que justifica el que no se exija la asignación proporcional de acciones o participaciones a los socios, es que no son estos quienes reciben la participación en el capital social de la sociedad beneficiaria, sino la sociedad segregada o la transmitente de la totalidad del patrimonio[202].

Volviendo a la cuestión de la condición del reparto proporcional de las acciones o participaciones de la sociedad constituida para poder aplicar la exención del art. 71 RDLME, si bien es cierto

201 V. DÍAZ MORENO, A. y JUSTE MENCÍA, J., "Apuntes de urgencia ...", ob. cit., p. 221.

202 V. al respecto YANES YANES, P., "La tutela del...", ob. cit., pp. 537-539.

que la proporcionalidad en el canje es exigible en todas las escisiones, en la escisión por constitución de nueva sociedad se da una particularidad que justifica la simplificación procedimental. Como hemos visto al estudiar la mención del proyecto relativa al tipo de canje[203], la mayor dificultad en su fijación se encuentra en la determinación de la relación de paridad entre los patrimonios de las sociedades fusionadas, o escindida y beneficiaria, de la que se extrae el porcentaje del capital social de la sociedad resultante/beneficiaria que corresponde distribuir entre los socios de las distintas sociedades participantes, o de la sociedad escindida. Para ello, es necesario valorar los patrimonios de las sociedades participantes, punto en el que el balance de fusión (y su homólogo en la escisión) cumple una función destacada como base valorativa sobre la que se realizan los correspondientes ajustes.

En la escisión por constitución, al no ser la sociedad o sociedades beneficiarias unas sociedades preexistentes, no hay que determinar la relación de paridad entre los patrimonios de las sociedades participantes, pues solo importa el patrimonio de la sociedad que se escinde. Además, el art. 71 RDLME exige que se atribuya a los socios de la sociedad escindida, de forma proporcional, "*acciones, participaciones o cuotas de cada una de las nuevas sociedades*". De modo que, en el supuesto de hecho previsto en el art. 71 RDLME, basta con que los socios mantengan el mismo porcentaje de participación que ostentaban en la sociedad escindida, al recibir las acciones o participaciones de la sociedad o sociedades beneficiarias, para asegurar el mantenimiento de la continuidad en la participación[204]. Por tanto, la posibilidad de mantener la requerida proporcionalidad en la asignación de las acciones o participaciones a los socios en la sociedad beneficiaria,

203 V. *supra* "Capítulo II.2".
204 En este sentido v. FERNÁNDEZ DEL POZO, L., "La dispensa del...", 2012, ob. cit., p. 14.

sin necesidad de valorar los patrimonios de las sociedades participantes, es el fundamento que parece justificar que se prescinda del balance de escisión y de los respectivos informes de administradores y expertos independientes.

En contra de la interpretación defendida por la DGRN[205], no consideramos que la inexistencia de patrimonio preexistente en las sociedades beneficiarias, por ser de nueva creación, justifique la exención del balance en el art. 71 RDLME, frente a la exigibilidad sin ningún tipo de excepción en cualquier supuesto de fusión. Al menos, no conforme a la vigente configuración del sistema de tutela de los derechos de los acreedores en las modificaciones estructurales. Es cierto, que tradicionalmente se ha asociado el balance de fusión al ejercicio del derecho de oposición, lo que se apoyaba en el reconocimiento a los acreedores del derecho a obtener el balance una vez publicado (o comunicado individualmente) el acuerdo adoptado, que era el momento a partir del cual podían ejercitar la oposición (*cfr*. arts. 43 y 44 LME). Sin embargo, conforme a la regulación vigente, el derecho de tutela de los acreedores (el de reclamar garantías adecuadas, art. 13 RDLME) no descansa en la obtención del balance de fusión, sino en otros documentos. Estos son los enumerados en el art. 7.1 RDLME, relativo a la publicidad preparatoria del acuerdo, que

205 V. RDGRN de 8 de mayo de 2014 (TOL4.422.347), fundamento de derecho segundo: "*El supuesto de escisión con traspaso patrimonial a varias sociedades beneficiarias que sean de nueva creación se caracteriza por la inexistencia de patrimonio preexistente de las nuevas sociedades que se crean, por lo que ninguna de ellas puede tener deudas anteriores que puedan afectar a los acreedores de la sociedad escindida. Y, habida cuenta de la responsabilidad solidaria de las sociedades beneficiarias por las deudas de la escindida y la de ésta en el caso de escisión parcial, se considera por el legislador que en tal caso puede prescindirse del balance en tanto en cuanto no queda comprometida la solvencia de las sociedades de nueva creación frente a los acreedores de la sociedad escindida*". La citada interpretación fue reiterada en la RDGRN de 5 de noviembre de 2014 (TOL4.557.675), fundamento de derecho segundo.

comprende el proyecto de fusión y el informe de expertos independientes, y la declaración sobre la situación financiera del art. 15 RDLME. Tanto en el proyecto como en el informe de expertos, se han incluido menciones o secciones específicamente destinadas a los acreedores, como son la mención en el proyecto sobre las implicaciones de la operación para estos y las garantías que se les ofrezca (art. 4.1.4.º RDLME) y la sección del informe de expertos, de carácter facultativo a solicitud de los administradores, sobre la adecuación de las garantías ofrecidas a los acreedores (art. 6.3 RDLME). Los mencionados documentos son objeto de la publicidad general prevista en el art. 7 RDLME y es la publicación del proyecto, en los términos del citado artículo, la fecha a partir de la cual los acreedores pueden ejercer su derecho de tutela regulado en el art. 13 RDLME. Sin embargo, en el RDLME se ha excluido el balance de fusión de la referida información asociada a la protección de los acreedores. Por lo tanto, no parece que sea posible seguir afirmando que el balance de fusión es un documento destinado a los acreedores, aun manteníendose el derecho de estos a obtener el balance una vez acordada la modificación estructural (art. 10.1 RDLME).

Visto lo anterior, consideramos que el art. 71 RDLME rompe la coherencia del requisito de elaboración (o adopción como tal del último balance de ejercicio) del balance en las fusiones y escisiones, sin contar con una justificación satisfactoria que explique por qué no se extiende la misma exención a las fusiones simplificadas. La actual configuración del sistema de protección de los acreedores no permite sostener que sea el interés de estos lo que justifica que en este tipo de escisiones se exceptúe y no en otros. Conforme a la regulación vigente, el balance de fusión es un documento dirigido fundamentalmente a los socios. Ni la asignación proporcional del capital social de la sociedad o sociedades beneficiarias ni el hecho de que la escisión sea por constitución suponen que la operación afecte en menor medida a los socios en comparación con otros supuestos de escisión o fusión. Así pues, si en la escisión por constitución del art. 71 RDLME se permite prescindir del balance por no ser susceptible de lesionar el interés de los socios, entonces también debería reconocerse la misma excepción en las fusiones especiales[206] o en aquellas en las que los socios decidan renunciar a este. Tal excepción podría llevarse a cabo simplemente incluyendo la posibilidad de renunciar al balance de fusión por acuerdo de todos los socios de cada una de las sociedades participantes, como ya se prevé en la vigente Directiva (UE) 2017/1132[207].

Entendemos, por los argumentos expuestos, que en el RDLME se ha podido producir una descoordinación normativa en lo que se refiere al papel atribuido al balance de fusión con respecto a los acreedores. Si efectivamente ya no se considera que el balance sea útil para estos, de poco sirve que se mantenga su derecho a obtenerlo una vez aprobada la fusión (art. 10.1 RDLME), cuando solo les resta la vía impugnatoria y la tendencia general de la reforma es la de establecer mecanismos alternativos para la protección de los sujetos afectados, restringiendo la impugnación (v.

---

206 En el considerando 10 Directiva 2009/109/CE, en el que se justifica la simplificación de los requisitos en la escisión con constitución, se equiparan a esta las fusiones en las que una de las sociedades posee una participación superior al noventa por ciento en la filial. V. Considerando 10 Directiva 2009/109/CE: "*Las fusiones entre sociedades matrices y sus filiales tienen efectos económicos reducidos sobre los accionistas y acreedores cuando la sociedad matriz es titular de al menos el 90 % de las acciones y otros títulos de la filial que confieren el derecho a voto. Lo mismo ocurre con ciertas escisiones, particularmente cuando las sociedades se dividen en nuevas sociedades cuya propiedad ostentan los accionistas proporcionalmente a sus derechos en la sociedad escindida. Por lo tanto, procede reducir en estos casos las obligaciones de presentación de informes establecidas por las Directivas 78/855/CEE y 82/891/CEE*".

207 Así lo estableció en su momento el art. 11 de la Tercera Directiva, tras su reforma por la Directiva 2009/109/CE, que en la actualidad se encuentra en el art. 97.1 Directiva (UE) 2017/1132.

arts. 11 y 16.2 RDLME). Asimismo, si es un documento únicamente dirigido a los socios, debería reconocerse la posibilidad de que estos renuncien a él, como ya se ha explicado que permite la Directiva (UE) 2017/1132. Si, por el contrario, el balance de fusión sigue considerándose relevante para los acreedores, debería incluirse entre los documentos previstos en el art. 7.1 RDLME.

1.3. La exigibilidad del balance de fusión en las fusiones acordadas en junta universal y por unanimidad

En el presente apartado trataremos las cuestiones planteadas por la doctrina acerca de la exigibilidad del balance de fusión en las operaciones acogidas a las excepciones contenidas en el art. 9 RDLME. El citado precepto, bajo el título *"Acuerdo unánime de modificación estructural"*, regula el alcance, los requisitos y las consecuencias de la aprobación, con carácter general, de cualquier modificación estructural y, en particular, de la fusión en junta universal y por unanimidad. En atención al carácter universal y unánime de la adopción del acuerdo, el art. 9 RDLME permite la simplificación de parte de los requisitos informativos del procedimiento de fusión, hasta el punto de haber sido nombrado este tipo de operaciones, bajo la LME, como *"fusiones hipersimplificadas"*[208]. Entre los requisitos exceptuados por el precepto, se defendió por algunos autores que en las fusiones a las que fuera aplicable, su antecedente normativo, el art. 42 LME no les era exigible la formulación del balance de fusión. Aunque, como adelantamos, esta interpretación no es posible conforme a la redacción del vigente art. 9 RDLME, consideramos necesario detenernos en

208 Entre otros v. DÍAZ MORENO, A. y JUSTE MENCÍA, J., "Apuntes de urgencia...", ob. cit., p. 221.; y SORIA SORJÚS, J. "Consideraciones sobre el procedimiento de fusión de sociedades anónimas en junta universal", *Diario La Ley*, n.º 7680, 2015, [https://laleydigital.laleynext.es/], p. 4.

la explicación del debate surgido a raíz del alcance de las excepciones contenidas en el citado precepto, durante la vigencia de la LME, y cómo ha sido resuelto en favor de la exigibilidad del balance en toda operación de fusión.

Bajo la LSA de 1989, se originó un debate doctrinal en relación con la posibilidad de adoptar el acuerdo de fusión en junta universal y qué efectos tendría sobre el derecho de información en la fase decisoria de la fusión. Quienes sostuvieron la competencia de la junta universal para conocer de la fusión basaron su postura en el art. 99 LSA de 1989[209]. En él se establecía que la junta quedaría válidamente constituida *"para tratar cualquier asunto"*, pese a no haber sido realizada una convocatoria formal, siempre que estuviese presente la totalidad del capital social y hubiese acuerdo unánime respecto a la celebración de la junta. Dado que el precepto no hacía distinción en función del asunto a tratar en la reunión, se podía entender incluida la deliberación sobre la aprobación de la fusión[210].

No obstante, la tesis favorable a la competencia de la junta universal para conocer sobre la fusión encontraba un obstáculo. La aprobación en junta universal podía conllevar la supresión de la fase previa al acuerdo de fusión, al no requerir convocatoria, y, de este modo, el incumplimiento de los requisitos informativos previstos, desde la convocatoria hasta la reunión de la junta, en interés no solo de socios sino también de terceros. Algunos autores apoyaron una interpretación flexible del requisito de elaboración del proyecto de fusión y los documentos informativos que lo acompañaban, pues la extensión del derecho de informa-

---

209 Art. 99 LSA de 1989: "*No obstante lo dispuesto en los artículos anteriores, la Junta se entenderá convocada y quedará válidamente constituida para tratar cualquier asunto siempre que esté presente todo el capital social y los asistentes acepten por unanimidad la celebración de la Junta*".

210 V. PÉREZ TROYA, A., *La tutela del...*, ob. cit., p. 354.

ción a sujetos distintos de los socios no había sido impuesta por la Tercera Directiva, sino que había sido dispuesto por el legislador español. En consecuencia, si la Directiva solo concebía dicha información en favor de los socios y todos ellos acordaban por unanimidad renunciar a la publicidad de la convocatoria y el depósito del proyecto y demás documentos informativos con anterioridad a la celebración de la junta, era coherente admitir la simplificación del procedimiento por voluntad de los (supuestamente) únicos titulares del interés tutelado, los socios. Por otro lado, la ausencia de convocatoria no significaba que los socios y demás legitimados para consultar la información establecida en el art. 238 LSA de 1989 no hubiesen podido tener conocimiento de esta[211].

A raíz del debate sobre la posibilidad de acordar la fusión en junta universal, también se planteó si el hecho de estar presente todo el capital social en la reunión unido a la aceptación unánime de la celebración de la junta (art. 99 LSA de 1989), además de hacer innecesaria la convocatoria, podía justificar la inexistencia del proyecto de fusión y los demás documentos informativos del art. 238 LSA de 1989 en el momento de celebración de la junta. Parte de la doctrina consideró que sí, por constituir un sistema tuitivo previsto en interés de los socios, quienes debían prestar su consentimiento de forma unánime. Siempre y cuando no fuese suprimida la parte del informe de expertos independientes sobre la efectividad de la aportación, la cual no solo afecta a los socios, sino que tiene un carácter externo, tutelando el interés de terceros que se relacionan con la sociedad[212]. Otros autores se manifestaron a favor de una interpretación que tendiera a flexibilizar el proceso, cuando la fusión era acordada en junta universal, pero preservando el nivel de información reconocido en la Ley a otros

211 En este sentido v. PÉREZ TROYA, A., *La tutela del...*, ob. cit., pp. 354-356.
212 V. PÉREZ TROYA, A., *La tutela del...*, ob. cit., p. 361-364.

sujetos distintos de los socios[213] y sin prescindir del proyecto de fusión[214].

En gran medida, el debate sobre si la fusión podía ser acordada válidamente en junta universal y sobre su posible repercusión en el derecho de información vino provocado por la RDGRN de 30 de junio de 1993 (TOL273.974). En ella, la DGRN admitió un recurso contra la calificación negativa de la inscripción de una escritura de fusión en la que el acuerdo fue adoptado en junta universal. Es necesario advertir que la sociedad absorbida estaba íntegramente participada por la absorbente, por lo que le era aplicable el régimen de las fusiones simplificadas del art. 250 LSA de 1989, y ninguna de ellas tenía obligacionistas o titulares de derechos especiales distintos de las acciones. El defecto que motivó la calificación negativa fue la vulneración del derecho de información de los accionistas (art. 238 LSA de 1989, antecesor del art. 46 RDLME) y la falta de depósito del proyecto de fusión (art. 193 RRM de 1989)[215].

213 V. GUASCH MARTORELL, R., *La escisión de sociedades en el derecho español: la tutela de los intereses de socios y acreedores*, Civitas, Madrid, 1993, p. 238, nota 406. Por su parte, CERDÁ ALBERO, F., *Escisión de la...*, ob. cit., pp. 290-291, si bien no consideró competente a la junta universal, con carácter general, para adoptar acuerdos de fusión o escisión, admitió tal posibilidad bajo determinados supuestos. En concreto, cuando no existieran en las sociedades participantes sujetos que pudiesen verse afectados por la omisión de la información previa y siempre que la información del art. 238.1 LSA de 1989 estuviese presente al celebrar la junta.

214 V. EMBID IRUJO, J. M., "Comentario del artículo 234" y "Comentario del artículo 240", en ARROYO MARTÍNEZ, I.; EMBID IRUJO, J. M.; y GÓRRIZ LÓPEZ, C. (coords.), *Comentarios a la Ley de Sociedades Anónimas*, vol. 3, 2.ª ed., Tecnos, Madrid, 2009, pp. 2247-2249 y 2307-2309. El citado autor se pronunció en este sentido en relación con la LSA de 1989. Sin embargo, señaló que el art. 40 del proyecto de la LME sí que parecía permitir a los socios prescindir del proyecto en las fusiones acordadas en junta universal y por decisión unánime, aunque en su opinión eso no significaba que la operación pudiese ser acordada sin el más mínimo soporte documental.

215 Art. 193.1 RRM de 1989: "*Los Administradores están obligados a presentar para su depósito en el Registro Mercantil correspondiente a cada una de las*

El notario recurrente alegó que la junta universal era competente para decidir sobre el acuerdo de fusión y que la obligación del depósito del proyecto de fusión en el Registro Mercantil podía ser cumplida con posterioridad a la adopción del acuerdo. La DGRN resolvió el recurso admitiendo la validez de la fusión acordada en junta universal y que ello no vulneraba el derecho de información de los accionistas. Con buen criterio, el centro directivo señaló que los requisitos informativos del art. 238 LSA de 1989 estaban dirigidos *a "facilitar a los socios un conocimiento completo, veraz y oportuno de los presupuestos y repercusiones de la decisión a adoptar, que garantice un ejercicio del derecho de voto verdaderamente libre y consciente, pero que ha de ceder ante la propia decisión del socio de aceptar la celebración de la junta universal en cualquier momento"*. En otras palabras, una medida prevista en interés de los socios no debía trae consigo la restricción de su derecho a adoptar cualquier decisión en junta universal.

Respecto al requisito de depósito del proyecto de fusión (art. 193 RRM de 1989), la DGRN entendió que la falta de depósito no implicaba la inexistencia de este documento; que incluso, de no existir el proyecto, los socios no tenían por qué haber desconocido los presupuestos y el alcance de la fusión propuesta; y que, siendo el art. 193 RRM de rango reglamentario, no podía contradecir el contenido de una norma legal, el art. 99 LSA de 1989.

No obstante, un sector de la doctrina se mostró crítico con la comentada resolución y negó la competencia de la junta universal para aprobar la fusión[216]. Según esta interpretación, la delibe-

---

Sociedades que participan en la fusión, un ejemplar del proyecto de fusión. Art. 193.4: *La publicación de la convocatoria de las Juntas generales que hayan de resolver sobre la fusión no podrá realizarse antes de que hubiese quedado efectuado el depósito"*.

216 LARGO GIL, R., "Las modificaciones estructurales de las sociedades según la Dirección General de los Registros y del Notariado", *Revista de Derecho de*

ración sobre la fusión en junta universal suprimía la fase previa al acuerdo de la fusión junto con los requisitos informativos, que también estaban previstos en favor de sujetos distintos de los socios, según el art. 238 LSA de 1989. Constituyendo la fusión un procedimiento tipificado legalmente, se entendía por este sector doctrinal que los socios no podían suprimir una parte de este ni podían aceptarse más excepciones que las expresamente previstas en la Ley[217]. Por otro lado, el art. 99 LSA de 1989 era considerado una norma de carácter general, mientras que los preceptos que regulaban el procedimiento de fusión eran de carácter especial, por lo que el régimen específico de la fusión debía prevalecer sobre la regulación de la junta universal[218].

Sociedades, n.º 9, 1997, pp. 165-169, criticó la referida RDGRN pues, según la citada autora, la adopción del acuerdo de fusión en junta universal infringía las normas imperativas que regían el proceso de fusión, suprimiendo la fase previa a la adopción del acuerdo. Entre los aspectos del régimen de la fusión que eran vulnerados al acordar la fusión en junta universal, señaló que la Ley contemplaba otros sujetos destinatarios de la información previa a la celebración de la junta distintos de los socios, se eludía el control previo de legalidad para el que se requería el depósito del proyecto en el Registro Mercantil antes de la convocatoria y la junta universal era incompatible con el proceso de carácter imperativo fijado para la fusión. V. LARGO GIL, R. "Adopción de acuerdos de fusión de sociedades en junta universal (RDGRN 30-6-1993)", en RODRÍGUEZ ARTIGAS, F. (Dir.). *Derecho de sociedades I. Comentarios a la jurisprudencia*, t. II, Aranzadi, Cizur Menor (Navarra), 2010, pp. 2723-2737. En contra de la competencia de la junta universal para acordar la fusión v. también ELÍAS-OSTUA RIPOLL, R., "La junta universal", *Revista de Derecho de Sociedades*, n.º 3, 1994, p. 200.

217 LARGO GIL, R., "Algunos problemas en la fusión y la escisión de sociedades de responsabilidad limitada", en HERNÁNDEZ MORENO, A., *Anales (II) 1997/99*, Cedes, Barcelona, 2001, pp. 92-94, sostuvo esta postura y consideró que la imposibilidad de admitir más excepciones que las expresamente previstas en la Ley era aplicable tanto al régimen de la fusión de la sociedad anónima como al de la sociedad limitada, pues la regulación de la fusión de la LSA de 1989 le era aplicable salvo en lo concerniente al régimen de mayorías.

218 En contra de esta interpretación, PÉREZ TROYA, A., *La tutela del...*, ob. cit., p. 358, negó que existiera el pretendido conflicto normativo, al no considerar

A raíz del debate originado bajo la LSA de 1989 en torno a la competencia de la junta universal para aprobar la fusión y sus implicaciones sobre los requisitos informativos, en la LME, se incluyó la posibilidad de prescindir de gran parte de tales requisitos si la fusión era aprobada con la asistencia o representación de todos los socios y por unanimidad (art. 42 LME)[219]. El citado precepto, en su redacción original, no requería la aprobación en junta universal, sino la presencia o representación de todos los socios en la reunión, lo que se asemeja al requisito que se establecía en el art. 99 LSA de 1989 de que estuviera *"presente todo el capital social"* para la válida constitución de la junta universal, pero no implicaba necesariamente que el acuerdo tuviera que adoptarse en junta universal[220]. No obstante, en la reforma de la LME por el RDL 9/2012, de 16 de marzo se sustituyó el requisito de la presencia o representación de todos los socios por el de la junta universal. En cuanto a la unanimidad en la aprobación de la fusión, que constituye un requisito adicional respecto a la aprobación en junta universal, responde a que en el debate sobre la competencia de la junta universal para aprobar la fusión se consideró que la presencia o representación del capital social y la aceptación

que el régimen de la fusión fuese incompatible con el de la junta universal.

219 Art. 42 párr. 1.º LME, en su redacción original: *"Cuando las sociedades participantes o la sociedad resultante de la fusión no sean anónimas o comanditarias por acciones y el acuerdo de fusión hubiera sido adoptado en junta de socios con la asistencia o representación de todos ellos y por unanimidad, no serán aplicables las normas generales que sobre el proyecto y el balance de fusión se establecen en las Secciones segunda y tercera de este Capítulo. Tampoco se aplicarán las normas relativas a la información sobre la fusión previstas en el artículo 39 ni las relativas a la adopción del acuerdo de fusión, a la publicación de la convocatoria de la junta y a la comunicación, en su caso, a los socios del proyecto de fusión previstas en los apartados 1 y 2 del artículo 40".*

220 GARRIDO DE PALMA, V. M., "La autonomía de la voluntad en las modificaciones estructurales de las sociedades mercantiles", en GARRIDO DE PALMA, V. M. (coord.), *Modificaciones estructurales y reestructuración empresarial*, Tirant lo Blanch, Valencia, 2012, p. 32.

unánime de la celebración de la junta (art. 99 LSA de 1989) no era suficiente para prescindir de los requisitos informativos de la fase previa al acuerdo de fusión. Además de que todos los socios estuvieran de acuerdo sobre la celebración de la junta universal, también se consideraba necesario que aceptasen de forma unánime la supresión de las exigencias informativas de la fase previa al acuerdo[221], lo que se entendía realizado si adoptaban el acuerdo de fusión por unanimidad.

El art. 42 LME excluía expresamente de su ámbito de aplicación subjetivo a las sociedades anónimas y a las comanditarias por acciones. El motivo de dicha exclusión fue que, siéndoles aplicable lo dispuesto en la Tercera Directiva (no a las sociedades limitadas), la simplificación del procedimiento contenida en el art. 42 LME superaba lo previsto en la Directiva y, consecuentemente, no podían acogerse a tal posibilidad sin vulnerar el contenido de esta[222]. La referida simplificación afectaba a documentos para los que la Tercera Directiva no contemplaba ninguna excepción. En concreto, se dispensaba la aplicación de las "*normas generales*" sobre el proyecto y el balance de fusión establecidas en las secciones segunda y tercera del capítulo I del Título II de la LME. También se excluían las normas que regulaban "*la información sobre la*

221 En este sentido v. PÉREZ TROYA, A., *La tutela del...*, ob. cit., p. 361.

222 A pesar de que las sociedades anónimas no podían acogerse al procedimiento simplificado del art. 42 LME, algunos autores sostuvieron que eso no impedía que estas acordaran la fusión en junta universal, aunque sin beneficiarse de las dispensas del art. 42, pues contemplaba un supuesto de hecho distinto. V. al respecto SORIA SORJÚS, J. "Consideraciones sobre el...", ob. cit., pp. 4 y ss. En contra de esta interpretación, otros autores interpretaron que el art. 42 LME prohibía la adopción del acuerdo de fusión en junta universal si una de las sociedades participantes en la fusión era anónima o comanditaria por acciones. Es decir, se consideró por este sector doctrinal que el supuesto de hecho regulado por el art. 42 LME era el de la aprobación de la fusión en junta universal y no uno distinto. V. ÁVILA NAVARRO, P., *Modificaciones estructurales de las sociedades mercantiles. Ley 3/2009*, Bosch, Barcelona, 2009, pp. 406-408.

fusión" recogidas en el art. 39 LME, las relativas *a "la publicación de la convocatoria de la junta"* y, en su caso, la comunicación del proyecto a los socios (art. 40.1 y 40.2 LME).

El alcance de la simplificación del procedimiento de fusión contenida en el art. 42 LME generó gran controversia. En particular, la dispensa relativa a las normas generales sobre el proyecto y el balance de fusión no aclaraba si admitía la aprobación de la fusión sin el proyecto ni el balance[223] o si solo permitía una interpretación más flexible de las normas que regulaban el contenido del proyecto y de algunos requisitos del balance como el temporal[224].

---

223 Parte de la doctrina sostuvo que el art. 42 LME daba a entender que no eran exigibles ni el proyecto ni el balance de fusión, v. MARTÍNEZ MARTÍNEZ, M., "La fase decisoria...", ob. cit., p. 575. En particular sobre la posibilidad de aprobar la fusión sin proyecto v. GONZÁLEZ-MENESES, M. y ÁLVAREZ, S., *Modificaciones estructurales de...*, ob. cit., p. 273; y SORIA SORJÚS, J. "Consideraciones sobre el...", ob. cit., p.1. Por su parte, MERCADAL VIDAL, F., "Los balances en las modificaciones estructurales", en ROJO, A., CAMPUZANO LAGUILLO, A. B., CORTÉS DOMÍNGUEZ, L. J. y PÉREZ TROYA, A. (coords), *Las modificaciones estructurales de las sociedades mercantiles*, Thomson-Reuters Aranzadi, Cizur Menor (Navarra), 2015, p. 147, recoge que, bajo la redacción originaria del art. 42 LME, se había extendido la idea de que no era necesario formular el balance de fusión, sin embargo, señala que lo más habitual en la práctica siguió siendo la elaboración y aprobación del referido documento. Entre los autores que interpretaron que el art. 42 LME eximía del deber de formular el balance v. VICENT CHULIÁ, F. "Opciones de la Ley de Modificaciones Estructurales", *El Notario del siglo XXI*, n.º 28, 2009, [https://www.elnotario.es/]; y FERNÁNDEZ DEL POZO, L., "La fase de ejecución (Escritura Pública e Inscripción en el Registro. Impugnación)", en RODRÍGUEZ ARTIGAS, F. *et al.* (dirs.), *Modificaciones estructurales de las sociedades mercantiles*, t. I, Aranzadi, Cizur Menor (Navarra), 2009, p. 652.

224 En este sentido v. CABANAS TREJO, R., *Procedimientos simplificados de fusión de sociedades*, Bosch, Madrid, 2010, p. 550; MARTÍ MOYA, V., "Sobre la modificabilidad del proyecto y el acuerdo unánime de fusión en la Ley de modificaciones estructurales. El art. 42 LME", *Revista de Derecho de Sociedades*, n.º 37, 2011, p. 94; y MARTÍ MOYA, V., "El acuerdo unánime de fusión (artículo 42)", en GARRIDO DE PALMA, V. M. (coord.) *Modificaciones estructurales y reestructuración empresarial*, Tirant lo Blanch, Valencia, 2012,

A pesar de que se plantearon ambas interpretaciones, lo cierto es que la primera opción no era coherente con los demás preceptos de la LME. Aunque no fuese necesario depositar el proyecto de fusión, ni fuesen aplicables las normas generales sobre el proyecto, no parecía admisible adoptar el acuerdo sin concretar las menciones esenciales del art. 31 LME[225]. En lo que respecta al balance de fusión, no se podía prescindir por completo de su elaboración, ya que debía ser consultado por los acreedores tras la adopción del acuerdo (art. 43.1 LME) e incorporado a la escritura de fusión (art. 45.1 LME)[226]. La interpretación que se hizo sobre la dispensa de la aplicación de las normas generales sobre el balance de fusión consistió en que permitía prescindir del criterio cronológico, pudiendo ser cerrado con una diferencia temporal con respecto al proyecto mayor a la fijada en el art. 36 LME[227].

Más adelante, como ya hemos señalado, el art. 42 LME fue reformado por el RDL 9/2012, de 16 de marzo, de simplificación de las obligaciones de información y documentación de fusiones y escisiones de sociedades de capital. El motivo de la reforma fue la necesidad de adaptar la regulación en materia de fusiones y escisiones al contenido de la Directiva 2009/109/CE, lo cual aprovechó el legislador español para tratar de solucionar algunas de las cuestiones que planteó el mencionado precepto.

pp. 127-128. Se refieren a esta interpretación dada al art. 42 LME antes de su reforma DÍAZ MORENO, A. y JUSTE MENCÍA, J., "Apuntes de urgencia...", ob. cit., p. 221; y VIVES RUIZ, F. y TAPIAS MONNÉ, A., "La Ley de Modificaciones Estructurales:...", ob. cit., p. 17.

225 V. en este sentido DÍAZ MORENO, A. y JUSTE MENCÍA, J., "Apuntes de urgencia...", ob. cit., p. 221; y CABANAS TREJO, R., "Las modificaciones estructurales...", ob. cit., p. 544.

226 V. PERERA NAVAS, V.E. y MARTÍ MORENO, J., "La supuesta simplificación de las obligaciones de información y documentación en las fusiones", *Diario La Ley*, n.º 8286, 2014, [https://laleydigital.laleynext.es/], p. 2.

227 V. DÍAZ MORENO, A. y JUSTE MENCÍA, J., "Apuntes de urgencia...", ob. cit., p. 221.

El art. 42 LME, tras la reforma, dispuso que el acuerdo de fusión podía ser adoptado *"sin necesidad de publicar o depositar previamente los documentos exigidos por la ley y sin informe de los administradores"* cuando fuese aprobado *"en junta universal y por unanimidad"*, en todas las sociedades participantes. Esta última redacción ha sido la que se ha trasladado al art. 9 RDLME, con una nueva exención, respecto al anuncio sobre la posibilidad de presentar observaciones al proyecto (art. 7.1.2.º RDLME), pues no estaba previsto en la LME; y la aclaración de una cuestión, que el hecho de exonerar la publicación o depósito de los documentos no comprende su incorporación a la escritura.

En relación con los requisitos que establece la nueva redacción del art. 9 RDLME, destaca en primer lugar la referencia a la junta universal, que no estaba presente en la redacción original, pero sí en la que tenía el art. 42 LME antes de su derogación. Dicho requisito debe concurrir con el de la adopción del acuerdo de fusión por todos los sujetos legitimados para ejercer el derecho de voto de forma unánime, que como hemos visto responde a la consideración de que no es suficiente con que los socios acepten la celebración de la junta universal, sino que la supresión de exigencias informativas (publicación y depósito de los documentos informativos, anuncio sobre la posibilidad de presentar observaciones al proyecto y renuncia al informe de los administradores *ex* art. 9 RDLME) requiere el acuerdo unánime de los socios.

En cuanto al alcance de la dispensa contenida en el citado artículo. Frente a la redacción original del art. 42 LME, el ámbito de aplicación subjetivo comprende cualquier tipo de sociedad de capital, incluidas las sociedades anónimas y comanditarias por acciones, que antes habían sido expresamente excluidas. Lo que contrasta con la reducción del alcance de las excepciones reconocidas en la norma, que en la actualidad se encuentra limitado a la publicación o depósito de los documentos informativos de los arts. 7 y 46 RDLME, así como el anuncio sobre la posibilidad de realizar observaciones al proyecto, también previsto en el art. 7 RDLME, y al informe de los administradores.

En la actualidad ya no es posible sostener que el art. 9 RDLME permita a los socios acordar la fusión sin proyecto ni balance de fusión[228], puesto que ha sido suprimida la referencia a las normas generales sobre el proyecto, el balance y la información sobre la fusión. Ese cambio ya estaba presente en la última redacción del art. 42 LME, pero en el art. 9 RDLME se puede apreciar, todavía de forma más clara, que no se exime la elaboración del balance de

228 La DGRN ya se pronunció sobre la exigibilidad del balance con respecto a la última redacción del art. 42 LME, afirmando que este precepto no eximía del deber de elaborar y poner a disposición de las personas legitimadas los documentos del art. 39.1 LME, incluido el balance de fusión. Aunque lo que se ponía en cuestión era el requisito de elaboración del balance de fusión cuando resultaba aplicable el art. 42 LME y la DGRN lo resolvió acertadamente, se echó en falta, en la resolución citada a continuación, una aclaración sobre la forma en la que el centro directivo entendía que debía llevarse a cabo la puesta a disposición de los documentos. Primero indicó que el balance y los demás documentos informativos debían ser elaborados y puestos a disposición de los legitimados según el art. 39.1 LME, para después manifestar que en el supuesto del art. 42 LME no tenían que publicarse ni depositarse tales documentos. Solo el proyecto de fusión debía ser publicado o depositado, por lo que decir que el balance de fusión (y los demás documentos del art. 39.1 LME) debía ser puesto a disposición, pero no publicado o depositado no resuelvía nada. V. RDGRN de 10 de abril de 2014 (TOL4.277.895), fundamento de derecho cuarto: "*entre la documentación que en la fase previa a la adopción del acuerdo de escisión o fusión debe ponerse a disposición de las personas referidas en el artículo 39.1 de la Ley 3/2009 debe incluirse el balance (sea el último anual aprobado o el formulado «ad hoc») también en los casos en que los acuerdos se hayan adoptado en cada una de las sociedades en junta general universal y por unanimidad de quienes puedan ejercer el derecho de voto (cfr. artículo 42.1 de dicha Ley). En tales supuestos, al no publicarse ni depositarse previamente tales documentos, será suficiente que la correspondiente escritura contenga la declaración del otorgante sobre el cumplimiento de la obligación de información impuesta respecto de tal balance por el citado artículo 39.1 tal y como resulta de la disposición del artículo 227.2.1° del Reglamento del Registro Mercantil*".

fusión, al establecer que, aunque no se publiquen o depositen los documentos exigidos por la Ley, deben incorporarse a la escritura y, por tanto, ser redactados[229]. El único de los documentos que, en la fusión, se incorpora a la escritura, es el balance (art. 50 RDLME), junto con el acuerdo aprobado en los términos del proyecto común de fusión. De modo que, del art. 9 RDLME se infiere que el alcance de la exención, en lo que se refiere al balance, solo afecta a las exigencias formales de inserción en la web o puesta a disposición de los socios y demás destinatarios conforme al art. 46 RDLME. El legislador ha aclarado de esta forma que los documentos exigidos por el art. 46.1 RDLME, salvo el informe de los administradores, deben ser elaborados, si bien se exceptúa el requisito de publicación o depósito previsto en el art. 7 RDLME (que incluye tanto los documentos en él indicados como el anuncio sobre la posibilidad de presentar observaciones al proyecto) y la inserción en la página web o puesta a disposición de la información documental antes del acuerdo, conforme al art. 46 RDLME[230].

229 RODRÍGUEZ SÁNCHEZ, S., "El acuerdo de la Junta General en las modificaciones estructurales", en ROJO, A., CAMPUZANO LAGUILLO, A. B., CORTÉS DOMÍNGUEZ, L. J. y PÉREZ TROYA, A. (coords), *Las Modificaciones Estructurales de las Sociedades Mercantiles*, 2ª ed., Aranzadi, Madrid, 2024, pp. 367-368.

230 En este punto, el relativo a la exención de la publicación y depósito de los documentos exigidos legalmente, se aprecia una cierta incorrección terminológica por parte del legislador. El RDLME solo requiere la publicación o depósito de los documentos indicados en el art. 7 RDLME. Estos deben ser insertados en la página web de cada una de las sociedades participantes, siendo tal hecho (y no el documento) objeto de publicación en el BORME (art. 7.2 RDLME), o bien depositado en el Registro Mercantil, si alguna de las sociedades no dispusiera de página web (art. 7.4 RDLME). Sin embargo, al referirse en plural a los documentos exigidos por la Ley, parece que el art. 9 RDLME extiende la exención a todos los documentos previstos en el art. 46.1 RDLME. Esta misma cuestión se planteó en relación con el art. 42 LME, v. al respecto GONZÁLEZ-MENESES, M. y ÁLVAREZ, S., *Modificaciones estructurales de...*, ob. cit., p. 278.

Lo anterior no significa que el derecho de información sea suprimido por completo. Los requisitos informativos posteriores al acuerdo no deben verse afectados. Los socios accederán a la información en la misma junta en la que se delibere sobre la fusión, o con anterioridad por cauces informales, pudiendo siempre impedir la fusión con la mera abstención de uno de ellos. En cuanto a los acreedores, tendrán derecho a consultar el contenido del acuerdo y el balance, debiendo ser informados de su derecho en el anuncio o en la comunicación individual del acuerdo adoptado conforme al art. 10 RDLME[231]. Más discutible resulta defender que los legitimados para conocer la información previa a la fusión distintos de los socios mantengan su derecho de información inalterado (art. 46 RDLME). La falta de convocatoria dificulta que puedan tener conocimiento de la fusión en curso y la dispensa del deber de depositar o publicar el proyecto e insertar en la web o poner a disposición los demás documentos impide que puedan acceder a ella, salvo que se les transmita de otra forma no regida por un procedimiento oficial. No obstante, los destinatarios de la información previa al acuerdo según el art. 46.1 RDLME deben poder acceder a esta. El RDLME no aclara cómo debe procederse para que los sujetos distintos de los socios tengan conocimiento de la información, pero entendemos que la solución podría consistir en que accedieran a la información con posterioridad a la

231 Aunque en relación con el derogado art. 42 LME, sobre la forma en la que los distintos legitimados para conocer la información previa a la fusión pueden mantener su derecho de información pese a la simplificación del comentado artículo v. CABANAS TREJO, R., "Las modificaciones estructurales...", ob. cit., p. 549. El citado autor defendió que la falta de publicación o depósito no suprimía el derecho de información de los sujetos legitimados según el art. 39 LME, pues los socios accederían a la información en el momento de deliberar sobre la fusión, los acreedores a partir de la publicación del acuerdo (art. 43 LME) y los representantes de los trabajadores y demás interesados a través de la información que les suministraran los administradores.

adopción y publicación del acuerdo[232]. De esta forma se podría conciliar la exención del art. 9.1 RDLME de "*publicar o depositar*" los comentados documentos con el respeto de los derechos informativos de los sujetos distintos de los socios. La garantía de los derechos informativos en este caso reside exclusivamente en la declaración bajo su responsabilidad que deben incorporar los administradores a la escritura de fusión (art. 227.2.1.ª RRM), al prescindirse de la publicación y depósito de los documentos[233].

Finalmente, debe resolverse cómo conciliar la dispensa del deber de depositar o publicar los documentos exigidos (art. 9.1 RDLME) con la prohibición de restringir los derechos de información de los representantes de los trabajadores (art. 9.2 RDLME), pues una interpretación excesivamente rígida del art. 9.2 RDLME podría anular la utilidad del art. 9.1 RDLME. A nuestro modo de ver, la opción más coherente con la finalidad de la norma es admitir que conozcan la información a través de otros cauces distintos a la inserción en la página web del proyecto de fusión o su depósito en el Registro Mercantil (art. 7 RDLME)[234]. Los administradores deberán transmitir a los representantes de los trabajadores la información sobre la fusión proyectada, con el mismo contenido

232 GONZÁLEZ-MENESES, M. y ÁLVAREZ, S., *Modificaciones estructurales de...*, ob. cit., pp. 277-279, interpretando el art. 43 LME en relación con los arts. 42 y 39 LME, consideraron que los sujetos legitimados para conocer la información previa a la fusión distintos de los socios debían tener derecho a consultar dicha información, mediante su inserción en la página web o puesta a disposición en el domicilio social, a partir de la publicación del acuerdo.

233 V. LOPERA PERALES, A., "La simplificación de requisitos en el artículo 42 de la Ley de Modificaciones Estructurales: mínimos establecidos para garantizar la protección de socios y terceros (a propósito de la Resolución de 10 de abril de 2014 de la Dirección General de los Registros y del Notariado)", *Cuadernos de Derecho y Comercio*, n.º 62, 2014, p. 230.

234 V. CABANAS TREJO, R., "Las modificaciones estructurales...", ob. cit., p. 561.

exigido por el art. 46 RDLME[235], a excepción del informe de los administradores, con la siguiente salvedad. El primer apartado del art. 9 RDLME contiene aparentemente una exención plena con respecto al informe del órgano de administración, mientras que el segundo apartado salva de esa excepción la parte del informe referida a los efectos sobre el empleo. Entendemos, por ello, que el informe de los administradores debe ser elaborado, pero limitando su contenido a la sección destinada a los trabajadores (art. 5.5 RDLME).

No obstante, concluir que la salvedad realizada con respecto a los representantes de los trabajadores en el art. 9.2 RDLME implica mantener unas exigencias informativas idénticas iría en contra del sentido del precepto. En consecuencia, no entendemos que deba ser insertada en la página web la información, pues su comunicación de otra forma no restringiría el derecho de información[236]. Si bien, sí debería respetarse el plazo mínimo de un mes que se fija con carácter general para consultar la información (art. 46.1 en relación con el 47.2 RDLME)[237], dado que trasladar la información con un plazo inferior sí constituiría una merma del derecho de información.

235 V. RDGRN de 10 de abril de 2014 (TOL4.277.895), fundamento de derecho octavo: "*entre las medidas previstas en el régimen legal de las modificaciones estructurales de las sociedades mercantiles para la protección de los distintos intereses afectados se encuentran determinados requisitos relativos a la información documental que sobre la fusión y escisión debe ponerse a disposición de los representantes de los trabajadores, entre otras personas (artículos 39 y 73 de la Ley 3/2009). Esta información debe estar a disposición de los mismos también en los casos en que los acuerdos se hayan adoptado en cada una de las sociedades en junta general universal y por unanimidad*".

236 En contra v. PERERA NAVAS, V.E. y MARTÍ MORENO, J., "La supuesta simplificación...", ob. cit., p. 3.

237 En el mismo sentido v. GONZÁLEZ-MENESES, M. y ÁLVAREZ, S., *Modificaciones estructurales de...*, ob. cit., p. 280.

2. LA POSIBILIDAD DE ADOPTAR COMO BALANCE DE FUSIÓN EL ÚLTIMO BALANCE DE EJERCICIO O DE FORMULAR UN BALANCE ESPECÍFICO

2.1. La decisión sobre el balance de fusión que es propuesto y su incidencia sobre el derecho de información

El art. 43 RDLME ofrece, con carácter general, dos posibilidades para dar cumplimiento a la exigencia del balance de fusión. En primer lugar, podrá adoptarse como balance de fusión el último balance de ejercicio aprobado, siempre que su fecha de cierre esté comprendida dentro de los seis meses anteriores a la fecha del proyecto de fusión (art. 43.1.párr. 1.º RDLME). En segundo lugar, si el balance de ejercicio no cumpliese el requisito temporal por no haber sido cerrado en una fecha suficientemente próxima al proyecto, deberá ser elaborado un balance específicamente formulado para la fusión, *"cerrado con posterioridad al primer día del tercer mes precedente a la fecha del proyecto de fusión"* (art. 43.1.párr. 2.º RDLME). Aunque, como explicaremos más adelante, también es posible formular un balance específico cuando el último balance de ejercicio aprobado es susceptible de ser adoptado como balance de fusión, lo que permitiría ofrecer una información más actual a sus destinatarios. Adicionalmente, en el supuesto específico en el que participe una sociedad cotizada, cabe una tercera posibilidad, la de sustituir el balance de fusión por el informe financiero semestral (art. 43.3 RDLME). Este informe, como ya hemos señalado, cumple en el proceso de fusión la misma función que el balance, si bien no es propiamente un balance de fusión ni se le aplica el mismo régimen (no se prevé que se puedan modificar sus valoraciones en función de las modificaciones importantes del *valor razonable*, conforme al art. 43.2 RDLME, ni le son exigibles los requisitos de aprobación y verificación *ex* arts. 43.3 y 44 RDLME).

Antes de analizar las distintas cuestiones que se plantean en relación con el citado artículo, debemos señalar que la única diferencia entre las dos opciones generales ofrecidas por el legislador reside en el requisito cronológico. Es decir, el periodo temporal dentro del cual debe ser cerrado el balance en un caso y en otro, en referencia a la fecha del proyecto de fusión. Tanto si se formula un balance específico como si se adopta como balance de fusión el último balance de ejercicio, se deberán seguir los mismos métodos y criterios en su elaboración, que son los propios del balance anual (art. 43.1 RDLME), con la posibilidad en ambos casos de modificar las valoraciones del último balance en función de las *"modificaciones importantes del valor razonable"* (art. 43.2 RDLME)[238]. Asimismo, independientemente del balance que sea empleado, estarán sometidos a los mismos requisitos formales de verificación y aprobación (art. 44 RDLME) y les son aplicables idénticas exigencias informativas (arts. 46 y 10.1 RDLME). Por último, tanto en un caso como en otro, los respectivos balances de fusión aprobados por cada una de las sociedades participantes deberán incorporarse a la escritura de fusión (art. 50.1 RDLME)[239].

238 Los referidos criterios de elaboración, junto con la excepción por la que se permite modificar las valoraciones del último balance, se han mantenido desde la LSA de 1989 hasta el vigente RDLME, con la salvedad de haber sustituido el término *valor real* por *valor razonable*. V. en relación con la LSA de 1989 DUQUE DOMÍNGUEZ, J. F., "La fusión en...", ob. cit., p. 744; y CORTÉS DOMÍNGUEZ, L. J. y PÉREZ TROYA, A., *Fusión de sociedades*, ob. cit., p. 264. Respecto a la LME v. MARTÍ MOYA, V., *El procedimiento de...*, ob. cit., p. 156.

239 Durante la vigencia de la LSA de 1989, sin embargo, sí hubo autores que defendieron que algunos de los requisitos formales eran distintos en función de si el balance de fusión era un balance específico o el último balance de ejercicio. Algunos consideraron que el balance de fusión no tenía que ser puesto a disposición de los sujetos mencionados en el art. 238.1 LSA de 1989 si se adoptaba el último balance de ejercicio, ya que el art. 238.1.e) solo lo exigía cuando fuese distinto del último balance anual, LÁZARO SÁNCHEZ, E. J., "Comentario del art. 239", ob. cit., p. 2297; y ALONSO ESPINOSA, F. J., "Fusión y escisión...", ob. cit., p. 22. No obstante, los autores antes citados rectificaron su interpretación en relación con la LME. Consideraron que el art. 39.1.5.º LME solo exigía la puesta a disposición del balance específico porque, si se adoptaba el último balance de ejercicio, el derecho de informa-

Son los administradores a quienes corresponde la preparación de la fusión y su ejecución, por lo que serán los responsables de la elaboración de los distintos documentos exigidos por el art. 46.1 RDLME, a excepción, cuando fueran exigibles, del informe de expertos independientes (art. 41 RDLME) y el de auditoría de cuentas (art. 44 RDLME). En lo que respecta al balance de fusión en particular, el deber de formular las cuentas anuales es típicamente considerado como una atribución integrada dentro del ámbito de la gestión patrimonial de la sociedad, que corresponde al órgano de administración[240]. La formulación del balance de fusión, pese a poder ser adoptado como tal el balance comprendido en

ción de los socios y demás interesados respecto del balance de fusión quedaba comprendido dentro del requisito de poner a disposición las cuentas de los últimos tres ejercicios (art. 39.1.4.º LME) v. ALONSO ESPINOSA, F. J. y LÁZARO SÁNCHEZ, E.J., "Especialidades del procedimiento de escisión" en RODRÍGUEZ ARTIGAS, F. *et al.* (dirs.), *Modificaciones estructurales de las sociedades mercantiles*, t. II, Aranzadi, Cizur Menor (Navarra), 2009, p. 292. Es decir, tanto en un caso como en otro debe ser puesto el balance de fusión a disposición de los legitimados según el vigente art. 46.1 RDLME o incorporado a la página web. Por otro lado, también se discutió si el requisito de aprobación del balance de fusión (art. 239.2 LSA de 1989 y art. 44 RDLME) era solo obligatorio en el supuesto de formular un balance específico. Un sector doctrinal defendió que si el balance ya había sido aprobado como balance de ejercicio, no era necesario volver a aprobarlo como balance de fusión, v., entre otros, URÍA, R.; MENÉNDEZ, A.; e IGLESIAS PRADA, J. L., "Fusión y escisión...", 1999, ob. cit., p. 1260. Sin embargo, en la actualidad la doctrina y la DGRN consideran exigible la aprobación del balance de ejercicio en la junta que delibere sobre la fusión aunque ya haya sido aprobado como documento integrante de las cuentas anuales. El motivo es que los socios desconocían cuando aprobaron el balance de ejercicio que iba a ser utilizado como balance de fusión y es la aprobación en la junta en la que se acuerde la fusión lo que hace que el balance de ejercicio pueda cumplir la función de balance de fusión. V. en este sentido CÓRTES DOMÍNGUEZ, L. J. y PÉREZ TROYA, A., *Fusión de sociedades*, ob. cit., pp. 269-270; y RDGRN de 21 de abril de 2014 (TOL4.357.883), fundamento de derecho segundo.

240 En este sentido v. VÁZQUEZ CUETO, J.C., *Las cuentas y la documentación contable en la sociedad anónima*, en OLIVENCIA, M., FERNÁNDEZ NOVOA, C., JIMÉNEZ DE PARGA, R. (dirs.) y JIMÉNEZ SÁNCHEZ, G. (coord.), *Tratado*

las cuentas anuales, no tiene la misma naturaleza ni persigue un fin idéntico al de la confección del balance de ejercicio. No obstante, entendemos que su formulación por los administradores queda comprendida dentro del deber general de llevanza de la contabilidad, pese al carácter extraordinario de este documento, que en las sociedades de capital asume el órgano de administración (*cfr*. arts. 25 y 34.1 CCom y el art. 253 LSC)[241]. Consecuentemente, son los administradores sobre quienes recae el deber y la responsabilidad de dar cumplimiento a la exigencia del balance de fusión. Por ese motivo, serán ellos quienes decidan, al planificar la fusión, si se propone el último balance anual o se formula un balance específico y, si se opta por el segundo, su fecha de cierre.

La Ley contempla distintas posibilidades con el fin de facilitar el cumplimiento de la exigencia del balance de fusión. Adoptando como tal el del último ejercicio, las sociedades pueden evitar tener que formular un nuevo estado contable, pero si en la planificación del desarrollo del proceso de fusión resulta más conveniente formular un nuevo balance, también podrán acogerse a esa opción. Por ejemplo, para hacer coincidir las fechas de cierre de los balances de cada sociedad en una determinada fecha[242], distinta de la del fin del ejercicio.

---

de Derecho Mercantil, t. IX, *La sociedad anónima*, vol. 5.º, Marcial Pons, Madrid, 2001, p. 434.

241 SEQUEIRA MARTÍN, A., "Fusión", ob. cit., p. 190, con respecto a la derogada LSA de 1989, sostuvo que la competencia para formular los balances de fusión correspondía a los administradores y afirmó que la ausencia de balance de fusión sería causa de nulidad de la operación y daría lugar a responsabilidad de los administradores.

242 CORTÉS DOMÍNGUEZ, L. J. y PÉREZ TROYA, A., *Fusión de sociedades*, ob. cit., pp. 262-263, apuntaron, durante la vigencia de la LSA de 1989, como uno de los posibles motivos que podían justificar la decisión de formular un balance específico, cuando el balance de ejercicio reunía los requisitos para ser considerado balance de fusión, contar con una mayor flexibilidad al fijar la fecha de cierre de los balances de fusión.

El art. 43.1 párr. 2.º RDLME establece que la formulación del balance específico es imperativa si el balance de ejercicio no ha sido cerrado dentro de los seis meses anteriores al proyecto[243]. Sin embargo, no resuelve expresamente si, en caso de que el balance de ejercicio cumpla con el requisito temporal, la adopción de este como balance de fusión es una facultad discrecional o si, por el contrario, no hay posibilidad de opción[244]. Según la segunda de las interpretaciones, la formulación del balance específico solo podría darse en el caso en el que no fuese posible adoptar el último balance de ejercicio. Tal interpretación no es factible. En primer lugar, porque el propio art. 43.1 RDLME, implícitamente, parece establecer la adopción del balance de ejercicio como una facultad "*podrá*"[245]. En segundo lugar, incluso si se considerara

243 V. FERNÁNDEZ DEL POZO, L., *El derecho contable...*, 2010, ob. cit., p. 114.

244 MERCADAL VIDAL, F., "Los balances en...", ob. cit., p. 144, considera que sí es una opción.

245 Como señaló SEQUEIRA MARTÍN, A., "Fusión", ob. cit., pp. 189-190, en relación con el art. 239 LSA de 1989, la Ley española y la Tercera Directiva permitían que el balance de ejercicio pudiese cumplir la función de balance de fusión, pero esto constituía una facultad y no un deber. Los administradores tenían la opción de adoptar el balance de ejercicio como balance de fusión o formular un balance específico, dado que el art. 239 LSA de 1989 utilizaba la expresión "*podrá considerarse balance de fusión el último balance anual aprobado*". La adopción del balance de ejercicio evitaba tener que formular un nuevo balance, pero en atención a otras razones (como mostrar una imagen más adecuada del patrimonio de las sociedades) los administradores podían considerar más aconsejable formular un balance específico. El art. 43.1 RDLME mantiene una redacción similar a la del derogado art. 239 LSA de 1989, pues establece que "*el último balance de ejercicio aprobado podrá considerarse balance de fusión*". Por tanto, la adopción del balance de ejercicio como balance de fusión o la formulación de un balance específico sigue constituyendo una facultad que permite a los administradores cumplir con la exigencia del balance de fusión con mayor flexibilidad según los distintos factores tomados en cuenta al planificar la operación. Otros autores, bajo la LSA de 1989, también consideraron que siendo apto el balance de ejercicio para ser adoptado como balance de fusión, los administradores podían optar por formular un balance específico v. ROJO, A., "La fusión de...", ob. cit., p.

un deber, la fecha que determina la aptitud del último balance de ejercicio para servir como balance de fusión es la del proyecto de fusión que debe ser suscrito por los administradores (art. 39.1 RDLME). De modo que solo tendrían que dejar transcurrir el plazo de seis meses desde el cierre del ejercicio para poder formular un balance específico o suscribir el proyecto dentro de ese plazo para adoptar el balance de ejercicio. En definitiva, la decisión de si se formula un balance específico o si se propone adoptar como balance de fusión el del último ejercicio (ya que la aprobación en última instancia corresponde a los socios) depende a la postre siempre de los administradores.

En relación con lo anterior, el hecho de que la planificación de la fusión y la decisión de si se propone como balance de fusión el del último ejercicio o si se formula uno específico recaiga en los administradores podría plantear un problema. La elección de uno u otro no es una decisión inocua para el derecho de información de los socios y demás destinatarios. Lo que se deriva fundamentalmente de que el plazo máximo permitido para el cierre del balance de fusión en un caso y en otro es distinto. Por tanto, la situación económica reflejada en el balance podría estar referida a una fecha más o menos actual, con respecto a la deliberación en junta, según decidieran los administradores, lo que podría afectar al derecho de información de los socios y de terceros. Asimismo, el agotamiento por parte de los administradores del margen máximo establecido podría alterar significativamente la idoneidad del balance de fusión para informar a los socios en el momento de adoptar el acuerdo y para la tutela de los derechos del resto de destinatarios. Téngase en cuenta que el límite de la fecha de cierre se establece en ambos casos en referencia a la

363; URÍA, R.; MENÉNDEZ, A.; e IGLESIAS PRADA, J. L., "Fusión y escisión...", 1999, ob. cit., p. 1260; y LÁZARO SÁNCHEZ, E. J., "Comentario del art. 239", ob. cit., pp. 2298-2299.

fecha del proyecto común de fusión. Dado que el proyecto tiene una eficacia, para ser aprobado por las juntas de las sociedades participantes, de hasta seis meses (art. 39.3 RDLME), los administradores podrían llegar a presentar un balance cerrado doce meses antes de la junta en la que se delibere sobre la fusión (si se adopta el último balance de ejercicio).

El comentado problema no podría ser solventado por la posibilidad contemplada en el art. 43.2 RDLME de alterar las valoraciones contenidas en el último balance en función de las "*modificaciones importantes del valor razonable*". Con carácter general, el principio de devengo impide incluir los efectos de las transacciones o hechos económicos imputables a un periodo posterior al del cierre del ejercicio (NMC 3.ª2 PGC). Si con posterioridad al cierre se constatan circunstancias que ya existían al cierre del ejercicio, se podrán incluir en las cuentas anuales, pero si tales hechos se refieren a un momento posterior al cierre y son importantes para que no se distorsione la capacidad de evaluación de las cuentas, solo se incluirá información al respecto en la memoria (NRV 23.ª PGC).

Cabría plantearse si la especial naturaleza del balance de fusión unida a la posibilidad de introducir ajustes valorativos *ex* art. 43.2 RDLME justificarían la inclusión, excepcional, de hechos imputables a un periodo posterior al cierre del balance. Consideramos que tal posibilidad debe ser descartada, en primer lugar, porque el art. 43.2 RDLME se refiere a los hechos que originen "*modificaciones importantes del valor razonable*". Los meros movimientos de asiento posteriores al cierre del balance, los derivados de la actividad normal de la empresa, no tienen tal consideración por lo que no tendrían que ser incluidos en el balance. Aunque el efecto acumulado de tales movimientos de asiento podría ser *importante*, no pondrían de manifiesto una divergencia entre el *valor contable* y el *valor razonable* de las correspondientes partidas del balance. En segundo lugar, tal solución, presentar un balance de fusión referido a una concreta fecha de cierre en el que se incluyeran hechos posteriores, se entiende que hasta la formulación del balance, generaría confusión en sus destinatarios y le restaría valor informativo. La fecha de cierre permite saber que la situación económica reflejada en el balance es la que tiene la empresa en tal momento, registrar hechos imputables a un periodo posterior impediría conocer cuál es la fecha concreta a la que se refiere la información.

Sin embargo, el problema de que el periodo que media entre la fecha de cierre del balance y la aprobación de la fusión sea excesivo es contrarrestado, hasta cierto punto, de dos formas. En primer lugar, con la obligación de los administradores de comunicar a la junta de todas las sociedades implicadas en la operación las modificaciones importantes del activo o del pasivo acaecidas desde la fecha del proyecto hasta la celebración de la junta en la que se delibere sobre la fusión (art. 46.3 RDLME)[246]. Al no limitar la información a las modificaciones del valor razonable, permite que los administradores puedan comunicar tanto hechos concretos de especial significación, incidan o no sobre el valor razonable, como el resultado acumulado de la actividad de la sociedad hasta la celebración de la junta, si esta tiene un efecto importante sobre el valor y composición del activo y pasivo. De este modo, la finalidad perseguida por la Tercera Directiva, consistente en proporcionar una información sobre la situación patrimonial de las sociedades suficientemente actualizada a los socios, es asegurada independientemente de si se formula un balance de fusión específico o si se adopta el último balance de ejercicio y de su fecha de cierre. Ahora bien, decimos que el comentado problema solo es contrarrestado hasta cierto punto porque el art. 46.3 RDLME

246 En este sentido v. CORTÉS DOMÍNGUEZ, L. J. y PÉREZ TROYA, A., *Fusión de sociedades*, ob. cit., pp. 262-263; y MERCADAL VIDAL, F., "Los balances en...", ob. cit., p. 143.

se refiere exclusivamente a las "*modificaciones importantes*". Esto significa que los efectos derivados de la actividad normal de la empresa, desarrollada tras el cierre del balance, solo tendrían que ser comunicados en la junta si son significativos, lo que está sujeto a la apreciación de los administradores. Todo ello sin perjuicio de la responsabilidad en que pudieran incurrir los administradores en caso de incumplir su obligación o de sus efectos sobre la validez del acuerdo de fusión.

En segundo lugar, la decisión última de aprobar el balance y acordar la fusión corresponde a los socios, pudiendo votar en contra si los administradores hubiesen propuesto un balance cuya fecha de cierre, pese a cumplir con los criterios legales, hubiese sido fijada en una fecha demasiado alejada de la de deliberación en junta (haciendo uso los administradores de las posibilidades antes comentadas).

2.2. Aspectos que deben ser tenidos en cuenta por los administradores al proponer el balance de fusión y decidir su fecha de cierre

a) La fecha de suscripción del proyecto común de fusión

Como hemos visto, *la fecha del proyecto de fusión* constituye el dato empleado como referente, es el *dies ad quem*, para establecer el plazo temporal en el que puede ser cerrado el balance de fusión, tanto si se elabora un balance específico como si se adopta el último balance de ejercicio. Por fecha del proyecto de fusión, debe ser entendida aquella en la que el documento es suscrito por los administradores de cada una de las sociedades participantes (art. 39.1 RDLME), es decir, la fecha de su firma. Por tanto, bastaría con que la fecha del balance estuviese comprendida dentro de los tres o seis meses, según se formule un balance específico o se adopte el balance anual, previos a la fecha de suscripción del proyecto para cumplir con el requisito temporal establecido por el art. 43.1 RDLME.

En relación con lo anterior, se ha discutido si la fecha de cierre del balance de fusión debe ser anterior a la de suscripción del proyecto. Desde un sector doctrinal se defendió que el art. 11.1.c) Tercera Directiva [que se corresponde en la actualidad con el art. 97.1.c) Directiva (UE) 2017/1132] y el art. 239.1 LSA de 1989 (antecesor más remoto del vigente art. 43.1 RDLME) solo establecían la fecha antes de la cual no podía ser cerrado el balance de fusión, pero que eso no obstaba a que el balance fuera cerrado en una fecha posterior al proyecto. Según esta interpretación, la finalidad del precepto sería exclusivamente la de asegurar que el balance de fusión reflejara la situación patrimonial actualizada de las sociedades participantes, por lo que no impediría mostrar la imagen más cercana posible a la fecha del acuerdo[247]. La fecha máxima en la que podría ser cerrado el balance de fusión sería, por tanto, la de la convocatoria de la junta en la que se delibere sobre la fusión, dado que los balances de fusión de las distintas sociedades deben ser puestos a disposición de los sujetos enumerados en el art. 46.1 RDLME, o insertados en la página web, con anterioridad a la publicación del anuncio de la convocatoria (art. 46.1 RDLME). Consecuentemente, el balance de fusión podría ser cerrado hasta un mes antes del acuerdo de fusión, teniendo

247 En relación con el balance *ad hoc*, bajo la LSA de 1989, PÉREZ TROYA, A., *La determinación del...*, ob. cit., pp. 122-124, sostuvo que el requisito de que este fuese cerrado con posterioridad al primer día del tercer mes precedente a la fecha del proyecto de fusión constituía un plazo temporal antes del cual no podía cerrarse el balance, pero no un término después del cual no fuese posible cerrarlo. Concluyó que los límites temporales fijados en relación con el cierre del balance de fusión *"tienden a garantizar que este balance o estado contable proporcione una información mínimamente actualizada,* pero *nada impide que la misma pueda ser actualizada como se estime conveniente y sea, asimismo, posible"*.

en cuenta que el anuncio de la convocatoria debe ser publicado, o comunicado, al menos un mes antes de la celebración de la junta (art. 47.2 RDLME). Si la sociedad estuviera obligada a auditar sus cuentas, también debería incluirse dentro de la información previa al acuerdo el informe de auditoría del balance de fusión (art. 46.1.2.º RDLME), lo que obligaría en ese caso a cerrar el balance con una antelación suficiente para su verificación y que tanto el informe de auditoría como el balance estuvieran disponibles antes de la convocatoria[248].

A nuestro modo de ver, la anterior interpretación no es acertada. En primer lugar, consideramos que el hecho de que la Directiva (UE) 2017/1132 en su art. 97.1.c) y el art. 43.1 RDLME utilicen como fecha de referencia para fijar los límites temporales dentro de los cuales puede ser cerrado el balance de fusión la fecha del proyecto no es casual. Es cierto que cuando el art. 43.1 RDLME establece que el balance específico debe ser cerrado "*con posterioridad al primer día del tercer mes precedente a la fecha del proyecto de fusión*", podría entenderse, conforme a una interpretación literal, que el balance puede ser cerrado con posterioridad al proyecto[249]. No obstante, si interpretáramos con la misma li-

248 Entre los autores que han advertido que la obligación de auditar el balance de fusión implica que este debe ser cerrado con antelación suficiente para que pueda estar disponible el informe de auditoría antes de la convocatoria de la junta v. CORTÉS DOMÍNGUEZ, L. J. y PÉREZ TROYA, A., *Fusión de sociedades*, ob. cit., p. 261; LÁZARO SÁNCHEZ, E. J., "El «balance de fusión»", *Revista de Derecho de Sociedades*, n.º 32, 2009, p. 248; ALONSO ESPINOSA, F. J. y LÁZARO SÁNCHEZ, E.J., "Especialidades del procedimiento...", ob. cit., pp. 297-298; y MERCADAL VIDAL, F., "Los balances en...", ob. cit., p. 142.

249 Entre quienes han defendido que el balance de fusión puede ser cerrado tanto en una fecha anterior como posterior a la del proyecto v. PÉREZ TROYA, A., *La determinación del...*, ob. cit., pp. 122-124; CORTÉS DOMÍNGUEZ, L. J. y PÉREZ TROYA, A., *Fusión de sociedades*, ob. cit., p. 260; LÁZARO SÁNCHEZ, E. J., "Comentario del art. 239", ob. cit., p. 2298; y LÁZARO SÁNCHEZ, E. J., "El «balance de fusión»", ob. cit., p. 245. No obstante, en la última obra cita-

teralidad el criterio temporal en el caso de adoptar el balance de ejercicio, que debe ser cerrado "*dentro de los seis meses anteriores a la fecha del proyecto de fusión*", deberíamos excluir la posibilidad de adoptar como balance de fusión un balance anual cerrado con posterioridad al proyecto. En suma, el sentido literal de la norma no permite defender el cierre del balance de fusión con posterioridad a la fecha del proyecto. De lo contrario, se daría la incoherencia de restringir el cierre del balance de fusión con posterioridad al proyecto, cuando se adopta el balance de ejercicio, y permitirlo cuando se formula un balance específico.

En cuanto a la interpretación teleológica de la norma, quienes defienden que el balance de fusión puede ser cerrado con posterioridad al proyecto, consideran que la finalidad del art. 43.1 RDLME [y del art. 97.1.c) Directiva (UE) 2017/1132] es asegurar una información suficientemente actualizada de la situación patrimonial de las sociedades participantes en el momento de deliberación sobre el acuerdo. En tal caso el legislador español podría haber fijado como fecha de referencia la de la celebración de la junta en la que se delibere sobre la fusión. Encontramos antecedentes normativos en nuestro ordenamiento en los que se ha tomado como referencia para el cierre del balance de fusión la fecha del acuerdo. El balance general en la LSA de 1951, antecesor del actual balance de fusión, debía ser cerrado el día anterior a la adopción del acuerdo y el art. 239.1 LSA de 1989 estableció como fecha de referencia para el cierre del balance de fusión, en caso de adoptar el balance de ejercicio, la fecha de celebración de

---

da, el autor advierte que conforme al proyecto de LME (que todavía no había sido aprobado) el balance de fusión no podía ser cerrado con posterioridad a la fecha del proyecto. Debe tenerse en cuenta, que los autores antes citados se refirieron a la regulación de la LSA de 1989, en la que la fecha de cierre del balance de ejercicio tomaba como referencia la celebración de la junta y no la del proyecto de fusión.

la junta que había de resolver sobre la fusión. Este último ejemplo es especialmente significativo, puesto que transpuso el contenido del art. 11.1.c) Tercera Directiva. Se discutió si dicha transposición respondió de forma adecuada al contenido de la Directiva, precisamente por tomar como referencia la fecha del acuerdo y no la del proyecto, como establecía la Tercera Directiva. Parte de la doctrina lo consideró acorde con el contenido de la Directiva[250], pero el sector mayoritario lo consideró contrario a esta[251].

En nuestra opinión, la finalidad del art. 97.1 c) Directiva (UE) 2017/1132, que sustituye al derogado art. 11.1.c) Tercera Directiva, y el art. 43.1 RDLME es distinta a la propuesta por el sector doctrinal al que nos hemos referido. Para que la información contenida en el balance de fusión sirva para la tutela de los derechos de los distintos interesados, fundamentalmente de los socios, es necesario que esta no esté desactualizada por haber transcurrido un plazo excesivo. No obstante, pretender que la información contable sea lo más próxima posible a la fecha del acuerdo, permitiendo que sea posterior al proyecto, cambia por completo el sentido y la utilidad del balance frente a la opción contraria, que el balance deba anteceder al proyecto. Un balance de fusión cerrado con posterioridad al proyecto de fusión podría reflejar una

250 CERDÁ ALBERO, F., *Escisión de la...*, ob. cit., p. 280, consideró que la referencia a la junta que deliberara sobre la fusión en lugar de a la fecha del proyecto, como figuraba en la Tercera Directiva, no solo no contradecía el contenido de la norma europea, sino que satisfacía con mayor rigor el requisito establecido. El citado autor partía de la consideración del art. 11.1.c) Tercera Directiva como una norma de mínimos, tendente a lograr una información contable lo más actual posible. Fijar como fecha de referencia la de celebración de la junta permitía que la fecha de cierre del balance fuese más próxima al momento de la deliberación.

251 En este sentido v. SEQUEIRA MARTÍN, A., "Fusión", ob. cit., pp. 188-189; FERNÁNDEZ DEL POZO, L., *El derecho contable...*, 2007, ob. cit., pp. 72-73; FERNÁNDEZ DEL POZO, L., *El derecho contable...*, 2010, ob. cit., pp. 114-115; y MARTÍ MOYA, V., *El procedimiento de...*, ob. cit., p. 154.

imagen de la situación económica de las sociedades implicadas en la fusión más próxima a la que tendrá en el momento de deliberar sobre la adopción del acuerdo. Sin embargo, dichos balances no informarían sobre la base valorativa o contable sobre la que han sido pactadas las condiciones de la fusión, en especial el tipo de canje y la cifra de capital social. Por consiguiente, los socios contarían con una información más actualizada, pero desconectada del contenido del proyecto de fusión sobre el que deberán pronunciarse. Los socios podrán conocer, en este caso, la situación económica de las sociedades participantes y decidir si en función de criterios como su solvencia o estructura patrimonial la fusión es ventajosa para la sociedad en su conjunto. No obstante, no podrán enjuiciar, con suficiente conocimiento, si las bases del acuerdo son favorables a sus intereses particulares, que se concretan fundamentalmente en la ecuación de canje fijada.

La información valorativa reflejada en los balances de fusión debe haber servido de soporte a las condiciones de la fusión que figuran en el proyecto, para que, al ser puestos ambos documentos a disposición de los socios, junto a los informes preceptivos, la información del balance pueda ser verdaderamente útil a los socios en la deliberación sobre la operación. Para que esto sea posible, es necesario que el balance sea cerrado con anterioridad a la redacción del proyecto, o ser coetáneo[252]. En el momento de la

252 SEQUEIRA MARTÍN, A., "Fusión", ob. cit., p. 188, criticó, en relación con el art. 239 LSA de 1989, que el periodo en que debía ser cerrado el balance de fusión, cuando se adoptaba como tal el de ejercicio, estuviera referido a la fecha de la junta en lugar de a la del proyecto y que, por tanto, pudiese ser cerrado con posterioridad a la elaboración del proyecto. El motivo de dicha crítica fue que siendo posterior el balance al proyecto no puede desarrollar su finalidad que es, según el citado autor, "*servir de elemento valorativo, junto a otros, del patrimonio de la sociedad con anterioridad a la elaboración del proyecto, y después, de documento informativo con anterioridad al acuerdo que ha de pronunciarse sobre la fusión*". Con respecto al art. 36.1 LME (vigente art. 43.1 RDLME), también se interpretó que exigía cerrar el balance

deliberación en las respectivas juntas, los socios también precisan saber si la situación económica de las sociedades participantes en el momento de fijar las condiciones de la fusión ha variado desde la redacción del proyecto. Sin embargo, esa función no es desempeñada por el balance de fusión, sino por la información que deben proporcionar los administradores cuando la alteración del activo o del pasivo haya sido significativa (art. 46.3 RDLME).

Además del argumento antes mencionado de la referencia a la fecha del proyecto para fijar el plazo dentro del cual puede ser cerrado el balance de fusión, consideramos que el RDLME parte de la premisa de que el balance de fusión tiene que ser previo al proyecto y que el contenido de ambos debe estar conectado, por los siguientes motivos. La información sobre las eventuales variaciones del activo o del pasivo acaecidas desde la fecha de redacción del proyecto hasta la celebración de la junta en la que se delibere sobre la fusión (art. 46.3 RDLME) solo tiene sentido como una actualización de una información previa y completa sobre la composición del activo y del pasivo[253]. Es significativo que el art. 46.3 RDLME establezca como fecha desde la cual se debe informar de las posibles variaciones patrimoniales la de redacción del proyecto, cuando este no contiene información cuantitativa sobre

---

de fusión con anterioridad al proyecto por presuponer que debía servir como fundamento del contenido del proyecto de fusión. V. ALONSO ESPINOSA, F. J. y LÁZARO SÁNCHEZ, E.J., "Especialidades del procedimiento...", ob. cit., p. 293; y LÁZARO SÁNCHEZ, E. J., "El «balance de fusión»", ob. cit., p. 251. En contra de que el cierre del balance de fusión fuese posterior al proyecto v. también MERCADAL VIDAL, F., "Los balances en...", ob. cit., p. 143; y FERNÁNDEZ DEL POZO, L., *El derecho contable...*, 2010, ob. cit., p. 115.

253 LÁZARO SÁNCHEZ, E. J., "El «balance de fusión»", ob. cit., pp. 235-236, señaló que el deber de informar a la junta sobre las modificaciones importantes del activo o pasivo (238.2 LSA de 1989), entre la fecha del proyecto y la reunión de la junta, solo podía entenderse como derivado y consecuencia de la obligación de reflejar en el balance de fusión el estado y el valor real del patrimonio.

la composición del patrimonio de las sociedades participantes. Esa información previa sobre la estructura y valor patrimonial, en nuestro ordenamiento[254], es proporcionada por los balances de fusión. Lo lógico, atendiendo a la forma en la que el legislador español configura el sistema de información previa a la fusión, sería que la información a la que se refiere el art. 46.3 RDLME partiese de las modificaciones importantes del activo o del pasivo ocurridas desde la fecha de cierre de los balances de fusión. Si la Ley se refiere a la fecha de redacción del proyecto es porque sus condiciones han debido ser fijadas conforme a la situación patrimonial reflejada en los balances de fusión, que constituyen la base económica de la fusión. La necesaria conexión entre el contenido del proyecto y la información cuantitativa que da soporte a las condiciones de la operación, los balances de fusión, se encuentra en la mención del proyecto exigida por el art. 40.8.º RDLME, *"las fechas de las cuentas de las sociedades que se fusionan utilizadas para establecer las condiciones en que se realiza la fusión"* y la del art. 40.7.º RDLME, relativa a la valoración de los patrimonios transmitidos por las sociedades extinguidas.

b) La conveniencia de fijar una misma fecha de cierre para los balances de fusión de las distintas sociedades participantes

Las consideraciones anteriores conducen a que también sería conveniente que los balances de fusión de las distintas sociedades fueran cerrados con referencia a una misma fecha. El RDLME no obliga a que las fechas de los balances de fusión deban coincidir,

254 No así en otros ordenamientos, como el francés, donde la información sobre la valoración del activo y del pasivo transmitido con motivo de la fusión es recogida tradicionalmente en el proyecto de fusión, en el que, además de la valoración del patrimonio, debe describirse (*désignation*) el activo y el pasivo. V. *supra* "Capítulo II.4".

por lo que, en principio, podrían ser cerrados en fechas distintas, según determinen discrecionalmente los órganos de administración de cada sociedad en función de la planificación que consideren más oportuna.

No obstante, si las valoraciones contenidas en los balances de fusión deben servir para determinar y justificar el tipo de canje propuesto, deben ser comparables. La ecuación de canje establece la relación de equivalencia entre las acciones o participaciones de las sociedades extinguidas y las de la sociedad resultante. Para ello se confronta el peso relativo del patrimonio de cada sociedad en la formación del valor del patrimonio total de la sociedad resultante. Con el fin de interrelacionar dichas valoraciones patrimoniales, es necesario que sean comparables, lo que significa que deben utilizarse métodos de valoración homogéneos, o si son distintos que se justifique razonablemente el motivo, y que se refieran a una misma fecha[255]. En caso de emplear balances de fusión cerrados en fechas distintas, este no constituiría un defecto invalidante por sí mismo, sin embargo, dificultaría la preceptiva justificación del tipo de canje que debe figurar en el informe de los administradores (art. 5.3.2.º RDLME) y sobre la que deben pronunciarse los expertos independientes en su informe (art. 41.3 RDLME), cuando sea exigible. Con todo, este obstáculo es fácilmente salvable si todas las sociedades participantes recurren

255 Tal y como afirma FERNÁNDEZ DEL POZO, L., *El derecho contable...*, 2007, ob. cit., p. 77, *"difícilmente podrá ilustrar el balance de fusión la situación patrimonial de las sociedades intervinientes si no se actualizan homogéneamente —por referencia a la misma fecha y con análogos criterios— los valores de todos los elementos del activo y del pasivo de todos los patrimonios"*. En similares términos se pronuncian CORTÉS DOMÍNGUEZ, L. J. y PÉREZ TROYA, A., *Fusión de sociedades*, ob. cit., pp. 134-135, quienes sostienen que, pese a que no se establezca expresamente en la Ley, las valoraciones de las distintas sociedades deben ser comparables y, por tanto, homogéneas, por lo que deben tomarse las mismas fechas para valorar cada una de las sociedades participantes.

al último balance de ejercicio, o bien si los administradores convienen la misma fecha de cierre para el balance *ad hoc* de cada sociedad.

2.3. La adopción del balance de ejercicio como balance de fusión

Una vez analizadas las cuestiones que afectan con carácter general a la determinación de la fecha de cierre del balance de fusión, debemos atender a los requisitos concretos que debe reunir el balance de fusión en las dos modalidades contempladas en la Ley. Según el art. 43.1 RDLME *"El último balance de ejercicio aprobado podrá considerarse balance de fusión, siempre que hubiere sido cerrado dentro de los seis meses anteriores a la fecha del proyecto de fusión"*. Del citado precepto se pueden extraer tres requisitos que debe cumplir el balance de ejercicio para poder ser considerado balance de fusión. En primer lugar, debe ser el balance anual perteneciente a las cuentas del ejercicio inmediatamente anterior a aquél en el que será aprobada la fusión, como veremos que sucede si se ponen en relación el plazo de seis meses de cierre del balance con respecto al proyecto (art. 43.1 RDLME) con el plazo máximo, también de seis meses, para la aprobación del proyecto tras su suscripción (art. 39.3 RDLME). En segundo lugar, y aunque como veremos este segundo requisito debe ser matizado, el tenor literal del art. 43.1 RDLME exige que el balance esté aprobado, es decir, que las cuentas en las que se integra estén aprobadas, antes de poder ser adoptado como balance de fusión. Por último, su fecha de cierre debe estar comprendida dentro de los seis meses anteriores a la fecha del proyecto de fusión.

En relación con el primer requisito, debe tenerse presente que el balance de ejercicio adoptado como balance de fusión debe tener una razonable proximidad temporal con respecto al proyecto, que contiene las condiciones en las que se propone llevar a cabo la operación, y también con el acuerdo de fusión. Por este motivo, la Ley establece esta posibilidad en relación con el balance que da cierre a las cuentas del ejercicio anterior a aquél en el que tiene lugar la fusión. Si se atiende a los plazos legales, se observa que además de exigirse una cierta proximidad con respecto al proyecto, también se asegura que la fusión sea acordada dentro del ejercicio inmediatamente posterior a aquél en que es cerrado el que será balance de ejercicio y balance de fusión. El art. 43.1 RDLME establece un plazo máximo de seis meses entre el cierre del balance de ejercicio y el proyecto, para que pueda ser utilizado como balance de fusión. Teniendo en cuenta que el proyecto de fusión debe ser acordado por cada una de las juntas de socios de las respectivas sociedades, como máximo, seis meses después de su suscripción (art. 39.3 RDLME), no podrá mediar más de un año (criterio general de periodificación contable) entre el cierre del balance y el acuerdo de fusión. De esta forma se impide que la información contable más reciente con la que cuentan los socios al adoptar la fusión refleje una situación económica de la sociedad que diste más de un ejercicio[256]. De lo anterior también se deriva

256 El plazo que puede mediar desde el cierre del balance de ejercicio, cuando es adoptado como balance de fusión, y la junta en la que se delibere sobre la operación es verdaderamente excesivo si lo que se pretende es que refleje la situación patrimonial de las sociedades en un momento próximo a la junta en la que se somete a aprobación la fusión. No obstante, como hemos manifestado, la función principal del balance es reflejar la base valorativa y cuantitativa sobre la que ha sido elaborado el proyecto para que los socios puedan decidir sobre las condiciones de la operación que figuran en el proyecto. El derecho de los socios a conocer la situación patrimonial de las sociedades participantes no recae por completo en el balance de fusión, sino que depende del adecuado cumplimiento del deber de informar sobre las variaciones importantes del activo y del pasivo acaecidas desde la suscripción del proyecto hasta la celebración de la junta, que corresponde a los administradores (art. 46.3 RDLME). Aun así, algunos autores han criticado, en relación con la LME, que permita que el balance de fusión sea cerrado con un plazo mayor respecto a la deliberación en junta que el autorizado por la LSA de 1989, en

que, cuando la fusión es aprobada dentro del primer semestre del ejercicio y todavía no han sido aprobadas las cuentas del ejercicio anterior, no puede recurrirse a las cuentas del ejercicio previo al ejercicio anterior. En tal caso deberá formularse un balance específico o bien adelantarse la aprobación de las cuentas, lo que, como veremos, puede hacerse antes de la junta en la que se delibere sobre la fusión o en la misma reunión.

El segundo de los requisitos que debe reunir el balance de ejercicio para poder ser considerado balance de fusión es tratarse de un balance aprobado. Este requisito se desprende del art. 43.1 RDLME al referirse al último *"balance de ejercicio aprobado"*, lo que parece indicar que este deberá haber sido aprobado como parte de las cuentas anuales para poder ser adoptado como balance de fusión. Dicho requisito ya estaba presente en el art. 239 LSA de 1989 y fue criticado por la doctrina por ir más allá de lo exigido por la Tercera Directiva, que no requería la aprobación del estado contable[257] [v. art. 97.1.c) Directiva (UE) 2017/1132].

El referido requisito es comparable con el previsto en otras operaciones societarias que precisan de la formulación y aprobación de un balance que sirva de base a lo acordado, como en el aumento del capital con cargo a reservas (art. 303.2 LSC) o en la reducción del capital por pérdidas (art. 323.1 LSC). El art. 43.1 RDLME, de forma similar a los citados preceptos, requiere que el balance de ejercicio haya sido aprobado junto con las cuentas anuales para poder servir de base a la operación. No basta con que el balance haya sido formulado, sino que es necesaria su aprobación junto con las cuentas anuales para que jurídicamen-

---

el que el balance de ejercicio no podía haber sido cerrado más de seis meses antes y el balance específico de fusión nueve meses antes. V. MARTÍ MOYA, V., *El procedimiento de...*, ob. cit., p. 156.

257 V. ROJO, A., "La fusión de...", ob. cit., p. 363; y SEQUEIRA MARTÍN, A., "Fusión", ob. cit., p. 188.

te tenga la consideración de balance societario o de lo contrario será un mero proyecto de balance[258].

No obstante, la lógica de esta previsión normativa se desvanece cuando se atiende a que, en la fusión, a diferencia de las aludidas operaciones societarias, se requiere la aprobación específica del balance en la junta en la que se delibere sobre la modificación estructural (art. 44 RDLME). La aprobación en los términos establecidos en el art. 44 RDLME es considerada exigible independientemente de si el balance de fusión es uno *ad hoc* o el balance de ejercicio aprobado, con o sin modificaciones *ex* art. 43.2 RDLME[259]. De la interpretación conjunta de los arts. 43.1 y 44 RDLME resulta que la aprobación de las cuentas anuales cuyo balance se pretende que sea el balance de fusión de la sociedad no exime del requisito de su aprobación en la misma junta en la que se delibere sobre la fusión. Es decir, tal y como está formulado el art. 43.1 RDLME el requisito de aprobación de las cuentas es una condición previa a la aprobación, por segunda vez, del balance de ejercicio, con la diferencia de que en la segunda votación lo que se somete a aprobación no es el contenido del balance, sino su adopción como balance de fusión[260].

Sostenemos que el requisito de que se trate de un balance de ejercicio aprobado carece de justificación, en primer lugar, porque

258 V. GIRÓN TENA, J., *Derecho de sociedades anónimas (según la Ley de 17 de julio de 1951)*, Publicaciones de los seminarios de la Facultad de Derecho, Valladolid, 1952, p. 449.

259 La aprobación del balance de fusión en la junta que delibere sobre la fusión será tratada *infra* "Capítulo V.2".

260 En este sentido v. LÁZARO SÁNCHEZ, E. J., "Comentario del art. 239", ob. cit., p. 2297 quien defiende que a la junta que delibere sobre la fusión, cuando se adopte el balance de ejercicio sin modificar sus valoraciones, *"sólo le compete aprobar que el último balance anual sea el considerado como balance de fusión, mas no el contenido de un balance social ya aprobado que, por lo demás, no experimenta variación alguna de cara a ser balance de fusión"*.

no se establece la misma condición con respecto al balance *ad hoc*. Si se formula un balance específico para la fusión, el legislador considera suficiente que haya sido formulado en el momento de ponerlo a disposición de los socios y demás destinatarios (en atención a lo dispuesto en el art. 46 RDLME) y que solo debe ser aprobado por la junta general en la reunión en la que se resuelva sobre la fusión, de acuerdo con el art. 44 RDLME. En segundo lugar, porque lo relevante, a efectos de la adecuada tutela de los derechos de los socios, no es meramente que el balance sea objeto de un pronunciamiento expreso por parte de la junta general, sino que la aprobación se produzca en la junta en la que se delibere sobre la fusión, con el fin de que los socios sean conscientes de que el balance que deben ratificar o rechazar es el propuesto como base para la operación y, por tanto, en cuyas valoraciones se justifica el proyecto al que deberá ajustarse el acuerdo de modificación estructural. Por tanto, que las cuentas anuales hayan sido aprobadas no exime del requisito de aprobación conforme al art. 44 RDLME, pero que la aprobación del balance de fusión esté condicionada a la de las cuentas anuales es lo que no parece razonable.

Con todo, la doctrina ha salvado, en cierta medida, los obstáculos que puede plantear este requisito, interpretando que la Ley no limita la posibilidad de aprobar el referido estado contable como balance de ejercicio y de fusión en la misma junta en la que se delibere sobre la fusión. Los socios pueden pronunciarse sobre ambos aspectos en la junta en la que sea acordada la fusión con el fin de lograr una mayor economía procesal[261], debiendo ser aprobadas en primer lugar las cuentas.

261 Sobre la posibilidad de dar cumplimiento, en la junta en la que se delibere sobre la fusión, al requisito de que el balance de ejercicio esté aprobado v. CORTÉS DOMÍNGUEZ, L. J. y PÉREZ TROYA, A., *Fusión de sociedades*, ob. cit., pp. 263-264; y FERNÁNDEZ DEL POZO, L., *El derecho contable...*, 2010, ob.

El último de los requisitos es que la fecha de cierre del balance de fusión esté comprendida dentro de los seis meses que preceden a la fecha del proyecto. El criterio temporal exclusivamente hace referencia a la fecha de cierre, constituyendo una condición distinta de la de la aprobación. Dicho de otro modo, el art. 43.1 párr. 1.º RDLME establece expresamente dos condiciones para que el último balance de ejercicio pueda ser considerado balance de fusión, por un lado, que se trate de un balance de ejercicio aprobado y, por otro lado, que haya sido cerrado dentro de los seis meses previos a la fecha del proyecto. Ahora bien, otra segunda lectura, que no compartimos, podría llevar a interpretar que lo que establece el art. 43.1 RDLME es que, para poder ser considerado balance de fusión, el último balance de ejercicio debe haber sido *cerrado* y *aprobado* dentro de los seis meses anteriores a la fecha del proyecto. No consideramos posible tal interpretación porque entendemos que el art. 43.1 RDLME establece claramente el requisito temporal de los seis meses previos a la fecha del proyecto en relación con la fecha de cierre del balance.

La fecha de cierre, por tanto, es la que determina si el balance contiene una información suficientemente próxima al proyecto y, de no cumplirse, sería necesaria la formulación de un balance específico. Otras fechas, como la de su formulación o aprobación, no afectan al requisito cronológico para poder ser adoptado

cit., p. 115. Por su parte, ALONSO ESPINOSA, F. J. y LÁZARO SÁNCHEZ, E.J., "Especialidades del procedimiento...", ob. cit., p. 292, concretan los requisitos formales que deben darse en dicha aprobación. Los citados autores sostienen que, si el balance de ejercicio no ha sido aprobado antes de celebrar la junta en la que se delibere sobre la fusión, puede ser aprobado en dicha junta, debiendo ser sometido a aprobación como parte de las cuentas anuales y como balance de fusión. En tal caso, deben ser observados cumulativamente los condicionantes y requisitos propios de cada uno, si bien la aprobación como balance anual debe ser previa a su adopción como balance de fusión o de escisión. En el mismo sentido v. MERCADAL VIDAL, F., "Los balances en...", ob. cit., p. 143.

como balance de fusión. Como hemos dicho, el balance de ejercicio podrá ser aprobado en la misma junta que delibere sobre la fusión, es decir, fuera de los seis meses anteriores a la firma del proyecto de fusión.

2.4. La formulación del balance específico de fusión

a) Aspectos objetivos

El art. 43.1 RDLME, en su párrafo segundo, establece que "*Si el balance anual no cumpliera con ese requisito* (el requisito temporal), *será preciso elaborar un balance cerrado con posterioridad al primer día del tercer mes precedente a la fecha del proyecto de fusión, siguiendo los mismos métodos y criterios de presentación del último balance anual*".

Como ya se ha indicado, el balance de ejercicio adoptado como balance de fusión y el *balance ad hoc* tienen un mismo tratamiento legal, salvo en lo que respecta al criterio temporal. De manera que las cuestiones particulares que nos restan por analizar sobre el cierre del balance específico de fusión son las relativas a dicho requisito temporal. Tales cuestiones han girado en torno a la forma en la que ha sido redactado el precepto que contiene el criterio de su fecha de cierre y a la determinación de la fecha máxima en la que es posible cerrar el balance.

Sobre la redacción formal del párrafo segundo del art. 43.1 RDLME, se ha criticado la complejidad de la fórmula empleada, "*con posterioridad al primer día del tercer mes precedente a la fecha del proyecto de fusión*", pudiendo haber evitado el uso de una perífrasis tan compleja[262]. Una redacción similar a la empleada

---

262 MARTÍ MOYA, V., *El procedimiento de...*, ob. cit., p. 154, propuso sustituir la redacción que tenía el art. 36.1 LME (idéntica a la del art. 43.1 RDLME),

al fijar el periodo dentro del cual puede ser cerrado el balance de ejercicio, para poder ser considerado balance de fusión, hubiese sido más clara. Sin embargo, el legislador español optó por transcribir de forma casi literal el contenido del art. 11.1.c) Tercera Directiva [recogido con el mismo contenido en el vigente art. 97.1.c) Directiva (UE) 2017/1132], salvo por una pequeña modificación. La diferencia en la transcripción del contenido de la Directiva radica en que la fórmula empleada en esta es expresada en sentido negativo, mientras que el legislador español alteró la redacción para utilizar la forma positiva. La Directiva establece que la fecha de cierre no puede ser *"anterior al primer día"*, frente al art. 43.1 RDLME que determina que sea cerrado *"con posterioridad al primer día"*. Como consecuencia de este cambio, el art. 43.1 RDLME excluye el primer día del tercer mes precedente al proyecto de poder ser la fecha de cierre del balance, mientras que la Directiva sí lo permitía[263]. Se trata de una mínima diferencia de escasa relevancia práctica, pero que está presente en nuestro ordenamiento desde la transposición de la Tercera Directiva a través de la LSA de 1989[264] y que ha sido mantenida tanto en la LME como en el vigente RDLME.

Sí constituye un problema de mayor importancia la cuestión del cómputo retrospectivo del plazo dentro del cual puede ser

"cerrado con posterioridad al primer día del tercer mes precedente a la fecha del proyecto de fusión", por la fórmula más clara utilizada en relación con el balance de ejercicio, *"cerrado dentro de los tres meses anteriores a la fecha del proyecto"*.

263 La propuesta realizada por MARTÍ MOYA, V., *El procedimiento de...*, ob. cit., p. 154, recogida en la nota precedente, sí solucionaría la divergencia, por un día, entre la legislación española y la Directiva.

264 Entre los autores que han advertido esta diferencia entre el art. 11.1.c) Tercera Directiva y el art. 239.1 LSA de 1989 (cuya redacción es similar a la del art. 43.1 RDLME) v. DUQUE DOMÍNGUEZ, J. F., "La fusión en...", ob. cit., p. 742; SEQUEIRA MARTÍN, A., "Fusión", ob. cit., p. 189; y LÁZARO SÁNCHEZ, E. J., "Comentario del art. 239", ob. cit., p. 2299.

cerrado el balance específicamente formulado para la fusión. Se han sostenido dos interpretaciones distintas al respecto. Por un lado, un sector doctrinal minoritario ha considerado que la referencia al primer día del tercer mes significa que el cómputo debe realizarse por meses completos. Según esta postura, independientemente del día del mes en que sea suscrito el proyecto, si se realiza por ejemplo en abril, la fecha máxima en la que podría ser cerrado el balance sería el dos de enero (por ser el día inmediatamente posterior al primero del tercer mes precedente a la fecha del proyecto)[265]. Desde el sector doctrinal mayoritario, por el contrario, y con el que coincidimos, se sostiene que el cómputo debe ser realizado de fecha a fecha, como establece con carácter general el art. 5.1 CC[266]. En consecuencia, si la fecha del proyecto es de cinco de abril, el balance no podría ser cerrado antes del seis de enero.

b) *Aspectos subjetivos*

El balance al que se refiere el párrafo segundo del art. 43.1 RDLME, el específico o *ad hoc*, en lo que se refiere a sus criterios de elaboración (art. 43 RDLME) y a los requisitos formales que deben seguirse en el proceso de fusión para su válida aprobación (art. 44 RDLME) no recibe un tratamiento diferenciado con respecto al balance de ejercicio del párrafo primero del mismo artículo. No obstante, el hecho de que el balance específico no forme parte de las cuentas anuales plantea la duda de si su formulación debe regirse por los mismos requisitos de carácter subjetivo apli-

---

265 Esta interpretación solo ha sido defendida por CERDÁ ALBERO, F., *Escisión de la...*, ob. cit., pp. 280-281.

266 CORTÉS DOMÍNGUEZ, L. J. y PÉREZ TROYA, A., *Fusión de sociedades*, ob. cit., p. 261; ALONSO ESPINOSA, F. J. y LÁZARO SÁNCHEZ, E.J., "Especialidades del procedimiento...", ob. cit., p.297; LÁZARO SÁNCHEZ, E. J., "El balance de fusión", ob. cit., p. 247; y MARTÍ MOYA, V., El procedimiento de..., ob. cit., p. 154.

cables al balance de ejercicio adoptado como balance de fusión, es decir, los propios de la formulación de los estados financieros anuales. En concreto, si su formulación es una competencia exclusiva del órgano de administración (art. 253 LSC), de carácter indelegable cuando el órgano adopta la forma del consejo de administración [art. 249.bis.e) LSC] y si se requiere la firma de todos sus miembros (art. 253.2 LSC).

Con el fin de dar respuesta a las cuestiones planteadas, debe partirse de que el balance *ad hoc* tiene la consideración de un *estado contable intermedio*, al igual que otros balances exigidos por la legislación mercantil distintos del balance de ejercicio. Por lo que debe presentarse "*con la forma y los criterios establecidos para las cuentas anuales*" (*cfr.* NECA 14.ª PGC y art. 43.1 párr. 2.º RDLME), pero ni pertenece a las cuentas anuales ni afecta a los registros contables[267]. Asimismo, esta parece ser la naturaleza atribuida por la Tercera Directiva [en la actualidad en el art. 97.1.c) Directiva (UE) 2017/1132] al referido documento, al que designa como "*estado contable*".

Aunque el balance *ad hoc* no se integre en las cuentas anuales de la sociedad y pese a su carácter extraordinario, consideramos que su formulación debe encuadrarse dentro del deber general de llevanza de la contabilidad, entendido en un sentido amplio (art. 25 CCom), si bien no puede equipararse a la formulación

267 En relación con esta cuestión resulta de interés la respuesta dada por el ICAC en la Consulta 7 BOICAC n.º 12 de marzo de 1993: "*El balance aprobado para servir de base a una ampliación de capital con cargo a reservas a que hace referencia el artículo 157 del Texto Refundido de la Ley de Sociedades Anónimas es un estado financiero intermedio que no debe tener reflejo en contabilidad y que ha de presentarse de acuerdo con las normas de elaboración de las cuentas anuales y con el modelo de balance que corresponda de los establecidos en la cuarta parte del Plan General de Contabilidad, aplicando para valorar las distintas partidas los principios contables y normas de valoración establecidos en dicho texto*".

de las cuentas anuales (arts. 34 CCom y 253 LSC). Por tanto, no le son aplicables las normas que rigen en la formulación de las cuentas anuales, salvo las que establece expresamente el art. 43.1 RDLME. Estas son las relativas a los "*métodos y criterios de presentación*", es decir, los métodos de valoración y registro contable y la estructura formal del balance de ejercicio.

De las consideraciones anteriores se deriva que la atribución al órgano de administración de la sociedad de la competencia de formulación del balance *ad hoc* no puede fundamentarse en la aplicación analógica de los preceptos relativos a la formulación de las cuentas anuales. No obstante, a nuestro modo de ver, esta competencia corresponde al órgano de administración por tratarse de una función integrada dentro del ámbito de la gestión de la sociedad (art. 209 LSC).

La formulación del balance de fusión se lleva a cabo en la fase previa de la fusión, en la que los administradores de las distintas sociedades realizan negociaciones previas que culminan con la firma y depósito, o inserción en la web, del proyecto de fusión y el resto de la información requerida por el art. 7 RDLME. Las negociaciones previas, así como la redacción del proyecto y los documentos que lo acompañan, entre ellos el balance, son funciones claramente asociadas a la facultad de gestión y representación de la sociedad. En la elaboración del balance de fusión deben seguirse criterios técnicos objetivos, sin embargo, como hemos argumentado previamente, los administradores pueden decidir si proponen el balance de ejercicio o si se formula un balance específico y, si recurren a la segunda opción, su fecha de cierre. Tal flexibilidad en la elección de la fecha de cierre del balance responde, por un lado, a que los administradores puedan planificar el proceso de fusión, ya que de la elección del balance y de su fecha de cierre dependerá el plazo máximo para firmar el proyecto y de esta última cuándo deberá ser acordada la fusión en junta general. Por otro lado, la fecha de cierre del balance de fusión es aquella a la que van referidas las valoraciones contenidas en el balance. En otras palabras, la situación económica reflejada en el balance es la correspondiente a la fecha de cierre, por lo que decidir en qué fecha serán cerrados los balances es relevante a efectos de determinar el valor de los patrimonios de las sociedades participantes, del que dependerá el tipo de canje (art. 40.3.º RDLME).

En atención a los razonamientos expuestos, entendemos que la formulación del balance *ad hoc* corresponde al órgano de administración, por tratarse de una facultad propia de la gestión de la sociedad (art. 209 LSC) y, específicamente, vinculada a *"las políticas y estrategias generales de la sociedad"* [art. 249.bis.e) LSC]. En consecuencia, si el modo en que se organiza la administración de la sociedad es a través del consejo de administración, esta facultad tendrá carácter indelegable. Lo que significa que deberá haber un acuerdo o decisión del órgano de administración con respecto al balance de fusión para imputar a este su autoría, independientemente de quien haya asumido la elaboración material del documento, que pueden ser colaboradores externos. Por último, no consideramos que sea exigible la firma de todos los administradores, dado que tal requisito solo es exigible en el supuesto de formulación de las cuentas anuales (art. 253.2 LSC).

2.5. La sustitución del balance de fusión por el informe financiero semestral

El apartado tercero del art. 43 RDLME, por el que se permite sustituir el balance de fusión por el informe financiero semestral a las sociedades obligadas a hacer público de forma periódica dicho informe, regulado en el al art. 100 LMV, fue introducido en la LME por el RDL 9/2012, de 16 de marzo. Esta posibilidad fue incluida de acuerdo con lo dispuesto en la Directiva 2009/109/CE que reformó el art. 11 Tercera Directiva y en la actualidad se recoge en el art. 97.1 Directiva (UE) 2017/1132.

El informe financiero semestral es uno de los otros tantos informes financieros que de forma periódica deben elaborar, publicar y difundir los emisores de valores, como contrapartida a la posibilidad de acceder a la financiación del público en general. El principio en el que se fundamenta la exigencia de información financiera periódica es el de transparencia, por el que se persigue que los inversores dispongan de la información necesaria para la correcta formación del precio de cotización de los valores emitidos y admitidos a negociación, lo que redundará en la mejora de la eficiencia del mercado de valores[268].

Las obligaciones de información periódica de los emisores (establecidas en el Capítulo III del Título IV de la LMV y desarrolladas en el Título I del RD 1362/2007[269]) comprenden, en primer lugar, el informe financiero anual, que debe ser hecho público y difundido dentro de los cuatro meses posteriores al final del ejercicio o antes de la publicación de la convocatoria de la junta general o del órgano competente para la aprobación del informe [debe entenderse la

268 Al respecto v. MOYA BALLESTER, J.M "Deberes de información de las entidades emisoras de valores distintos de las acciones admitidos a negociación en mercados secundarios oficiales", en RODRÍGUEZ ARTIGAS, F., FERNÁNDEZ DE LA GÁNDARA, L., QUIJANO GONZÁLEZ, J, ALONSO UREBA, A., VELASCO SAN PEDRO, L. A. y ESTEBAN VELASCO, G. (dirs.), *Sociedades Cotizadas y Transparencia en los Mercados*, T. I, Aranzadi, Cizur Menor (Navarra), 2019, p. 685. Asimismo, sobre el principio de transparencia y la relevancia de la información societaria v. MAMBRILLA RIVERA, V., "Los medios para la publicación y difusión de la información regulada", en RODRÍGUEZ ARTIGAS, F., FERNÁNDEZ DE LA GÁNDARA, L., QUIJANO GONZÁLEZ, J, ALONSO UREBA, A., VELASCO SAN PEDRO, L. A. y ESTEBAN VELASCO, G. (dirs.), *Sociedades Cotizadas y Transparencia en los Mercados*, T. I, Aranzadi, Cizur Menor (Navarra), 2019, pp. 607-612.

269 Real Decreto 1362/2007, de 19 de octubre, por el que se desarrolla la Ley 24/1988, de 28 de julio, del Mercado de Valores, en relación con los requisitos de transparencia relativos a la información sobre los emisores cuyos valores estén admitidos a negociación en un mercado secundario oficial o en otro mercado regulado de la Unión Europea.

convocatoria de la junta general ordinaria en la que se someterán a aprobación las cuentas anuales, no el informe financiero anual[270]] si esta tiene lugar antes de que transcurra el mencionado plazo de cuatro meses (art. 99.1 LMV y art. 8.2 RD 1362/2007). En segundo lugar, los emisores deben hacer público y difundir un primer informe financiero semestral, en los tres meses posteriores a la finalización del primer semestre del ejercicio (art. 100.1 LMV y art. 11.2 RD 1362/2007). En tercer lugar, y solo si el informe financiero anual no es hecho público en los dos primeros meses tras el cierre del ejercicio, los emisores deben hacer público y difundir un segundo informe financiero semestral, en los dos primeros meses posteriores al fin del ejercicio (art. 100.2 LMV y art. 11.1 RD 1362/2007).

270 El informe financiero anual, como tal, no es aprobado por la junta general. Lo que corresponderá aprobar a la junta general serán las cuentas anuales, que forman parte del informe financiero anual, pero no el informe en sí, que comprende las cuentas anuales, el informe de gestión y las declaraciones de responsabilidad de los administradores y que es publicado junto con el informe de auditoría. En este sentido v. MARINA GARCÍA-TUÑÓN, A., "Los deberes de información financiera periódica de las sociedades cotizadas", en RODRÍGUEZ ARTIGAS, F., FERNÁNDEZ DE LA GÁNDARA, L., QUIJANO GONZÁLEZ, J, ALONSO UREBA, A., VELASCO SAN PEDRO, L. A. y ESTEBAN VELASCO, G. (dirs.), *Sociedades Cotizadas y Transparencia en los Mercados*, T. I, Aranzadi, Cizur Menor (Navarra), 2019, p. 592. Entendemos que el fundamento del requisito de que el informe financiero anual sea hecho público y difundido antes de la convocatoria de la junta ordinaria (art. 8.2 RD 1362/2007) es evitar que los actuales inversores de la sociedad, los socios, puedan obtener las cuentas, el informe de gestión y el informe de auditoría (art. 272.2 LSC) antes que el público general, es decir, los potenciales inversores. No obstante, al referirse el art. 8.2 RD 1362/2007 a la convocatoria de la junta general o la "*del órgano competente para la aprobación del informe financiero anual*", la interpretación de este precepto se presta a la confusión. Como hemos señalado, la junta general no aprueba el informe financiero anual, pero el consejo de administración sí debe aprobar la información financiera periódica que debe hacer pública la sociedad por su condición de cotizada, conforme al art. 529 ter.1.d) LSC. Sin embargo, consideramos que la interpretación más acorde con la finalidad de la norma es la primera, que el art. 8.2 RD 1362/2007 se refiere a la convocatoria de la junta ordinaria y no a la del consejo de administración.

El ámbito subjetivo de aplicación de la obligación de elaboración y publicación del informe financiero semestral (común al resto de la información financiera periódica) y, por tanto, el de la excepción contenida en el art. 43.3 RDLME alcanza a aquellos emisores cuyos valores estén admitidos a negociación en un mercado regulado y domiciliado en la Unión Europea, siempre que España sea Estado miembro de origen (art. 100.1 LMV, art. 11 RD 1362/2007 y art. 43.3 RDLME). Igualmente, debe atenderse a los supuestos de no sujeción a las obligaciones de información periódica de los emisores (arts. 199-100 LMV) que se detallan en el art. 101 LMV. Sin ánimo de analizar pormenorizadamente cada uno de los supuestos excluidos de la comentada obligación de elaboración y publicación de información financiera con carácter periódico, podemos señalar que las razones de la exención de esta obligación responden, por un lado, al carácter de ente público del emisor [art. 101.1.a) LMV] y, por otro lado, a la cuantía del valor nominal unitario de la deuda emitida y admitida a negociación [art. 101.b) y c) LMV]. Asimismo, se exime a los emisores cuyos valores cuenten con la garantía incondicional e irrevocable del Estado, las Comunidades Autónomas o entes locales (art. 101.2 LMV) y los fondos de inversión y sociedades de inversión colectiva de capital variable (art. 101.3 LMV).

Por el contrario, sí conviene que nos detengamos en lo que respecta al contenido de los mencionados informes, tanto el de los informes financieros semestrales como el del informe financiero anual, a efectos de comprender por qué el informe por el que puede ser sustituido el balance de fusión es el informe semestral y no otro.

El informe financiero anual se compone, por un lado, de las cuentas anuales e informe de gestión[271], individuales y, en su

271 Aunque no lo establezca expresamente el art. 99.2 LMV, merece la pena recordar que en las sociedades cotizadas el informe de gestión presenta la

caso, del grupo consolidado, debidamente revisados por el auditor [art. 8.1.a) RD 1362/2007]; y, por otro lado, de las declaraciones de responsabilidad sobre el contenido del informe que deben firmar todos los administradores, con indicación del nombre y cargo de cada uno de ellos [art. 8.1.b) RD 1362/2007]. El informe de auditoría debe hacerse público y difundirse junto con el informe financiero anual (art. 99.1 LMV).

Por su parte, el informe financiero semestral comprende las *cuentas anuales resumidas*[272] y el informe de gestión intermedio, individuales y, en su caso, del grupo consolidado [art. 11.1.a) RD 1362/2007]; así como las declaraciones de responsabilidad de los administradores [art. 11.1.b) RD 1362/2007]. El contenido del primer informe financiero semestral se diferencia del segundo en que uno va referido al primer semestre, mientras que el segundo, pese a ser designado como informe semestral, refleja el ejercicio completo. Al ser comparado con el contenido del informe financiero anual, destaca el hecho de que no contenga las cuentas anuales completas (sino resumidas) y que no se exija que sea auditado, si bien puede hacerse voluntariamente, en cuyo caso también sería publicado[273]. De lo contrario, debe declararse en el

especialidad de incluir el informe de gobierno corporativo, en atención a lo dispuesto en el art. 538 LSC. En relación con las implicaciones de la obligación de incluir el informe de gobierno corporativo en el informe de gestión de las sociedades con valores admitidos a negociación v. MOYA BALLESTER, J.M "Deberes de información...", ob. cit., pp.691-692.

272 El contenido de las cuentas anuales resumidas del informe financiero semestral es desarrollado en la Circular 3/2018, de 28 de junio, de la CNMV, sobre información periódica de los emisores con valores admitidos a negociación en mercados regulados relativa a los informes financieros semestrales, las declaraciones intermedias de gestión y, en su caso, los informes financieros trimestrales.

273 V. Consulta 1 BOICAC n.º 73 de marzo de 2008: "*Por tanto, atendiendo a lo dispuesto en la normativa anteriormente citada, las cuentas anuales resumidas integrantes del informe financiero semestral deben formularse conforme a los*

informe financiero semestral que no ha sido auditado ni revisado por auditores (art. 14.1 RD 1362/2007).

Como se puede apreciar, tanto el informe financiero anual como el semestral contienen las cuentas anuales, ya sea en su versión completa o resumida. Entendemos que la decisión de incluir la posibilidad de sustituir el balance de fusión por el informe financiero semestral está justificada en el contenido de este informe y en permitir que esta opción pueda ser empleada cualquiera que sea el periodo del ejercicio en el que se lleve a cabo la fusión. El art. 43.3 RDLME requiere que el informe financiero semestral haya sido cerrado y hecho público en los seis meses previos a la fecha del proyecto. En consecuencia, de haberse recurrido al informe financiero anual, no sería posible suscribir el proyecto de fusión en los últimos meses del ejercicio, dado que el informe financiero anual no puede ser publicado más allá del cuarto mes.

No obstante, no vemos impedimento en que, si se cumpliese el requisito temporal, al que nos referiremos a continuación, el informe financiero anual pudiese sustituir el balance de fusión, en lugar de utilizar el informe financiero semestral. Esto sería especialmente útil en el supuesto en el que no hubiese sido elaborado el segundo informe semestral por haber sido hecho público el informe anual en los dos primeros meses del ejercicio. La razón de peso es que el informe anual contiene las cuentas anuales y el informe de gestión auditados, por lo que ofrece una información contable necesariamente verificada y más detallada que la del informe financiero semestral.

---

mismos principios de reconocimiento y valoración que los de las cuentas anuales, sin embargo en su formulación y presentación la información a incluir es, en principio, de menor detalle". Asimismo, en la citada consulta, el ICAC señala que, *"a voluntad de la entidad"*, el informe financiero semestral puede ser auditado, revisado por auditor o no ser sometido ni a auditoría ni a revisión.

En lo que respecta al requisito de que el informe financiero semestral haya sido *"cerrado y hecho público"* dentro de los seis meses contados retrospectivamente desde la fecha del proyecto, se requiere realizar ciertas apreciaciones. El requisito de ser cerrado con referencia a la fecha del proyecto es coherente con el criterio seguido por el legislador en los supuestos de adoptar el balance de ejercicio o formular un balance *ad hoc* y que, entendemos, responde a la conexión existente entre el contenido económico del proyecto y la información contable ofrecida en el proceso de fusión. Por otro lado, debe indicarse que la fecha de cierre del informe financiero semestral, si se emplea el primero, será la de finalización del primer semestre y, si se utiliza el segundo, coincidirá con la del cierre del ejercicio.

Adicionalmente al requisito de cierre en los seis meses previos al proyecto, en el mismo periodo, deberá haber sido *"hecho público"* el informe financiero semestral. La expresión entrecomillada contrasta con lo dispuesto en relación con la publicación de la información periódica de los emisores en la LMV y el RD 1362/2007, pues para cada uno de los informes se exige que se *hagan públicos* y se *difundan,* no bastando la mera publicación (*cfr.* arts. 99.1 y 100.1 LMV y arts. 8.1 y 11.1 RD 1362/2007).

El art. 4 RD 1362/2007 establece cómo debe ser realizada la publicación y difusión de la información regulada. En virtud del citado precepto, la publicación debe hacerse en la página web, es decir, en la página web corporativa prevista con carácter obligatorio para todas las sociedades cotizadas en el art. 11 bis LSC. Asimismo, el emisor está obligado a difundir la información regulada a través de un medio que asegure el *"acceso rápido, no discriminatorio y generalizado al público"* en toda la UE y de carácter gratuito para quien acceda a la información. Puede ser difundida de forma directa, por el propio emisor, o bien ser encomendada a un tercero, que puede ser la CNMV o cualquier medio que cumpla los requisitos establecidos en el art. 4 RD 1362/2007 y, a título ejemplificativo, se señalan las Bolsas y los medios de comunicación.

Aunque una interpretación literal del art. 43.3 RDLME podría conducir a la conclusión de que solo se requiere hacer público el informe financiero semestral en la página web, en el plazo fijado en el mismo precepto, consideramos que debe exigirse tanto la publicación como la difusión. Fundamentalmente, porque, de acuerdo con el art. 4 RD 1362/2007, deben cumplirse las dos condiciones cumulativamente (publicación y difusión) y, según indica expresamente el mismo precepto, de forma *"simultánea"*.

Por último, nos parece oportuno incidir en que el informe financiero semestral, a diferencia del balance de ejercicio adoptado como balance de fusión, no requiere ser aprobado por la junta general, pues no lo exige la normativa reguladora del mercado de valores ni la LSC. En su lugar, es aprobado por el consejo de administración de la sociedad cotizada [art. 529 ter.1d) LSC], que se trata de una facultad de carácter indelegable. Asimismo, resulta llamativo que no resulte extensible el requisito de verificación y aprobación del balance de fusión, conforme al art. 44 RDLME, al informe financiero semestral cuando sustituye al referido balance. No obstante, la excepción igualmente parece responder, como se ha visto, a que la normativa reguladora del mercado de valores no impone que este deba ser auditado y a que en el RDLME se hace una distinción entre los preceptos aplicables al balance de fusión (entendiendo como tal el balance específico o el balance de ejercicio adoptado como balance de fusión, art. 43.1 RDLME) y los que rigen en caso de sustituir este por el informe financiero semestral[274].

274 V. *supra* "Capítulo III.1.1".

3. LOS CRITERIOS DE ELABORACIÓN DEL BALANCE DE FUSIÓN

3.1. La vinculación entre los criterios de elaboración y la naturaleza y función atribuidas al balance de fusión

En la actualidad, en el RDLME no se han introducido cambios en lo que se refiere a los criterios de elaboración del balance de fusión con respecto a la LME, que, a su vez, contenía una regulación similar a la del art. 239 LSA de 1989, con la diferencia de que se ha sustituyó *valor real* por *valor razonable*, cuyo significado comentaremos más adelante. El art. 43.1 RDLME establece que puede ser empleado el balance de ejercicio o formularse un balance específico, debiendo seguir también en este último "*los mismos métodos y criterios de presentación del último balance anual*". En ambos casos, pueden ser modificadas "*las valoraciones contenidas en el último balance en atención a las modificaciones importantes del valor razonable que no aparezcan en los asientos contables*" (art. 43.2 RDLME). Sin embargo, existe una diferencia fundamental con respecto al régimen de la LSA de 1989 y es que se zanjó el debate sobre la efectividad contable del balance de fusión, por la doctrina del ICAC y las NRV 19.ª Y 21.ª PGC. La normativa vigente no reconoce relevancia contable al balance, en el sentido de no afectar al contenido de las cuentas anuales, siendo su naturaleza y función en el proceso de fusión de carácter informativo. Este aspecto es de gran importancia al afrontar el estudio de los criterios de elaboración aplicables al balance de fusión, puesto que, no dependiendo el registro contable de la operación del contenido del balance de fusión, la cuestión de la adecuación estricta del balance a la normativa contable ha perdido relevancia.

En el régimen anterior al de la LME, la doctrina se centró en aspectos como los límites a la posibilidad de revalorizar los elementos que conformaban el activo y el pasivo del balance y la observancia de principios contables como el de continuidad o el de imagen fiel. Por el contrario, en el presente, la interpretación de los criterios aplicables en la formulación del balance, y sobre todo la posibilidad de ajustar sus valores en función de los cambios importantes del valor razonable, debe realizarse en atención a su carácter informativo. En particular, deben ser interpretados teniendo presente que la finalidad principal del balance es informar a los socios y demás destinatarios sobre las condiciones económicas en que se realiza la fusión (art. 40.8.º RDLME) y la valoración de los patrimonios transmitidos por las sociedades extinguidas (art. 40.7.º RDLME). Lo que significa, desde la perspectiva de la tutela del interés de los socios, conocer el valor de los patrimonios de las sociedades participantes, sobre el que debe ser calculado el tipo de canje (art. 36.1 RDLME).

3.2. Mismos métodos y criterios de presentación del último balance anual

El art. 43.1 RDLME, en su segundo párrafo, determina que, si se formula un balance específico de fusión, este deberá seguir "*los mismos métodos y criterios de presentación del último balance anual*". Aunque la expresión utilizada por el legislador español es ligeramente distinta a la del art. 11.2 Tercera Directiva [idéntico este último en su redacción al vigente art. 97.2 Directiva (UE) 2017/1132], su significado es el mismo. El art. 11.2 Tercera Directiva fijaba que el estado contable elaborado, en su caso, para la fusión, debía establecerse "*según los mismos métodos y según la misma presentación que el último balance anual*". En él se apreciaba con claridad que el legislador europeo se refería tanto a los métodos contables, o métodos de registro y valoración, como a los criterios de presentación, o estructura del balance. Es decir, el estado contable exigido por la Directiva debía presentar la información sobre la situación patrimonial de la sociedad con la misma apariencia formal que cualquier balance anual. Además, el contenido sustancial, los elementos patrimoniales incluidos y su valoración, tenía que haberse obtenido conforme a los mismos métodos o criterios contables. En definitiva, lo que establecía la Directiva era que el comentado estado contable se rigiese por las mismas normas contables que el balance comprendido en las cuentas anuales[275]. Lo que también es apoyado por el hecho de que la función desempeñada por el referido estado contable pudiese ser cumplida por el último balance de ejercicio, siempre que hubiese sido cerrado en los seis meses anteriores a la fecha del proyecto [art. 11.1.c) Tercera Directiva][276].

El contenido del párrafo segundo del art. 43.1 RDLME también debe ser interpretado como una remisión a la normativa contable aplicable al balance de ejercicio, en lo que se refiere a los criterios que deben ser seguidos en la formulación del balance de fusión. Lo que afecta, por un lado, a los criterios formales de presentación del art. 35.1 CCom y la NECA 6 PGC. Es decir, la estructura del balance de fusión debe realizarse distinguiendo los elementos que conforman el activo (corriente y no corriente), el pasivo (corriente y no corriente) y el patrimonio neto, que deberán figurar de forma separada (art. 35.1 CCom, desarrollado regla-

275 Entre otros v. DUQUE DOMÍNGUEZ, J. F., "La fusión en...", ob. cit., p. 743; PÉREZ TROYA, A., *La determinación del...*, ob. cit., p. 120; y LÁZARO SÁNCHEZ, E. J., "Comentario del art. 239", ob. cit., p. 2301.

276 V. PÉREZ TROYA, A., *La determinación del...*, ob. cit., p. 120. La citada autora considera que la LSA de 1989, al transponer el contenido de la Tercera Directiva, zanjó el debate sobre los criterios de elaboración del balance de fusión, resultando *"indubitado"* que tales criterios debían ser los del balance anual. Llegó a dicha conclusión por la exigencia expresa, contenida en el art. 239.1 LSA de 1989, de que el balance de fusión fuese elaborado conforme a los mismos métodos y criterios de presentación que el último balance anual y por la posibilidad de adoptar como balance de fusión el último balance de ejercicio aprobado. Ahora bien, la referida autora advierte que la equiparación de los criterios de elaboración del balance de fusión y del balance de ejercicio no fue absoluta, fundamentalmente por la posibilidad de revisar los valores contenidos en el último balance de ejercicio en función de las modificaciones importantes del valor real.

mentariamente por la NECA 6 PGC). Por otro lado, los métodos de registro y valoración empleados deben respetar los principios contables del art. 38 CCom y lo establecido en los arts. 38.bis y 39 CCom. Así como, la normativa reglamentaria que aparece recogida en el marco conceptual de la contabilidad, las normas de registro y valoración y las normas de elaboración de las cuentas anuales del PGC.

Dada la equiparación de los criterios de elaboración del balance de fusión a los del balance anual, es necesario reflexionar sobre el motivo que llevó al legislador europeo a adoptar tal decisión en la Tercera Directiva. Equiparación que se vio reflejada en el art. 239.1 LSA de 1989 y que se mantiene en el art. 43.1 RDLME. Según manifestó la doctrina que estudió la LSA de 1989, la opción por el régimen del balance de ejercicio respondía al principio de continuidad contable[277]. En un momento en el que se atribuía eficacia contable al balance de fusión, como balance final que daba cierre a la contabilidad de las sociedades extinguidas, se consideraba necesario mantener la continuidad en las valoraciones. Se partía de que el balance de fusión servía para ejecutar la sucesión contable, siendo, por un lado, el balance de cierre de las sociedades extinguidas y, por otro lado, determinando el resultado de los balances de fusión de cada una de las sociedades participantes el balance de apertura del primer ejercicio iniciado tras la fusión[278].

277 GÓMEZ PORRÚA, J. M., La fusión de sociedades...", p. 252, sostuvo que el balance de fusión tenía relevancia a efectos de la continuidad contable, puesto que consideraba que el primer balance de ejercicio de la sociedad resultante de la fusión debía tomar como punto de partida los resultados de los distintos balances de fusión de las sociedades fusionadas. Igualmente, SEQUEIRA MARTÍN, A., "Fusión", ob. cit., p. 192, señaló que, al ofrecer la misma estructura y criterios valorativos que el balance ordinario, se respetaba la continuidad entre el balance de fusión y el balance anual.

278 La función de balance final o de cierre contable a la que nos referimos fue atribuida al balance de fusión durante la vigencia de la LSA de 1951, si bien, (principalmente) por fuerza de la legislación fiscal, siguió desempeñando tal

Por tanto, la conexión existente entre el balance de fusión y el registro contable de la operación justificaba la aplicación de criterios homogéneos en la elaboración del balance de fusión y las cuentas anuales. De este modo, se evitaba que la fusión fuese realizada con el único fin de actualizar el balance[279].

La opción por los criterios del balance de ejercicio supuso un cambio con respecto a la que había sido la interpretación mayoritaria de la doctrina en relación con la LSA de 1951, que el balance de fusión debía regirse por los criterios del balance de liquidación. Dicha interpretación, que partía de la consideración del balance como un documento dirigido al cálculo de la cuota de liquidación del socio que ejercía el derecho de separación y no de su papel en la sucesión contable, implicaba la actualización del balance en función del valor liquidativo o de enajenación, es decir, el valor real del patrimonio. Por el contrario, la aplicación de los criterios del balance anual parecía comportar la continuidad de los valores contables históricos de los patrimonios de las sociedades extinguidas al ser trasladados a la contabilidad de la sociedad resultante.

Conforme a la normativa contable vigente, no se puede afirmar que la remisión a los métodos y criterios de presentación del balance anual suponga el reconocimiento del principio de conti-

función algunos años después de la promulgación de la LSA de 1989, donde el balance de fusión cumplía una función informativa vinculada a la fijación del tipo de canje y no a la ejecución de la sucesión contable, v. en este sentido CORTÉS DOMÍNGUEZ, L. J. y PÉREZ TROYA, A., *Fusión de sociedades*, ob. cit., pp. 242-245. No obstante, parte de la doctrina continuó interpretando la función atribuida por la LSA de 1989 al balance de fusión en el mismo sentido que se había venido haciendo bajo la legislación anterior. Dicha interpretación doctrinal se mantuvo hasta la entrada en vigor del PGC de 2007, tras la cual resultó evidente que el balance de fusión no tenía eficacia contable.

279 En este sentido v. LÁZARO SÁNCHEZ, E. J., "Comentario del art. 239", ob. cit., p. 2301.

nuidad contable en la fusión, ni tampoco lo contrario. Antes de la entrada en vigor del PGC, donde por primera vez se regularon las normas de registro y valoración contable en las fusiones y escisiones, la doctrina mercantilista respondía con cierta rigidez a la cuestión de si era aplicable o no el principio de continuidad. En el régimen de la LSA de 1951 se entendía que el comentado principio no era aplicable, por la naturaleza liquidativa que se atribuía al balance de fusión, lo que significaba que los elementos patrimoniales debían ser valorados conforme a su valor real o valor de enajenación, en lugar de por su valor histórico contable. En relación con la LSA de 1989 se consideró que la remisión a la normativa aplicable al balance anual consagraba el principio de continuidad contable, es decir, el mantenimiento de los valores históricos. En ambas regulaciones la respuesta al principio aplicable (continuidad o discontinuidad en las valoraciones) era unívoca para cualquier operación de fusión. No obstante, en la actualidad no puede predicarse dicha rigidez[280], puesto que la normativa contable prevé que según las circunstancias concretas de la operación pueda mantenerse la continuidad en las valoraciones (en las operaciones intragrupo a las que se refiere la NRV 21.ª PGC) o que, por el contrario, deban revisarse las valoraciones en función del valor razonable (en el caso de las sociedades adquiridas en una combinación de negocios de la NRV 19.ª PGC).

El principio de continuidad se asocia en la normativa contable al principio de empresa en funcionamiento [art. 38.a) CCom y NMC 3.ª1 PGC][281]. La continuidad en los valores contables de

280 Sobre el principio de discontinuidad contable en las fusiones durante la vigencia de la LSA de 1951, la evolución hacia el principio de continuidad en la LSA de 1989 y el sistema actual, que rompe con la rigidez de los sistemas tradicionales de continuidad o discontinuidad, v. CORTÉS DOMÍNGUEZ, L. J. y PÉREZ TROYA, A., *Fusión de sociedades*, ob. cit., pp. 243 y ss.

281 V. LARRIBA DÍAZ-ZORITA, A., "Régimen contable de...", ob. cit., p. 46.

la empresa se mantiene en tanto en cuanto se presume que la gestión de la empresa continuará en el futuro. Cuando se rompe tal presunción, porque se prevé liquidar la empresa entre otros posibles motivos, se ve afectada la continuidad de los criterios de valoración. En tal caso, los valores contables o en libros, por los que se encuentran registrados los distintos elementos del activo y pasivo, pueden requerir ser sustituidos por otros criterios de valoración, como el valor de liquidación, o aquel que resulte más adecuado para reflejar la imagen fiel de la empresa. En la NMC 3.ª1 PGC se desarrolla el contenido del principio de empresa en funcionamiento estableciendo que *"se considerará, salvo prueba en contrario, que la gestión de la empresa continuará en un futuro previsible, por lo que la aplicación de los principios y criterios contables no tiene el propósito de determinar el valor del patrimonio neto a efectos de su transmisión global o parcial, ni el importe resultante en caso de liquidación"*. No obstante, la citada norma también prevé que en determinados casos no resultará aplicable tal principio, por lo que la empresa deberá aplicar las normas de valoración que más se ajusten al principio de imagen fiel, en los términos que establezcan las normas de desarrollo del PGC. Esa norma de desarrollo es el marco de información financiera cuando no resulta adecuada la aplicación del principio de empresa en funcionamiento, contenido en la RICAC de 18 de octubre de 2013. Según la citada norma, entre las situaciones concretas en las que puede verse afectado el principio de empresa en funcionamiento están las de liquidación societaria, pero también aquellas debidas a un cambio en el titular jurídico (entre estas situaciones se encuentran los supuestos de fusión y escisión) y debidas a la situación u objeto empresarial (reconversiones profundas, catástrofes, inactividades de hecho y sociedades de duración limitada). No obstante, como se dice en la RICAC de 18 de octubre de 2013, en el caso de la fusión o escisión la empresa continúa desarrollando su actividad bajo la misma u otra dirección, por lo que no se produce en sentido estricto la quiebra del principio. Lo que no significa que el cambio de dirección no afecte al principio de empresa en funcionamiento. En las fusiones consideradas combinaciones de negocios, una empresa adquiere el control de otra, por lo que se produce un cambio en la dirección de la empresa adquirida. Al producirse el cambio en la dirección mediante una adquisición, los elementos que conforman el patrimonio de la empresa adquirida son registrados en la contabilidad de la adquirente conforme a su valor razonable, en lugar de por su valor contable histórico o en libros [NRV 19.ª 2.4.b) PGC][282]. Mientras que, en las operaciones intragrupo, al no producirse un cambio en la dirección del negocio, ya que estaba bajo el control de otra empresa antes de ser realizada la operación, los elementos patrimoniales son valorados según sus valores contables en las cuentas anuales consolidadas (NRV 21.ª 2.2.1. PGC)[283].

En definitiva, la continuidad no es un principio que en la actualidad pueda afirmarse que rija en todas las operaciones de fusión, por lo que la remisión a los criterios del balance anual y, en consecuencia, al marco contable general no supone la afirmación de dicho principio. Es más, la discusión sobre si en el balance de

282 NRV 19.ª 2.4.b) PGC: "*Criterio de valoración. La adquirente valorará los activos identificables adquiridos y los pasivos asumidos a sus valores razonables en la fecha de adquisición, siempre que dichos valores puedan determinarse con suficiente fiabilidad*".

283 NRV 21.ª 2.2.1 PGC: "*Criterios de reconocimiento y valoración. En las operaciones de fusión y escisión, se seguirán las siguientes reglas:*
a) En las operaciones entre empresas del grupo en las que intervenga la empresa dominante del mismo o la dominante de un subgrupo y su dependiente, directa o indirectamente, los elementos patrimoniales adquiridos se valorarán por el importe que correspondería a los mismos, una vez realizada la operación, en las cuentas anuales consolidadas del grupo o subgrupo según las citadas Normas para la Formulación de las Cuentas Anuales Consolidadas...
b) En el caso de operaciones entre otras empresas del grupo, los elementos patrimoniales adquiridos también se valorarán según sus valores contables en las cuentas anuales consolidadas en la fecha en que se realiza la operación".

fusión rige el principio de continuidad o el de discontinuidad solo tiene sentido si se atribuye a este documento efectos contables. Es decir, si el balance de fusión sirviese para ejecutar la sucesión contable, dando cierre a la contabilidad de las sociedades extinguidas y determinando el valor por el cual se registrará el patrimonio transmitido en la contabilidad de la sociedad resultante, entonces sería lógico discutir si la normativa contable exige la continuidad de los valores contables o si se produce una quiebra de dicho principio y por tanto es necesaria su revalorización. Lo cierto es que ni cumple esta función ni tiene efectos contables, las cuentas anuales en las que se refleja por primera vez la sucesión patrimonial y, en su caso, la actualización de los valores de los elementos patrimoniales de las sociedades adquiridas son las cuentas que dan cierre al ejercicio en el que tiene lugar la fusión. En otros términos, el reflejo contable de los efectos patrimoniales de la fusión se realiza en las cuentas inmediatamente posteriores a la fusión (NRV 19.ª 2.2 PGC).

Como hemos argumentado, el fundamento de la remisión a las normas de elaboración del balance anual, es decir, al marco contable general, no responde al papel del balance de fusión en la sucesión contable. Por tanto, debe ser interpretado en atención a la función que sí desempeña en la actualidad, que no es otra que, como ya se ha argumentado, ofrecer información sobre la situación patrimonial de las sociedades participantes, que ha sido tomada en cuenta por los administradores para fijar el contenido del proyecto, en particular, el tipo de canje y la cifra de capital social de la sociedad resultante. Desde esta perspectiva, el marco contable general ofrece una regulación completa para la elaboración de las cuentas anuales que, aunque el balance de fusión no forme parte de estas, es útil para cumplir con los fines que le atribuye la Ley. En primer lugar, seguir la misma estructura del balance anual, con la correspondiente separación de los elementos patrimoniales en las distintas partidas que conforman el activo, pasivo y patrimonio neto, favorece la presentación de la información con la necesaria claridad. Sobre todo, al contraponer las tres grandes masas patrimoniales con nitidez, permite advertir con claridad el valor del patrimonio neto de la sociedad, que es fundamental para conocer el valor de los patrimonios aportados a la sociedad resultante y enjuiciar el tipo de canje propuesto. En segundo lugar, la aplicación de las normas de registro y valoración contable previstas para el balance de ejercicio permite que la información reflejada en el balance de fusión sea suficientemente objetiva. Por último, seguir los mismos criterios de presentación y elaboración empleados en las cuentas anuales asegura que la información contenida en el balance de fusión pueda ser comparada con la de las cuentas de ejercicios anteriores. En conclusión, consideramos que la remisión al marco contable general en la elaboración del balance de fusión responde a la necesidad de que este documento presente una información clara, objetiva y comparable. Si la información ofrecida por el balance no reuniese dichos atributos, no podría cumplir satisfactoriamente su función y el derecho de información de los socios, y de terceros, se vería afectado.

3.3. La modificación de las valoraciones contenidas en el último balance en atención a las modificaciones importantes del valor razonable

a) Consideraciones previas

Previamente hemos visto cómo el art. 43.1 RDLME fija de forma expresa los criterios de elaboración del balance de fusión remitiéndose a la normativa que rige la formulación del balance anual y el significado de la *aparente* homogenización de los criterios y métodos de presentación de ambos balances. Sin embargo, como expondremos a continuación, tal equiparación normativa no es plena, pues el art. 43.2 RDLME contiene una habilitación para modificar los valores del balance anual en el balance de fusión que impide sostener que en la formulación de este se apliquen únicamente y de forma estricta los criterios previstos para el balance de ejercicio[284].

El art. 43.2 RDLME establece que, tanto en el supuesto de utilizar el último balance de ejercicio como en caso de formular un balance específico, *"podrán modificarse las valoraciones contenidas en el último balance en atención a las modificaciones importantes del valor razonable que no aparezcan en los asientos contables"*. El citado apartado y sus antecesores, los arts. 36.2 LME y el art. 239.1 LSA de 1989, han focalizado el debate sobre los criterios de elaboración del balance de fusión desde la promulgación de la LSA de 1989. La trascendencia del referido apartado reside en que ha sido entendido por la doctrina como una particularidad del balance de fusión que permite diferenciar y, en consecuencia, atribuir una función específica a este documento frente al balance de ejercicio. La relevancia del balance de fusión en el seno de la operación ha dependido del mayor o menor alcance que se ha reconocido a esta excepción, respecto a los criterios de formulación del balance de ejercicio o balance ordinario, y de la consideración de su carácter imperativo o facultativo. Antes de tratar estos dos últimos aspectos, expondremos cómo define el valor razonable la normativa contable, el motivo que determinó la sustitución del criterio del valor real por el de valor razonable en el art. 36.2 LME (el cual se ha mantenido en el art. 43.2 RDLME),

284 En este sentido v. FERNÁNDEZ DEL POZO, L., *El derecho contable...*, 2010, ob. cit., p. 118, señaló que, a pesar de que el art. 36.1 LME establecía que el balance de fusión debía seguir los criterios ordinarios de elaboración (los del balance anual), esa afirmación parecía desmentida justo después, cuando el art. 36.2 LME indicaba que *"podrán modificarse las valoraciones contenidas en el último balance en atención a las modificaciones importantes del valor razonable que no aparezcan en los asientos contables"* (se corresponden respectivamente con los apartados 1 y 2 del art. 43 RDLME).

con respecto al art. 239.1 LSA de 1989 y la naturaleza y finalidad de tales ajustes valorativos.

b) El criterio del valor razonable

Con carácter general, el valor por el cual son contabilizados los activos es su *"precio de adquisición o coste de producción"* y el de los pasivos es la suma del *"valor de la contrapartida recibida a cambio de incurrir en la deuda y los intereses devengados pendientes de pago"* [art. 38.f) CCom]. La normativa contable que desarrolla el citado precepto también designa estos valores como *coste histórico* (NMC 6.1 PGC). Según establece el art. 38.f) CCom, esta regla de valoración admite excepciones, pues antes de referirse al criterio general del precio de adquisición comienza diciendo *"sin perjuicio de lo dispuesto en los artículos siguientes"*. En el art. 38.bis.1 CCom, se contempla la posibilidad de emplear el *valor razonable* en la contabilización de activos y pasivos, en los términos determinados reglamentariamente y dentro de los límites de la normativa europea. En el siguiente apartado, art. 38.bis.2 CCom, se enuncia la forma en la que debe ser obtenido dicho valor. En primer término, se debe recurrir a un valor referencial de mercado que sea considerado fiable y, en segundo lugar, si no es posible determinar un valor de mercado fiable, *"mediante la aplicación de modelos y técnicas de valoración con los requisitos que reglamentariamente se determine"*.

El PGC desarrolla con mayor profundidad el concepto de valor razonable, definiéndolo como *"el precio que se recibiría por la venta de un activo o se pagaría para transferir o cancelar un pasivo mediante una transacción ordenada entre participantes en el mercado en la fecha de valoración"* (NMC 6.2 PGC). Como se puede apreciar en la definición anterior, el valor razonable o *fair value*, como es conocido en las NIIF, es una estimación del valor por el cual podría ser vendido un activo o, cuando se trata de un pasivo, transmitido o cancelado en condiciones de mercado. La estimación del valor de venta (de un activo), transmisión o cancelación (de un pasivo) se corresponde con la obtención del valor teórico de mercado, que coincide con el significado atribuido por la doctrina mercantilista al valor real, el cual asociaban al valor de enajenación o valor liquidativo[285]. Por tanto, la sustitución de valor real por valor razonable en el art. 36.2 LME, que ha sido trasladado manteniendo el mismo criterio al art. 43.2 RDL-ME, responde a que es el término utilizado en la actualidad por la normativa contable[286], pero no consideramos que el cambio terminológico varíe su significado. Los mismos motivos explican que en relación con la valoración de los patrimonios para la fijación del tipo de canje se haya sustituido, en virtud del art. 36.1 RDLME, valor real (como figuraba en el art. 25.1 LME) por valor razonable. Así pues, consideramos que la sustitución de valor real por valor razonable no tiene más efectos sobre el régimen de la fusión que los propios del hecho de que la normativa contable vigente sí prevé ciertas normas para el cálculo y aplicación del valor razonable. En particular, entendemos que nunca dejó de estar vigente, bajo la LME, la vinculación entre los ajustes valorativos

285 Por todos v. VICENT CHULIÁ, F. *Concentración y Unión...*, ob. cit., pp. 294-296. Según el citado autor, el balance de fusión en la LSA de 1951, que servía de base para la determinación de la cuota de liquidación que debía recibir el socio que ejerciese el derecho de separación por la aprobación de la fusión, debía reflejar el valor de liquidación de la sociedad, el cual asociaba al valor real entendido como valor de realización o de venta del patrimonio social. En la actualidad la NMC 6.2 PGC, al definir el valor razonable como el *"el precio que se recibiría por la venta de un activo o se pagaría para transferir o cancelar un pasivo"*, utiliza un concepto similar al que manejaba la doctrina mercantilista al referirse al valor real como valor de realización o de venta del patrimonio.

286 Según SÁNCHEZ-CALERO GUILARTE, J., "Informe de los Administradores...", ob. cit., p. 522, la causa de la sustitución de la referencia al valor real por el valor razonable en el art. 36.2 LME se encontraba en los cambios producidos en nuestro régimen contable.

en función de las modificaciones importantes del *valor razonable* (art. 36.2 LME) y el requisito de fijación del tipo de canje sobre la base del *valor real* de los patrimonios societarios (art. 25.1 LME). No obstante, el legislador ha hecho bien en volver a emplear el valor razonable en los correlativos arts. 43.2 y 36.1 RDLME, para evitar cualquier confusión.

En las normas de registro y valoración del PGC se contienen supuestos concretos en los que debe ser aplicado el valor razonable. Entre otros, en la contabilización de permutas comerciales (NRV 2.ª1.3 PGC) y aportaciones no dinerarias (NRV 2.ª1.4 PGC), donde no puede ser empleado el precio de adquisición. Aunque también existen supuestos en los que el bien fue contabilizado inicialmente por su precio de adquisición o coste de producción, pero es necesario ajustar el coste histórico al valor razonable. Por ejemplo, ante el deterioro del valor del activo por debajo del valor por el cual figura en la contabilidad (NRV 2.ª2.2 PGC).

Atendiendo al contenido del art. 11.2.b) Tercera Directiva [recogido en el vigente art. 97.2.b) Directiva (UE) 2017/1132], parece que el legislador europeo, al referirse a los cambios importantes de *valor real* no reflejados en los asientos, tenía en mente los ajustes valorativos contenidos en el marco general de la contabilidad, como el mencionado deterioro del valor del activo de la NRV 2.ª2.2 PGC. Es necesario tomar en consideración que la referencia a los cambios importantes del valor real en la Tercera Directiva se realiza para el supuesto en el que, con carácter dispositivo, un Estado miembro decidiese que, en el estado contable exigido por el art. 11.1.c) Tercera Directiva, solo fuesen modificables las evaluaciones del último balance anual en función de los movimientos de asiento. Ante esta posibilidad, se advertía que, en caso de incluirse tal previsión al trasponer el contenido de la Directiva, los Estados miembros no podían omitir otros aspectos relevantes en la valoración contable que no se derivan de los movimientos de asiento. Dichos aspectos a los que se refiere la

Tercera directiva son, en primer lugar, *"las amortizaciones y provisiones temporales"* y, en segundo lugar, *"los cambios importantes de valor real que no aparezcan en los asientos"*.

Sin embargo, el significado que se atribuye en nuestro ordenamiento a la actualización de los valores contables, en el balance de fusión, en función de los cambios importantes de valor real/ razonable va mucho más allá de los ajustes técnicos contenidos en el marco general de la contabilidad, aplicables a cualquier balance anual. Desde la transposición de la Tercera Directiva en la LSA de 1989, tanto el legislador como el ICAC y la doctrina han considerado la posibilidad de actualizar los valores contables en función de las modificaciones importantes del valor real como una revalorización del patrimonio contable a su valor real. Es decir, no ha sido entendido como la realización de los ajustes necesarios y propios del marco contable general, lo que parecía pretender el legislador europeo, sino como una excepción a la normativa contable que rige en la elaboración de las cuentas anuales. El motivo que ha justificado en nuestro ordenamiento que esta excepción haya sido interpretada en un sentido tan amplio ha sido que los balances de fusión de cada sociedad participante pudiesen reflejar una valoración de los patrimonios societarios más aproximada a la realidad que el valor estrictamente contable. De este modo, el balance de fusión podía servir para valorar la adecuación del tipo de canje. Dicho de otro modo, permitía comprobar si existía la necesaria correspondencia entre el valor del patrimonio transmitido por la sociedad extinguida y las acciones o participaciones atribuidas a sus socios.

El ejemplo más significativo de lo afirmado anteriormente lo podemos encontrar en la DA 4.ª de la Ley 5/1990, de 29 de junio, sobre medidas en materia presupuestaria, financiera y tributaria que dio una nueva redacción al art. 4 de la Ley 76/1980, de 26 de diciembre, sobre Régimen Fiscal de las Fusiones de Empresas. El art. 4 Ley 76/1980, una vez reformado, establecía que las sociedades que intervinieran en la fusión debían formular balances que recogiesen los valores reales de sus patrimonios que sirviesen de base para determinar la relación de canje, de acuerdo con lo dispuesto en el art. 235.b) LSA de 1989. En cuanto al ICAC, elaboró un borrador de normas de contabilidad aplicables a las fusiones y escisiones de sociedades[287] que, a pesar de nunca haber llegado a entrar en vigor, da buena muestra de cómo eran interpretados los ajustes valorativos a los que hacía referencia el art. 239.1 LSA de 1989, y en la actualidad el art. 43.2 RDLME. En el art. 3 del mencionado borrador, se definía el balance de fusión como un documento informativo obtenido *"a partir de la contabilidad y de la realización, en su caso, de ajustes extracontables derivados de las modificaciones importantes del valor real que no aparezcan en los asientos contables"*. Al identificar los ajustes derivados de las modificaciones importantes del valor real no recogidas en los asientos contables como ajustes extracontables, reconocía que estos no se correspondían con los ajustes previstos por la normativa contable para la elaboración de las cuentas anuales. Por tanto, consideraba la posibilidad de incluir dichos ajustes una excepción al régimen contable general, no dirigida al registro contable de la operación[288], sino a informar sobre la estimación del valor real del patrimonio. La separación de la aplicación estricta de la normativa contable permitía obtener una valoración más aproximada a

287 BOICAC n.º 14, de octubre de 1993 (BNCFE).

288 El citado borrador descartaba la naturaleza contable del balance de fusión negando que tuviera efectos en los registros contables o en las cuentas anuales y le atribuía el carácter de documento informativo. Art. 3: *"El balance de fusión es un documento informativo que se obtiene a partir de la contabilidad y de la realización, en su caso, de ajustes extracontables derivados de las modificaciones importantes del valor real que no aparezcan en los asientos contables. La elaboración del balance de fusión no tendrá efectos en los registros contables ni en la información que se ofrece en las cuentas anuales, salvo en lo que respecta a la información que en las mismas debe aparecer en relación con el proceso de fusión"*.

la realidad, necesaria para la fijación del tipo de canje [art. 235.b) LSA de 1989].

En la actualidad, se mantiene la misma interpretación doctrinal sobre la naturaleza y finalidad de la inclusión, en el balance de fusión, de los ajustes realizados sobre los valores del balance anual en función de las modificaciones importantes del valor razonable[289]. Lo que además se ve reafirmado por el hecho de que, conforme a la normativa contable vigente, sí resulta evidente que el balance de fusión no afecta al registro contable de la operación ni al contenido de las cuentas anuales. Mientras que con anterioridad al PGC de 2007 se discutía la naturaleza contable o informativa del balance de fusión, la cuestión ha sido resuelta a favor de su papel exclusivamente informativo. Esto conduce a que la interpretación de la excepción del art. 43.2 RDLME pueda ser más amplia, con el fin de la obtención del valor razonable del patrimonio de las sociedades participantes. Si el balance de fusión sirviese para el registro contable de la operación o formase parte

289 FERNÁNDEZ DEL POZO, L., *El derecho contable...*, 2010, ob. cit., pp. 120-121, calificó como ajustes valorativos *extracontables* la modificación de las valoraciones contenidas en el último balance en atención a las modificaciones importantes del valor real que no aparecieran en los asientos contables, conforme al derogado art. 36.2 LME. Según el referido autor, dichos ajustes podían ser de todo tipo y no tenían que cumplir los requisitos fijados por las normas contables de reconocimiento y valoración de elementos del activo y del pasivo. El motivo de la inclusión de dichos ajustes extracontables era que el balance de fusión debía (o debería) cumplir su propósito de informar sobre el valor real o razonable de los patrimonios de las sociedades participantes sobre el cual se fijaría el tipo de canje. En el mismo sentido v. MERCADAL VIDAL, F., "Los balances en...", ob. cit., pp. 145-146. En contra, LARRIBA DÍAZ-ZORITA, A. y MIR FERNÁNDEZ, C., "Aspectos contables de...", ob. cit., p. 181, no parecen compartir la opinión de que los ajustes valorativos tuvieran carácter extracontable, puesto que sostuvieron que las variaciones contables solo podían ser incluidas en el balance de fusión cuando tuvieran importancia significativa, *"tal como indica nuestro Plan General de Contabilidad"*.

de las cuentas anuales, necesariamente la interpretación del art. 43.2 RDLME tendría que ser más restrictiva.

Consecuentemente, podemos caracterizar las modificaciones referidas en el art. 43.2 RDLME como ajustes valorativos, ajenos a la normativa que rige la elaboración de las cuentas anuales, destinados a la estimación del valor razonable del patrimonio (art. 36.1 RDLME). Estos constituyen una particularidad del balance de fusión, justificados en su función de informar sobre el valor razonable de los patrimonios societarios sobre el que debe fijarse el tipo de canje (art. 36.1 RDLME), por lo que no tienen por qué corresponderse con los supuestos en los que el PGC indica que debe ser aplicado el valor razonable en la formulación ordinaria de las cuentas[290]. Tampoco se corresponden con los ajustes que prevé la NRV 19.ª PGC para el registro contable de los elementos patrimoniales de las sociedades adquiridas en la contabilidad de la adquirente, puesto que, como hemos señalado, esa norma está destinada a las cuentas anuales posteriores a la fusión.

290 FERNÁNDEZ DEL POZO, L., *El derecho contable...*, 2010, ob. cit., pp. 120-121, entendió que los ajustes valorativos extracontables que permitía realizar el art. 36.2 LME podían consistir en la revalorización, a valor razonable, de activos y pasivos identificables, independientemente de si la operación era una combinación de negocios o una operación intragrupo (en caso de ser una operación intragrupo la normativa contable no permitía, ni permite, revalorizar el patrimonio de las sociedades participantes). En segundo lugar, podían reconocerse elementos patrimoniales, aunque la Ley contable no permitiera hacerlo, como activos intangibles que la normativa contable impedía reconocer o créditos derivados del efecto impositivo que no cumplieran con los requisitos legales. En tercer lugar, aflorar el fondo de comercio en todas las sociedades participantes, incluso cuando la operación no era una combinación de negocios (la normativa contable solo permitía, al igual que en la actualidad, reconocer el fondo de comercio de la sociedad adquirida en una combinación de negocios). Por último, los resultados generados desde el último cierre de cuentas hasta la fecha de cierre del balance de fusión.

Una aplicación estricta de la normativa sobre la formulación de las cuentas anuales impediría reflejar en el balance de fusión los efectos patrimoniales de la fusión, como la revalorización del patrimonio de la sociedad adquirida en función de su valor razonable. Esto se debe a que el principio de prudencia valorativa impide registrar las consecuencias de una operación que, a la fecha de cierre del balance, solo está proyectada, pero ni siquiera ha sido sometida a deliberación en las respectivas juntas generales de socios. En segundo lugar, la normativa contable que rige en el registro contable de las operaciones de fusión y escisión (NRV 19.ª y 21.ª PGC) exclusivamente contempla el registro y valoración de los elementos patrimoniales conforme a su valor razonable cuando la operación constituye una combinación de negocios y solo en el caso de la sociedad adquirida. Sin embargo, el art. 36.1 RDLME exige que el tipo de canje sea calculado sobre la base del valor razonable de las sociedades participantes, de todas ellas. Por tanto, el balance de fusión no podría reflejar la estimación del valor razonable del patrimonio de las distintas sociedades participantes si no se admitiese la excepción del art. 43.2 RDLME como una habilitación para incluir ajustes valorativos de naturaleza extracontable (ajenos al marco contable general sobre la formulación de las cuentas anuales).

c) *El carácter facultativo o imperativo de los ajustes valorativos*

El debate sobre el carácter facultativo o imperativo de los ajustes valorativos previstos en el art. 43.2 RDLME encuentra su origen en la discusión sobre cómo debe ser interpretada la afirmación "*podrán modificarse las valoraciones contenidas en el último balance*". Un sector doctrinal ha entendido que la voluntad del legislador, al emplear el verbo *podrán,* es otorgar la facultad discrecional a los administradores de revisar las valoraciones contenidas en el último balance. En consecuencia, habiendo tenido lugar modificaciones significativas del valor razonable no reflejadas en los asientos contables, correspondería a los administradores decidir libremente su inclusión en el balance de fusión[291]. Esta postura responde a una interpretación literal del precepto, no siempre coherente con la función que el propio intérprete de la Ley considera que debe cumplir el balance de fusión en el seno de la operación. Precisamente, algunos de los autores que señalaron, bajo la LSA de 1989 y LME, que la Ley establecía la posibilidad de revisión de las valoraciones contables como una facultad discrecional criticaron la supuesta decisión del legislador, por impedir que el balance de fusión cumpliera la función de informar a los socios sobre el valor real/razonable del patrimonio de las sociedades fusionadas. Cuestionando incluso la utilidad de este documento contable con base en la no obligatoriedad de incluir las modificaciones importantes del valor real/razonable. Por tanto, podemos identificar una segunda corriente doctrinal que considera que la inclusión de las modificaciones en función del valor razonable es una facultad, de *lege lata*, pero debería ser un deber, de *lege ferenda*[292].

La interpretación predominante en la doctrina es la que atribuye carácter imperativo al art. 43.2 RDLME, si bien hay que reconocer que no ha sido trasladado a la práctica con carácter pleno[293]. Este sector doctrinal ha entendido el *podrán modifi-*

---

291 Entre estos autores v. SEQUEIRA MARTÍN, A., "Fusión", ob. cit., p. 195; URÍA, R.; MENÉNDEZ, A.; e IGLESIAS PRADA, J. L., "Fusión y escisión...", 1999, ob. cit., p. 1261; y MARTÍ MOYA, V., *El procedimiento de...*, ob. cit., p. 156.

292 Fundamentalmente esta posición doctrinal fue defendida por LARRIBA DÍAZ-ZORITA, A., "Problemas de valoración...", 1994, ob. cit., p. 13. V. asimismo LARRIBA DÍAZ-ZORITA, A., "Problemas de valoración...", 2001, ob. cit., p. 188. No obstante, más adelante reconoció que la interpretación correcta de la Ley es la de considerarlo un deber. V. LARRIBA DÍAZ-ZORITA, A. y MIR FERNÁNDEZ, C., "Aspectos contables de...", ob. cit., p. 181.

293 Encontramos resoluciones en las que los órganos judiciales negaron el carácter imperativo del art. 36.2 LME (43.2 RDLME), en contra de la inter-

carse como una habilitación para revisar los valores contables, lo cual no sería posible si los administradores debieran ceñirse estrictamente a los criterios del balance anual, como se exige en el apartado inmediatamente anterior (el art. 43.1 RDLME). En consecuencia, solo indicaría que, si resulta necesario, es posible sustituir el criterio de valoración contable por el que están registrados los elementos patrimoniales que conforman el balance por el de valor razonable, sin que ello implique que quede al libre arbitrio de los administradores. Tal habilitación, según defienden estos autores, no tendría carácter potestativo para los administradores, sino que constituiría en realidad un deber, por coherencia con la función del balance de fusión[294].

A nuestro modo de ver, la interpretación de lo dispuesto en el art. 43.2 RDLME como un deber y no como una potestad es la

pretación doctrinal dominante. En el FJ6 de la SAP de Valencia (Sección 9.ª) 68/2014 de 27 de febrero de 2014 (TOL4.294.291), el tribunal consideró que el art. 36.2 LME indicaba "*la posibilidad —que no el deber imperativo— de modificación de las valoraciones contenidas en el último balance*".

294 La interpretación de la posibilidad de actualizar el balance de fusión, en función de las modificaciones importantes del valor real o razonable, como un deber necesario para el cumplimiento adecuado de su función informativa ha sido defendida por SANTOS, V., "La escisión de las sociedades anónimas", en QUINTANA CARLO, I. (dir.), *El nuevo derecho de las sociedades de capital*, Trivium, Madrid, 1989, p. 243; RODRÍGUEZ ARTIGAS, F., *Escisión*, en URÍA, R., MENÉNDEZ, A. y OLIVENCIA, M. (dirs.), *Comentario al régimen legal de las sociedades mercantiles*, t. IX, *Transformación, fusión y escisión de la sociedad anónima*, vol. 3.º, Civitas, Madrid, 1993, p. 115; PÉREZ TROYA, A., *La determinación del...*, ob. cit., p. 120, nota 89; ALONSO ESPINOSA, F. J., "Fusión y escisión...", ob. cit., p. 22; ROMERO FERNÁNDEZ, J. A., *El derecho de información...*, ob. cit., p. 302; ESTEBAN RAMOS, L. M., *Los acreedores sociales ante los procesos de fusión y escisión de sociedades anónimas: instrumentos de protección*, Aranzadi, Cizur Menor (Navarra), 2007, p. 209; CORTÉS DOMÍNGUEZ, L. J. y PÉREZ TROYA, A., *Fusión de sociedades*, ob. cit., pp. 265 y 267; LÁZARO SÁNCHEZ, E. J., "El «balance de fusión»", ob. cit., pp. 235-236; FERNÁNDEZ DEL POZO, L., *El derecho contable...*, 2010, ob. cit., p. 119; y MERCADAL VIDAL, F., "Los balances en...", ob. cit., p. 146.

más coherente con el resto de previsiones del RDLME. En primer lugar, no sería posible que el balance informase adecuadamente sobre la situación patrimonial de las sociedades participantes si, en lugar de aplicar criterios homogéneos, los administradores de cada sociedad pudiesen optar entre actualizar o no los valores contables[295]. El resultado podría ser que algunas de las sociedades intervinientes en la fusión actualizasen las valoraciones y otras no, con lo cual, la información ofrecida por cada balance no sería comparable con la del resto.

No obstante, la falta de homogeneidad en las valoraciones de los distintos balances es solo una de las posibles consecuencias de la comentada interpretación, pero ni es la única ni la más relevante para poder descartarla. Si se reconociese como una opción la actualización de los valores contables en el balance de fusión y todos los órganos de administración de las distintas sociedades decidiesen, de forma coordinada, no realizar los ajustes valorativos (siendo comparable la información en ese caso), también se estaría vulnerando el derecho de información de los socios. El balance de fusión forma parte de la información mínima exigida por el art. 46.1 RDLME en la fase previa a la adopción del acuerdo y por el art. 10.1 RDLME tras su adopción. La correcta tutela de los intereses de los socios, y también de terceros, depende del

295 Según FERNÁNDEZ DEL POZO, L., *El derecho contable...*, 2010, ob. cit., p. 119, para que el balance de fusión pueda reflejar la situación patrimonial de las sociedades participantes, deben actualizarse de forma homogénea los valores de los elementos que conforman el patrimonio de cada sociedad interviniente en la fusión. Actualizar homogéneamente los balances de fusión implica, según el referido autor, que todos ellos sean cerrados con referencia a la misma fecha y que los criterios aplicados sean análogos. Por dicho motivo, por mantener la congruencia del balance de fusión con su finalidad, entendió que el derogado art. 36.2 LME (art. 43.2 RDLME en la actualidad) debía ser interpretado como un deber de los administradores a realizar los ajustes extracontables procedentes para que el balance de fusión, o escisión, cumpliera de forma adecuada su propósito informativo.

contenido de la información documental a la que se refiere el art. 46.1 RDLME. En consecuencia, no nos parece admisible dejar al arbitrio de los administradores la oportunidad de incluir o no ajustes valorativos cuando existan variaciones importantes del valor razonable con respecto a los valores contenidos en el balance anual. Los criterios que debe cumplir la información ofrecida en el balance en interés de los sujetos previstos en el art. 46.1 RDLME, fundamentalmente de los socios, no debería depender de la voluntad de los administradores si se pretende que pueda servir como un verdadero instrumento de autotutela[296].

La importancia del balance de fusión en relación con el derecho de información supone que la interpretación más coherente del art. 43.2 RDLME sea la de considerar que tiene carácter imperativo. Por tanto, los administradores deben incluir los correspondientes ajustes valorativos, en el balance de fusión, cuando se pueda constatar que existen las modificaciones importantes del valor razonable a las que se refiere el comentado precepto.

d) El alcance de los ajustes valorativos

El alcance objetivo del art. 43.2 RDLME depende del significado que se atribuya al concepto de *"modificaciones importantes del valor razonable que no aparezcan en los asientos contables"*. En los primeros años tras la promulgación de la LSA de 1989, se consideró que la referencia a las *modificaciones importantes* (art. 239.1 LSA de 1989) constituía un requisito que limitaba la posibilidad de actualizar los valores contables en función del valor razonable. El adjetivo *importante* era interpretado como una prohibición de actualización del balance salvo en supuestos excep-

296 En este sentido v. CORTÉS DOMÍNGUEZ, L. J. y PÉREZ TROYA, A., *Fusión de sociedades*, ob. cit., p. 265.

cionales, aquellos en los que la diferencia entre el valor contable y el valor real fuese significativa. Dado que la regla general en la elaboración del balance era seguir los mismos métodos y criterios de presentación del balance anual, la realización de ajustes sobre los valores contables históricos constituía una excepción que, según estos autores, debía ser interpretada de forma restrictiva[297]. En gran medida, esta postura doctrinal respondía a la ya comentada consideración de que el balance de fusión tenía eficacia contable y que en la fusión regía el principio de continuidad contable.

No obstante, cuando resultó evidente que el balance de fusión constituía un documento informativo sin relevancia contable, comenzó a interpretarse el art. 239.1 LSA de 1989 y el correlativo art. 36.2 LME (en la actualidad el 43.2 RDLME) en un sentido más amplio. Al no ir dirigida la formulación del balance de fusión al registro contable de la operación, sino a informar sobre la valo-

297 DUQUE DOMÍNGUEZ, J. F., "La fusión en....", ob. cit., p. 744, interpretó que, para poder incluir modificaciones valorativas en el balance de fusión, debían cumplirse dos requisitos que limitaban la discrecionalidad de los administradores. En primer lugar, las modificaciones debían ser importantes y, en segundo lugar, debían tratarse de modificaciones del valor real de elementos normalmente incluidos en el activo o pasivo, lo que suponía negar la posibilidad de aflorar elementos del activo ocultos como la clientela, el *know how*, *good will*, es decir, el fondo de comercio. ROJO, A., "La fusión de...", ob. cit., p. 364, también consideró que el adjetivo importante limitaba la posibilidad de incluir ajustes poco significativos y añadió como segundo requisito que los cambios se hubiesen producido con posterioridad al cierre del último balance de ejercicio aprobado. En el mismo sentido v. GÓMEZ PORRÚA, J. M., *La fusión de...*, ob. cit., pp. 252-253; y RODRÍGUEZ ARTIGAS, F., "Escisión", ob. cit., pp. 114-115. LÁZARO SÁNCHEZ, E. J., "Comentario del art. 239", ob. cit., p. 2301, igualmente, interpretó la referencia a que las modificaciones fuesen importantes como un elemento condicionante, destinado a evitar que la fusión fuese utilizada para actualizar los balances. En similares términos, pero en relación con la LME, MARTÍ MOYA, V., *El procedimiento de...*, ob. cit., p. 156, también vio en el art. 36.2 LME una prohibición de incluir en el balance de fusión variaciones del valor razonable que no sean consideradas importantes.

ración de los patrimonios de las sociedades que intervienen en la operación, se interpretó que el derogado art. 36.2 LME permitía incluir ajustes valorativos, pero también elementos patrimoniales no reconocidos en el balance anual, que conforme al marco general contable no podrían ser registrados, pero que deben ser tenidos en cuenta en la fijación del tipo de canje[298]. Interpretación que igualmente es trasladable al vigente art. 43.2 RDLME.

Dado el carácter extracontable que se atribuye a las modificaciones valorativas del art. 43.2 RDLME, e incluso al propio balance de fusión, y a su vinculación con la valoración para la fijación del tipo de canje, no es posible interpretar la referencia a que las modificaciones sean *importantes* como una limitación. Tales actualizaciones de los valores del balance anual, al formular el balance de fusión, no afectan al contenido de las cuentas anuales. Podría, no obstante, llevar a engaño a los socios sobre la razonabilidad o justificación del tipo de canje propuesto, si se sobrevalora el patrimonio de alguna de las sociedades. Pero eso no se evita restringiendo los ajustes valorativos en función de su cuantía o significación, sino mediante los informes técnicos de auditoría y, fundamentalmente, del experto independiente.

A nuestro modo de ver, el hecho de que se mencione que se pueden incluir las *modificaciones importantes* cumple un propósito totalmente distinto al de excluir aquellas actualizaciones de poca cuantía. Si consideramos que la inclusión de los ajustes valorativos en función de las modificaciones del valor razonable constituye un deber, y no una facultad potestativa, la interpretación más coherente del art. 43.2 RDLME es que cuando la diferencia entre el valor contable de la sociedad y el razonable sea significativa, su omisión en el balance de fusión es inexcusable. Por el contrario, cuando esa diferencia no sea importante, en el sentido

---

298 V. FERNÁNDEZ DEL POZO, L., *El derecho contable...*, 2010, ob. cit., pp. 120-121.

de no afectar su omisión al tipo de canje[299], no se consideraría un incumplimiento de la obligación.

Los ajustes que, en su caso, pueden ser reflejados en el balance de fusión van más allá de los movimientos de asiento que deben ser incluidos en cualquier balance como resultado de la actividad desarrollada por la sociedad desde el cierre de las últimas cuentas anuales. La singularidad del art. 43.2 RDLME reside en la posibilidad de ajustar el valor de elementos ya registrados en las últimas cuentas anuales, conforme a su valor razonable, pero también permite reconocer nuevos elementos patrimoniales que la normativa contable no permitiría incluir en la contabilidad ordinaria.

El art. 43.2 RDLME posibilita que los administradores[300] modifiquen los valores de elementos ya registrados en el último balance anual, pues así lo establece expresamente el citado precepto (*"podrán modificarse las valoraciones contenidas en el últi-*

299 La consideración de la modificación en función del valor razonable, o real en la LSA de 1989, como importante no se refiere exclusivamente a la magnitud de los cambios, sino a sus efectos en la fijación del tipo de canje. Si la diferencia entre el valor contable y el valor razonable no influye en el tipo de canje o no afecta a los intereses de ninguno de los sujetos que tienen derecho a consultar la información ofrecida por el balance de fusión, no es considerada importante a efectos de lo dispuesto en el art. 43.2 RDLME. V., con respecto a la LSA de 1989, CORTÉS DOMÍNGUEZ, L. J. y PÉREZ TROYA, A., *Fusión de sociedades*, ob. cit., pp. 265-266; LÁZARO SÁNCHEZ, E. J., "El balance de fusión", ob. cit., p. 235; y, en relación con la LME, MERCADAL VIDAL, F., "Los balances en...", ob. cit., p. 146.

300 La decisión sobre si es necesario incluir modificaciones valorativas en el balance de fusión corresponde a los administradores, sin perjuicio de que los auditores, en su caso, deban comprobar los ajustes realizados y posteriormente el balance sea sometido a aprobación en la junta general que delibere sobre la fusión (art. 44 RDLME). V. SEQUEIRA MARTÍN, A., "Fusión", ob. cit., p. 195; RODRÍGUEZ ARTIGAS, F., "Escisión", ob. cit., p. 114; URÍA, R.; MENÉNDEZ, A.; e IGLESIAS PRADA, J. L., "Fusión y escisión...", 1999, ob. cit., p. 1261; LÁZARO SÁNCHEZ, E. J., "El «balance de fusión»", ob. cit., p. 248; y MERCADAL VIDAL, F., "Los balances en...", ob. cit., p. 146.

mo balance en atención a las modificaciones importantes del valor razonable")[301]. Si el valor razonable de un elemento patrimonial difiere del valor por el cual ha sido contabilizado, generalmente su precio de adquisición o coste de producción, cuando es un activo, o el valor de la contrapartida más los intereses devengados pendientes de pago, si es un pasivo [art. 38.f) CCom], puede sustituirse el valor contable (o coste histórico según la NMC 6.1 PGC) por el valor razonable. Esto implica que un activo puede ver reducido su valor, si se ha deteriorado o depreciado, al igual que puede haber aumentado su valor. Pensemos, por ejemplo, en un terreno que se haya revalorizado por un plan urbanístico o una edificación o maquinaria cuyo valor razonable, por el deterioro sufrido, sea inferior al valor contable.

Por lo que respecta al reconocimiento de nuevos elementos patrimoniales, no solo es posible, sino necesario. Frente a la ya señalada interpretación contraria al reconocimiento del fondo de comercio en las fusiones, salvo en las que tuvieran la consideración de una adquisición, en la actualidad, la interpretación más acorde con el carácter de documento informativo del balance de fusión y con su papel en la operación requiere dar un significado más amplio al art. 43.2 RDLME. En particular, la noción de "*modificaciones importantes del valor razonable que no aparezcan en los asientos contables*" debe incluir el reconocimiento del fondo de comercio, para que el balance de fusión pueda cumplir la función que se le atribuye en el proceso de fusión[302]. Este documento tiene entre sus funciones la de reflejar el valor del patrimonio con

301 Entre otros v. SEQUEIRA MARTÍN, A., "Fusión", ob. cit., p. 195; CORTÉS DOMÍNGUEZ, L. J. y PÉREZ TROYA, A., *Fusión de sociedades*, ob. cit., p. 266; LÁZARO SÁNCHEZ, E. J., "Comentario del art. 239", ob. cit., p. 2301; FERNÁNDEZ DEL POZO, L., *El derecho contable...*, 2010, ob. cit., p. 120; y MERCADAL VIDAL, F., "Los balances en...", ob. cit., pp. 145-146.

302 En este sentido v. CORTÉS DOMÍNGUEZ, L. J. y PÉREZ TROYA, A., *Fusión de sociedades*, ob. cit., p. 266.

el fin de que los socios puedan evaluar la adecuación del tipo de canje propuesto a sus intereses. Prescindir de la valoración de elementos del activo intangible presentes en el concepto de fondo de comercio, como la clientela, el *know how* o el *good will*, impediría que el valor del patrimonio reflejado en el balance de fusión fuese representativo del *valor razonable*, exigido por el art. 36.1 RDLME para la concreción del tipo de canje. En definitiva, aunque la normativa contable solo contemple la afloración del fondo de comercio de la sociedad adquirida cuando la fusión puede ser calificada como combinación de negocios, para la estimación del valor razonable de los patrimonios de las distintas sociedades participantes e interrelacionar su valor con el fin de determinar el tipo de canje puede ser necesario incluir los respectivos fondos de comercio de todas ellas[303].

Por último, debemos tratar la cuestión relativa a si las modificaciones a las que se refiere el art. 43.2 RDLME pueden ser posteriores a la fecha de cierre del balance de fusión. Como ya hemos manifestado anteriormente, entendemos que, en el balance de fusión, como en cualquier otro balance, solo pueden reflejarse condiciones existentes al cierre del balance. Defendemos esta interpretación, no porque sea la que se deriva de la aplicación de la normativa contable, que como hemos visto admite excepciones en lo que respecta al balance de fusión, sino porque asegura

303 V. PÉREZ TROYA, A., *La determinación del...*, ob. cit., pp. 128-129, nota 107; FERNÁNDEZ DEL POZO, 2007, ob. cit., p. 78; LÁZARO SÁNCHEZ, E. J., "El «balance de fusión»", ob. cit., p. 248; ALONSO ESPINOSA, F. J. y LÁZARO SÁNCHEZ, E.J., "Especialidades del procedimiento...", ob. cit., pp. 298-299; FERNÁNDEZ DEL POZO, L., *El derecho contable...*, 2010, ob. cit., pp. 120-121; y MERCADAL VIDAL, F., "Los balances en...", ob. cit., pp. 145-146. En contra, LARRIBA DÍAZ-ZORITA, A. y MIR FERNÁNDEZ, C., "Aspectos contables de...", ob. cit., p. 181, consideran que la inclusión de los ajustes valorativos debe realizarse de acuerdo con lo dispuesto en el PGC, puesto que es una obligación derivada de la consecución del paradigma de imagen fiel.

que los destinatarios del balance de fusión conozcan la fecha de referencia de la situación económica reflejada en el balance, su fecha de cierre. Este dato es importante para poder comparar el contenido de los balances de fusión de las distintas sociedades participantes y para saber cuál ha sido la fecha de valoración de los patrimonios societarios tomada como base para establecer las condiciones económicas de la fusión (art. 40.8.º RDLME). El reflejar hechos imputables a un periodo posterior al cierre del balance podría confundir a los destinatarios de la información respecto a tal fecha.

Pese a la opinión que acabamos de expresar, lo cierto es que el art. 43.2 RDLME parece indicar todo lo contrario cuando establece que "*podrán modificarse las valoraciones contenidas en el último balance*", lo que como ya adelantamos anteriormente se debe a la decisión del legislador español de extender al balance de ejercicio un aspecto previsto originalmente en el art. 11.2.b) Tercera Directiva solo en relación con el balance específico. Es lógico que en la formulación del balance específico se incluyan, además de los movimientos de asiento, los cambios importantes de *valor real* no contenidos en el último balance de ejercicio, como disponía el art. 11.2.b) Tercera Directiva y mantiene el art. 97.2.b) Directiva (UE) 2017/1132. La regla contenida en la Directiva no altera los criterios de imputación contable. Solo señala que el estado contable específico que, en su caso, se formule no puede limitarse a recoger los movimientos de asiento ocurridos desde la fecha de cierre del último balance de ejercicio y la de cierre de dicho estado contable, obviando un aspecto tan relevante como que en dicho periodo se produzca una alteración significativa del *valor razonable* con respecto a los valores contables registrados.

Ahora bien, cuando esta posibilidad se extiende al balance de ejercicio adoptado como balance de fusión, se comprende la confusión respecto a lo que debe ser entendido por modificación de "*las valoraciones contenidas en el último balance*" (art. 43.2

RDLME)[304]. A nuestro juicio, no significa que se puedan registrar hechos posteriores al cierre de ejercicio del balance anual adoptado como balance de fusión, sino que se permite la revisión de los criterios de valoración contable cuando las valoraciones contenidas en dicho balance difieran significativamente de su *valor razonable*. Tal revisión de las valoraciones puede afectar tanto a elementos ya registrados en la contabilidad como a la inclusión de otros no registrados (como el reconocimiento del fondo de comercio), pero la fecha de referencia para su reconocimiento y valoración debe seguir siendo la del cierre del balance, por los motivos antes expuestos.

304 En contra, v. ROJO, A., "La fusión de...", ob. cit., pp. 363-364; GÓMEZ PORRÚA, J. M., *La fusión de...*, ob. cit., p. 253; y RODRÍGUEZ ARTIGAS, F., "Escisión", ob. cit., pp. 114-115. Los citados autores interpretaron que las modificaciones a las que se refería el art. 239.1 LSA de 1989, que se corresponde con el vigente art. 43.2 RDLME, debían tener lugar tras el cierre del último balance aprobado. Es decir, se consideraba que el art. 239.1 LSA de 1989 condicionaba la inclusión de ajustes valorativos a que se refirieran a hechos ocurridos con posterioridad a la fecha de cierre del último balance de ejercicio.

Capítulo IV

LA VERIFICACIÓN CONTABLE DEL BALANCE DE FUSIÓN

1. LA FUNCIÓN DEL INFORME DE AUDITORÍA FRENTE AL INFORME DE EXPERTOS INDEPENDIENTES

La utilidad del requisito de verificación del balance de fusión ha sido cuestionada por la doctrina desde la supresión del derecho de separación de los socios con motivo de la fusión y la pérdida de relevancia contable del balance de fusión, al no formar parte de las cuentas anuales ni afectar a los registros contables. Las críticas dirigidas contra la utilidad de la auditoría del balance de fusión parten en su mayoría de la consideración del propio balance como un documento de escasa relevancia en el seno del proceso de fusión[305].

Dada la limitada repercusión en el proceso atribuida al balance de fusión por estos autores, también consideraron innecesarios los requisitos formales de verificación, aprobación e incorporación a la escritura de dicho documento. En lo que atañe a la verificación, además de haber sido considerado el objeto material sobre el que recae de una utilidad muy reducida, la propia labor del auditor ha sido entendida por algunos autores como redundante con respecto a la de los expertos independientes. Tal redundancia o solapamiento de funciones se fundamenta en que ambos informes sirven como elemento de control externo sobre la corrección de la información, de carácter económico, aportada por los administradores[306].

---

305 V. *supra* "Capítulo I.1".

306 SÁNCHEZ OLIVÁN, J., *Fusión y escisión...*, ob. cit., p. 262, afirma que el requisito de verificación de un balance cuya función es puramente informativa es inne-

En contra de esta crítica se ha alegado que, para cada uno de los mencionados informes, se prevén distintos criterios de exigibilidad y diferentes supuestos que eximen del deber de elaborarlos. El informe de auditoría del balance de fusión debe ser presentado cuando la sociedad esté obligada a auditar sus cuentas anuales (art. 44 RDLME), mientras que el informe de expertos es requerido cuando interviene, al menos, una sociedad anónima o comanditaria por acciones en la fusión (art. 41.1 RDLME). Cuando, además de participar una sociedad anónima o comanditaria por acciones, esta sociedad es la resultante de la fusión, y solo en ese caso, resulta exigible la parte del informe de expertos relativa a la efectividad de la aportación (*cfr*. art. 6.2 y 41.3 RDLME). Además, la parte del informe de expertos independientes concerniente al tipo de canje es renunciable (art. 41.4 RDLME), por voluntad de los socios, y cuenta con numerosas excepciones cuando la fusión es de las denominadas fusiones simplificadas o, según las designa el legislador, fusiones especiales (arts. 53 y ss. RDLME). En lo que se refiere a la novedosa tercera parte del informe de expertos, sobre la adecuación de las garantías ofrecidas a los acreedores, ni siquiera es exigible, sino que su elaboración depende de que lo soliciten los administradores (art. 6.3 RDLME). En consecuencia, la coincidencia de ambos informes no se produce en todos los casos, lo que significa que en aquellos supuestos en los que no fuera requerido el informe de expertos el

cesario. Entre otros motivos, porque el informe de expertos es una garantía más significativa respecto a la fijación del tipo de canje sobre el valor real del patrimonio que los balances de fusión. ALONSO ESPINOSA, F. J. y LÁZARO SÁNCHEZ, E.J., "Especialidades del procedimiento...", ob. cit., p. 296, comparten la opinión anterior, al afirmar que el informe de expertos ya cumple la función de control externo sobre la información financiera aportada por los administradores, con especial consideración sobre el tipo de canje, y la adecuación de las valoraciones a los principios ordenadores del capital social.

informe de auditoría constituiría la única garantía de control externo con la que contarían los socios[307].

A nuestro juicio, el pretendido solapamiento no existe, ni siquiera cuando ambos informes son exigibles, pues las funciones desarrolladas por el auditor de cuentas y el experto independiente no son idénticas. La intervención de ambos profesionales en el proceso de fusión responde a la necesidad de introducir mecanismos de control externo frente a la información de contenido económico aportada por los administradores. Sin embargo, ni el objeto material de la comprobación ni los aspectos sobre los que deben manifestar su opinión técnica coinciden.

El objeto material del informe elaborado por el auditor de cuentas es exclusivamente el balance de fusión de la sociedad de la cual es auditor. No le corresponde verificar otros documentos, como pudieran ser las menciones de contenido económico del proyecto de fusión o del informe de los administradores, ni los balances de otras sociedades participantes. Mientras que el objeto material del informe del experto (o expertos) independiente es el proyecto común de fusión (art. 41.1 RDLME), no constituyendo parte de su labor examinar la corrección de la información reflejada en el balance de fusión. Sin perjuicio, no obstante, de que el art. 41.2 RDLME otorga al experto independiente la facultad de recabar toda información o documento que considere útil y realizar cualquier verificación que estime necesaria. Es decir, solo procederá a la comprobación del balance de fusión si a su juicio fuese necesario para poder pronunciarse sobre los aspectos que

307 En palabras de CORTÉS DOMÍNGUEZ, L. J. y PÉREZ TROYA, A., *Fusión de sociedades*, ob. cit., pp. 268-269, el requisito de verificación constituye "*un medio de control externo de la operación que se suma y complementa al que se encomienda a los expertos independientes*", asegurando que la información sea fidedigna. Es más, en los supuestos en los que no se exige el informe de expertos, el requisito de verificación es el único medio de control externo previsto.

deben figurar en su informe (art. 41.3 RDLME), pero con carácter general no tiene el deber de hacerlo ni es su función.

En lo que respecta a los aspectos sobre los que deben pronunciarse el auditor de cuentas y el experto independiente, también son distintos. El auditor debe manifestar su opinión técnica sobre si el balance de fusión expresa la imagen fiel del patrimonio de la sociedad (art. 4 Ley 22/2015, de 20 de julio, de Auditoría de Cuentas, en adelante LAC). En cuanto al experto independiente, debe elaborar un informe dividido en dos partes (art. 41.3 RDLME), al que se puede añadir una tercera si lo solicitan los administradores (art. 6.3 RDLME). La primera está destinada a los socios y se refiere, fundamentalmente, al tipo de canje. En ella debe exponer los métodos seguidos por los administradores para su determinación y, aunque no se diga en el art. 41.3 RDLME, de su regulación en las disposiciones comunes se obtiene que también debe incluir la opinión del experto respecto a si el tipo de canje es adecuado (art. 6.1.2.º RDLME). Además, en los limitados supuestos en los que se reconoce el *derecho de salida* del socio (absorción de sociedad participada en más del noventa por ciento y transfronterizas) la primera parte del informe de expertos debe contener su opinión sobre la adecuación de la compensación ofrecida (art. 6.1.1.º RDLME). En la segunda parte del informe, el experto debe manifestar su opinión sobre si el patrimonio aportado por las sociedades extinguidas cumple con la correspondencia mínima que debe guardar con el capital social de la sociedad resultante o con la ampliación de capital de la sociedad absorbente, solo si la sociedad resultante es anónima o comanditaria por acciones (art. 41.3 RDLME). Por último, la tercera parte, de carácter facultativo, contendrá la opinión del experto sobre la adecuación de las garantías ofrecidas (art. 6.3 RDLME).

A partir de los aspectos sobre los que el legislador exige que se pronuncien el auditor de cuentas y el experto independiente, podemos apreciar que la función que desarrolla el auditor es la de comprobación o verificación de la información contable, es decir, del balance de fusión. Mientras que la función principal del experto independiente es revisar los métodos empleados por los administradores al valorar los patrimonios sociales, con el fin de juzgar la realidad del capital social fijado y la justificación del tipo de canje, a excepción de la tercera parte sobre la adecuación de las garantías ofrecidas, en la que su función no guarda relación directa con la valoración. En el Derecho societario es común esta diferenciación entre la función de verificación contable y la función de valoración de bienes o derechos no dinerarios, atribuyendo la primera al auditor de cuentas y la segunda al experto independiente. Por este motivo, además de en la auditoría de las cuentas anuales (art. 263.1 LSC), se exige la intervención del auditor para que compruebe la contabilidad social al acordar el aumento del capital por compensación de créditos (art. 301.3 LSC) y el balance requerido tanto en el aumento del capital social con cargo a reservas (art 303.2 LSC), como en la reducción del capital por pérdidas (art. 323.1 LSC). En estos supuestos no desarrolla una labor de valoración, sino de comprobación de la fidelidad de los estados contables que justifican la operación que se pretende someter a votación.

Cuando lo que se precisa es la opinión técnica de un perito sobre el valor de un bien, derecho o del propio patrimonio societario, el legislador exige el nombramiento de un experto independiente. Así sucede en las operaciones de modificación estructural como la transformación, fusión y escisión (art. 6 RDLME), salvo en la cesión global, donde este es facultativo (art. 76 RDLME); al valorar las aportaciones no dinerarias (art. 67.1 LSC); en el ejercicio del derecho de adquisición preferente ante una transmisión *mortis causa* de participaciones (art. 110.2 LSC que se remite al 353 LSC) o, cuando se hayan establecido estatutariamente restricciones a la transmisibilidad de las acciones, en las transmisiones *mortis causa* o forzosas de acciones (arts. 124.2 y 125

LSC); en la liquidación del usufructo constituido sobre una acción o participación (art. 128.3 LSC); en la exclusión del derecho de preferencia en las sociedades anónimas [art. 308.2.a) LSC]; y en la separación y exclusión de socios (art. 353 LSC).

2. EXIGIBILIDAD DE LA VERIFICACIÓN DEL BALANCE DE FUSIÓN

2.1. El criterio de exigibilidad

El requisito de verificación del balance de fusión, contenido en el art. 44 RDLME, constituye una particularidad del ordenamiento español, pues ni se trata de una exigencia derivada de la Directiva (UE) 2017/1132 (tampoco fue requerido por la Tercera Directiva en su momento) ni se contempla en los demás Estados miembros[308], con respecto al *estado contable* requerido por el art. 97.1.c) Directiva (UE) 2017/1132 cuya función es desempeñada en nuestro ordenamiento por el balance de fusión. El antecesor legal del art. 44 RDLME fue el art. 239.2 LSA de 1989, en el que se introdujo por primera vez el deber de verificación del balance de fusión y se incluyó como uno más de los documentos que conformaban la información previa a la adopción del acuerdo de fusión [art. 238.1.e) LSA de 1989].

El vigente art. 44 RDLME dispone, en relación con la verificación, que "*El balance de fusión y las modificaciones de las valoraciones contenidas en el mismo deberán ser verificados por el auditor de cuentas de la sociedad, cuando exista obligación de auditar...*" Como se puede apreciar, a pesar de que la auditoría del balance de fusión no constituye propiamente una verificación de cuentas anuales, por no compartir el balance objeto de auditoría

308 Como señala FERNÁNDEZ DEL POZO, L., *El derecho contable...*, 2010, ob. cit., p. 121.

la misma naturaleza y finalidad que las cuentas anuales, el criterio de exigibilidad empleado por el legislador es idéntico. El art. 44 RDLME exige la comprobación del balance de fusión por el auditor de cuentas de la sociedad *"cuando exista obligación de auditar"*. El citado precepto no ofrece dudas sobre la exigibilidad de la verificación del balance de fusión cuando la sociedad está obligada legalmente a auditar sus cuentas anuales. Sobra decir que la excepción de la obligación de auditar las cuentas del art. 263.3 LSC, aplicable a las fusiones, solo rige en relación con las cuentas del ejercicio posterior a la inscripción de la fusión. Así pues, esta obligación recaerá sobre las sociedades que no reúnan, al menos, dos de las tres circunstancias que eximen de la obligación general de verificación contable, al cierre de dos ejercicios consecutivos (art. 263.2 LSC). Igualmente, deberán someterse a auditoría los balances de fusión de las sociedades en las que concurra alguna de las circunstancias de la disposición adicional 1.ª LAC. En caso de existir tal obligación legal, la verificación del balance de fusión debe ser llevada a cabo por el auditor de cuentas de la correspondiente sociedad, como establece expresamente el art. 44 RDLME (*"deberán ser verificados por el auditor de cuentas de la sociedad"*). Este será el auditor que ya hubiera sido designado previamente para la auditoría de las cuentas anuales, conforme a los arts. 264 y, en su caso, 265 LSC.

Es necesario incidir en que el criterio utilizado para determinar si una sociedad está exenta de la obligación de auditar sus cuentas anuales conforme al art. 263.2 LSC es que, como mínimo, reúna dos de las tres circunstancias durante dos ejercicios consecutivos, debiendo constatarse tales circunstancias a la fecha de cierre de ambos. Este criterio no presenta ninguna especialidad cuando es adoptado como balance de fusión el último balance de ejercicio, pues su fecha de cierre coincide con la del cierre del ejercicio, independientemente de si se ajustan sus valoraciones *ex* art. 43.2 RDLME.

Cuando se formula un balance específico, a diferencia del supuesto anterior, sí plantea una duda la aplicación de este criterio, previsto en la LSC para la auditoría de las cuentas anuales y extendido por el RDLME a la verificación del balance de fusión. El art. 263.2 LSC, al estar pensado para la verificación de las cuentas anuales, como es lógico, establece como referencias temporales el ejercicio contable y el cierre de este. No obstante, el periodo que media entre el cierre del balance específico de fusión y el fin del ejercicio anterior no es el de un ejercicio completo y la fecha de cierre de este balance no coincidirá con la de cierre del ejercicio. Por tanto, la duda que surge es si, al comprobar si se reúnen dos de las condiciones del art. 263.2 LSC, puede interpretarse que una de las dos fechas de cierre de los dos ejercicios consecutivos sea la del balance *ad hoc*. Una interpretación en ese sentido permitiría exceptuar la obligación de verificar el balance de fusión si al cierre del ejercicio anterior y al cierre del balance de fusión se reuniesen las circunstancias requeridas. Precisamente por ese motivo, y porque es lo que se deriva del tenor del art. 263.2 LSC, consideramos que la interpretación más apropiada es considerar la fecha de cierre de los dos ejercicios previos y no la del balance de fusión. De lo contrario, podría prescindirse de la verificación del balance de fusión si se reunieran tales circunstancias al finalizar el ejercicio del año anterior y al cierre del balance de fusión, que puede hacerse (discrecionalmente) pocos meses después.

Además de la exigibilidad de la auditoría del balance de fusión cuando existe obligación legal, se ha planteado si es posible interpretar la remisión del art. 44 RDLME (*"cuando exista obligación de auditar"*) en un sentido más amplio, admitiendo la auditoría promovida por la minoría de socios[309], en virtud del art. 265.2

309 CORTÉS DOMÍNGUEZ, L. J. y PÉREZ TROYA, A., *Fusión de sociedades*, ob. cit., pp. p. 269, entienden que la minoría de socios puede solicitar la designación por el registrador mercantil de un auditor cuando la sociedad no esté obliga-

LSC. Desde nuestro punto de vista, la literalidad del art. 44 RDL-ME indica que la voluntad del legislador es que el balance de fusión sea verificado cuando exista la obligación de auditoría legal y no cuando en un ejercicio concreto lo soliciten los socios que representen el cinco por ciento del capital social. La expresión "*cuando exista obligación de auditar*" es utilizada por el legislador para referirse a la obligación legal y no a la derivada de la solicitud de la minoría. De hecho, que las sociedades *no estén obligadas a* verificar sus cuentas anuales, en el sentido de estar exentas del régimen general de obligación de verificación contable, es la premisa de la que parte el reconocimiento del derecho de solicitar el nombramiento de auditor conforme al art. 265.2 LSC[310]. Asimismo, se aprecia la voluntad del legislador, cuando el art. 44 RDL-ME establece que la verificación debe ser llevada a cabo por el auditor de la sociedad, lo que implica que previamente ha debido ser designado para el cumplimiento de la obligación de auditar las cuentas conforme al art. 264 LSC o, en su caso el 265.1 LSC.

Es cierto que, si atendemos al supuesto específico del balance de ejercicio adoptado como balance de fusión, nada impide que los socios puedan instar el nombramiento de auditor para la verificación de las cuentas anuales, cuyo balance de ejercicio es propuesto como balance de fusión. Sin embargo, la solicitud iría dirigida a la verificación de las cuentas anuales y no a la del balance de fusión. Aunque el contenido del balance de ejercicio y el del balance de fusión, en este caso, pueda ser sustancialmente el mismo, formalmente son documentos distintos. De modo que no

da a auditar sus cuentas. En contra, FERNÁNDEZ DEL POZO, L., *El derecho contable...*, 2010, ob. cit., p. 122, considera que los socios minoritarios no pueden solicitar la designación de auditor *ex* art. 205 LSA (en la actualidad art. 265.2 LSC) por tener la auditoría del balance de fusión una naturaleza distinta a la verificación de las cuentas anuales.

310 V. VÁZQUEZ CUETO, J.C., *Las cuentas y...*, ob. cit., p. 169.

supondría el reconocimiento del derecho de la minoría de solicitar la auditoría del balance de fusión *ex* art. 44 RDLME.

En definitiva, del art. 44 RDLME no se deriva que la minoría de socios pueda solicitar la verificación del balance de fusión, en el que se podría haber incluido que el balance debe ser auditado cuando exista obligación de auditar o cuando se solicite por la minoría de socios, ni del art. 265.2 LSC, que se refiere específicamente a la auditoría de las cuentas anuales. La solicitud por la minoría de la auditoría de las cuentas anuales del ejercicio anterior a la fusión no significa que pueda considerarse que *existe obligación de auditar*[311], en los términos que establece el art. 44 RDLME, y

311 En contra v. la RDGRN de 21 de octubre de 2015 (TOL5.555.223). En la citada resolución las sociedades fusionadas no estaban obligadas con carácter general a auditar sus cuentas. Sin embargo, la minoría de socios solicitó la verificación de las cuentas anuales, cuyo balance de ejercicio fue el balance adoptado como balance de fusión. Las cuentas anuales fueron aprobadas el 19 de enero, después de haber sido solicitado el nombramiento de auditor en virtud del art. 265.2 LSC para las dos sociedades participantes, sin el preceptivo informe de auditoría, y el acuerdo de fusión fue adoptado el 13 de abril del mismo año, sin todavía haberse producido el nombramiento efectivo de los auditores. La Dirección interpretó que el deber de verificación del balance de fusión del art. 37 LME (art. 44 en el RDLME) también rige, y debe ser considerado *legalmente exigible*, cuando la obligación de auditar deriva de la solicitud de aquel a quien la Ley reconoce el derecho de solicitar la verificación de las cuentas del ejercicio. En consecuencia, consideró los acuerdos adoptados contrarios a derecho, vulnerado el derecho de información por no ofrecerse el informe de auditoría e incumplido el requisito de incorporación a la escritura de los informes de auditoría (art. 227 RRM). V. fundamentos de derecho quinto, sexto, séptimo y octavo RDGRN de 21 de octubre de 2015 (TOL5.555.223). En particular debe destacarse, en relación con la cuestión tratada, el razonamiento al que llega la DGRN en el fundamento sexto de la citada resolución: "*Existe obligación de auditar los balances que como balances para la fusión se han considerado, en el supuesto del presente expediente. El informe de auditoría viene impuesto por una disposición legal: la que contempla el derecho del socio minoritario a obtenerlo. Tan legalmente exigible es la auditoría sobre el balance de fusión en los casos en que la sociedad deba de nombrar auditor por concurrir los parámetros o circunstancias establecidos en la Ley*

que, por tanto, deba verificarse también el balance de fusión y, en su caso, los ajustes valorativos que sean introducidos en virtud del art. 43.2 RDLME.

Cuando sea adoptado como balance de fusión el último balance de ejercicio y las cuentas anuales de ese ejercicio sean verificadas en virtud del art. 265.2 LSC, el informe de auditoría de las cuentas anuales, cuyo balance de ejercicio es adoptado como balance de fusión, deberá acompañar dichas cuentas en la información previa

---

(artículos 263 y 264 de la Ley de Sociedades de Capital) —o por venir impuesta en virtud de la clase o tipo de sociedad (véase la Ley de Auditoría)—, como en el caso de que el nombramiento del auditor haya tenido lugar como consecuencia de la solicitud de aquel a quien la propia Ley concede el derecho a instar la revisión y verificación de las cuentas anuales de un determinado ejercicio —cuando la sociedad no deba nombrar auditor—, habida cuenta de que el balance comprendido dentro de aquellas cuentas es el mismo balance considerado y aprobado como balance de fusión". En nuestra opinión, la DGRN se equivoca al alegar el art. 37 LME (art. 44 RDLME) y equiparar la auditoría legal, que era la prevista en el art. 37 LME, a la rogada. De aceptarse la argumentación de la DGRN, no queda claro si la solicitud de la minoría de socios de nombramiento de auditor para verificar las cuentas anuales también supone que *existe obligación de auditar* el balance específico de fusión que se formule con posterioridad a estas o si el derecho reconocido en el art. 265.2 LSC puede aplicarse por analogía al balance *ad hoc*, solicitando directamente la verificación de este. No lo parece, puesto que la Ley solo concede tal derecho en relación con las cuentas anuales, lo que conduciría a una diferenciación entre el régimen aplicable al balance de fusión cuando es adoptado el balance de ejercicio y cuando es formulado uno específico difícilmente justificable. El defecto, en el supuesto planteado en la citada resolución (como también se señala en el fundamento séptimo), reside en que el art. 43.1 RDLME (en ese momento el art. 36.1 LME) exige que las cuentas anuales sean aprobadas para poder adoptar el balance de ejercicio como balance de fusión y, en este caso, la aprobación de las cuentas se ha realizado sin el informe de auditoría requerido por la minoría de socios *ex* art. 265.2 LSC e incumpliendo el deber de incorporar a la página web o poner a disposición de los socios y demás destinatarios las cuentas de los tres últimos ejercicios junto a sus respectivos informes de auditoría (art. 39.1.4.º en la LME y art. 46.1.1.º en el vigente RDLME). V. el fundamento de derecho séptimo, RDGRN de 21 de octubre de 2015 (TOL5.555.223).

a la adopción del acuerdo, pero por ir referido a las cuentas de los tres últimos ejercicios y no estrictamente al balance de fusión (art. 40.1.1.º RDLME). Siguiendo el supuesto anterior, si se incluyeran ajustes valorativos en el balance anual adoptado como balance de fusión, las cuentas de ese ejercicio, junto con el correspondiente informe de auditoría, serán insertadas en la página web corporativa o puestas a disposición de los socios y demás destinatarios en virtud del art. 40.1.1.º RDLME, pero el balance modificado no tendrá por qué ser objeto de auditoría, pues la sociedad no está obligada. En tal caso el balance de ejercicio cuyas valoraciones han sido modificadas formará parte de la información previa al acuerdo conforme al art. 40.1.2.º RDLME, por ser distinto del balance de ejercicio, sin informe de auditoría, y las cuentas anuales de los tres ejercicios anteriores en virtud del art. 40.1.1.º RDLME.

Lo anterior se aprecia con mayor claridad en relación con el balance específico de fusión. Si no existiendo obligación legal de auditar las cuentas anuales la minoría de socios solicita la comprobación de las cuentas del ejercicio anterior a la fusión, no puede interpretarse que tal solicitud implica que existe obligación de auditar dichas cuentas y el balance de fusión *ad hoc*. La facultad prevista en el art. 265.2 LSC se refiere a las cuentas de un determinado ejercicio, por lo que sus efectos no pueden extenderse a las de otros ejercicios no previstos en la solicitud ni a otros documentos.

El mismo razonamiento que hemos manifestado en relación con el art. 265.2 LSC, que el art. 44 RDLME se refiere exclusivamente a la obligación legal de auditoría, nos lleva a descartar la posibilidad de solicitar el nombramiento de auditor para la verificación del balance de fusión por persona que acredite un interés legítimo en virtud del art. 40 CCom[312]. Sin perjuicio de que sí

312 En contra v. GUASCH MARTORELL, R., *La escisión de...*, ob. cit., pp. 220-221; CORTÉS DOMÍNGUEZ, L. J. y PÉREZ TROYA, A., *Fusión de sociedades*, ob. cit.,

es posible, conforme al art. 40 CCom, solicitar la verificación de las cuentas anuales del ejercicio, cuyo balance anual podría ser el propuesto y finalmente adoptado como balance de fusión.

Ahora bien, debemos indicar que la vinculación de la obligación de verificar el balance de fusión con los supuestos en los que la sociedad esté obligada a someterse a auditoría legal no excluye la posibilidad de que cualquiera de las sociedades participantes pueda decidir someter su correspondiente balance de fusión a auditoría de forma voluntaria. Cuando no exista obligación de auditar, no hay ningún impedimento legal que prohíba a una sociedad someter el balance de fusión a auditoría voluntariamente, lo que sería útil, entre otros motivos, para dar una mayor credibilidad a la información. Por lo que, cualquiera de las sociedades puede acogerse a tal posibilidad, siempre que los estatutos no dispongan lo contrario. En principio, si no se prevé nada al respecto en los estatutos, el nombramiento de auditor para realizar la verificación voluntaria, en este caso de un balance de fusión, es una facultad de gestión que corresponde al órgano de administración, el cual podrá designar a cualquiera de los inscritos en el ROAC o realizar el encargo a quien, en su momento, fuera designado por la junta general para la verificación obligatoria[313].

2.2. Críticas al criterio de exigibilidad

El criterio empleado por el legislador, para determinar cuándo resulta exigible la verificación del balance de fusión, ha sido ampliamente cuestionado. Hay un cierto consenso respecto a que la remisión a los supuestos en los que la sociedad esté obligada

pp. p. 269; y FERNÁNDEZ DEL POZO, L., *El derecho contable...*, 2010, ob. cit., p. 122.

313 Así lo considera, en relación con la auditoría voluntaria de las cuentas anuales, VÁZQUEZ CUETO, J.C., *Las cuentas y...*, ob. cit., p. 165.

a auditar sus cuentas no encuentra justificación suficiente en la fusión. Por ello, se han realizado varias propuestas para sustituir el criterio por otro más acorde con la función de la auditoría del balance de fusión, que comentaremos a continuación[314].

a) La extensión de la obligación de auditar el balance de fusión a todas las sociedades participantes

De entre quienes abogan por otro criterio de exigibilidad, están, en primer lugar, quienes consideran que el requisito de verificación debería extenderse a todas las sociedades, independientemente de si están o no obligadas a auditar sus cuentas anuales. El fundamento sobre el que se sustenta es que la verificación del balance de fusión, al asegurar que la información del balance sea fidedigna, constituye un medio de control externo que se añade y complementa al informe de expertos. Tratándose de un documento previsto para la tutela del interés de los socios y de los demás sujetos a quienes sirve, en el seno del proceso de fusión, carece de relevancia si la sociedad debe auditar o no sus cuentas anuales[315].

Desde nuestro punto de vista, si bien es cierto que la simplicidad del criterio utilizado en la actualidad es cuestionable, puesto

314 Otros autores señalan la falta de justificación del criterio legal, pero no propone una alternativa por no considerar útil el requisito de verificación. LARRIBA DÍAZ-ZORITA, A., "Problemas de valoración...", ob. cit., p. 192, sostiene que, si el legislador estimase que el balance de fusión sobre el que recae la auditoría es importante, sería exigida en todo caso y no solo cuando la sociedad está obligada a auditar sus cuentas. Sin embargo, según el referido autor, el balance de fusión no tiene ninguna utilidad y, por tanto, no debería ser auditado, pues "*constituye una pérdida de tiempo y dinero*", sin que aporte ninguna utilidad al proceso de concentración.

315 Así es defendido por CORTÉS DOMÍNGUEZ, L. J. y PÉREZ TROYA, A., *Fusión de sociedades*, ob. cit., pp. 268-269.

que equipara el requisito de verificación del balance de fusión al de las cuentas anuales sin atender a las particularidades de este, creemos que existen motivos que justifican la decisión del legislador. La verificación contable, recaiga sobre las cuentas anuales o sobre el balance de fusión, al margen de su relevancia en la protección de los intereses de socios y de terceros, conlleva un coste económico y retrasa la aprobación de las cuentas o de la fusión. El legislador es consciente de ello y de que los mencionados inconvenientes que plantea la auditoría no deben superar las ventajas que ofrece. Por ello, se realiza una ponderación entre la utilidad de exigir la auditoría del balance y sus desventajas, decantándose la balanza en favor de las ventajas cuando la sociedad tiene una presencia importante, en términos cuantitativos, en el tráfico económico[316]. La auditoría del balance de fusión es útil como mecanismo de control externo y propicia una mejor tutela de los intereses de los sujetos especialmente protegidos en el proceso de fusión. Sin embargo, no compartimos que los beneficios de extender el requisito a todas las sociedades que participen en la fusión compensen suficientemente los costes y la demora que acarrearía en fusiones en las que participen sociedades de una dimensión reducida.

b) Establecer la exigibilidad del balance de fusión solo si así lo solicitan los interesados

Una segunda propuesta parte de la premisa de que el criterio de exigibilidad establecido en el art. 44 RDLME no se adecúa a la función que desarrolla el informe de auditoría en la fusión, por lo que se requiere fijar uno más acorde con el motivo que justifica el requisito de verificación en la fusión y sin que ello im-

316 En relación con la justificación del requisito del informe de auditoría de las cuentas anuales v. VÁZQUEZ CUETO, J.C., *Las cuentas y...*, ob. cit., p. 139.

plique requerírselo a todas las sociedades que se fusionan. Con base en que el balance de fusión refleja el valor real o razonable del patrimonio sobre el que debe ser fijado el tipo de canje, este sector doctrinal considera equiparable el fundamento del requisito de verificación del balance de fusión al de nombramiento de auditor (en la actualidad el experto independiente) en la valoración de acciones o participaciones cuando existe desacuerdo sobre el valor atribuido a estas[317]. Ahora bien, el supuesto que, según este sector doctrinal, se aproxima en mayor medida a la auditoría del balance de fusión es el nombramiento de interventor en la liquidación, a quien corresponde fiscalizar las operaciones de liquidación (art. 381 LSC). Del mismo modo que en la liquidación son los socios y, en su caso, el sindicato de obligacionistas quienes deben instar el nombramiento de interventor, este sector doctrinal considera que la verificación del balance de fusión debe depender de que así lo exijan los sujetos cuyos intereses son objeto de tutela[318].

A nuestro juicio, no son equiparables ni el fundamento ni las funciones que son desarrolladas por el experto independiente

317 LÁZARO SÁNCHEZ, E. J., "El «balance de fusión»", ob. cit., p. 246, realizó la comparación cuando estaba en vigor la LSA de 1989. El mencionado autor hizo referencia a los supuestos de transmisión de acciones *mortis causa* con restricciones estatutarias a la transmisibilidad de las acciones (art. 64.1 LSA de 1989), de liquidación del usufructo constituido sobre acciones cuyo valor se vio incrementado por la dotación de reservas (art. 68.3 LSA de 1989), de ejercicio del derecho de separación por sustitución del objeto social (art. 147.2 LSA de 1989) y de exclusión del derecho de suscripción preferente (art. 159 LSA de 1989). Los citados preceptos se corresponden en la actualidad con los arts. 110.2, 128.3, 308.2 y 353 LSC y entre las diferencias con respecto a la LSA de 1989 es destacable que el legislador ya no encomienda la función de valorar las acciones al auditor, sino al experto independiente.

318 Defienden la interpretación comentada LÁZARO SÁNCHEZ, E. J., "El «balance de fusión»", ob. cit., p. 246; y ALONSO ESPINOSA, F. J. y LÁZARO SÁNCHEZ, E.J., "Especialidades del procedimiento...", ob. cit., pp. 294-295.

(con anterioridad las realizaba el auditor de cuentas), cuando se le encomienda valorar acciones o participaciones, a la auditoría del balance de fusión. Estimar el valor de una acción o participación no es una función análoga a la comprobación de la fidelidad de la información reflejada en un estado contable, que es la que desempeña el auditor al verificar el balance de fusión.

Por el contrario, sí coincidimos en que el fundamento y la función del interventor en lo que respecta a la actividad de fiscalización de las operaciones de liquidación son similares al fundamento y función del requisito de verificación del balance de fusión, pero se asemejan en igual medida a los de la auditoria de las cuentas anuales[319]. El objeto propio de la auditoría de las cuentas anuales, del balance de fusión, del balance de liquidación y de cualquier estado contable es comprobar que reflejan la imagen fiel del patrimonio, de su situación financiera, de los resultados de la sociedad y, en su caso, la concordancia entre el informe de gestión y

319 La similitud entre las funciones desempeñadas por interventores y auditores llevó incluso a que el ICAC y algún juzgado interpretasen que los interventores sustituían la función de los auditores de cuentas, por lo que la obligación de someter las cuentas a auditoría cesaba durante el periodo de liquidación, v. Consulta 2 BOICAC n.º 12, de marzo de 1993; y Auto del Juzgado de lo Mercantil n.º 2 de Pontevedra, de 10 de noviembre de 2008 (TOL6.996.398). La comentada interpretación ha sido descartada por reiteradas resoluciones de la DGRN y del ICAC, en las que se ha concluido que la obligación de auditar las cuentas subsiste durante la liquidación. Sin embargo, el debate planteado pone de relieve la semejanza existente entre las funciones desempeñadas por auditores e interventores. V. RDGRN de 26 de mayo de 2009 (TOL1.538.821); fundamento de derecho tercero, de la RDGRN de 6 de julio de 2016 (TOL5.806.681); y RICAC de 18 de octubre de 2013, sobre el marco de información financiera cuando no resulta adecuada la aplicación del principio de empresa en funcionamiento. Sobre la subsistencia de la obligación de auditar las cuentas anuales en fase de liquidación societaria y la discusión del carácter redundante o inoportuno de este requisito en tales circunstancias v. VÁZQUEZ CUETO. J.C. "Las cuentas anuales...", ob. cit., pp. 441-442.

las cuentas. En definitiva, el informe de auditoría asegura que la información contable sea fidedigna[320].

La cuestión de fondo es si las condiciones que hacen exigible el nombramiento de interventores en la liquidación son más acordes con la naturaleza de la verificación del balance de fusión que el criterio del art. 44 RDLME, que se remite a las normas que regulan la obligación de verificación de las cuentas anuales. Entre las condiciones legales para el nombramiento de interventores en la liquidación, al igual que en la auditoría de las cuentas anuales, el legislador toma en consideración la dimensión de la sociedad, pues el art. 381 LSC solo prevé tal posibilidad para las sociedades anónimas[321]. Por tanto, la principal diferencia reside en que el nombramiento de interventores debe ser solicitado por los socios u obligacionistas y la auditoría de cuentas es exigida por la Ley con carácter general, salvo cuando concurre el supuesto previsto en el art. 263.2 LSC (y no es aplicable la disposición adicional 1.ª

320 Así lo establece expresamente el art. 268 LSC respecto al objeto de la auditoría de las cuentas anuales. Asimismo v. FERNÁNDEZ DEL POZO, L., "Las cuentas anuales", *Noticias de la Unión Europea*, n.º 152, 1997, p. 38; ILLESCAS ORTIZ, R., *Auditoría, aprobación, depósito y publicidad de las cuentas anuales*, en URÍA, R., MENÉNDEZ, A. y OLIVENCIA, M., *Comentario al régimen legal de las sociedades mercantiles*, t. VIII, *Las cuentas anuales de la sociedad anónima*, vol. 2.º, Civitas, Madrid, 1993, pp. 108-109; VÁZQUEZ CUETO, J.C., *Las cuentas y...*, ob. cit., p. 175; VELASCO FABRA, G., *Régimen jurídico de la verificación de las cuentas anuales. Propuesta de Reforma*, Aranzadi, Cizur menor (Navarra), 2011, p. 41; y MACHADO, J., "Comentario del art. 263", en ROJO, A. y BELTRÁN, E., *Comentario de la Ley de Sociedades de Capital*, t. II, Aranzadi, Cizur Menor (Navarra), 2011, pp. 1974-1975. En relación con la auditoría del balance de fusión, v. CORTÉS DOMÍNGUEZ, L. J. y PÉREZ TROYA, A., *Fusión de sociedades*, ob. cit., p. 268.

321 Según BELTRÁN, E., "Comentario del art. 381", en ROJO, A. y BELTRÁN, E., *Comentario de la ley de Sociedades de Capital*, t. II, Aranzadi, Cizur Menor (Navarra), 2011, p. 2641, la LSC solo prevé el nombramiento de interventores en la sociedad anónima, y no en la liquidación de la sociedad de responsabilidad limitada, *"porque, en principio, la liquidación de la sociedad anónima puede involucrar intereses más complejos"*.

LAC). A nuestro juicio, en la verificación del balance de fusión concurren circunstancias que desaconsejan hacer depender el requisito de auditoría de la solicitud de los socios y obligacionistas de la sociedad, como ocurre en el nombramiento de interventores en la liquidación. En la liquidación, la actividad fiscalizadora de los interventores interesa fundamentalmente a sujetos directamente vinculados con la sociedad. Sin embargo, en la fusión, la auditoría del balance de fusión es igual de importante para la tutela de los socios de la sociedad en cuestión como de los del resto de sociedades participantes, por la integración de la estructura patrimonial y personal de las sociedades fusionadas como consecuencia de la operación. Por ello, pese a sus limitaciones, nos parece más apropiado mantener el criterio de exigibilidad presente en el art. 44 RDLME.

3. EL ALCANCE OBJETIVO DE LA OBLIGACIÓN DE AUDITORÍA

El art. 44 RDLME establece como objeto de la auditoría *"El balance de fusión y las modificaciones de las valoraciones contenidas en el mismo..."*. Lo primero que hay que destacar del citado precepto es que por balance de fusión debe entenderse tanto el balance específico de fusión como el último balance de ejercicio adoptado como balance de fusión. El informe financiero semestral, pese a poder asumir la función del balance de fusión (art. 43.3 RDLME), no es considerado como tal por el RDLME, lo que entendemos que, unido al carácter voluntario de la auditoría del informe financiero semestral de acuerdo con la normativa reguladora del mercado de valores, ha motivado la exoneración expresa de este requisito cuando el mencionado informe sustituye al balance de fusión (art. 43.3 RDLME)[322].

322 V. *supra* "Capítulo III. 2.5".

En segundo lugar, en el art. 44 RDLME se ha incluido una excepción en su segundo párrafo que no figuraba en la LME. El problema que plantea este segundo párrafo del art. 44 RDLME es que conforme a su redacción no queda claro en qué consiste la excepción, pero sí el supuesto de hecho al que se aplica. Después de regular los requisitos de verificación y aprobación en el primer párrafo, en el segundo se establece *"Esta regla no será de aplicación cuando conforme a las disposiciones de este real decreto-ley no se requiera aprobación del acuerdo de fusión por la junta general"*. En el primer párrafo se prevén dos requisitos diferentes, por lo que no se aprecia con claridad si con *"Esta regla"* el legislador se refiere a la auditoría, a la aprobación del balance o a ambas. El supuesto de hecho de la excepción se refiere a aquellas fusiones especiales en las que se exonera del requisito de aprobación de la fusión por la junta de la sociedad absorbente o absorbida, o de ambas, por haber una situación de titularidad plena o cercana a la totalidad del capital social por parte de una sociedad dominante o uno o varios socios comunes (arts. 53-56 RDLME), lo que se tratará con mayor detalle en el capítulo dedicado a la fase decisoria. A la vista del supuesto de hecho, es lógico pensar que la excepción se refiere a la aprobación del balance de fusión. No tendría sentido exigir la aprobación del balance de fusión por la junta general en aquellas operaciones en las que este órgano no tiene que reunirse para aprobar la modificación estructural.

Sin embargo, respecto al informe de auditoría, resulta más difícil entender la lógica que pudiera haber llevado al legislador a eximir de dicho informe en las fusiones en las que se exonere de la aprobación en junta del balance y el acuerdo de fusión, si es que esa ha sido su voluntad. El motivo para que veamos con dudas que sea extensible la exención al informe de auditoría es que, en las sociedades intervinientes en las que sí se apruebe en la junta la modificación estructural, tienen derecho sus socios y demás destinatarios al balance de fusión *"de cada una de las so-*

ciedades" acompañado, en su caso, del informe de auditoría (art. 46.1.2.º RDLME). Por lo que la exención perjudica el derecho de información de los socios de las sociedades en las que sí sea preciso celebrar la reunión de la junta con respecto a los informes de auditoría de las sociedades en las que no se celebre la junta. No obstante, pese a las dudas manifestadas, en el art. 55.1 RDLME, que regula los supuestos en los que se exceptúa la aprobación de la fusión por la junta general en las fusiones especiales, se vuelve a omitir el informe de auditoría del balance de la información exigible. Por lo tanto, debemos concluir que la excepción sí parece extensible al informe de auditoría[323].

Con lo que respecta al objeto del informe de auditoría, de acuerdo con el art. 44 RDLME, lo conforma, además del balance de fusión, "*las modificaciones de las valoraciones contenidas en el mismo*". A primera vista, llama la atención la utilización del nexo "*y*" para conectar las modificaciones valorativas con el balance de fusión, como si se tratasen de aspectos distintos, en lugar de un único documento en el que, entre sus valoraciones, algunas han podido ser ajustadas en función de su valor razonable. Una diferenciación así tendría sentido en el balance de las transformaciones internas, donde las modificaciones patrimoniales figuran en un informe aparte (art. 20.3.1.º RDLME). En el balance de fusión, por el contrario, los ajustes valorativos se incluyen en el mismo balance y tienen distinta naturaleza. Los ajustes valorativos del balance de fusión responden a la adecuación de los valores contables a su valor razonable, lo que se justifica por su papel en la fijación y justificación del tipo de canje y de la correlativa ampliación del capital social o fijación del capital social de la sociedad de nueva creación, mientras que en la transformación sirven para informar de las posibles variaciones patrimoniales posteriores al

323 Sobre el derecho de información en el supuesto contemplado en el art. 55 RDLME, v. *infra* "Capítulo VI.1.4"

cierre del balance. Es decir, en la fusión constituyen una actualización de los valores contables, aplicando un criterio de valoración distinto al coste histórico, y en la transformación son una puesta al día de la información por los eventos posteriores al cierre del balance. Eso explica por qué el balance de fusión incorpora los ajustes en el mismo balance y el balance de transformación lo hace por separado.

Hechas las aclaraciones previas, entendemos que lo que pretende expresar el legislador es que el objeto de verificación es el balance *junto con* las modificaciones valorativas que, en su caso, hayan podido incluirse en el mismo. La comprobación se hace respecto de un balance que comprende ajustes valorativos, no se verifican de forma separada el balance y las modificaciones. Lo anterior se puede apreciar al observar que en el art. 44 RDLME se indica que las modificaciones están *"contenidas en el mismo"*.

La referencia expresa a las modificaciones de las valoraciones contenidas en el balance resuelve la cuestión relativa a si, en caso de que sea adoptado el último balance de ejercicio aprobado (que por tanto habrá sido auditado, si se trata de una sociedad sometida a auditoría de cuentas, antes de aprobar las cuentas anuales en las que se integra), es necesario auditar las modificaciones valorativas introducidas en virtud del art. 43.2 RDLME[324]. Con-

324 La doctrina interpretó durante la vigencia de la LSA de 1989 que la obligación de auditar el balance de fusión, contenida en el art. 239.2 de dicha Ley, también afectaba a los ajustes de las valoraciones en función de las modificaciones importantes del valor real. Por este motivo, cuando se adoptaba el último balance de ejercicio como balance de fusión, debía volver a ser auditado si sus valores habían sido modificados a tenor de lo dispuesto en el art. 239.1 LSA de 1989, al igual que cuando se formulaba un balance específico para la fusión. En este sentido v. SEQUEIRA MARTÍN, A., "Fusión", ob. cit., p. 198; OLEO BANET, F., *La escisión de...*, ob. cit., p. 309; URÍA, R.; MENÉNDEZ, A.; e IGLESIAS PRADA, J. L., "Fusión y escisión...", 1999, ob. cit., p. 1260; CORTÉS DOMÍNGUEZ, L. J. y PÉREZ TROYA, A., *Fusión de sociedades*, ob.

forme al art. 44 RDLME, si se introducen modificaciones en las valoraciones, el informe de auditoría que en su caso se hubiera presentado en relación con las cuentas anuales, cuyo balance de ejercicio es adoptado como balance de fusión, no satisface el requisito de verificación del balance de fusión. Dado que el informe de auditoría que acompañe al balance de fusión debe comprender también los ajustes valorativos contenidos en el mismo. En tal caso, se interpretó, durante la vigencia de la LSA de 1989, que podría ser suficiente con que los auditores ampliaran el informe de auditoría ya emitido, en lugar de exigir la redacción de uno nuevo, en aplicación de lo dispuesto en el derogado art. 210 LSA de 1989 para el supuesto en el que los administradores se vieran obligados a reformular las cuentas después de haber sido firmado y entregado el informe de auditoría[325]. No obstante, el vigente art. 270.2 LSC, cuyo antecesor legal fue el art. 210 LSA de 1989, exige emitir un nuevo informe cuando las cuentas anuales son reformuladas después de haber sido firmado y entregado el informe de auditoría. En cualquier caso, la referencia al balance de fusión y a las modificaciones de las valoraciones excluye la posibilidad de emitir un nuevo informe, o una ampliación del original, limitado exclusivamente a las modificaciones valorativas. Cuando el balance de fusión es el del último ejercicio e incluye ajustes valorativos, pese a haber sido verificadas las cuentas anuales de ese ejercicio, debe elaborarse un nuevo informe de auditoría que

cit., p. 270; y LÁZARO SÁNCHEZ, E. J., "Comentario del art. 239", ob. cit., p. 2299. En relación con la obligación de auditar el balance de fusión conforme al derogado art. 37 LME, cuando es adoptado como tal el último balance de ejercicio y se introducen ajustes valorativos, v. ALONSO ESPINOSA, F. J. y LÁZARO SÁNCHEZ, E.J., "Especialidades del procedimiento...", ob. cit., p. 292; SÁNCHEZ-CALERO GUILARTE, J., "Informe de los Administradores...", ob. cit., p. 523; y MERCADAL VIDAL, F., "Los balances en...", ob. cit., p. 150.

325 Así lo consideraron, en virtud del derogado art. 210 LSA de 1989, OLEO BANET, F., *La escisión de...*, ob. cit., p. 310; y CORTÉS DOMÍNGUEZ, L. J. y PÉREZ TROYA, A., *Fusión de sociedades*, ob. cit., p. 270.

comprenda el balance de fusión con las modificaciones incluidas en él.

Por el contrario, en el supuesto en el que es adoptado el último balance de ejercicio aprobado y no han sido introducidas modificaciones en función del valor razonable, se considera prescindible el requisito de auditar el balance de fusión, pese a que la sociedad esté obligada a someter sus cuentas a verificación contable, pues ya fue auditado junto con las cuentas anuales[326]. Esta diferenciación entre los casos en los que es empleado el último balance de ejercicio con actualización de valores o un balance específico, por un lado, y, por otro lado, el supuesto en el que es empleado el último balance de ejercicio (sin actualización de valores) no está prevista, al menos de forma expresa, en la Ley. El RDLME se limita a establecer que el balance de fusión, sin distinción de la modalidad empleada, y las modificaciones valorativas comprendidas en él deben ser verificados por el auditor de cuentas de la sociedad. Sin embargo, dado que el requisito de verificación del balance de fusión depende de que la sociedad esté obligada a auditar sus cuentas, si se adopta el último balance de ejercicio, este habrá tenido que ser auditado como parte integrante de las cuentas anuales, siendo su contenido el mismo. En atención a lo

326 Consideran que el último balance de ejercicio, empleado como balance de fusión, no tiene que ser auditado de nuevo si no incluye modificaciones valorativas SEQUEIRA MARTÍN, A., "Fusión", ob. cit., p. 198; CERDÁ ALBERO, F., *Escisión de la...*, ob. cit., p. 282; URÍA, R.; MENÉNDEZ, A.; e IGLESIAS PRADA, J. L., "Fusión y escisión...", 1999, ob. cit., p. 1260; ROMERO FERNÁNDEZ, J. A., *El derecho de información...*, ob. cit., p. 303; ESTEBAN RAMOS, L. M., *Los acreedores sociales...*, ob. cit., p. 209; CORTÉS DOMÍNGUEZ, L. J. y PÉREZ TROYA, A., *Fusión de sociedades*, ob. cit., pp. 269-270; LÁZARO SÁNCHEZ, E. J., "Comentario del art. 239", ob. cit., p. 2297; ALONSO ESPINOSA, F. J. y LÁZARO SÁNCHEZ, E.J., "Especialidades del procedimiento...", ob. cit., p. 292; SÁNCHEZ-CALERO GUILARTE, J., "Informe de los Administradores...", ob. cit., p. 523; MARTÍ MOYA, V., *El procedimiento de...*, ob. cit., p. 155; y MERCADAL VIDAL, F., "Los balances en...", ob. cit., p. 150.

anterior, se considera innecesario someter el balance de fusión a una nueva auditoría cuando es utilizado el último balance de ejercicio y su contenido no se ha visto alterado[327]. De lo contrario, los auditores tendrían que pronunciarse de nuevo sobre la misma información contable ya auditada, con el correspondiente coste económico y dilación del proceso[328].

En lo que respecta al balance específico de fusión (art. 43.1 párr. 2.º RDLME), la cuestión sobre su sujeción al requisito de verificación queda fuera de toda duda. Al constituir un nuevo balance, debe ser auditado conforme establece el art. 44 RDLME, si la sociedad está obligada a auditar sus cuentas.

Por último, al referirse a las modificaciones valorativas incluidas en el balance, el art. 44 RDLME excluye otro tipo de *modificaciones importantes* que no son incorporadas al balance de fusión, pero que son fundamentales en la tutela del interés de los socios, las mencionadas en el art. 46.3 RDLME. Las modificaciones valorativas incluidas dentro del ámbito objetivo de la auditoría son, según el art. 44 RDLME, las contenidas en el balance de fusión. En consecuencia, no incluye la información que deben aportar los administradores a las juntas generales de las sociedades in-

327 Esta interpretación también ha sido sostenida en relación con los balances exigidos en supuestos de modificaciones estatutarias por alteración de la cifra del capital social, donde igualmente se considera que si se utiliza el balance de las cuentas anuales no se requiere la emisión de un informe de auditoría adicional. V. ESPÍN GUTIÉRREZ, C., "La verificación y...", ob. cit., p. 72.

328 El informe de auditoría debe acompañar al balance de fusión en la información previa al acuerdo (art. 46.1.2.º RDLME), que debe estar a disposición de los socios, y de los demás sujetos legitimados para su consulta, desde la convocatoria de la junta general. En consecuencia, habrá que esperar a que el informe de auditoría sea redactado para poder convocar la junta general en la que se delibere sobre la fusión. V. en este sentido, aunque con respecto a la LSA de 1989, CORTÉS DOMÍNGUEZ, L. J. y PÉREZ TROYA, A., *Fusión de sociedades*, ob. cit., p. 261; y LÁZARO SÁNCHEZ, E. J., "El «balance de fusión»", ob. cit., p. 248.

tervinientes en la fusión sobre las modificaciones importantes del activo o del pasivo producidas desde la fecha de redacción del proyecto hasta la celebración de la junta en la que se someta a aprobación la fusión (art. 46.3 RDLME).

La información a la que se refiere el art. 46.3 RDLME es ofrecida por los administradores en la misma junta en la que se delibere sobre la fusión, o en una reunión previa[329], para advertir a los socios de cualquier cambio significativo en los patrimonios de las sociedades intervinientes. El objeto de esta información son las variaciones en el activo o el pasivo originadas con posterioridad a la redacción del proyecto, dado que al haberse producido en dicho periodo (el que media entre la redacción del proyecto y la deliberación en junta) son susceptibles de alterar el equilibrio de la relación de canje fijada en el proyecto. Sirve de actualización

329 Los administradores contraen el deber de comunicar las modificaciones importantes del activo o del pasivo, conforme al art. 43.3 RDLME, frente a la junta, lo que significa que podría ser convocada una junta meramente informativa, previa a la reunión en la que se delibere sobre la fusión, para cumplir con dicho deber. Esta parece ser la posibilidad que SEQUEIRA MARTÍN, A., "Fusión", ob. cit., pp. 178-179, consideró más apropiada al interpretar el homólogo deber en el art. 238.2 LSA de 1989. GONZÁLEZ-MENESES, M. y ÁLVAREZ, S., *Modificaciones estructurales de...*, ob. cit., p. 197, por el contrario, consideran la posibilidad de convocar una junta informativa como una opción más. A nuestro modo ver, la convocatoria de una junta específica, o incluso su inclusión dentro de los asuntos del orden del día de una junta en la que se traten otras cuestiones ajenas a la fusión, es una opción que permite el art. 46.3 RDLME, pues no se especifica que deba comunicarse esta información en la misma junta en la que se delibere sobre la fusión, mientras que el precepto que regula el análogo deber en la transformación sí que estipula que debe hacerse en la junta de socios en la que se resuelva sobre la transformación (art. 21.2 RDLME). No obstante, hay que tener presente que el deber de informar subsiste hasta la celebración de la junta en la que se delibere sobre la fusión. Por tanto, la celebración de una junta informativa antes de la reunión en la que se delibere sobre la fusión, para comunicar las modificaciones a las que se refiere el art. 46.3 RDLME, no exime del deber de comunicar posteriores modificaciones patrimoniales, que sean significativas.

de la información reflejada en el balance de fusión sobre el valor y composición del patrimonio de las sociedades participantes y, junto a este, es necesaria para que los socios valoren la adecuación de las condiciones fijadas en el proyecto a sus intereses.

Es evidente la importancia que tiene para los socios que la información trasmitida por los administradores, en cumplimiento del deber establecido en el art. 46.3 RDLME, sea veraz. De ello depende el correcto cumplimiento del derecho de información de los socios, necesario para que estos puedan ejercer su autotutela. Sin embargo, el legislador no la ha incluido dentro del objeto de la auditoría, existiendo razones que avalan tal decisión. El principal motivo es que sería difícil de llevar a la práctica. El auditor no puede pronunciarse en su informe sobre dichas variaciones, ya que forma parte de los documentos que deben ser puestos a disposición de los socios con anterioridad al anuncio de la convocatoria (art. 46.1.2.º RDLME), y el art. 46.3 RDLME incluye las modificaciones producidas hasta la misma reunión. Si se incluyera la información del art. 46.3 RDLME dentro del objeto de la auditoría, la constatación de una modificación patrimonial significativa tras la convocatoria de la junta para deliberar sobre la fusión obligaría a elaborar un nuevo informe, insertarlo en la página web o ponerlo a disposición de los socios y demás destinatarios y realizar una nueva convocatoria (art. 46.1 RDLME). Esto podría repetirse consecutivamente, por lo que haría impracticable la fusión.

4. DIFICULTADES ESPECÍFICAS EN LA VERIFICACIÓN DEL BALANCE DE FUSIÓN

Como hemos señalado anteriormente, aunque el balance de fusión se rige por los mismos métodos y criterios de presentación que el balance anual, debe incluir, en virtud del art. 43.2 RDLME, ajustes de carácter extracontable. Esta particularidad dificulta la labor del auditor al comprobar la fidelidad de la información reflejada en el balance de fusión, pues no existen normas técnicas específicas para la elaboración de este, como sí existen, por ejemplo, para los estados contables formulados en la liquidación[330].

En la auditoría de las cuentas anuales, el auditor verifica su adecuación a la normativa contable que rige en su formulación (el marco normativo de información financiera[331]). En la auditoría del balance de fusión, a pesar de que deben ser seguidos los mismos métodos y criterios de presentación del balance anual (le es aplicable el marco normativo de información financiera), la posibilidad de incluir ajustes extracontables, en virtud del art. 43.2 RDLME, complica el cumplimiento del encargo por parte del auditor. En este punto, la auditoría del balance de fusión se separa de la verificación contable de un balance ordinario, pues el auditor deberá pronunciarse sobre la idoneidad técnica de los ajustes valorativos y, entre estos, del afloramiento, en su caso, del fondo de comercio. Como se ha indicado, dichas modificaciones valorativas no tienen por qué ajustarse estrictamente a los criterios de registro y valoración ordinarios, dado que constituyen una excepción dirigida a reflejar una imagen más aproximada del valor razonable o real del patrimonio societario. De modo que no le serán de utilidad buena parte de las normas técnicas de la verificación contable ordinaria en la comprobación de los ajustes valorativos derivados del art. 43.2 RDLME[332].

330 RICAC de 18 de octubre de 2013, sobre el marco de información financiera cuando no resulta adecuada la aplicación del principio de empresa en funcionamiento.

331 El art. 3.1 LAC define el marco normativo de información financiera como el conjunto de normas principios y criterios establecidos en la normativa de la UE sobre cuentas consolidadas, la legislación mercantil, el PGC y las normas de desarrollo de este último emitidas por el ICAC, así como el resto de la normativa contable española que resulte aplicable.

332 V. FERNÁNDEZ DEL POZO, L., *El derecho contable...*, 2010, ob. cit., p. 122.

Es más, en caso de emitirse un informe ajustado a las normas técnicas de auditoría, este podría llegar a confundir a los socios y demás sujetos legitimados para su consulta. Si los administradores no incluyeran los ajustes valorativos, que conforme al art. 43.2 RDLME están obligados a realizar, el informe sería favorable, generando una falsa apariencia de que la imagen reflejada en el balance de fusión se adecúa al valor razonable del patrimonio de la sociedad. Si, por el contrario, los administradores incluyeran las modificaciones de valoración, el auditor tendría tres opciones: incluir las modificaciones en salvedades (considerándolas amparadas en una excepción legal), denegar su opinión o emitir una opinión negativa en atención a la importancia de las modificaciones incluidas. En los escenarios anteriores, es improbable que los socios interpreten que la opinión del auditor responde a que el balance de fusión ha sido ajustado, de forma correcta, a su valor razonable[333].

Entendemos que la auditoría del balance de fusión no constituye una auditoría de cuentas anuales, de las cuales no forma parte. Se corresponde más bien con la verificación de *otros estados financieros o documentos contables*[334] a la que se refiere el art. 1.2 LAC[335] y el

333 Sobre las dificultades que encuentra el auditor al verificar el balance de fusión conforme a las normas técnicas de auditoría v. LARRIBA DÍAZ-ZORITA, A., "Responsabilidad del auditor...", ob. cit., pp. 15-17; y LARRIBA DÍAZ-ZORITA, A., "Problemas de valoración...", 2001, ob. cit., pp. 190-195.

334 V. SEQUEIRA MARTÍN, A., "Fusión", ob. cit., pp. 197-198; ROMERO FERNÁNDEZ, J. A., *El derecho de información...*, ob. cit., p. 302; y FERNÁNDEZ DEL POZO, L., *El derecho contable...*, 2010, ob. cit., p. 122.

335 Art. 1.2 LAC: "*Se entenderá por auditoría de cuentas la actividad consistente en la revisión y verificación de las cuentas anuales, así como de otros estados financieros o documentos contables, elaborados con arreglo al marco normativo de información financiera que resulte de aplicación, siempre que dicha actividad tenga por objeto la emisión de un informe sobre la fiabilidad de dichos documentos que pueda tener efectos frente a terceros*".

art. 12.1 RLAC[336]. Como tal, le es aplicable el marco normativo de información financiera, pero en tanto el ICAC no desarrolle normas técnicas específicas para la comprobación de los ajustes valorativos derivados del art. 43.2 RDLME, se mantendrán las dificultades aludidas. Mientras no se desarrolle una normativa específica, entendemos que el informe de auditoría debe reflejar una opinión técnica del auditor adecuada a la fusión y a la finalidad que persigue el balance de fusión[337]. Deberá verificar y dictaminar si el balance de fusión expresa la imagen fiel[338] sin que la aplicación estricta de las normas técnicas de auditoría sobre los ajustes valorativos derivados de la observancia del art. 43.2 RDLME pueda justificar una opinión negativa o la denegación de esta.

336 Reglamento de desarrollo de la LAC aprobado por el Real Decreto 2/2021 de 12 de enero.

337 Como señalaron SEQUEIRA MARTÍN, A., "Fusión", ob. cit., p. 198; y ROMERO FERNÁNDEZ, J. A., *El derecho de información...*, ob. cit., p. 302.

338 El art. 4 LAC diferencia las dos modalidades de auditoría previstas en la Ley, la auditoría de las cuentas anuales y la de otros estados financieros o documentos contables. Con respecto a la auditoría de otros estados financieros o documentos contables establece lo siguiente: "*La auditoría de otros estados financieros o documentos contables, que consistirá en verificar y dictaminar si dichos estados financieros o documentos contables expresan la imagen fiel o han sido preparados de conformidad con el marco normativo de información financiera expresamente establecido para su elaboración.*
Lo establecido en esta Ley sobre los trabajos e informes de auditoría de las cuentas anuales será de aplicación, con la correspondiente adaptación, a los trabajos e informes de auditoría de otros estados financieros o documentos contables" (art. 4.2 LAC).

Capítulo V
EL BALANCE DE FUSIÓN EN LA FASE DECISORIA

1. EL DERECHO DE INFORMACIÓN SOBRE EL BALANCE DE FUSIÓN EN LA FASE PREVIA AL ACUERDO Y LA INFORMACIÓN COMPLEMENTARIA SOBRE LAS MODIFICACIONES PATRIMONIALES IMPORTANTES

1.1. Inserción en la web o puesta a disposición del balance de fusión con anterioridad a la convocatoria de la junta

El balance de fusión forma parte de la información documental previa a la adopción del acuerdo de fusión regulada en los arts. 5 y 46 RDLME, aunque no de la información objeto de la publicidad general regulada en el art. 7 RDLME. Como tal, debe ser insertado en la página web corporativa o, en caso de no disponer de una web social conforme a lo dispuesto en el art. 11 bis LSC, puesto a disposición de los legitimados, que figuran en el art. 46.1 RDLME, en el domicilio social junto con el proyecto de fusión y el resto de los documentos, tanto los enumerados en el citado artículo como los que figuran en las disposiciones comunes, desde antes de la publicación o comunicación individual de la convocatoria.

Aunque nos hayamos referido anteriormente al balance de fusión en singular, para designar la institución jurídica en abstracto, lo cierto es que el objeto material del derecho de información sobre el balance de fusión, recogido en el art. 46.1.2.º RDLME, lo constituyen los balances de cada una de las sociedades participantes en la fusión. Cada sociedad debe poner a disposición de sus socios, y demás sujetos enumerados en el art. 46 RDLME relacionados con la sociedad, ya sea a través de la web o en el propio domicilio social, los balances de fusión de todas las sociedades que proyectan fusionarse. Sin la comparación de todos los balances, no se podría llegar a conocer la situación patrimonial en conjunto de las sociedades, lo que impediría prever las posibles consecuencias económicas de la fusión sobre los intereses de los distintos potenciales afectados. Junto a estos, además, se tendrán que incluir los correspondientes informes de auditoría, cuando fueran exigibles. Por otro lado, hay que tener presente que, desde la inclusión del apartado tercero del art. 36 LME por el RDL 9/2012, de 16 de marzo (art. 43.3 RDLME en el régimen vigente), la función del balance de fusión puede ser asumida por el informe financiero semestral, con carácter sustitutivo, cuando la sociedad sea cotizada y sus "*valores estén ya admitidos a negociación en un mercado regulado, domiciliado en la Unión Europea*" (art. 43.3 RDLME).

Los destinatarios de la información ofrecida por el balance de fusión, según el art. 46.1 RDLME, son los socios, obligacionistas, titulares de derechos especiales y representantes de los trabajadores. Nuestro legislador, al incorporar el contenido de la Tercera Directiva en nuestro ordenamiento, amplió considerablemente el número de destinatarios, que en la norma comunitaria eran únicamente los accionistas (art. 11.1 Tercera Directiva)[339]. Aun así, algunos autores echaron en falta la inclusión de los acreedores en general, habida cuenta de que los obligacionistas, siendo una clase especial de acreedores[340], sí fueron incorporados al círculo

---

339 La ampliación de los sujetos destinatarios, junto a la inclusión de facultades informativas y exigencias adicionales a las contempladas en la Directiva, ha sido vista por parte de nuestra doctrina como un factor que podría ir en contra de las necesidades empresariales por sobrecargar con exigencias informativas, no reconocidas en países de nuestro entorno, el régimen de la fusión. V. PÉREZ TROYA, A., *La tutela del...*, ob. cit., p. 343.

340 Parte de la doctrina se mostró contraria a la decisión del legislador de limitar el derecho de información del art. 238 LSA de 1989 a los obligacionistas, en lugar de extenderlo a todos los acreedores en general, pues de esta forma

de destinatarios de la información del art. 46.1 RDLME. Esta omisión podría encontrar justificación en que los acreedores tienen reconocido el derecho a obtener el texto del acuerdo y el balance de fusión con posterioridad a la aprobación de la operación (art. 10.1 RDLME), lo que bajo la LME podía considerarse justificado en el hecho de que su derecho de información estaba enfocado a decidir sobre el ejercicio del derecho de oposición frente a la fusión acordada (art. 44 LME)[341]. Sin embargo, conforme a la regulación vigente, a la vista de que los acreedores cuando pueden ejercer su derecho a reclamar garantías adecuadas (que ha sustituido al de oposición) es desde la publicación del proyecto de fusión, en los términos del art. 7 RDLME (art. 13 RDLME), ha perdido sentido que el derecho a obtener el balance se reconozca a los acreedores una vez aprobada la fusión y no desde la publi-

solo se permitía a los acreedores conocer el contenido del acuerdo y del balance (art. 242 LSA de 1989) y no el del resto de documentos, que les permitirían formarse una mejor opinión sobre la decisión de ejercer o no el derecho de oposición. V. VARA DE PAZ, N., "La protección de los acreedores en la fusión y escisión de sociedades" en ALONSO LEDESMA, C. *et al.*, *Derecho Mercantil de la Comunidad Económica Europea: estudios en homenaje a José Girón Tena*, Madrid, 1991, p. 1115. En el mismo sentido v. SEQUEIRA MARTÍN, A., "Fusión", ob. cit., p. 172; EMBID IRUJO, J. M., "Comentario del art. 238", ob. cit., p. 2277; RODRÍGUEZ ARTIGAS, F., "Escisión", ob. cit., p. 171; GUASCH MARTORELL, R., *La escisión de...*, ob. cit., pp. 287-299; ESCRIBANO GAMIR, R.C. *La protección de los acreedores sociales frente a la Reducción del Capital Social y a las Modificaciones Estructurales de las Sociedades Anónimas*, Aranzadi, Pamplona, 1998, pp. 436-440; y ESTEBAN RAMOS, L. M., *Los acreedores sociales...*, ob. cit., p. 213. CERDÁ ALBERO, F., *Escisión de la...*, ob. cit., pp. 323-324, nota 82, por el contrario, considera acertada la decisión del legislador y sostiene que a los acreedores les interesa obtener el texto íntegro del acuerdo y el balance de fusión, pero no el resto de los documentos.

341 MARTÍ MOYA, V., *El procedimiento de...*, ob. cit., p. 91, consideró que la configuración del derecho de información de los acreedores en la fusión era coherente con las facultades que le eran reconocidas en el procedimiento, pues se veían limitadas a la posibilidad de oponerse a la fusión, tras su aprobación, sin que se les reconociera facultad alguna con anterioridad.

cación del proyecto. No obstante, como ya hemos argumentado, esto podría responder a que el legislador ha dejado de considerar el balance de fusión como un documento dirigido a acreedores, lo que sería acorde con las Directivas europeas en las que siempre se ha visto como un documento destinado únicamente a los socios[342].

En cualquier caso, rechazamos que la referencia a los obligacionistas del art. 46.1 RDLME pueda interpretarse en un sentido amplio que comprenda también a los acreedores[343]. El motivo por el que los obligacionistas en particular, y no los acreedores, están incluidos en el citado artículo es una decisión consciente del legislador fundada en que, si la asamblea de obligacionistas aprobara la modificación estructural, perderían la protección prevista en el art. 13 RDLME en atención a lo dispuesto en el art. 13.4 RDLME. Esa es la razón por la cual, se extiende el derecho de información, en los mismos términos que a los socios, a los obligacionistas y no a los acreedores[344]. Cuestión distinta es si el balance de fusión debería formar parte de la información objeto de publicidad general

342 V. *supra* "Capítulo III.1.2".

343 En contra, se ha defendido que los acreedores, al igual que los obligacionistas, aunque no sean mencionados expresamente, tienen derecho a examinar y obtener entrega o envío gratuito del balance de fusión, por ser fundamental este documento para el ejercicio del derecho a reclamar garantías adecuadas. FERNÁNDEZ DEL POZO, L., "La protección de acreedores frente a las modificaciones estructurales" en PULGAR EZQUERRA, J. (dir.) y FUENTES NAHARRO, M. (coord..) *La nueva Ley de modificaciones estructurales*, La Ley, Madrid, 2024, pp. 215-218.

344 En relación con la LSA de 1989, ESCRIBANO GAMIR, R.C. *La protección de...*, ob. cit., p. 437, afirmó que los obligacionistas tenían derecho a obtener la información con anterioridad a la adopción del acuerdo porque la aprobación por la asamblea de obligacionistas de la fusión eliminaba la facultad de ejercer el derecho de oposición por parte de estos, frente a los acreedores en general que no veían limitado su derecho de oposición por decisión del resto de acreedores. El mismo razonamiento, aunque habiéndose sustituido el derecho de oposición por el de reclamar garantías adecuadas, es el que justifica

regulada en el art. 7 RDLME, lo que, como se ha dicho, no está claro que sea lo deseado por el legislador.

El art. 46.1 RDLME prevé dos medios distintos de ofrecer a sus destinatarios la información documental, si bien no son alternativos u opcionales, sino que uno es subsidiario con respecto al otro[345]. La utilización de uno u otro depende de que la sociedad disponga de una página web que reúna los requisitos establecidos en el art. 11 bis LSC. Si es así, los administradores tienen el deber de insertar en dicha página web los documentos enumerados en el art. 46.1 RDLME y esta debe facultar a los destinatarios de la información el descargar e imprimir los documentos.

En caso de que la sociedad no disponga de página web, y solo en tal supuesto[346], los administradores deben poner a disposición de los socios, obligacionistas, titulares de derechos especiales y representantes de los trabajadores, en el domicilio social, los balances de fusión de cada una de las sociedades participantes (tanto si se trata del balance integrado en las cuentas anuales, en virtud del art. 46.1.1.º RDLME, como si es un balance distinto, *ex* art. 46.1.2.º RDLME), junto con el resto de documentos. La puesta a disposición de la información previa al acuerdo de fusión, cuando no se realiza mediante la inserción en la página

en la actualidad la extensión del derecho de información del art. 46 RDLME a los obligacionistas.

345 V. GONZÁLEZ-MENESES, M. y ÁLVAREZ, S., *Modificaciones estructurales de...*, ob. cit., p. 196.

346 En relación con la Directiva 2009/109/CE, que introdujo un nuevo apartado en el art. 11 Tercera Directiva, por el que se permitió la remisión de la información documental a través del correo electrónico, si el socio accedía a ello, MARTÍNEZ MARTÍNEZ, M., "La fase decisoria...", ob. cit., p. 539, advierte que el derecho a solicitar entrega o envío de una copia de los documentos (independientemente de si es en papel o por medio electrónico) está condicionado a que la sociedad no disponga de página web.

web, se concreta en tres opciones entre las que pueden decidir libremente sus destinatarios[347].

El art. 46.2 RDLME permite examinar el balance y demás documentos en el domicilio social, obtener una copia íntegra de cada documento, que entendemos deberá ser entregada también en el domicilio social, y recibir el envío de la copia de cada ejemplar. La única novedad introducida en este precepto, con respecto a la LME, se encuentra en que el derecho al envío de los documentos se lleve a cabo por medios electrónicos. La regulación del derecho de información previo al acuerdo de fusión en este punto es idéntica a la prevista para la modificación de los estatutos sociales, en el art. 287 LSC, y similar a la de la aprobación de las cuentas anuales, art. 272.2 LSC. Aunque en este último supuesto solo se reconoce expresamente el derecho a "*obtener*" los documentos que serán objeto de aprobación y, en su caso, el informe de gestión y el de auditoría[348].

347 Sobre la facultad de decidir de los socios entre las distintas opciones previstas en el art. 39.2 LME (antecedente del art. 46.2 RDLME) v. GONZÁLEZ-MENESES, M. y ÁLVAREZ, S., *Modificaciones estructurales de...*, ob. cit., p. 197.

348 BOQUERA MATARREDONA, J., "Aprobación de las cuentas anuales y derecho de información del socio en la sociedad anónima y en la sociedad de responsabilidad limitada" en *Derecho de sociedades: libro homenaje al profesor Fernando Sánchez Calero*, vol. 2, McGraw-Hill, España, 2002, p. 2077, señala que ante el silencio del legislador sobre la forma en que debe ofrecerse la información serán los estatutos los que determinen cómo podrá ser ejercido el derecho a obtener la información documental en la aprobación de las cuentas anuales. En la jurisprudencia del TS se ha puesto de relieve que el art. 272.2 LSC (y anteriormente el 212.2 LSA de 1989) establece la información mínima que debe ser puesta a disposición de los socios antes de la aprobación de las cuentas anuales, lo que corresponde facilitar a los administradores. Igualmente, se ha reiterado por el Alto Tribunal que el socio tiene derecho a "*examinar y obtener*" los documentos y que, en caso de ser remitidos por vía telemática, debe hacerse con carácter inmediato y de forma gratuita. V. STS (Sala de lo Civil, Sección 1.ª) 846/2011 de 21 de noviembre de 2011 (TOL2.300.076) FJ 2; STS (Sala de lo Civil, Sección 1.ª) 830/2011 de 24 de noviembre de 2011 (TOL2.299.608)

En virtud del art. 46.2 RDLME, si se opta por examinar la información en el domicilio social, además, se podrá solicitar la entrega de una copia de los ejemplares o el envío de estos, en ambos casos con carácter gratuito. Es decir, el examen de la documentación *in situ* no impide el ejercicio de cualquiera de las otras dos opciones, la entrega o envío de la copia, pues son precedidas de la locución copulativa "*así como*"[349]. Sin embargo, la posibilidad de recibir la copia mediante entrega y la del envío se presentan como opciones alternativas, debiendo optar entre la una "*o*" la otra. Por tanto, el solicitar la entrega de una copia de los ejemplares en el propio domicilio social excluye la posibilidad de solicitar el envío de estos y viceversa. La solución a la que llega el legislador es razonable y no limita el derecho de información, pues si el interesado examina los documentos en el domicilio social tiene sentido que, además, solicite la entrega de una copia o su envío a la dirección que indique para poder leerlos con mayor detenimiento fuera del domicilio social. Una vez ha obtenido una copia de los ejemplares, ya sea por entrega o envío, en principio no se ve mermado su derecho si se deniega la obtención de nuevas copias, a través de distintas vías, y la sociedad queda liberada de la obligación de realizar y entregar o enviar reiteradas copias a un mismo individuo.

FJ 5; STS (Sala de lo Civil, Sección 1.ª) 741/2012 de 13 de diciembre de 2012 (TOL2.710.155) FJ 2; y STS (Sala de lo Civil, Pleno) 531/2013 de 19 de septiembre de 2013 (TOL3.984.724) FJ 4.

349 Según SANTOS, V., "La escisión de...", ob. cit., p. 246, el derecho a examinar la información, por un lado, y el de obtener entrega o envío, por el otro lado, constituyen derechos o facultades concurrentes y, en ningún caso, alternativas o excluyentes por ser precedidas de "*así como*". En el mismo sentido v. SEQUEIRA MARTÍN, A., "Fusión", ob. cit., p. 174; ESCRIBANO GAMIR, R.C. *La protección de...*, ob. cit., p. 439; y ROMERO FERNÁNDEZ, J. A., *El derecho de información...*, ob. cit., p. 262. En contra v. ROJO, A., "La escisión de sociedades", en ALONSO UREBA, A., CHICO ORTIZ, J.M. y FERNÁNDEZ LUCAS, F. (coords.), *La reforma del Derecho español de sociedades de capital*, Madrid, 1987, p. 700.

A diferencia del supuesto de inserción en la página web, cuando los documentos sean puestos a disposición de los destinatarios de la información para su examen, entrega o envío, se requiere la solicitud del interesado para poder ejercer el derecho de información (art. 46.2 RDLME). Los administradores deben poner a disposición de los sujetos señalados en el art. 46.1 RDLME los documentos enumerados en el mismo precepto y hacer constar en la publicación o comunicación individual de la convocatoria el derecho de examen, entrega o envío de la copia de cada uno de los ejemplares (art. 47.2 RDLME), pero son los propios titulares del derecho de información quienes deben realizar la correspondiente solicitud para poder ejercerlo.

El modo de instar el ejercicio del derecho de información es libre, pudiendo elegir el interesado "*cualquier medio admitido en Derecho*" (art. 46.2 RDLME), también oralmente[350], si bien es cierto que, en caso de incumplimiento, deberá probar la vulneración del derecho, por lo que es conveniente que emplee un medio que le permita demostrar el haber cursado la solicitud[351]. Dado que el legislador reconoce la facultad de solicitar el ejercicio del derecho de información por cualquier medio, con la única condición de ser válido conforme a derecho, queda vedado que cualquier órgano de la sociedad, incluso por disposición estatutaria, pueda limitar su ejercicio estableciendo algún tipo de requisito formal para cursar la solicitud que no esté adecuadamente justificado, debiendo ser razonable y pertinente. Por ejemplo, podría requerirse, como parte del contenido de la solicitud, que se indique si se desea examinar y/o recibir entrega o envío de la copia

350 En este sentido, aunque en relación con la solicitud de información documental en la aprobación de las cuentas anuales, v. MARTÍNEZ MARTÍNEZ, M., *El derecho de información del accionista en la sociedad anónima*, McGraw-Hill, Madrid, 1999, p. 66.

351 ROMERO FERNÁNDEZ, J. A., *El derecho de información...*, ob. cit., p. 267.

de los documentos. Tal requisito se justificaría en que el sentido de la exigencia de la iniciativa por parte del titular del derecho en este supuesto, y no en el de la inserción en la página web, responde a que la Ley contempla tres formas de ejercitarlo, entre las que debe optar el interesado.

El derecho de información sobre el balance de fusión nace desde el momento de la publicación de la convocatoria[352], como se desprende de los arts. 46.1 y 47.2 RDLME, aunque de forma un tanto confusa. Según el citado precepto, el balance y el resto de documentos deben ser insertados en la página web o puestos a disposición de sus destinatarios con anterioridad a la publicación o comunicación individual de la convocatoria (*"Antes de la publicación del anuncio de convocatoria..."*, art. 46.1 RDLME). Podría parecer que esto supone adelantar el momento en el que el derecho puede ser ejercido, en comparación con supuestos similares, como el de la aprobación de las cuentas anuales, en el que se reconoce el derecho *"A partir de la convocatoria..."* (art. 272. LSC), o, en la modificación de los estatutos, en el que solo se establece que los socios deben ser informados de su derecho en el anuncio de la convocatoria (art. 287 LSC). Sin embargo, entendemos que no se produce tal anticipación y que el derecho de información surge a partir de la convocatoria, en la que debe hacerse constar el derecho de información previo al acuerdo (art. 47.2 RDLME), como en los supuestos regulados en los arts. 272.2 y 287 LSC. Lo que pretende el legislador, al determinar que la información esté disponible antes de la convocatoria, es asegurar que, desde el momento en que esta sea anunciada o comunicada, los destinatarios de la información ya puedan ejercer su derecho sin más demora[353]. Dado que los do-

352 CORTÉS DOMÍNGUEZ, L. J. y PÉREZ TROYA, A., *Fusión de sociedades*, ob. cit., pp. 271-272.

353 En este sentido v. IGLESIAS-RODRÍGUEZ, P., "El derecho de información del socio y otros interesados en las modificaciones estructurales", en ROJO, A.,

cumentos deben ser insertados en la web o puestos a disposición antes de la convocatoria, puede mediar un plazo mayor o menor, en función de la actuación de los administradores, entre la inserción o puesta a disposición de los documentos y la publicación o comunicación de la convocatoria. Durante ese plazo, los destinatarios de la información podrán consultar los documentos (antes de la convocatoria), si lo facilitan los administradores. No obstante, es a partir de la publicación del anuncio en la web corporativa, o desde la primera publicación del anuncio en el BORME o en el diario, cuando el deber resulta exigible frente al órgano de administración de la sociedad[354]. A partir de la publicación de la convocatoria, es

---

CAMPUZANO LAGUILLO, A. B., CORTÉS DOMÍNGUEZ, L. J. y PÉREZ TROYA, A. (coords), *Las modificaciones estructurales de las sociedades mercantiles*, Thomson-Reuters Aranzadi, Cizur Menor (Navarra), 2015, p. 281.

354 En relación con el art. 238.1 LSA de 1989, algunos autores llegaron a una conclusión distinta a la nuestra, considerando que el derecho solo era ejercitable a partir de que existiera una completa publicación de la convocatoria. Eso suponía que el derecho de información en la fusión no nacía hasta la realización del último de los anuncios de la convocatoria previstos en la Ley, v. SEQUEIRA MARTÍN, A., "Fusión", ob. cit., pp. 173-174; y ESCRIBANO GAMIR, R.C. *La protección de...*, ob. cit., p. 439. Por el contrario, CORTÉS DOMÍNGUEZ, L. J. y PÉREZ TROYA, A., *Fusión de sociedades*, ob. cit., p. 231, también en relación con la LSA de 1989, señalaron que el derecho de información nacía desde la publicación del primero de los anuncios, como determinó la DGRN. V. fundamento de derecho cuarto de la RDGRN de 18 de febrero de 1998 (TOL132.449): *"Si en los anuncios de convocatoria de la Junta ha de hacerse constar, según exige el apartado c) de dicha norma, el derecho de todos los socios a examinar en el domicilio social o recabar la entrega o el envío gratuito de dicho informe, claramente se infiere que su fecha ha de ser, cuando menos, la misma que la del primero de los anuncios de la convocatoria, pues nada obsta a que cualquier accionista se persone en el domicilio social ese mismo día recabando la información a que tiene derecho"*. En este sentido, pero en relación con la LME, v. MARTÍNEZ MARTÍNEZ, M., "La fase decisoria...", ob. cit., p. 538. En la actualidad el art. 46.1 RDLME se expresa de una forma que, a nuestro modo de ver, no da lugar a las dudas que se plantearon sobre el nacimiento del derecho de información documental *ex* art. 238.1 LSA de 1989. El art. 238.1 LSA de 1989 establecía que los documentos informativos debían ser puestos a disposición de sus destinatarios *"al publicar la convoca-*

cuando se puede constatar si los administradores han cumplido con su deber de ofrecer la información conforme a lo estipulado en el art. 46 RDLME y si se ha visto vulnerado el correlativo derecho de información de sus destinatarios.

Cuando la convocatoria es comunicada individualmente a los socios, entendemos que tampoco es necesario esperar a que sea notificada al último de los socios, sino que cualquiera de los interesados puede hacer valer su derecho desde que se comunica el anuncio de la convocatoria al primero de los socios. Si la información tiene que estar disponible desde antes de la convocatoria (art. 46.1 RDLME) y en la comunicación se debe hacer constar el derecho de información (art. 47.2 RDLME), nada impide que cualquier socio ejerza el derecho desde que recibe la comunicación. Ni siquiera parece que cada socio deba esperar a recibir su correspondiente comunicación, ya que desde antes de iniciar el proceso de comunicación de la convocatoria debe haberse insertado la información en la web o haber sido puesta a disposición de sus destinatarios en el domicilio social. Por lo que un socio podría ejercer el derecho antes de recibir la comunicación, si tiene constancia de que ya se ha iniciado la comunicación de la convocatoria.

Como ya hemos comentado anteriormente, el RDLME deja sin resolver una importante cuestión en relación con los demás destinatarios de la información documental del art. 46.1 RDLME. El art. 47.2 RDLME establece como destinatarios de la convocatoria mediante comunicación individual exclusivamente a los socios,

toria de la Junta" y esta no se entendía plenamente realizada hasta que tenía lugar el último de los anuncios. El art. 46.1 RDLME, por el contrario, exige que sean insertados en la web o puestos a disposición de sus destinatarios *"antes de la publicación del anuncio de convocatoria"* o, en su caso, *"de la comunicación individual a los socios"*. Lo que supone que el derecho sea exigible desde la primera publicación.

pero aun así exige que se haga constar en la comunicación el derecho de información que asiste tanto a socios como a las demás categorías de destinatarios. El problema que se plantea es a partir de qué momento pueden exigir el cumplimiento de su derecho de información dichos sujetos y, sobre todo, cómo pueden llegar a conocer que la sociedad planea someter a deliberación la fusión y que tienen derecho a acceder a la información que se les reconoce para la tutela de sus intereses.

La respuesta a la primera cuestión es similar a la que hemos dado en relación con los socios: no es necesario que les sea comunicada la convocatoria para ejercer el derecho de información. El derecho les es reconocido por el art. 46.1 RDLME y su comunicación únicamente persigue facilitar el ejercicio de este[355], por lo que entendemos que pueden hacer uso del derecho de información desde que se inicia el proceso de comunicación de la convocatoria. Ahora bien, respecto al cómo conocerán la existencia de la convocatoria y el reconocimiento de su derecho, consideramos que lo más sensato es extender la comunicación individual a los obligacionistas, titulares de derechos especiales y representantes de los trabajadores. Aunque lo cierto es que no se trata de

355 En la redacción originaria del art. 40.2 LME, la comunicación individual de la convocatoria solo iba dirigida a los socios, al igual que en el vigente art. 47.2 RDLME, pero difería de la redacción actual en que en el contenido del anuncio o de la comunicación individual de la convocatoria no se requería hacer constar el derecho de información de los representantes de los trabajadores (sí el de socios, obligacionistas y titulares de derechos especiales) que les asistía como a los demás destinatarios conforme al art. 39 LME. Sin embargo, tal omisión en el contenido de la convocatoria exigido por la Ley no podía ser interpretada como una exclusión de los representantes de los trabajadores del derecho de información. Es decir, el hecho de que no fueran destinatarios de la comunicación individual, o que no se hiciese mención a su derecho de información en la publicación, de la convocatoria no debía impedir el ejercicio de su derecho de información un mes antes de la junta. V. MARTÍNEZ MARTÍNEZ, M., "La fase decisoria...", ob. cit., p. 549.

una obligación que el RDLME imponga a la sociedad, por lo que, conforme a la legislación vigente, la falta de comunicación de la convocatoria, con referencia expresa al derecho de información, a los sujetos distintos de los socios que figuran en el art. 46.1 RDLME no parece que pueda acarrear ningún tipo de consecuencia jurídica, ya sea la invalidez del acuerdo o el resarcimiento, en su caso, del daño.

El RDLME establece cuándo nace el derecho de información en la fusión, pero no hasta qué momento es reconocido. Dada su vinculación con la deliberación sobre el acuerdo de fusión, sin perjuicio de su autonomía con respecto al derecho de voto[356], debe entenderse que el derecho de información del art. 46 RDLME se reconoce hasta la celebración de la junta que resuelva sobre la fusión[357], inclusive durante la reunión. Sin perjuicio, claro está, de que la sociedad decida extender el plazo para el ejercicio del derecho de información más allá de la adopción del acuerdo. Lo anterior es aplicable tanto en el supuesto en el que la información sea ofrecida en la página web como en las restantes formas de ejercicio del derecho de información previstas en el art. 46 RDLME (es decir, el examen, entrega y envío del balance de fusión). Sea cual sea la forma en la que se ofrezca la información el derecho debe ser reconocido durante el mismo plazo pues no constituyen derechos diferentes, sino que son distintas vías de

356 Sobre la relación existente entre el derecho de información documental y el derecho de voto, manteniendo el primero su carácter autónomo con respecto al segundo v. MARTÍNEZ MARTÍNEZ, M., *El derecho de...*, ob. cit., pp. 140-141; y ROMERO FERNÁNDEZ, J. A., *El derecho de información...*, ob. cit., pp. 79 y ss.

357 Según CORTÉS DOMÍNGUEZ, L. J. y PÉREZ TROYA, A., *Fusión de sociedades*, ob. cit., p. 272; y ESCRIBANO GAMIR, R.C. *La protección de...*, ob. cit., p. 439, el derecho de información sobre la generalidad de los documentos enumerados en el art. 39.1 LME (en la actualidad en el art. 46.1 RDLME) se iniciaba con la convocatoria y finalizaba con la celebración de la junta.

ejercicio del mismo derecho de información. En el supuesto específico de la inserción de los documentos en la página web, el art. 11 ter LSC, en su apartado tercero, establece el deber de los administradores de mantener los documentos insertados ininterrumpidamente[358] durante el plazo fijado en la Ley, que en este caso será desde la convocatoria hasta la finalización de la reunión.

El derecho de información en su modalidad de envío de la copia de los documentos plantea otra serie de cuestiones en atención a las características del medio utilizado. En primer lugar, el hecho de que deba solicitarse el envío a los administradores implica que necesariamente tendrá que transcurrir un tiempo entre la solicitud y la respuesta de estos cursando el correspondiente envío. En segundo lugar, tanto en el art. 46.2 como en el 47.2 RDLME se ha especificado que el envío se haga *"por medios electrónicos"*, lo que plantea si es el único tipo de medio que puede ser empleado, cuando en la LME cabían otros distintos como el envío por correo postal y qué medios electrónicos son admisible.

En relación con la primera cuestión, los administradores deberán responder tan pronto como les sea posible, en un plazo razonablemente breve y según las circunstancias[359]. Si la solicitud

358 Sobre el deber de los administradores de mantener la información insertada en la página web corporativa y el acceso continuado durante el plazo que establezca la Ley, así como las consecuencias derivadas de la interrupción temporal del acceso v. DÍAZ MORENO, A., "Cómo crear y gestionar su web corporativa" [https://www.ga-p.com/], 2012, pp. 20-23; y BOQUERA MATARREDONA, J., "La página web corporativa de las sociedades cotizadas", en RODRÍGUEZ ARTIGAS, F., FERNÁNDEZ DE LA GÁNDARA, L., QUIJANO GONZÁLEZ, J, ALONSO UREBA, A., VELASCO SAN PEDRO, L. A. y ESTEBAN VELASCO, G. (dirs.), *Sociedades Cotizadas y Transparencia en los Mercados*, T. I, Aranzadi, Cizur Menor (Navarra), 2019, pp. 652-654.

359 SEQUEIRA MARTÍN, A., "Fusión", ob. cit., pp. 174-175, relacionó el derecho a obtener el envío de los documentos informativos en la fusión con el art. 212.2 LSA de 1989, que establecía el derecho de cualquier accionista a obtener de la sociedad, *"de forma inmediata y gratuita"*, los documentos que ha-

es realizada en una fecha excesivamente próxima a la celebración de la junta, es posible que la recepción del envío antes de la reunión de la junta sea materialmente imposible, lo que al realizarse por medios electrónicos solo se daría en casos extremos, que podrían ser considerados un abuso del derecho, como el realizar la solicitud pocas horas antes de la reunión. En tal supuesto, los administradores no habrían incumplido su deber ni el derecho de información se vería vulnerado, por la propia falta de diligencia en el ejercicio del derecho por parte del destinatario[360] o, en su caso, de buena fe[361].

bían de ser aprobados en la junta en la que se sometiera a votación la aprobación de las cuentas, además del informe de auditoría. Tanto en la fusión (art. 240 LSA de 1989) como en la aprobación de las cuentas (art. 212 LSA de 1989) este derecho debía ser satisfecho con carácter inmediato y gratuito. En la actualidad el art. 272.2 LSC recoge el mismo derecho que el derogado art. 212 LSA de 1989, pudiendo sostenerse aún la analogía planteada por el citado autor entre este y su homólogo derecho reconocido en la fusión (art. 46.2 RDLME).

360 Al respecto v. ROMERO FERNÁNDEZ, J. A., *El derecho de información...*, ob. cit., p. 267.

361 En relación con la exigencia de comunicación *inmediata* de la información documental en la aprobación de las cuentas anuales (bajo la LSA de 1989), se ha indicado que la interpretación del deber de los administradores debe ser moderada en función de las circunstancias, para lo que deben servir "*las implicaciones de la buena fe en el ejercicio de los derechos*", MARTÍNEZ MARTÍNEZ, M., *El derecho de...*, ob. cit., p. 66. Sobre esta cuestión v., asimismo, BOQUERA MATARREDONA, J., "Aprobación de las cuentas...", ob. cit., p. 2076. Con respecto a las implicaciones de la actuación del socio en el ejercicio del derecho de información documental en la aprobación de las cuentas anuales, resulta de interés la STS (Sala de lo Civil, Sección 1.ª) 741/2012 de 13 de diciembre de 2012 (TOL2.710.155). En los antecedentes de hecho de la citada sentencia consta que el socio demandó el envío de la información documental veintiocho días antes de la reunión y esta le fue remitida por burofax seis días antes de la celebración de la junta, si bien no pudo ser entregado el burofax hasta un día después de la reunión. En el FJ 3, de la comentada sentencia se resuelve que: "*No es cierto que sea intrascendente la razón por la que la documentación suplicada no llegó a su destino a tiempo para cumplir su función, dado que, como hemos indicado, el deber de colaboración en la recepción que*

En cuanto a lo segundo, consideramos que la referencia al empleo de medios electrónicos implica que, por una parte, los socios no pueden exigir a la sociedad el empleo de medios distintos, como el postal, lo que implicaría un mayor coste para esta y, del otro lado, los administradores tampoco tienen la facultad de decidir unilateralmente el realizar el envío por medios diferentes. No obstante, no apreciamos ningún impedimento a que se prevean estatutariamente medios complementarios (no sustitutivos de los electrónicos) o a que, si algún socio individualmente lo solicitara y los administradores lo aceptasen, le fuera enviada la documentación por otros medios no electrónicos.

1.2. Información complementaria sobre las modificaciones patrimoniales importantes ocurridas hasta la deliberación sobre el acuerdo de fusión

Dentro de la información previa a la adopción del acuerdo, los balances de fusión de las distintas sociedades participantes son los documentos que reflejan el valor y composición del patrimonio referidos a una fecha más próxima a la deliberación y, por tanto, contienen una información más actual que el resto de

---

pesa sobre el destinatario permite poner a su cargo los efectos del fracaso de la comunicación cuando, de forma paralela a lo que previene el artículo 1262 del Código Civil para la perfección de los contratos entre ausentes, «no pueda ignorarla sin faltar a la buena fe»". Por último, nos parece oportuno recordar la doctrina del TS en relación con la sujeción del derecho de información (en sentido estricto) del socio en la aprobación de las cuentas anuales, como todo derecho, al límite de su ejercicio abusivo. V. la STS (Sala de lo Civil, Sección 1.ª) 204/2011 de 21 de marzo de 2011 (TOL2.117.156) FJ 2: *"Además de las limitaciones específicas impuestas por la legislación societaria, como en todos los derechos subjetivos, constituye un límite genérico su ejercicio abusivo cuando concurren los requisitos precisos para el abuso del derecho..."*. La citada doctrina fue reiterada en la STS (Sala de lo Civil, Pleno) 531/2013 de 19 de septiembre de 2013 (TOL3.984.724) FJ 4.

documentos informativos de carácter contable (en concreto los contenidos en el art. 46.1.1.º RDLME). No obstante, la dilación del proceso de fusión puede conllevar que la imagen plasmada en los referidos documentos se haya desviado significativamente de la realidad en el momento de deliberar sobre la fusión por el desarrollo de la actividad empresarial o incluso por causas externas a la propia sociedad.

Como ya se ha destacado anteriormente, el RDLME permite que la fecha de cierre del balance de fusión sea fijada hasta seis meses antes de la fecha del proyecto, si se trata del último balance de ejercicio aprobado (art. 43.1 RDLME), y el proyecto de fusión debe ser aprobado por las juntas generales de las sociedades participantes dentro de los seis meses posteriores a su suscripción por los administradores (art. 39.3 RDLME). En consecuencia, la fecha a la que va referida la información contenida en el balance de fusión puede estar comprendida dentro de los doce meses anteriores a la celebración de la junta que resuelva sobre la fusión. Sin perjuicio de que la formulación del balance de fusión sea posterior a la fecha de cierre y al llevarla a cabo se deban incluir las modificaciones importantes del valor razonable que puedan constatarse (art. 43.2 RDLME), ciertamente la correspondencia con la realidad de la información reflejada en los balances es susceptible de verse desvirtuada.

La posibilidad de que el valor y composición del patrimonio de las sociedades participantes, en el momento de deliberar sobre la fusión, sean distintos a la información reflejada en los balances de fusión genera el riesgo de que las condiciones de la fusión que fueron fijadas en el proyecto hayan dejado de convenir a los socios y que estos no cuenten con la información necesaria para percatarse de tal circunstancia. En especial si se ha visto desnivelado el equilibrio alcanzado cuando se estableció la ecuación de canje negociada por los administradores al elaborar el proyecto de fusión. La aprobación de una fusión en la que las valoraciones que justifican el tipo de canje no se asemejan a la realidad en el momento de adoptar el acuerdo puede favorecer a los socios de alguna de las sociedades frente al resto. Por este motivo, la tutela de los intereses de los socios depende de que, en el momento de celebrar la junta en la que se resuelva sobre la fusión, tengan conocimiento sobre cualquier alteración del valor del patrimonio susceptible de afectar a las condiciones en las que se propone acordar la fusión y, así, poder actuar en consecuencia.

Ante este riesgo, el art. 46.3 RDLME prevé un mecanismo destinado a subsanar las posibles deficiencias que se puedan dar en la información de carácter económico suministrada en virtud del art. 46.1 RDLME con motivo de una modificación patrimonial importante posterior al proyecto de fusión. Fundamentalmente supondrá una corrección o actualización de carácter cuantitativo sobre los elementos del activo o del pasivo afectados en el balance de fusión de la correspondiente sociedad. Como se desprende del art. 46.3 RDLME, pues lo que deben comunicar los administradores son las *"modificaciones importantes del activo o del pasivo"*. Corrección que no se incorpora al balance de fusión, al que tuvieron acceso sus destinatarios desde la convocatoria y que será aprobado en la reunión de la junta, sino que se comunica aparte, de una forma no precisada por el legislador.

La referencia al activo y pasivo lleva a pensar que el legislador tiene en mente una información de carácter cuantitativo y contable, siendo el balance de fusión el único de los documentos que conforman el derecho de información en la operación que reúne tales cualidades, a excepción de las cuentas de los tres últimos ejercicios (art. 46.1.1.º RDLME). No obstante, entendemos que lo más adecuado es que los administradores no se limiten a ofrecer la información cuantitativa sobre los elementos del activo o pasivo modificados, sino que, además, se acompañe de una explicación cualitativa acerca de las modificaciones. La variación significativa en la composición del activo o del pasivo no tiene que deberse exclusivamente a un incremento o una reducción de los importes de partidas concretas, sino que puede responder a aspectos cualitativos como, por ejemplo, la reclasificación de créditos o de otros elementos que conforman el activo y el pasivo. Imagínese, entre otros posibles supuestos, que un número significativo de créditos de la partida *clientes* pasan a ser considerados como *créditos de dudoso cobro* o como *pérdidas de créditos comerciales incobrables*; o que una deuda a largo plazo pasa a ser calificada como a corto plazo. Con los referidos ejemplos pretendemos poner de manifiesto que la mera aportación por los administradores de la actualización de los importes de las partidas que se ven alteradas no satisface la función que persigue el art. 46.3 RDLME. Por ello, es conveniente que la información cuantitativa sea acompañada de las correspondientes aclaraciones, de carácter cualitativo, cuando sean necesarias para la mejor comprensión de las modificaciones acaecidas. De otro modo no se podría asegurar que la información sea comprendida adecuadamente por los socios, habida cuenta de que esta podrá ser proporcionada en la misma reunión en que se delibere sobre la fusión, poco antes de decidir sobre la operación. Asimismo, deberían indicarse las implicaciones de la modificación sobre las menciones del proyecto que hayan podido verse afectadas, rectificando las explicaciones y la justificación dada en su momento en el informe de los administradores[362]. Todo ello sin perjuicio del derecho que asiste a los

362 GONZÁLEZ-MENESES, M. y ÁLVAREZ, S., *Modificaciones estructurales de...*, ob. cit., p. 197, al tratar el contenido de la información que debe ser ofrecida en la junta, en virtud del art. 39.3 LME (antecedente del vigente art. 46.3 RDLME), sostuvo que esta debí ser detallada y, si fuera necesario, el informe de los administradores debería ser corregido. Compartimos su opinión, aunque consideramos que no es necesario reelaborar el informe de los administradores para introducir los correspondientes ajustes, bastaría con ofrecer las correspondientes rectificaciones y explicaciones en la reunión, sin que parezca exigible una concreta forma de presentación de la información.

socios de requerir durante la reunión de la junta las explicaciones que estimen oportunas (arts. 196.1 y 197.2 LSC).

El deber de información del art. 46.3 RDLME depende de que se haya producido una modificación patrimonial importante en cualquiera de las sociedades participantes en la fusión entre la fecha del proyecto y la de celebración de la junta en la que se delibere sobre la fusión. Consideramos que lo más apropiado habría sido haber tomado como referencia temporal la fecha de cierre de los balances de fusión, y no la del proyecto, al igual que en la transformación (*cfr.* arts. 20.3.1º y 46.3 RDLME), dado que son estos y no el proyecto los que reflejan la situación patrimonial de las sociedades participantes. Sin embargo, tal posibilidad parece contraria a las Directivas europeas.

El deber previsto en el art. 46.3 RDLME proviene del art. 7.3 de la Sexta Directiva sobre escisiones[363], en el que también se utilizó como fecha de referencia la de *"establecimiento del proyecto de escisión"* y el legislador español decidió extender a la fusión antes de que fuese exigido por las Directivas en materia de fusiones (art. 238.2 LSA de 1989). Originalmente la Tercera Directiva no incluyó este deber, pero más adelante fue introducido en el art. 9.2 de la Tercera Directiva por la reforma operada por la Directiva 2009/109, lo que lo hizo exigible también en las fusiones. En la actualidad, figura en el art. 95.2 de la vigente Directiva (UE) 2017/1132[364], aplicable a las fusiones nacionales, e igualmente

363 Sexta Directiva 82/891/CEE del Consejo, de 17 de diciembre de 1982, basada en la letra g) del apartado 3 del artículo 54 del Tratado y referente a la escisión de sociedades anónimas.

364 Art. 95.2 Directiva (UE) 2017/1132: *"Los órganos de administración o de dirección de cada una de las sociedades que se fusionen informarán a la junta general de su sociedad y a los órganos de administración o de dirección de las otras sociedades implicadas a fin de que estos puedan informar a sus respectivas juntas generales de cualquier modificación importante del activo y del*

emplea como fecha de referencia la de redacción del proyecto de fusión.

Los administradores no tienen el deber de informar sobre toda modificación habida en el activo o el pasivo de las sociedades. Deben comunicar en las juntas de sus respectivas sociedades exclusivamente aquellas modificaciones que puedan ser consideradas importantes, tanto si se producen en su propia sociedad como en cualquier otra de las sociedades participantes (en cuyo caso los administradores de la sociedad en que tiene lugar la modificación deben ponerlo en conocimiento de los de las demás sociedades).

El adjetivo importante, pese a sus deficiencias como factor delimitador del concepto, que puede ser considerado indeterminado, es interpretado como indicativo de que la modificación debe alterar las valoraciones empleadas para fijar las condiciones de la fusión y, más específicamente, el tipo de canje[365]. Por tanto, el criterio determinante no es estrictamente la cuantía de la modificación, sino sus consecuencias sobre la fusión proyectada. Indudablemente, conforme mayor sea la magnitud, en términos cuantitativos, de la modificación, será más probable que afecte a las condiciones fijadas en el proyecto. Sin embargo, no se puede descartar que una modificación de una cuantía no excesivamente significativa pueda ser considerada importante simplemente por el dato cuantitativo, si no se han tomado en cuenta sus implicaciones sobre la fusión en general y en particular sobre la ecuación de

pasivo sobrevenida entre la fecha de redacción del proyecto de fusión y la fecha de la reunión de las juntas generales llamadas a pronunciarse sobre el mismo".

365 Según expuso SEQUEIRA MARTÍN, A., "Fusión", ob. cit., p. 177, el término "*modificación importante del activo o del pasivo*" es un concepto indeterminado, el cual interpreta como "*una modificación de la estructura patrimonial de tal relevancia que pudiera significar una alteración de las bases patrimoniales que sirvieron para proceder a la valoración de las sociedades para fijar la relación de canje*". Adhiriéndose a la referida interpretación v. EMBID IRUJO, J. M., "Comentario del art. 238", ob. cit., p. 2282.

canje[366]. En atención a este criterio, el de sus implicaciones sobre la fusión, la modificación puede ser importante por afectar al valor del patrimonio neto y, en consecuencia, al tipo de canje, pero también puede ser considerada relevante cuando el patrimonio neto no se vea mermado, si afecta a la justificación económica de la operación reflejada en el informe de los administradores (art. 5 RDLME). Es posible que se produzca una modificación importante en la estructura patrimonial de una de las sociedades que, sin reducir el valor del patrimonio neto ni alterar el tipo de canje, conduzca a que la operación pierda interés para el resto de sociedades, por ejemplo, si se ven afectadas notablemente las ratios de liquidez de alguna de las sociedades. Esta valoración de la importancia de la modificación corresponde a los administradores de cada sociedad[367], sin perjuicio de que una errónea apreciación de la significación de la modificación, incumpliendo el deber de información, pueda dar lugar al ejercicio de las correspondientes acciones resarcitorias por parte de los socios perjudicados.

En relación con lo anterior, debe advertirse que, al igual que hemos defendido con respecto a los ajustes valorativos que deben ser incluidos en el balance de fusión en virtud del art. 43.2 RDLME[368], el adjetivo *importante* determina qué modificaciones en caso de ser omitidas en el balance o en la información que deben transmitir en la junta constituyen un incumplimiento de los respectivos deberes que corresponden a los administradores *ex* arts. 43.2 y 46.3 RDLME. No obstante, de ningún modo supone un límite sobre el contenido de la información ofrecida, ya sea a través del balance de fusión o en la reunión de la junta general.

---

366 V. CORTÉS DOMÍNGUEZ, L. J. y PÉREZ TROYA, A., *Fusión de sociedades*, ob. cit., p. 235; y CORTÉS DOMÍNGUEZ, L. J. y PÉREZ TROYA, A., "El informe de...", ob. cit., p. 258.

367 V. RODRÍGUEZ ARTIGAS, F., "Escisión", ob. cit., p. 159.

368 V. *supra* "Capítulo III.3.3.d)".

En otras palabras, los administradores pueden informar en la junta sobre cualquier modificación del activo o del pasivo que haya tenido lugar antes de la celebración de la reunión en la que se delibere sobre la modificación estructural no reflejada en el balance de fusión, independientemente de su significación.

El último aspecto que resta analizar de las modificaciones patrimoniales que dan lugar al deber de informar a la junta *ex* art. 46.3 RDLME es el carácter sobrevenido que algunos autores le han atribuido por el uso del término "*acaecidas*"[369]. Ciertamente, la referencia a las modificaciones importantes acaecidas invita a pensar que se trata de alteraciones patrimoniales sobrevenidas por causas externas a la gestión de los administradores, lo cual es coherente con el deber que pesa sobre estos de no realizar cualquier actuación que pudiera dificultar la consecución de la fusión o alterar el tipo de canje (art. 39.2 RDLME). Sin embargo, el incumplimiento del deber del art. 39.2 RDLME no puede justificar o motivar una restricción del derecho de información de los socios. Es decir, si los administradores de alguna de las sociedades realizan un acto o celebran un contrato que modifica de forma significativa el patrimonio de la sociedad y esta modificación altera sustancialmente el tipo de canje o afecta a la justificación económica de la fusión, el hecho de no ser sobrevenida o no derivar de una causa externa no debe comportar que los socios no tengan derecho a ser informados por los administradores. Por ello, aunque la actuación diligente de los administradores conduzca a que en la mayoría de los casos las modificaciones importantes se deban a circunstancias imprevistas o externas, este no es un factor

369 Sostuvieron esta interpretación SANTOS, V., "La escisión de sociedades en el Derecho Comunitario Europeo", en ALONSO LEDESMA, C. *et al.*, *Derecho Mercantil de la Comunidad Económica Europea. Estudios en homenaje a José Girón Tena*, Civitas, Madrid, 1991, p. 1025; y EMBID IRUJO, J. M., "Comentario del art. 238", ob. cit., p. 2282.

que determine qué modificaciones deben ser comunicadas a las juntas de las respectivas sociedades[370].

El deber del art. 46.3 RDLME recae sobre los administradores de cada sociedad del cual deben responder frente a sus respectivas juntas, pero también obliga a los administradores de la sociedad en la que se hayan producido las modificaciones a informar a los de las restantes sociedades para que lo puedan poner en conocimiento de la junta de su correspondiente sociedad. En consecuencia, junto al deber de informar a la junta general se prevé un deber de colaboración entre los administradores de las distintas sociedades participantes (art. 46.3 RDLME)[371]. Esto se debe a que la obligación de informar afecta a las modificaciones que hayan podido tener lugar en cualquiera de las sociedades participantes, por lo que es imprescindible para que se informe en todas las juntas que los administradores previamente hayan colaborado entre sí. De lo anterior se deriva que el incumplimiento del art.

370 Como señalaron CORTÉS DOMÍNGUEZ, L. J. y PÉREZ TROYA, A., *Fusión de sociedades*, ob. cit., pp. 235-236, el deber de abstención de los administradores frente a cualquier actuación que pueda comprometer la aprobación del proyecto o alterar sustancialmente el tipo de canje (art. 234.2 LSA de 1989 y, en la actualidad, art. 39.2 RDLME) no constituye una limitación de las facultades de los administradores ni prohíbe los actos de gestión extraordinarios *per se*. El incumplimiento del deber por los administradores dependerá de las circunstancias concretas, pudiendo darse el caso de que, para asegurar la aprobación del proyecto o mantener el equilibrio de la relación de canje propuesta, se tengan que adoptar medidas que vayan más allá de lo que se entiende como una gestión ordinaria. Por ello, pueden acaecer modificaciones patrimoniales no derivadas de causas externas ni ajenas al control de los administradores y, en tal caso, deberán ser comunicadas por los administradores a sus respectivas juntas.

371 Este deber ya fue previsto en el art. 238.2 LSA de 1989. Sin embargo, solo era exigido en la fusión por absorción, hecho que fue criticado por la doctrina y considerado un error del legislador al trasladar el mismo deber del régimen de la escisión al de la fusión. En este sentido v. SEQUEIRA MARTÍN, A., "Fusión", ob. cit., pp. 178-179; CORTÉS DOMÍNGUEZ, L. J. y PÉREZ TROYA, A., *Fusión de sociedades*, ob. cit., pp. 234-235; y EMBID IRUJO, J. M., "Comentario del art. 238", ob. cit., p. 2283.

46.3 RDLME puede originar responsabilidad tanto frente a la propia sociedad y sus socios, como frente a las demás sociedades.

En cuanto a los destinatarios de esta información, no coinciden con los del derecho de información documental del art. 46.1 RDLME. Solamente podrán tener conocimiento directo de esta información quienes tengan derecho a asistir a la junta en la que los administradores la comuniquen y ejerzan dicho derecho[372]. Así pues, no solo quedan excluidos aquellos sujetos que no tengan la condición de socio, sino también los socios que, en su caso, no posean el número mínimo de acciones requerido estatutariamente para asistir (art. 179.2 LSC)[373] o accionistas que no hayan podido legitimarse con carácter anticipado si fuese exigible tal

372 Según MARTÍNEZ MARTÍNEZ, M., "La fase decisoria...", ob. cit., p. 546, al ofrecerse la información en la junta, solo se beneficiarán de esta los asistentes. Algunos autores han puesto de manifiesto que es especialmente llamativo que no se ofrezca a los acreedores de las sociedades participantes una información tan sensible a sus intereses, como es la de las modificaciones patrimoniales importantes acaecidas entre el proyecto y la junta. V. QUIJANO GONZÁLEZ, J. y ESTEBAN RAMOS, L. M.ª, "Tutela de los acreedores: la responsabilidad de las sociedades que participan en la escisión" en RODRÍGUEZ ARTIGAS, F. *et al.* (dirs.), *Modificaciones estructurales de las sociedades mercantiles*, t. II, Aranzadi, Cizur Menor (Navarra), 2009, pp. 594-595.

373 SEQUEIRA MARTÍN, A., "Fusión", ob. cit., pp. 177-178, planteó esta posible limitación, pero consideró que no resultaba aplicable a la reunión en la que se informase a los socios sobre las modificaciones acaecidas en el patrimonio por tratarse de una junta informativa. Lo cierto es que ni en la LSA de 1989 (sobre el que se pronunció el citado autor) ni en el RDLME se aprecia que la reunión de la junta en la que se debe comunicar la referida información tenga que ser necesariamente una junta informativa, como manifestó el citado autor (v., en este sentido EMBID IRUJO, J. M., "Comentario del art. 238", ob. cit., p. 2283). Más bien parece que, sin poder descartar la posibilidad de convocar una junta específicamente para comunicar la información del art. 46.3 RDLME, lo normal sea informar en la propia junta en la que se delibere sobre la fusión, pues el deber de información sobre las modificaciones patrimoniales acaecidas alcanza hasta ese momento. GONZÁLEZ-MENESES, M. y ÁLVAREZ, S., *Modificaciones estructurales de...*, ob. cit., p. 197, consideran admisible informar en la junta en la que se delibere sobre la fusión, en una re-

condición (art. 179.3 LSC). Los obligacionistas, aun no teniendo derecho de asistencia, podrán conocer la información de forma indirecta a través del comisario, que sí tiene derecho a asistir a la junta aun sin voto (art. 421.4 LSC)[374].

Por último, el derecho de información previsto en el art. 46.3 RDLME tiene carácter renunciable. El mismo precepto citado faculta a los socios con derecho de voto y a quienes conforme a la Ley o a los estatutos puedan ejercer legítimamente el derecho de voto a renunciar al derecho de información del art. 46.3 RDLME, si lo acuerdan todos ellos, por unanimidad, en todas y cada una de las sociedades participantes. Para que se produzca la renuncia y se exima a los administradores del deber, se requiere que la unanimidad se alcance en un acuerdo expreso de renuncia, que no puede entenderse implícito en el mero acuerdo unánime de fusión, ni en el de aprobación del balance de fusión. Así se desprende del art. 46.3 RDLME al establecer que la *"información no será exigible cuando, en todas y cada una de las sociedades que participen en la fusión, lo acuerden todos los socios con derecho de voto y, en su caso, quienes de acuerdo con la ley o los estatutos pudieran ejercer legítimamente ese derecho"*.

2. LA APROBACIÓN POR LAS JUNTAS GENERALES DEL BALANCE DE FUSIÓN

2.1. Caracterización del acuerdo de aprobación del balance de fusión

El art. 44 RDLME exige, además del requisito de verificación, que el balance de fusión sea sometido a aprobación por la junta de

unión de la junta anterior o en una convocada específicamente para informar sobre las modificaciones patrimoniales.

374 CORTÉS DOMÍNGUEZ, L. J. y PÉREZ TROYA, A., *Fusión de sociedades*, ob. cit., p. 234.

socios que resuelva sobre la fusión, debiendo figurar expresamente en el orden del día. A la junta general de cada sociedad le corresponde aprobar únicamente su respectivo balance, pero se requiere que los balances de todas las sociedades participantes sean aprobados para que la fusión pueda ser llevada a cabo. De lo contrario, se vulneraría la exigencia del art. 44 RDLME, no se podría dar cumplimiento al derecho de información posterior al acuerdo (art. 10 RDLME) ni se podría inscribir la fusión, pues la escritura debe contener el balance de fusión de todas las sociedades intervinientes (art. 50.1 RDLME). La competencia de la junta en relación con el balance de fusión se limita a su aprobación, es decir, su ratificación o rechazo sin posibilidad de introducir cambios, ya que la formulación es una facultad del órgano de administración.

El requisito de aprobación del balance no figuraba en la LSA de 1951 ni en la Tercera Directiva. Fue introducido en el derecho sustantivo societario a través del art. 239.2 LSA de 1989. Constituye una particularidad de nuestro ordenamiento que no se reproduce en la normativa en materia de fusiones de otros Estados miembros de la UE[375]. El antecedente normativo más remoto del vigente art. 44 RDLME no se encuentra en la legislación sustantiva societaria, sino en la normativa fiscal especial. En concreto, figuró por vez primera en el apartado dos del artículo único de la Ley 83/1968, de 5 de diciembre[376]. La referida Ley estableció un régimen especial, con importantes diferencias con respecto al previsto con carácter general en la LSA de 1951, para la fusión de sociedades anónimas acogidas al régimen de acción concertada o de beneficios fiscales. El objetivo de la Ley 83/1968 era precisar

375 Este hecho ha sido puesto de relieve, entre otros, por CORTÉS DOMÍNGUEZ, L. J. y PÉREZ TROYA, A., *Fusión de sociedades*, ob. cit., p. 267; y FERNANDEZ DEL POZO, L., *El derecho contable...*, 2010, ob. cit., p. 121.

376 Como señalaron CORTÉS DOMÍNGUEZ, L. J. y PÉREZ TROYA, A., *Fusión de sociedades*, ob. cit., p. 267.

el ejercicio del derecho de separación y el modo en que había de llevarse a cabo el reembolso de las acciones en este tipo de fusiones. El apartado dos del artículo único de la citada Ley estipulaba que la cuota de liquidación del socio que ejercitase el derecho de separación debía ser calculada en función del precio de cotización o, no tratándose de una sociedad cotizada, del valor del patrimonio líquido resultante del balance de fusión aprobado por la junta de socios[377]. La LSA de 1951 determinaba que la parte del patrimonio social que correspondía al socio que se separase debía ser calculada según el balance cerrado el día anterior al acuerdo de fusión (art. 135 por remisión del 144). No obstante, no hacía referencia ni a la posibilidad de determinar el derecho de reembolso según el valor de cotización ni a la necesidad de que el balance fuese aprobado, lo cual fue precisado por la Ley 83/1968.

Cuando la necesidad de someter el balance a aprobación por la junta de socios fue incluida expresamente en el art. 239.2 LSA de 1989, la doctrina cuestionó la utilidad de dicho trámite, al igual que la del resto de los requisitos formales del balance de fusión, como la ya comentada verificación. El motivo fue la supresión del derecho de separación del socio con motivo de la fusión, unida a la pérdida de relevancia contable del balance de fusión. Lo que llevó a un importante sector doctrinal a reputar el balance de fusión como un documento de escasa utilidad en el proceso. Se consideró que un documento meramente informativo no precisaba ser auditado, aprobado e incorporado a la escritura de fusión[378]. La

377 Ley 83/1968 art. único. Dos: "*Los accionistas que se separen de la sociedad obtendrán el reembolso de sus acciones al precio de cotización media del último año o, si las acciones no tienen cotización oficial en Bolsa, al que resulte de la apreciación del patrimonio líquido, según balance del día anterior al acuerdo de la Junta, aprobado por la misma*".

378 Entre otros, v. GARDEAZÁBAL DEL RÍO, F. J., "La fusión en la Ley de Sociedades Anónimas", en GARRIDO DE PALMA, V. M. *et al.*, *Las sociedades de capital conforme a la nueva legislación*, Trivium, 3.ª ed., Madrid, 1990, p. 866.

pervivencia del requisito de aprobación fue achacada por algunos autores a un error del legislador, pues este y las demás exigencias formales que acompañaban al balance de fusión eran asociadas al reconocimiento del derecho de separación en la fusión. En el anteproyecto de reforma de la LSA de 1987 figuraban tanto el reconocimiento del derecho de separación como los requisitos de verificación, aprobación e incorporación a la escritura de los balances de fusión. Sin embargo, en la Ley 19/1989, de 25 de julio, de reforma parcial y adaptación de la Legislación Mercantil a las Directivas de la Comunidad Económica Europea (CEE) en materia de Sociedades, se eliminó el derecho de separación de los socios que no votasen a favor de la fusión manteniendo los mismos requisitos formales que estaban previstos en el anteproyecto, y así pasó a la LSA de 1989. De ahí, que parte de la doctrina considerara injustificado exigir la aprobación de un balance cuya función era estrictamente informativa y que se achacara a una equivocación del legislador[379].

A pesar de lo anterior, también hubo quienes, ante el cambio legislativo operado, defendieron la importancia de la función informativa del balance en el seno de la fusión y del requisito de aprobación. Estos últimos señalaron que la aprobación del balance de fusión seguía estando justificada, aunque el derecho de separación hubiese sido suprimido, y no podía ser achacado a un error del legislador. Al transponer la Tercera Directiva la tutela de los derechos de los socios dejó de recaer en el derecho de separación y, en su lugar, se acentuó el papel de la información para la autotutela de los derechos de los distintos interesados. El balance de fusión, como parte de la información documental del proceso de fusión, tiene un valor informativo innegable, lo que según los

379 Sobre la comentada evolución del derecho de separación y su vinculación con los requisitos formales del balance de fusión v. SÁNCHEZ OLIVÁN, J., *Fusión y escisión...*, ob. cit., pp. 260-263.

referidos autores explica que el legislador requiera su aprobación específica por la junta general de socios y así poder rechazar, en su caso, el balance propuesto por los administradores[380].

En relación con el argumento anterior, se podría añadir que el requisito de aprobación por la junta de socios, siendo un documento de carácter informativo destinado a la tutela de los socios y demás destinatarios, cobra sentido si se atiende a que la formulación del balance de fusión por los administradores no es una mera declaración de ciencia o conocimiento. Basta una comparación con la formulación de las cuentas anuales para apreciar que la redacción de cualquier estado contable tiene un componente dispositivo. Elaborar las cuentas supone la realización de estimaciones subjetivas y detracciones del beneficio bruto, que no revisten el carácter de una simple constatación de hechos contables y sobre las que decide el órgano de administración al formularlas. Hecho que explica que las cuentas requieran ser ratificadas por los socios[381].

380 CORTÉS DOMÍNGUEZ, L. J. y PÉREZ TROYA, A., *Fusión de sociedades*, ob. cit., p. 269.

381 LOJENDIO OSBORNE, I. M.ª, "Delimitación de competencias entre los órganos de la sociedad anónima y modificación de balance", *Revista de Derecho Mercantil*, n.º 140-141, 1976, p. 331, pone de relieve la discrecionalidad inherente a la formulación del balance de ejercicio, dentro de cuyos márgenes los administradores adoptan decisiones que son propias de la facultad de gestión de la sociedad y de la política empresarial. Como manifiesta GONDRA ROMERO, J.M.ª, "Significado y función del principio de «Imagen Fiel» («True and fair view») en el sistema del nuevo Derecho de Balances" en ALONSO LEDESMA, C., *et al.*, *Derecho mercantil de la Comunidad Económica Europea: estudios en homenaje a José Girón Tena*, Civitas, Madrid, 1991, pp. 594-596, incluso aplicándose en la formulación del balance de ejercicio una metodología de valoración apoyada en un razonamiento económico coherente, siempre habrá un "*insuprimible grado de apreciación subjetiva*". ILLESCAS ORTIZ, R., "La formulación de las cuentas anuales de la sociedad anónima" en IGLESIAS PRADA, J. L. (coord.), *Estudios jurídicos en homenaje al Profesor Aurelio Menéndez*, t. II, Civitas, Madrid, 1996, pp. 1927-1928. señala

En lo que respecta al balance de fusión, este debe ser elaborado según los mismos métodos y criterios del balance anual (art. 43.1 RDLME), en los que ya de por sí se reconoce cierto margen de discrecionalidad a los administradores. A lo anterior, hay que añadir que la inclusión de ajustes valorativos no reflejados en los asientos contables, si se constata alguna modificación importante del valor razonable (art. 43.2 RDLME), implica la necesidad de que los administradores juzguen si la diferencia entre el valor razonable y el que figura en la contabilidad existe y es significativa[382]. Es por ello por lo que el legislador, al establecer el requisito de verificación y aprobación en el art. 44 RDLME, utiliza en todo momento el plural, haciendo énfasis en algo que *a priori* parecería evidente, que la verificación y aprobación deben comprender tanto el balance como las modificaciones valorativas incluidas en él. De este modo, remarca la importancia de que el auditor compruebe y los socios muestren su conformidad o rechazo sobre un balance que por su función estimativa del valor razonable (art. 43.2 RDLME en relación con el art. 36.1 RDLME) podría requerir la inclusión de ajustes valorativos para los que es necesario constatar si el valor contable no se corresponde con el razonable y ponderar su importancia relativa.

que los administradores cuentan con un amplio margen de discrecionalidad al incluir los hechos contables en las concretas partidas, por lo que caracteriza la formulación de las cuentas anuales como un acto de voluntad, aunque cimentado en "*una declaración de ciencia, en todo o en parte*". VÁZQUEZ CUETO, J.C., *Las cuentas y...*, ob. cit., p. 249, partiendo de la consideración de la formulación de las cuentas como un acto de gestión en el que algunas de las decisiones que los administradores deben adoptar no son una mera constatación de hechos, caracteriza la aprobación de dichas cuentas por la junta general como una declaración de voluntad del conjunto de los socios por la que comprueban y asumen como propias las cuentas presentadas por los administradores.

382 V. *supra* "Capítulo III.3.3d)".

Por otro lado, debe atenderse a que la aprobación del balance, cuando se exige su aportación ante determinadas operaciones, es un requisito habitual en nuestra legislación societaria. En otras modificaciones estructurales como la escisión y la transformación también se exige la aprobación del balance (art. 23.2 RDLME, con respecto a la transformación y, en relación con la escisión por remisión al régimen de la fusión *ex* art. 63 RDLME). Al margen de las modificaciones estructurales, también es necesario que los socios aprueben el balance requerido en operaciones societarias como la liquidación, la reducción de capital por pérdidas y el aumento con cargo a reservas. En el supuesto de la liquidación, el balance final es un balance extraordinario que debe ser sometido a aprobación específica (art. 390.1 LSC), mientras que en el aumento de capital con cargo a reservas (art. 303.2 LSC) y en la reducción de capital por pérdidas (art. 323.1 LSC) solo se exige que se trate de un balance aprobado por la junta general. Pudiendo, por tanto, ser el de las últimas cuentas anuales, siempre que haya sido cerrado dentro de los seis meses anteriores al acuerdo, o uno extraordinario, sin que sea exigible que sea aprobado en la misma junta que decida sobre la operación en ninguno de los dos casos[383]. Es decir, en el aumento de capital con cargo a reservas y en la reducción por pérdidas se requiere que el balance sea

383 Sobre el balance en el aumento del capital con cargo a reservas v. SÁENZ GARCÍA DE ALBIZU, J. C., "Aumento con cargo a reservas (art. 303)", en ROJO, A. y BELTRÁN, E., (dirs.) *Comentario de la Ley de Sociedades de Capital*, t. II, Aranzadi, Cizur Menor (Navarra), 2011, pp. 2241-2242; y VALPUESTA GASTAMINZA, E., *Comentarios a la Ley de Sociedades de Capital*, 3.º ed., Wolters Kluwer, Madrid, 2018, p. 806. Sobre el balance en la reducción de capital por pérdidas v. ESPÍN GUTIÉRREZ, C., "El balance (art. 323)" en ROJO, A. y BELTRÁN, E., (dirs.) *Comentario de la Ley de Sociedades de Capital*, t. II, Aranzadi, Cizur Menor (Navarra), 2011, p. 2371.; y VALPUESTA GASTAMINZA, E., *Comentarios a la...*, ob. cit., p. 857. Sobre el balance exigido en las distintas modalidades de variación del capital social que lo requieren v. ESPÍN GUTIÉRREZ, C., "La verificación y aprobación del balance en las variaciones del capital social", *Revista de Derecho de Sociedades*, n.º 43, 2014, pp. 69-72.

aprobado, tanto si es el balance de ejercicio como uno extraordinario, pero no se exige una aprobación específica, puesto que sirve como tal el balance perteneciente a las cuentas anuales si estas han sido aprobadas y siempre que estén referidas a una fecha comprendida dentro de los seis meses anteriores al acuerdo.

En resumidas cuentas, ni el balance de fusión pasó a ser un documento carente de utilidad tras la supresión del derecho de separación, pues cumple una función informativa innegable necesaria para la autotutela de sus destinatarios (lo que de por sí justificaría su aprobación por los socios), ni el requisito de aprobación de un balance distinto al balance de ejercicio supone anomalía alguna en nuestro ordenamiento. La cuestión no reside en si el carácter informativo del balance de fusión hace innecesaria su aprobación por la junta general, sin que baste la mera formulación por el órgano de administración. Es común a cualquier decisión societaria que requiera tomar como base la información ofrecida por un balance que este deba ser aprobado por el órgano soberano de la sociedad, antes de adoptar el acuerdo asociado a este. Hasta que no es aprobado por la junta constituye una propuesta o *proyecto* de balance elaborada por el órgano de gestión y no puede ser considerado un balance societario como tal, debido al reparto de funciones entre ambos órganos, que determina que sea el acuerdo de la junta el que permite imputar la autoría de este a la sociedad[384].

El problema que debe ser resuelto en relación con la caracterización de la aprobación del balance de fusión es por qué se requiere su aprobación específica en la junta que delibere sobre la fusión, con mención expresa en el orden del día, incluso cuando ya ha sido aprobado como balance de ejercicio. A nuestro modo

384 En este sentido, en relación con las cuentas anuales v. VÁZQUEZ CUETO, J.C., *Las cuentas y...*, ob. cit., p. 125.

de ver, las referidas exigencias responden a que la voluntad del legislador es que los socios sean conscientes de que al aprobar el balance de fusión no están pronunciándose sobre la corrección técnica de la información sobre la situación económica de la sociedad contenida en este, sino que su aprobación supone la aceptación de que las valoraciones reflejadas en el balance sirvan de base a las condiciones en las que se propone realizar la fusión (art. 40.8.º RDLME). En otras palabras, con la aprobación del balance de fusión los socios asumen como propio el documento propuesto por los administradores y aceptan que el balance elaborado por el órgano de administración, con las valoraciones en él reflejadas, sea la base del posterior acuerdo de fusión. Ese es el motivo por el que el balance de ejercicio aprobado, para un fin distinto (la decisión sobre la aplicación del resultado), requiere un segundo pronunciamiento por parte de la junta que delibere sobre la fusión conforme al art. 44 RDLME. Igualmente explica por qué el citado artículo enfatiza la importancia de que el balance de fusión, ya sea el de ejercicio o el balance *ad hoc*, sea aprobado en la misma junta en la que se delibere sobre la operación y que se incluya en el orden del día.

Ahora bien, lo anterior debe conciliarse con el hecho de que la base valorativa de la fusión no la conforma un único balance, sino el de todas las sociedades participantes. Sin embargo, a cada sociedad le corresponde aprobar su propio balance. La DGRN ha interpretado que el requisito de aprobación del balance de fusión "*exige que el consentimiento negocial que implica el acuerdo de fusión comprenda las bases patrimoniales sobre las que se lleva a cabo*"[385]. Esta tesis se topa con el problema aludido, la aprobación

385 V. RDGRN de 21 de abril de 2014 (TOL4.357.883), fundamento de derecho segundo; y RDGRN de 21 de octubre de 2015 (TOL5.555.223), fundamento de derecho quinto. La interpretación sostenida por la DGRN sobre la caracterización del acuerdo de aprobación del balance de fusión se debe a que el

del balance de fusión por una sociedad solo puede comprender parcialmente la base patrimonial de la operación. Las sociedades participantes deben aprobar individualmente su respectivo balance, como condición previa, para que este pueda servir de base al posterior acuerdo de fusión. No obstante, la manifestación del consentimiento comprensiva de la base patrimonial y de las condiciones de la operación se expresa al aprobar la fusión, por todas y cada una de las sociedades, en los términos contenidos en el proyecto común de fusión. El proyecto incluye entre sus menciones la preceptiva remisión a las fechas de las cuentas sobre las que se establecen las condiciones de la fusión (art. 40.8.º RDLME) y la información sobre la valoración de los patrimonios que serán transmitidos (art. 40.7.º RDLME), de modo que al acordar la fusión es cuando todas las sociedades se pronuncian sobre la base patrimonial global y no solo respecto a la parte relativa a su propio patrimonio. Para ello, han contado con anterioridad a la adopción del acuerdo con la información sobre el balance de fusión de cada una de las sociedades (arts. 46.1.1.º y 46.1.2.º RDLME).

centro directivo entiende que el balance de fusión, además de informar a los socios sobre la situación económica de las sociedades participantes, *"sirve de base a las condiciones en que se propone a las personas interesadas llevar a cabo la fusión (artículo 25.1 de la Ley 3/2009)"* (RDGRN de 10 de abril de 2014, TOL4.277.895, fundamento de derecho cuarto). Para llegar a tal conclusión se apoyó en el art. 31.10.ª LME (que se corresponde con el vigente art. 40.8.º RDLME), en virtud del cual, el proyecto debe hacer referencia a las *"fechas de las cuentas de las sociedades que se fusionan utilizadas para establecer las condiciones en que se realiza la fusión"*. Dichas condiciones incluyen el tipo de canje y la valoración del patrimonio a transmitir (arts. 31.2.ª y 31.9.ª LME, respectivamente arts. 40.3.º y 40.7.º RDLME). En consecuencia, la información contenida en el proyecto tendría un carácter meramente indiciario y habría que recurrir al balance de fusión para contar con un conocimiento pleno sobre las condiciones en las que se acuerda la fusión. V. RDGRN de 21 de abril de 2014 (TOL4.357.883), fundamento de derecho segundo. Asimismo, v. *supra* "Capítulo II.1".

En definitiva, la aprobación del balance de fusión significa la aceptación por los socios de que el balance propuesto por los administradores, con las valoraciones contenidas en este, sirva de base al posterior acuerdo de fusión. Es imprescindible que cada sociedad participante apruebe su respectivo balance en la misma junta en la que se acuerde la fusión, pero no compartimos que dicha aprobación sea la manifestación del consentimiento negocial que implica el acuerdo de fusión en lo que respecta a la base patrimonial global. Tal consentimiento se produce al aprobar el acuerdo ajustándose al contenido del proyecto común de fusión, que contendrá las fechas de las cuentas que han servido de base patrimonial (art. 40.8.º RDLME) y la información sobre la valoración patrimonial de las sociedades a extinguir por la fusión (art. 40.7.º RDLME).

2.2. La exigibilidad del requisito de aprobación por la junta de socios

El requisito del balance de fusión es exigible en toda fusión y para cada una de las sociedades participantes, si bien en el RDLME se contemplan ciertas excepciones con respecto al requisito de aprobación del balance que serán tratadas en este apartado. Para ello, en primer lugar, se expondrá cómo incide sobre este requisito la decisión de adoptar como balance de fusión el último balance de ejercicio, la formulación de un balance específico o su sustitución por el informe financiero semestral. En segundo lugar, se tratará el segundo párrafo del art. 44 RDLME en el que se contiene una excepción con respecto a la aprobación del balance de fusión, que no figuraba de forma expresa en la LME.

Como ya se sabe, el art. 43.1 RDLME contempla dos posibilidades para dar cumplimiento a la exigencia del balance de fusión: adoptar como balance de fusión el último balance de ejercicio aprobado, siempre que su fecha de cierre no sea anterior en más de seis meses a la fecha del proyecto de fusión, o formular un balance específico, cerrado con posterioridad al primer día del tercer mes anterior al proyecto de fusión. Por otro lado, lo que en un sentido amplio podría ser considerado una tercera opción, el art. 43.3 RDLM permite sustituir el balance por el informe financiero semestral. Este informe, pese a cumplir la misma función, no es estrictamente un balance de fusión ni se le aplica el mismo régimen. En concreto, el informe financiero semestral está exento del requisito de verificación y de aprobación, dado que el art. 44 RDLME solo se refiere al balance de fusión.

En los dos supuestos que sí pueden ser considerados balance de fusión en sentido estricto (el último balance de ejercicio y el balance específico) el régimen es idéntico. El legislador con esta medida simplemente pretende asegurar que la información contable sea lo suficientemente actual a la vez que permite recurrir al último balance de ejercicio para simplificar los deberes de información en la fusión. Así pues, tanto en uno como en otro supuesto pueden alterarse las valoraciones del último balance en atención a las modificaciones importantes del valor razonable no registradas en la contabilidad (art. 43.2 RDLME).

Del citado precepto se desprenden tres posibles escenarios: a) que se adopte el último balance de ejercicio aprobado; b) que se tome el último balance de ejercicio aprobado, pero incluyendo modificaciones en sus valoraciones; y c) que se formule un balance específico. En los dos últimos supuestos la postura de la doctrina en torno al tema en discusión fue clara: debían ser aprobados por tratarse de balances distintos al último aprobado. En el primero de los supuestos, por el contrario, algunos autores consideraron innecesario someter a votación por segunda vez un balance que ya había sido aprobado junto con las cuentas anuales[386]. No obstan-

386 Entre otros v. CERDÁ ALBERO, F., *Escisión de la...*, ob. cit., p. 282; PÉREZ TROYA, A., *La determinación del...*, ob. cit., p. 124, nota 97; y URÍA, R.; MENÉNDEZ, A.; e IGLESIAS PRADA, J. L., "Fusión y escisión...", 1999, ob. cit., p. 1260.

te, en la actualidad esta interpretación debe ser rechazada, pues, aunque el contenido del balance sea el mismo, cuando los socios aprobaron el balance de ejercicio desconocían que sería empleado como balance de fusión. En consecuencia, se requiere una segunda aprobación, que es la que confiere el carácter de balance de fusión al balance de ejercicio[387]. Por tanto, el balance de fusión debe ser sometido a votación sea cual sea el balance que se adopte.

En cuanto a la excepción introducida en el segundo párrafo del art. 44 RDLME con respecto a la aprobación del balance de fusión, el referido párrafo no figuraba de forma expresa en la LME, sin embargo, la excepción que establece con respecto a la aprobación del balance podía inferirse de las medidas de simplificación reconocidas en la LME para las fusiones especiales. Como se verá, el segundo párrafo del art. 44 RDLME es más bien una aclaración del alcance, en las fusiones especiales (arts. 53-56 RDLME), de la exoneración del requisito de aprobación de la modificación estructural por la junta de algunas de las sociedades participantes.

En el segundo párrafo del art. 44 RDLME se dispone que "*Esta regla* (la aprobación del balance de fusión en la junta general que resuelva sobre la fusión) *no será de aplicación cuando conforme a*

387 En este sentido v. SÁNCHEZ OLIVÁN, J., *La fusión y la escisión de sociedades. Aportación de activos y canje de valores. Cesión global del activo y del pasivo*, Edersa, 1998, p. 262; LARRIBA DÍAZ-ZORITA, A., "Régimen contable de...", ob. cit., p. 51; CORTÉS DOMÍNGUEZ, L. J. y PÉREZ TROYA, A., *Fusión de sociedades*, ob. cit., p. 524; y MERCADAL VIDAL, F., "Los balances en...", ob. cit., p. 150. En el fundamento de derecho segundo de la RDGRN de 21 de abril de 2014 (TOL4.357.883) la DGRN manifestó que el balance de fusión debía ser aprobado en la junta en la que se deliberase sobre la fusión, según el art. 37 LME (art. 44 RDLME), aunque hubiese sido previamente aprobado por la junta por tratarse del balance comprendido dentro de las cuentas anuales. El fundamento que atribuyó a la exigencia de una segunda votación es que "*precisamente el consentimiento que implica el acuerdo social conlleva que el balance de cierre de ejercicio sea, además, balance de fusión*".

las disposiciones de este real decreto-ley no se requiera aprobación del acuerdo de fusión por la junta general".

En primer lugar, debe advertirse que el citado artículo se refiere a la aprobación del balance por la junta en la que se delibere sobre la fusión, no la formulación del balance de fusión, la adopción del balance de ejercicio o su sustitución por el informe financiero semestral para lo que no se prevé excepción alguna. Asimismo, debe dejarse sentado desde un principio que el art. 44 RDLME no exime en ningún caso el que haya una manifestación de voluntad de la sociedad que comprenda la aprobación del balance de fusión. Lo que refleja el artículo indicado es que, en determinadas fusiones, dicha manifestación de voluntad puede ser expresada por el órgano de administración, por la sociedad dominante o por el socio único de las sociedades fusionadas (en ejercicio de las competencias de la junta general, art. 15 LSC), en lugar de por la junta general de socios de cada sociedad. Es decir, las circunstancias en las que tenga lugar la fusión pueden alterar el modo en el que se debe adoptar el acuerdo aprobatorio del balance de fusión, cuando la operación entra dentro de la categoría de las fusiones especiales o simplificadas, permitiendo que se pueda prescindir de la aprobación del balance por parte de la junta general de la sociedad absorbente o incluso de la sociedad o sociedades absorbidas. Como veremos a continuación, así sucede en las fusiones por absorción en las que la sociedad absorbida está íntegramente participada por la absorbente (art. 53 RDLME), en las asimiladas a la absorción de sociedad íntegramente participada (art. 56 RDLME) y en las fusiones en las que la absorbente es titular, como mínimo, del noventa por ciento del capital social de la absorbida, sin llegar a ostentar el cien por cien (art. 54 RDLME).

En el caso de la absorción de sociedad íntegramente participada de forma directa, el del art. 53 RDLME, se prescinde de los acuerdos aprobatorios de la fusión y del balance por la junta general de la sociedad o sociedades absorbidas (art. 53.1.4.º RDLME) y por la junta general de la sociedad absorbente (art. 54.1 RDLME)[388]. Constituye una excepción al requisito de aprobación de la fusión en la junta de socios de cada una de las sociedades participantes (art. 47.1 RDLME), que se justifica en que la sociedad absorbida está íntegramente participada por la absorbente y, por tanto, no se requiere la incorporación de nuevos socios ni la ampliación del capital social[389]. El hecho de que la sociedad ab-

388 El art. 55 RDLME puede llevar a confusión al referirse a las fusiones por absorción en las que la absorbente sea titular del *"noventa por ciento o más del capital social"* de la absorbida, lo que podría inducir a pensar que este precepto solo es aplicable a las fusiones del art. 54 RDLME, sobre las fusiones en las que la absorbida está participada en más del noventa por ciento sin llegar a la totalidad, y no a las del art. 53 RDLME, en las que la absorbida está íntegramente participada por la absorbente. Sin embargo, resulta aplicable tanto a unas como a otras, pues en la absorción de sociedades íntegramente participadas por la absorbente se cumple el requisito de la participación superior al noventa por ciento y el art. 55 RDLME no añade la condición de que la absorbente no ostente la totalidad del capital social de la absorbida, aspecto que sí se especifica en el art. 54 RDLME. Además, el art. 55.1 RDLME corrobora implícitamente lo anterior al regular los requisitos que deben ser cumplidos cuando no es exigible el acuerdo de la junta de la sociedad absorbente, pues menciona el supuesto en el que la absorbida está íntegramente participada. V. SEQUEIRA MARTÍN, A., "El concepto de fusión y sus elementos componentes" en RODRÍGUEZ ARTIGAS, F. *et al.* (dirs.), *Modificaciones Estructurales de las Sociedades Mercantiles*, t. I, Aranzadi, Cizur Menor (Navarra), 2009, p. 399; y, en el mismo sentido, JUSTE MENCÍA, J., "Fusiones especiales" en RODRÍGUEZ ARTIGAS, F. *et al.* (dirs.), *Modificaciones Estructurales de las Sociedades Mercantiles*, t. I, Aranzadi, Cizur Menor (Navarra), 2009, p. 777.

389 En el supuesto en el que la absorbida esté íntegramente participada por la absorbente, pero de forma indirecta, no será necesario ampliar el capital social, pero sí deberá compensarse a la sociedad intermedia si su patrimonio se ve reducido por la fusión, al no intervenir en la operación (art. 53.2 RDLME). Nos referimos al supuesto en el que la sociedad absorbente es titular de la totalidad del capital social de la absorbida, pero a través de una o varias sociedades intermedias, íntegramente participadas por la absorbente, que, a su vez, son titulares de todas las acciones o participaciones de la absorbida. Estas sociedades intermedias no intervienen en la fusión, dado que no son

sorbente sea el socio único de la sociedad absorbida lleva a que el legislador juzgue innecesaria la aceptación de los socios mediante deliberación en junta general. En su lugar, la decisión de llevar a cabo la fusión es adoptada por el órgano de administración de la sociedad absorbente, si la participación es directa o su junta general en otro caso. La manifestación de la voluntad de fusionarse de la sociedad absorbente se entiende expresada al suscribir sus administradores el proyecto de fusión y la de la sociedad absor-

ni absorbente ni absorbida, pero pueden ver disminuido su patrimonio neto al extinguirse la sociedad absorbida y con ella las acciones o participaciones que poseían en esta. Por ese motivo, el art. 53.2 RDLME establece que, si el patrimonio de las sociedades que no intervienen en la fusión se ve disminuido, el de las sociedades intermedias, la sociedad absorbente debe compensarlas por el valor razonable de su participación en la absorbidas, si bien no concreta la forma en la que debe realizarse tal compensación. Aunque el art. 53.2 RDLME afirma que, en su caso, podría ser exigible el aumento del capital social de la sociedad absorbente, lo cierto es que en este supuesto no aumenta su patrimonio, dado que posee indirectamente la totalidad del capital social de la sociedad absorbida, ni puede ampliar su capital social para compensar a las sociedades intermedias, sus filiales, por la pérdida patrimonial, ya que constituiría un supuesto de suscripción de acciones o participaciones de la sociedad dominante prohibido por el art. 134 LSC. La previsión del aumento del capital social no tiene sentido cuando la sociedad matriz posee el cien por cien del capital social de la filial y, a través de esta, la totalidad del capital social de la absorbida. Solo cobra sentido la ampliación del capital social, mencionada en el art. 53.2 RDLME, si se entiende referida al supuesto en el que la sociedad absorbente y la absorbida son íntegramente participadas indirectamente por un mismo socio (que no participa en la fusión), mediante sociedades intermedias (es uno de los supuestos contemplados en el art. 56 RDLME al que también le es de aplicación el régimen de la absorción de sociedad íntegramente participada, por ser un supuesto asimilado). V. GONZÁLEZ-MENESES, M. y ÁLVAREZ, S., *Modificaciones estructurales de...*, ob. cit., pp. 284-288. En relación con la compensación prevista en el art. 53.2 RDLME, cuya articulación jurídica no es resuelta por el legislador, algunos autores incluso consideran admisible que no tenga lugar en el momento de realizar la fusión, pudiendo ser satisfecha en un momento posterior. V. CABANAS TREJO, R., "La ley de modificaciones estructurales de las sociedades mercantiles en la práctica reciente", *La notaria*, n.º 1, 2018, p. 105.

bida por decisión de su socio único (la sociedad absorbente) a través de su órgano de administración. A excepción del supuesto en el que los socios de la sociedad absorbente que representen, al menos, el uno por ciento del capital social soliciten la celebración de la junta para someter a aprobación la fusión (art. 55.3 RDLME), o bien si la participación fuese indirecta.

Los arts. 53.1.4.º y 55.1 RDLME solo se refieren al acuerdo aprobatorio de la fusión y no al del balance, sin embargo, la excepción se ha hecho extensiva, en virtud del segundo párrafo del art. 44 RDLME, a la aprobación de los balances de fusión por las respectivas juntas generales de socios de la sociedad absorbente y las de las sociedades absorbidas íntegramente participadas de forma directa. No obstante, la inclusión del mencionado párrafo en el art. 44, aunque útil, no era imprescindible, ya que lo lógico es que, estableciendo el primer párrafo del art. 44 RDLME que el balance de fusión sea sometido a aprobación en la *"junta de socios que resuelva sobre la fusión"*, se entienda dispensado el requisito de aprobación del balance por la junta. La razón es que la reunión de la junta general no llega a celebrarse ni en la sociedad absorbente ni en la absorbida participada al cien por cien por la absorbente y de forma directa. En caso de participación indirecta sí se requeriría la aprobación por la junta general de la sociedad absorbente.

En lo que respecta al balance de la sociedad absorbente, se entenderá manifestada la voluntad de la sociedad absorbente de que su balance de fusión sirva de base patrimonial de la operación por su mera formulación por el órgano de administración o, en su caso, por la decisión de este órgano de adoptar el último balance de ejercicio. Salvo en el supuesto en el que la minoría de socios solicitara la celebración de la junta (art. 55.3 RDLME) o si la participación fuese indirecta, en cuyo caso sí sería exigible su aprobación en junta.

En cuanto al balance de fusión de la sociedad absorbida, será formulado por sus administradores (ya sea el último balance de ejercicio o uno *ad hoc*), pero la sociedad absorbente, como socio único (art. 15 LSC), deberá aprobarlo por decisión de su órgano de administración, o de su junta en caso de participación indirecta.

Lo anterior es igualmente aplicable al supuesto de fusión inversa, asimilado a la absorción de sociedad íntegramente participada (art. 56 RDLME), con la salvedad de que en este caso es la sociedad absorbida el socio único de la absorbente. En el otro supuesto asimilado a las fusiones del art. 53 RDLME, aquellas en las que un mismo socio es titular de la totalidad del capital social de las sociedades participantes, tampoco se celebra la junta general porque sus competencias son asumidas por el socio único (art. 15 LSC), por lo que será este quien decida sobre la aprobación de los balances de fusión de las sociedades intervinientes. No obstante, cuando la titularidad no sea de un único socio, sino de varios con idéntica participación en todas las sociedades fusionadas, aun siendo un supuesto asimilado a la absorción de sociedad íntegramente participada (art. 56.1 RDLME), el hecho de ser varios socios (pluripersonal) supone que en tal caso no esté justificada la exoneración del requisito de celebración de la junta y, por ello, deberán aprobarse tanto el balance como el acuerdo de fusión por el órgano deliberante de la sociedad. Este último supuesto, cuando se plantea con participación indirecta de esa pluralidad de socios a través de sociedades intermedias es más difícil de resolver por la infinidad de casos posibles, sin embargo la resolución igualmente depende de si la sociedad tiene carácter unipersonal (la sociedad intermedia, aunque pluripersonal, podría ser socio único, por ejemplo, de la absorbida) o pluripersonal, solo cuando hay una situación de unipersonalidad se exime del requisito de celebración de la junta[390].

390 V. con mayor detalle MELCHOR GIMÉNEZ, E., "La fusión gemelar...", ob. cit., pp. 26-29.

Entre las fusiones especiales, finalmente, debemos referirnos a la absorción de sociedades participadas en más del noventa por ciento del capital social por la sociedad absorbente de forma directa, sin llegar a poseer su totalidad (art. 54 RDLME). En este supuesto, la sociedad absorbente tampoco tiene la obligación de celebrar la reunión de la junta general para deliberar sobre la fusión y aprobar el balance, por lo que igualmente bastará con que el órgano de administración formule el balance de la sociedad absorbente para que se entienda manifestada la voluntad de la sociedad en relación con que dicho balance sirva de base a la operación. Siempre y cuando la minoría de socios no ejerza el derecho a exigir la celebración de la junta general (art. 55.3 RDLME), en cuyo caso sí será exigible la adopción en junta de ambos acuerdos, el relativo al balance y el de fusión. No obstante, a diferencia de aquellos casos en los que la sociedad absorbente posee el cien por cien del capital social de la absorbida, en el supuesto contemplado en el art. 54 RDLME sí se requiere que la sociedad absorbida adopte en junta general el acuerdo de fusión, ya que no se establece ninguna excepción al respecto y el art. 55.1 RDLME hace referencia expresa a la junta de la absorbida en este tipo de fusiones[391]. Por lo tanto, en aplicación del art. 44 RDLME, también deberá aprobarse el balance de fusión de la sociedad o sociedades absorbidas en la misma reunión de la junta general de socios en la que se resuelva sobre la fusión.

Como ya hemos advertido, en los supuestos comentados, pese a la posibilidad de prescindir de los acuerdos en junta, tan-

391 El art. 55 RDLME, sobre la junta de socios de la sociedad absorbente en las fusiones simplificadas, establece en su apartado primero una serie de requisitos informativos que deben ser cumplidos un mes antes de la "*celebración de la junta*" de la sociedad absorbida, si la absorbente es titular de más del noventa por ciento sin llegar a la totalidad, o un mes antes de la "*formalización*" de la absorción, si la participación es íntegra.

to de la sociedad absorbente como de las sociedades absorbidas, la formulación del balance de fusión, adopción como tal del último balance de ejercicio o sustitución del balance por el informe financiero semestral no deja de ser exigible en cada una de las sociedades. La simplificación de las formalidades de la fusión en sí, en las fusiones especiales, ni siquiera conduce a que el consentimiento de la sociedad respecto al balance de fusión, requerido por el art. 44 RDLME, sea excusable.

Insistimos en que el hecho de que en las fusiones simplificadas no se requiera la aprobación en junta de la fusión y del balance en todas las sociedades no significa que se prescinda de la necesaria manifestación de voluntad de las sociedades participantes que comprenda ambos extremos, el acuerdo de fusión y los balances de cada una de las sociedades. En la absorción de sociedades íntegramente participadas (art. 53 RDLME), la sociedad absorbente, como único socio de las sociedades absorbidas, decidirá la fusión de forma unilateral. Es decir, el acuerdo revestirá, en este supuesto, el carácter de una declaración de voluntad unilateral y necesariamente deberá comprender la aprobación de la base patrimonial de la operación (ya sea adoptado por el órgano de administración o por la junta general, en función de si la participación es directa o indirecta). Al igual que en las fusiones asimiladas a la de absorción de sociedad íntegramente participada (art. 55 RDLME), en las que la manifestación de voluntad unilateral será expresada por el socio único (en las llamadas fusiones gemelares) o por la sociedad absorbida, titular de la totalidad del capital social de la absorbente (fusión inversa). La decisión de realizar la fusión por parte del órgano de administración de la sociedad absorbente sin someterlo a la aprobación de la junta de socios de la sociedad, cuando la sociedad absorbida está participada por la absorbente en más del noventa por ciento de forma directa (art. 55 RDLME), tampoco implica que no exista consentimiento por parte de la sociedad. Es el órgano de administración quien emite dicho consentimiento y este también debe comprender el balance de fusión. En definitiva, el art. 44 RDLME exige que en toda fusión haya una manifestación de la voluntad de cada sociedad que comprenda tanto el acuerdo como los balances, pese a que excepcionalmente no sea expresada a través de la junta general, sino por el órgano de administración o por el socio único[392].

2.3. La adopción del acuerdo

Una vez estudiado el sentido atribuible al acuerdo de aprobación del balance de fusión y el alcance del mencionado requisito,

392 V. RDGRN de 21 de abril de 2014 (TOL4.357.883), fundamento de derecho segundo: *"Así resulta indubitadamente del artículo 37 de la Ley 3/2009 que exige que el consentimiento negocial que implica el acuerdo de fusión comprenda las bases patrimoniales sobre las que se lleva a cabo y que esta circunstancia se haga constar en el orden del día. Nada obsta a lo anterior que la fusión tenga carácter de especial por concurrir las circunstancias previstas en la propia Ley. Si la sociedad absorbida está íntegramente participada por la absorbente, el acuerdo social de ésta tendrá el carácter de negocio unilateral y deberá comprender igualmente la aprobación del sustrato patrimonial (artículo 49). Tampoco es óbice el supuesto de que la fusión se lleve a cabo sin necesidad de acuerdo de junta de la sociedad absorbente pues en este supuesto el consentimiento negocial es emitido por el órgano de administración por así establecerlo la Ley (artículo 51). Y es que, en cualquier caso debe existir una expresión de consentimiento negocial que comprenda el balance de la sociedad".* La comentada interpretación de la DGRN sobre el requisito de aprobación fue reiterada en la RDGRN de 8 de mayo de 2014 (TOL4.422.347). En el fundamento de derecho segundo de la última resolución citada, la DGRN advirtió de que la exención de determinados requisitos formales o la adopción del acuerdo en junta universal por unanimidad e incluso el hecho de que la absorbente sea titular del cien por cien del capital de la absorbida, no dispensan del requisito de aprobación del balance de fusión. V. RDGRN de 8 de mayo de 2014 (TOL4.422.347), fundamento de derecho segundo: *"recientemente esta Dirección General ha tenido oportunidad de poner de relieve que en los supuestos generales de fusión o escisión, aun cuando se exima de ciertos requisitos formales, y aun cuando hayan sido aprobadas en junta universal y unanimidad, o se trate de absorción de una sociedad limitada íntegramente participada, no se exime de la obligación de aprobar el balance de fusión o escisión".*

debemos analizar los aspectos formales que han de ser seguidos en la adopción del acuerdo, que son comunes tanto en el supuesto de formulación de un balance específico como cuando se adopta el último balance de ejercicio. En esta labor, nos encontramos con la dificultad de que el RDLM no regula de manera pormenorizada las especificidades del acuerdo. En su art. 44, el legislador se limita a establecer, en primer lugar, que el balance de fusión, junto con las modificaciones valorativas incluidas en él, debe ser objeto de aprobación. En segundo lugar, se determina el órgano al que corresponde aprobarlo, la junta general de socios de cada una de las sociedades participantes, debiendo aprobar cada una su respectivo balance. En tercer lugar, se dispone en el art. 44 RDLME que la ratificación del balance propuesto por los administradores debe tener lugar en la misma reunión de la junta en la que se resuelva sobre la fusión, con las excepciones vistas en el apartado precedente. Por último, se incluye el requisito de que la aprobación del balance de fusión debe figurar expresamente en el orden del día.

Otras cuestiones, por el contrario, no son resueltas por el art. 44 RDLME, debiendo recurrir a tal fin a la interpretación conjunta del RDLME y la LSC. Por un lado, se plantea si la exigencia de aprobación del balance de fusión conduce a que necesariamente deba ser sometido a votación de forma específica, es decir, separada del acuerdo principal de fusión y, en tal caso, la justificación de dicho requisito. Por otro lado, ni el RDLME ni la LSC determinan los requisitos de quorum y mayorías que debe cumplir el acuerdo para que el balance de fusión sea válidamente aprobado. En consecuencia, se ha discutido si le son exigibles las mismas condiciones que al acuerdo de fusión o las de aprobación de un acuerdo ordinario.

a) El acuerdo específico de aprobación del balance de fusión

El acuerdo de aprobación del balance de fusión, exigido por el art. 44 RDLME con un contenido muy similar al del art. 37 LME del art. 239.2 LSA de 1989, ha sido caracterizado, tanto en la legislación previgente como en la actual, como un acuerdo específico diferenciado del acuerdo principal de fusión, aunque estrechamente vinculado con este. La doctrina que estudió el balance de fusión bajo el régimen de la LSA de 1989 coincidió de forma unánime en que el legislador distinguía el acuerdo aprobatorio de la fusión y el del balance de fusión, requiriendo su votación separada[393].

Entre los argumentos esgrimidos, encontramos, por un lado, el hecho de que la impugnación del balance de fusión no provoca la suspensión de la ejecución de la fusión[394]. Si la aprobación de la operación y la del balance constituyesen un mismo acuerdo comprensivo de ambos extremos, no parecería lógico prever la impugnación autónoma del balance de fusión. Así fue establecido en el art. 239.3 LSA de 1989, donde se determinó que "*La impugnación del Balance de fusión no podrá suspender, por sí sola, la ejecución de la fusión*", precepto que fue recogido en los mismos términos en el art. 38 LME y, en la actualidad, en el art. 45 RDLME.

Por otro lado, se alegó que la derogada LSA de 1989 y el, todavía vigente, RRM distinguían entre ambos acuerdos de forma reiterada a lo largo de su articulado, fundamentalmente en los arts. 242 y 244.1 de la Ley y en los arts. 227.2.5.º y 228 del Reglamento[395]. En el art. 242 LSA de 1989, sobre la publicidad del acuerdo de fusión, se requería hacer constar en el anuncio el derecho de socios y acreedores "*de obtener el texto íntegro del acuerdo adoptado y del balance de la fusión*". Es decir, se diferenciaba entre el

---

393 Entre otros v. SEQUEIRA MARTÍN, A., "Fusión", ob. cit., p. 199; URÍA, R.; MENÉNDEZ, A.; e IGLESIAS PRADA, J. L., "Fusión y escisión...", 1999, ob. cit., p. 1260; ROMERO FERNÁNDEZ, J. A., *El derecho de información...*, ob. cit., p. 304 nota 99; y SÁNCHEZ OLIVÁN, J., *Fusión y escisión...*, ob. cit., p. 280.

394 V. SEQUEIRA MARTÍN, A., "Fusión", ob. cit., p. 199.

395 Razonamiento que fue esgrimido por ROMERO FERNÁNDEZ, J. A., *El derecho de información...*, ob. cit., p. 304 nota 99.

texto del acuerdo y el balance de fusión. En el art. 244.1 LSA de 1989, sobre la escritura de fusión, igualmente se diferenciaba entre el acuerdo de fusión y el balance, pues se exigía que se elevase el acuerdo a escritura pública y que dicha escritura contuviese el balance de fusión de las sociedades extinguidas. En cuanto al RRM, al enumerar los elementos que deben figurar en la escritura de fusión distingue *"el contenido íntegro del acuerdo"* (art. 227.2.6.ª RRM) del balance de fusión (art. 227.2.5.ª RRM). Esta distinción se ve reiterada en el art. 228 RRM, relativo al contenido del acuerdo de fusión, en el que no se menciona el balance de fusión.

En la actualidad se sigue manteniendo la misma interpretación, sobre el carácter separado del acuerdo de fusión y el acuerdo aprobatorio del balance, que realizó la doctrina durante la vigencia de la LSA de 1989[396]. Los arts. 239.3, 242 y 244 LSA de 1989, en los que fundó la doctrina la distinción entre ambos acuerdos, se corresponden en la actualidad, sin variación en lo concerniente a la cuestión tratada, con los arts. 45, 10 y 50 RDLME respectivamente. Los anteriores no son los únicos preceptos del RDLME que apuntan a que la voluntad del legislador es la aprobación separada del balance de fusión respecto del acuerdo principal de fusión. El requisito de aprobación del balance se establece en el art. 44 RDLME, en lugar de en el art. 47 RDLME, sobre el acuerdo de fusión, lo que constituye un ejemplo más en el que la Ley diferencia entre uno y otro acuerdo. Encontramos, por tanto, el acuerdo aprobatorio del balance de fusión en el art. 44 RDLME y el acuerdo de fusión en el art. 47 RDLME, el cual irá referido al contenido del proyecto común de fusión según el art. 47.1 RDL-

396 En este sentido, aunque mostrándose crítico con que la Ley exija la aprobación separada del balance, v. FERNANDEZ DEL POZO, L., *El derecho contable...*, 2010, ob. cit. p. 123; y MERCADAL VIDAL, F., "Los balances en...", ob. cit., p. 150.

ME. Lo anterior es corroborado cuando el art. 44 RDLME exige que el balance de fusión sea aprobado en la misma junta en la que se delibere sobre la fusión y que sea objeto de mención expresa en el orden del día, indicando que se tratan de dos resoluciones formalmente distintas.

De los argumentos antes expuestos se deriva que el balance de fusión no puede considerarse tácitamente aprobado al adoptar el acuerdo de fusión ni ambos pueden ser sometidos a votación conjuntamente, se requiere un pronunciamiento expreso de la junta sobre el balance de fusión (art. 44 RDLME) y otro relativo a la aprobación de la operación (art. 47 RDLME). En definitiva, la aprobación del balance de fusión requiere un acuerdo específico[397], para poder ser considerado el documento que dé soporte al acuerdo de fusión adoptado en la misma reunión de la junta.

397 Si el RDLME no estableciera que el acuerdo de fusión y el de aprobación del balance tienen que ser adoptados de forma separada, cabría plantear si resulta aplicable lo dispuesto en el art. 197 bis LSC sobre la aprobación separada de asuntos *sustancialmente independientes*. Entendemos que el art. 197 bis LSC no impediría la adopción conjunta del acuerdo de fusión y del balance, dada la interdependencia de ambos asuntos. DÍAZ MORENO, A., "Votación separada por asuntos", en JUSTE MENCÍA, J. (coord..), *Comentario de la reforma del régimen de las sociedades de capital en materia de gobierno corporativo (Ley 31/2014)*, Civitas, Cizur Menor (Navarra), 2015, p. 119, señala que el legislador, al referirse a los asuntos que sean *independientes*, alude a aquellos asuntos que pueden ser decididos sin necesidad de tomar en consideración lo que se disponga respecto a otro asunto tratado en la misma asamblea. Para determinar si dos asuntos son independientes, uno respecto del otro, habrá que aplicar la lógica y atender a las circunstancias concretas. En cuanto al término *sustancialmente*, implica que la valoración de la independencia de los asuntos debe realizarse en función de la realidad material del contenido y alcance de los asuntos a tratar, siendo indiferente la forma en que son presentados en el orden del día. Si los asuntos son sustancialmente independientes, deben ser acordados separadamente y, en caso contrario, se permite su aprobación tanto de forma conjunta como separada. Por su parte, YANES YANES, P., "La votación separada por asuntos", *Revista de Derecho Mercantil*, n.º 299, 2016, pp. 46-47, define asunto independiente como

El énfasis del legislador en que el balance de fusión y la operación misma sean objeto de aprobación específica contrasta, no obstante, con la clara interdependencia existente entre ambos acuerdos[398]. El balance de fusión forma parte de la información documental previa al acuerdo necesaria para que los socios decidan sobre la fusión (art. 46.1.2.º RDLME) y para la tutela de los demás destinatarios. Además, la Ley reconoce el derecho de socios y acreedores a obtener el texto del acuerdo y del balance, una vez aprobada la fusión (art. 10 RDLME). Por último, el balance de fusión de cada una de las sociedades fusionadas debe ser incorporado a la escritura de fusión para que esta pueda ser inscrita (art. 50.1 RDLME). En consecuencia, el balance de fusión no solo es un instrumento informativo que desempeña un papel relevante en la tutela, fundamentalmente de socios, pero también de otros sujetos en el proceso, sino que también es indispensable para que la fusión pueda ser válidamente acordada e inscrita. Del mismo modo que la aprobación y eficacia de la fusión dependen de la aprobación del balance de fusión, este último solo cumple su propósito en el seno del proceso de fusión y, por ello, su aprobación carece de cualquier utilidad (salvo la de haber servido para que los socios decidieran el sentido de su voto) si la fusión es finalmente rechazada. En la práctica puede darse que en

aquel que "*no depende de (o carece de conexión con) otro de los que figuran en el orden del día, de tal forma que es posible (y necesaria) una deliberación y decisión autónoma sobre él*". V., del mismo autor, "La adopción de acuerdos por la Junta General: régimen de mayorías y votación separada por asuntos (arts. 201 y 197 bis. LSC)", en, RODRÍGUEZ ARTIGAS, F. (dir.), *Junta General y Consejo de Administración en la sociedad cotizada*, T. I, Aranzadi, Cizur Menor (Navarra), 2016, pp. 266-267.

398 Entre los autores que señalan la interdependencia o conexión existente entre el acuerdo de fusión y la aprobación del balance v. SEQUEIRA MARTÍN, A., "Fusión", ob. cit., p. 198; CORTÉS DOMÍNGUEZ, L. J. y PÉREZ TROYA, A., *Fusión de sociedades*, ob. cit., p. 271; y FERNANDEZ DEL POZO, L., *El derecho contable...*, 2010, ob. cit. p. 123.

una misma junta general se someta a votación la aprobación de las cuentas anuales y se acuerde la fusión adoptando el balance de dichas cuentas como balance de fusión. En tal caso la aprobación de las cuentas, cuyo balance es propuesto como balance de fusión, tiene una utilidad propia al margen de si la fusión es acordada o no. No obstante, no contradice lo que sostenemos pues su utilidad, siendo rechazada la fusión, recaería en su carácter de parte integrante de las cuentas anuales y no en el hecho de su adopción como balance de fusión.

La fusión solo puede tener lugar si son aprobados tanto el balance como la fusión misma. Si los socios acuerdan adoptar el balance propuesto por los administradores, pero votan en contra de la operación, la fusión habrá sido rechazada. En el supuesto de que los socios acordaran la fusión, pero no el balance, la operación no podría devenir eficaz ya que no podría ser inscrita[399]. Sería necesario reformular el balance y convocar otra reunión de

399 Han sido varios los autores que han señalado los resultados contradictorios a los que podría conducir la votación separada del balance y del acuerdo de fusión. Entre otros, LARRIBA DÍAZ-ZORITA, A., "Responsabilidad del auditor...", ob. cit., pp. 14-15. El mismo autor ha llegado a calificar como "*curiosas rozando casi el absurdo*" las situaciones a las que puede llevar el someter a votación separada la aprobación del acuerdo y la del balance. Por ejemplo, si se rechaza el balance por no haber sido ajustados sus valores y, por tanto, no ser representativo de la realidad, pero se aprueba la fusión. V. LARRIBA DÍAZ-ZORITA, A., "Régimen contable de...", ob. cit., p. 51. En un sentido similar, FERNANDEZ DEL POZO, L., *El derecho contable...*, 2007, ob. cit., p. 86, critica la "*afición*" del legislador español por exigir la aprobación separada de la documentación informativa contable respecto del acuerdo principal. Además, añade que no solo no le parece justificada la medida, sino que puede dar lugar a problemas como en el supuesto en el que la convocatoria de la junta omita la aprobación del balance de fusión dentro del orden del día. V. igualmente, FERNANDEZ DEL POZO, L., *El derecho contable...*, 2010, ob. cit., pp. 121-123. Por su parte, DÍAZ RUIZ, E., "El balance de fusión en la absorción de sociedades participadas en más de un 90%", *Revista de Derecho Mercantil*, n.º 278, 2010, p. 1405, señaló el carácter redundante de la exigencia de aprobación formal del balance de fusión por la junta general, puesto que, "*si*

la junta general para acordar el nuevo balance y aprobar la fusión. En el caso de que la reformulación del balance no afectara a las condiciones fijadas en el proyecto de fusión, podría mantenerse el mismo, siempre que la junta en la que finalmente sean aprobados el balance y el acuerdo de fusión se celebre dentro de los seis meses posteriores a la fecha del proyecto (art. 39.3 RDLME). Todo ello asumiendo que la reformulación se realiza manteniendo la misma fecha de cierre del balance, pues, como hemos argumentado anteriormente, la fecha de cierre del balance debe ser anterior o coetánea a la del proyecto[400]. Si con motivo de la reformulación del balance fuese necesario elaborar de nuevo el proyecto, habría que atender a que la fecha de cierre del balance respete los plazos marcados por el art. 43.1 RDLME, todos ellos referidos a la nueva fecha de redacción del proyecto. En ambos casos, independientemente de si se da una nueva redacción al proyecto, el haber rechazado el balance conduce a que se deba reiniciar el proceso desde la fase preparatoria de la fusión, por lo que deberán cumplirse los requisitos de publicidad de la convocatoria e información previa al acuerdo establecidos en el RDLME.

b) Los requisitos de convocatoria, constitución y mayorías necesarias para la aprobación del balance de fusión

El RDLME no especifica los requisitos que deben cumplirse en la aprobación del balance de fusión. No obstante, la exigencia de aprobación del balance en "*la junta de socios que resuelva sobre la fusión*" (art. 44 RDLME) permite concluir que los requisitos de publicidad de la convocatoria de la junta serán los mismos que se

---

aprueba la fusión, implícitamente aprobará los documentos contables que han conducido a la misma".

400 V. *supra* "Capítulo III.2.2.a)".

establecen en relación con el acuerdo de fusión, por ser adoptados en la misma reunión[401].

Las normas que rigen la convocatoria de la junta general de socios en la que se delibere sobre la fusión y el balance se encuentran en el RDLME y en la LSC. El RDLME contempla algunas reglas específicas aplicables a la convocatoria de la mencionada reunión de la junta general, pero para todo aquello que no sea precisado por esta Ley habrá que atender, en la fusión entre sociedades de capital, a lo previsto en el capítulo IV del Título V de la LSC (por la remisión de los arts. 8.1 y 47.1 RDLME al régimen de las sociedades que se fusionan).

Antes de que pueda anunciarse la convocatoria, deben cumplirse dos requisitos particulares de la fusión. El primero de ellos es que el proyecto común de fusión, junto con el informe de expertos (si fuera exigible), el anuncio requerido por el art. 7.1 RDLME y, en su caso, la declaración financiera del art. 15.1 RDLME, deben haber sido insertados en la página web corporativa o depositados en el Registro Mercantil, si la sociedad careciera de página web, y tanto en uno como en otro caso deberá haberse publicado en el BORME el hecho de la inserción o depósito del proyecto (art. 7.4 RDLME). El segundo es que los documentos enumerados en el art. 46.1 RDLME, entre ellos el balance de fusión, deben haber sido igualmente insertados en la página web o, en caso de no disponer de la misma, puestos a disposición de los socios, obligacionistas, titulares de derechos especiales y representantes de los trabajadores en el domicilio social (art. 46.1 RDLME). No obstante, la publicación en el BORME de la inserción o depósito solo se exige en relación con los documentos requeri-

401 Interpretación que fue defendida, en relación con la LSA de 1989, por SEQUEIRA MARTÍN, A., "Fusión", ob. cit., pp. 198-199; y ROMERO FERNÁNDEZ, J. A., *El derecho de información...*, ob. cit., p. 304.

dos por el art. 7 RDLME, no siendo extensible al resto de la información documental del art. 46.1 RDLME.

Una vez satisfechos los comentados requisitos, es cuando puede realizarse la convocatoria de la junta general en la que se delibere sobre la fusión. La forma en la que se debe realizar el anuncio de la convocatoria, en la fusión de sociedades de capital, viene determinada por el art. 173 LSC, sin que se prevean reglas particulares para la fusión. Por tanto, el anuncio deberá ser insertado en la página web corporativa o, subsidiariamente, si la sociedad no dispusiera de página web que reúna los requisitos del art. 11 bis LSC, deberá ser publicada en el BORME y en uno de los diarios de mayor circulación de la provincia donde la sociedad tenga su domicilio (art. 173.1 LSC). Con carácter sustitutivo, los estatutos sociales pueden prever que la comunicación de la convocatoria se lleve a cabo individualmente a cada socio, mediante un medio de comunicación individual, escrito y que asegure su recepción en el domicilio designado o el que conste en la documentación de la sociedad (art. 173.2 LSC).

El plazo que debe mediar entre la convocatoria y la celebración de la reunión es de un mes, como mínimo, independientemente del tipo de sociedad mercantil de la que se trate (art. 47.2 RDLME en relación con el art. 2 RDLME, que incluye dentro del ámbito de aplicación subjetivo de la Ley todas las sociedades mercantiles). En el caso de la sociedad anónima coincide con el previsto con carácter general para cualquier convocatoria, mientras que para la sociedad de responsabilidad limitada supone ampliar el intervalo ordinario (art. 176.1 LSC). Para el cómputo del plazo del mes entre la convocatoria y la celebración de la junta, cuando se realiza mediante comunicación individual, debe tomarse como *dies a quo* la fecha en la que hubiese sido remitido el anuncio de la convocatoria al último de los socios (art. 176.2 LSC). En cuanto a la fecha de realización de la convocatoria a tomar como referencia, cuando se publica en la página web o mediante publicación en el BORME y en diario, en el primer supuesto será la fecha de inserción del anuncio en la página web. En el segundo, la fecha desde la que se contará el cómputo del mes será la del último de los anuncios, hasta la cual no se puede considerar completada la publicación[402].

Respecto al contenido del anuncio de la convocatoria, se contemplan aspectos particulares de la fusión que deben ser añadidos al contenido general previsto en el art. 174 LSC[403]. La publicación o comunicación individual del anuncio de la convocatoria debe contener las menciones mínimas del proyecto de fusión[404],

402 Así ha sido interpretado tradicionalmente tanto por la doctrina como por la DGRN, v. SEQUEIRA MARTÍN, A., "Fusión", ob. cit., p. 174; y RDGRN de 20 de febrero de 1995 (TOL223.396).

403 Respecto a la aplicación de las normas específicas relativas a la convocatoria de la junta que delibere sobre la fusión junto con las generales de cualquier convocatoria, aunque en relación con la LSA de 1989, v. SÁNCHEZ OLIVÁN, J., *Fusión y escisión...*, ob. cit., pp. 265 y ss.

404 Una interpretación literal del art. 47.2 RDLME llevaría a la conclusión de que el anuncio de la convocatoria debe reproducir íntegramente el contenido del proyecto, al menos las menciones mínimas que establece la Ley. No obstante, entre dichas menciones se encuentran los estatutos de la sociedad resultante (art. 40.2.º RDLME) lo que originaría una publicación excesivamente extensa y costosa. Este requisito carece de sentido si se tiene en cuenta que el proyecto es objeto de depósito en el Registro Mercantil, o inserción en la página web corporativa, y tal circunstancia es objeto de publicidad en el BORME (art. 7 RDLME). Además, forma parte de la información documental que debe ser insertada en la página web corporativa o puesta a disposición en el domicilio social desde antes de la publicación o comunicación del anuncio de la convocatoria (art. 46.1 RDLME). Algunos autores señalan que el requisito de incorporar las menciones mínimas del proyecto al anuncio de la convocatoria constituye un error por descoordinación legislativa al reformar el régimen de la fusión mediante la LME. En la LSA de 1989 no se preveía la obligación de depositar el proyecto de fusión en el Registro Mercantil ni de dar publicidad a su depósito mediante publicación en el BORME (aunque sí se exigió, con posterioridad a la entrada en vigor de la LSA de 1989, su depósito mediante el art. 226 RRM). La publicidad del proyecto se realizaba entonces mediante la convocatoria. Dado que en la actualidad el proyecto ya es objeto

enumeradas en los arts. 4.1 y 40 RDLME, así como una referencia al derecho de información en la fase decisoria de la fusión que dependerá de la forma en la que los documentos del art. 46.1 RDLME, entre los que se encuentra el balance, son puestos a disposición de los socios y demás interesados. Si estos son introducidos en la página web corporativa, el anuncio de la convocatoria debe contener la fecha de su inserción en la web. En caso de no disponer de dicha web, deberá hacerse constar el derecho de socios, obligacionistas, titulares de derechos especiales y representantes de los trabajadores a examinar copia de los documentos del art. 46.1 RDLME, en el domicilio social, y a obtener la entrega o el envío gratuitos de los mismos por medios electrónicos (art. 47.2 RDLME). Además, deberá incluirse, conforme al art. 174 LSC, el nombre de la sociedad, la fecha y hora de la reunión, el orden del día con los asuntos a tratar y el cargo de la persona o personas que realicen la convocatoria. En el orden del día, como particularidad de la convocatoria de esta reunión de la junta, debe hacerse mención expresa a la aprobación del balance de fusión (art. 44 RDLME).

de publicidad registral después de su depósito o inserción en la web en virtud del art. 7 RDLME, que arrastra el mismo defecto de la LME, tiene interés la interpretación correctora que se propuso en relación con la LME. La interpretación que se sugirió como más apropiada era incluir una mera referencia a la existencia de los nuevos estatutos y un resumen del contenido de las menciones mínimas del proyecto, en lugar de su reproducción íntegra. En este sentido v. MARTÍNEZ MARTÍNEZ, M., "La fase decisoria...", ob. cit., pp. 549-552; y GONZÁLEZ-MENESES, M. y ÁLVAREZ, S., *Modificaciones estructurales de...*, ob. cit., p. 193. Interpretación que es coherente con la doctrina que analizó la LSA de 1989, la cual ya señaló que en la convocatoria no tenía que figurar el contenido íntegro del proyecto, sino que podía aparecer de forma resumida, v. SEQUEIRA MARTÍN, A., "Fusión", ob. cit., pp. 211-213; EMBID IRUJO, J. M., "Comentario del artículo 240", en ARROYO MARTÍNEZ, I.; EMBID IRUJO, J. M.; y GÓRRIZ LÓPEZ, C. (coords.), *Comentarios a la Ley de Sociedades Anónimas*, Vol. III, 2.ª ed., Tecnos, Madrid, 2009, p. 2305; y CORTÉS DOMÍNGUEZ, L. J. y PÉREZ TROYA, A., *Fusión de sociedades*, ob. cit., p. 288.

Sobre los destinatarios de la convocatoria, es de destacar que el art. 47.2 RDLME solo prevé que la comunicación individual sea dirigida a los socios. El problema que plantea el citado precepto es cómo se hará saber a los demás legitimados el derecho de información que les asiste, para que puedan ejercerlo. El legislador obvia que parte del contenido de la publicación o comunicación de la convocatoria, de la junta que delibere sobre la fusión, también va dirigido a otros sujetos distintos de los socios. El mismo art. 47.2 RDLME, en el que se señala que la comunicación individual debe ser remitida a los socios, exige que se haga constar el derecho de información que asiste a *"socios, obligacionistas, titulares de derechos especiales y representantes de los trabajadores"*. Como hemos señalado previamente[405], a nuestro modo de ver, constituye una incongruencia que aun así no debería impedir (no es excluyente) el ejercicio del derecho de información de todas las categorías de destinatarios recogidas en el art. 46.1 RDLME[406].

Por último, hay que señalar que la fusión puede ser acordada en junta universal, prescindiendo de la convocatoria previa, si está presente o representado la totalidad del capital social y se acepta de forma unánime celebrar la reunión. Así se desprende del art. 178 LSC, que establece la competencia de la junta universal *"para tratar cualquier asunto"*[407] y del art. 9 RDLME. El art. 9

---

405 V. *supra* "Capítulo V.1.1".

406 MARTÍNEZ MARTÍNEZ, M., "La fase decisoria...", ob. cit., p. 549, apuntó, como posible origen de que el art. 40.2 LME, antecedente del art. 7.2 RDLME, solo se refiriera a los socios como destinatarios de la comunicación individual de la convocatoria, y no a los obligacionistas o titulares de derechos especiales, que la sustitución de la publicación por la comunicación individual no era posible en las sociedades anónimas, siendo las únicas sociedades en las que podía haber obligacionistas y previsiblemente titulares de derechos especiales.

407 En contra de la competencia de la junta universal para aprobar el acuerdo de fusión v. ELÍAS-OSTUA RIPOLL, R., "La junta universal", ob. cit., p. 200; LARGO GIL, R., "Las modificaciones estructurales...", ob. cit., pp. 165-169;

RDLME regula el supuesto de hecho en el que el acuerdo de fusión, además de ser adoptado en junta universal, es aprobado por unanimidad en todas las sociedades participantes, lo que permite una mayor simplificación procedimental, pudiendo prescindir de la convocatoria, el informe de los administradores y de la publicación y depósito de los documentos exigidos por la Ley.

En cuanto al quórum y las mayorías requeridas para la aprobación del balance de fusión, la interpretación que prevalece es que debe someterse a los mismos requisitos que la aprobación de la fusión, por la vinculación estrecha entre ambos acuerdos[408]. Aunque, también hubo una interpretación minoritaria por la que se defendió que, tratándose de acuerdos diferenciados, no había por qué aplicar la misma mayoría reforzada exigida al acuerdo de fusión en la aprobación del balance de fusión, sino la de las cuentas anuales. En apoyo de esta interpretación se alegó que el balance de ejercicio podía ser balance de fusión sin necesidad de ser aprobado por mayoría reforzada[409].

Es necesario advertir que en ese momento no quedaba del todo claro si en el supuesto de utilizar el último balance de ejercicio aprobado (con las cuentas anuales), debía someterse a una segunda votación para ser adoptado como balance de fusión. En la actualidad, por el contrario, se entiende que dicha segunda votación es necesaria, dado que es la que permite que el balance

---

LARGO GIL, R., "Algunos problemas en...", ob. cit., pp. 92-94; y LARGO GIL, R. "Adopción de acuerdos...", ob. cit. pp. 2723-2737.

408 En este sentido v. LÁZARO SÁNCHEZ, E. J., "Comentario del art. 239", ob. cit., p. 2300; LÁZARO SÁNCHEZ, E, "El «balance de fusión»", ob. cit., p. 247; CORTÉS DOMÍNGUEZ, L. J. y PÉREZ TROYA, A., *Fusión de sociedades*, ob. cit., p. 271; FERNANDEZ DEL POZO, L., *El derecho contable...*, 2010, ob. cit., p. 123; y MERCADAL VIDAL, F., "Los balances en...", ob. cit., p. 151.

409 Entre los autores que defendieron que no debía exigirse la mayoría reforzada del acuerdo de fusión en la aprobación del balance debe destacarse SEQUEIRA MARTÍN, A., "Fusión", ob. cit., pp. 198-199.

de ejercicio, aprobado sin que los socios supieran que iba a servir como balance de fusión, cumpla tal función en la operación de fusión. Es decir, la aprobación de las cuentas anuales no es equiparable a la del balance de fusión, cumplen fines distintos. La primera va dirigida a la determinación del resultado del ejercicio, mientras que la segunda determina la base patrimonial sobre la que se establecen las condiciones de la fusión.

Ante el vacío existente en el RDLME respecto a esta cuestión, no faltan razones para considerar que podrían resultar aplicables a la aprobación del balance de fusión los requisitos de quórum y mayorías propios de cualquier acuerdo para el que no se prevea ni un quórum reforzado ni una mayoría cualificada (arts. 193 y 201.1 LSC para la sociedad anónima y 198 LSC para la sociedad de responsabilidad limitada). Sin embargo, ya hemos señalado la conexión existente entre ambos acuerdos, siendo la aprobación del balance un requisito previo e indispensable para que el balance propuesto por los administradores sea el balance imputable a la sociedad en la operación y que, junto a los balances de todas las sociedades participantes, pueda dar soporte a las condiciones contenidas en el proyecto y aprobadas al acordar la fusión[410]. Entendiendo la aprobación del balance en estos términos, como parece ser la voluntad del legislador, creemos que lo más adecuado a su función es que le sean aplicables los mismos requisitos que al acuerdo de fusión.

Por tanto, si el acuerdo es adoptado por la junta de una sociedad anónima, en aplicación del régimen de la LSC por remisión del art. 47.1 RDLME, en primera convocatoria deberá estar presente o representado, como mínimo, el cincuenta por ciento del capital

410 En palabras de FERNANDEZ DEL POZO, L., *El derecho contable...*, 2010, ob. cit., p. 123, "*La fusión se acuerda sobre la base del balance. La aprobación del balance es el presupuesto y antecedente de la aprobación de la fusión, sirviendo de base a la operación*".

social suscrito con derecho a voto; y, en segunda convocatoria, el veinticinco por ciento de dicho capital (art. 194 LSC). Si el capital presente o representado es superior al cincuenta por ciento, se requerirá la mayoría absoluta; y si, en segunda convocatoria, se sitúa entre el cincuenta y el veinticinco por ciento, será necesario el voto favorable de los dos tercios del capital presente o representado (art. 201 LSC). Cuando el acuerdo sea adoptado por la junta general de una sociedad de responsabilidad limitada, se requerirá, como mínimo, que dos tercios de los votos correspondientes a las participaciones en que se divide el capital social sean favorables [art. 199. b) LSC], siempre y cuando no se establezca estatutariamente un porcentaje superior (art. 200 LSC). Llama la atención que se haya decidido reproducir en el art. 8 RDLME, en sus apartados 4 y 5, el contenido sobre el quorum y mayorías exigidas para la adopción de acuerdos de modificación estructural, ya presente en los indicados preceptos de la LSC, lo que podría crear problemas de descoordinación en el futuro si se realizara una reforma sin tener en cuenta dicha repetición normativa.

La equiparación de los requisitos de aprobación del balance de fusión a los del acuerdo aprobatorio de la operación no se extiende, sin embargo, a las exigencias especiales del acuerdo de fusión que establece el art. 48 RDLME. Esas exigencias especiales consisten en que, además de adoptarse el acuerdo conforme a los requisitos y formalidades correspondientes al régimen de las sociedades fusionadas (art. 47.1 RDLME), se requiere el consentimiento individual de determinados sujetos para que pueda ser acordada la fusión. Los sujetos que deben prestar el consentimiento individual son aquellos socios que pasen a responder ilimitadamente de las deudas sociales por la fusión, los socios de las sociedades a extinguir que deban asumir obligaciones personales en la sociedad resultante y los titulares de derechos especiales distintos de las acciones o participaciones que no vayan a disfrutar de derechos equivalentes a los que tenían en la sociedad extinguida en la resultante (salvo que, en su caso, la asamblea de titulares acuerde la modificación de tales derechos).

A nuestro entender, el comentado requisito del art. 48 RDLME solo cobra sentido en relación con el acuerdo de fusión, puesto que es el acuerdo susceptible de originar la afección de los derechos que el legislador trata de tutelar con esta medida. La aprobación del balance de fusión en sí no suprime la limitación de la responsabilidad de los socios ni crea nuevas obligaciones o modifica los derechos especiales de sus titulares. Por otro lado, reiterar el consentimiento individual de dichos interesados, respecto a la modificación concerniente a sus derechos, tanto en el acuerdo de fusión como en la aprobación del balance carecería de toda justificación. Consecuentemente, solo debe requerirse en la aprobación del acuerdo de fusión y no en la del balance, pese a que en lo demás se rigen por los mismos criterios.

Capítulo VI

EL BALANCE DE FUSIÓN EN LA FASE DE EJECUCIÓN DEL ACUERDO

1. EL DERECHO A OBTENER EL BALANCE TRAS LA PUBLICACIÓN DEL ACUERDO DE FUSIÓN

1.1. Aspectos generales e intereses tutelados

La función informativa desempeñada por el balance de fusión en el proceso por el que debe transcurrir la operación no se limita a la fase decisoria o previa al acuerdo ni concluye con la adopción de este. El art. 10 RDLME dispone que el acuerdo, una vez aprobado, sea publicado en el BORME y en la web de la sociedad o, en su defecto, en un diario de gran circulación de la provincia, o provincias, donde se encuentren los domicilios de las sociedades fusionadas; o bien que, alternativamente, sea comunicado individualmente y por escrito a todos los socios y acreedores, por un procedimiento que asegure su recepción en el domicilio que conste en la documentación de la sociedad. Aunque habrá un acuerdo por cada sociedad participante, lo que podría conllevar la obligación de que cada sociedad publique individualmente su acuerdo, se admite que la publicación sea realizada de forma conjunta por todas las sociedades[411]. Si se sustituye por la comunicación individual, corresponderá a cada sociedad remitir la comunicación a sus respectivos socios y acreedores. En el anuncio, al igual que en la comunicación individual[412], se debe advertir del

411 V. MARTÍNEZ MARTÍNEZ, M., "La fase decisoria...", ob. cit., p. 584.

412 Puede parecer evidente que en la comunicación individual sustitutiva de la publicación del acuerdo tenga que aparecer el mismo contenido, incluida

derecho que ostentan socios y acreedores de obtener el texto íntegro del acuerdo y el balance de fusión, sin embargo, ya no se hace referencia al derecho de oposición de los acreedores, pues ha dejado de ser reconocido en el RDLME.

Antes de profundizar en el análisis del derecho de información sobre el acuerdo y el balance de fusión que asiste a socios y a acreedores tras la publicación, o comunicación, del acuerdo, conviene que nos detengamos brevemente en el sentido que confiere el legislador a dicha publicación o comunicación. Durante la vigencia de la LSA de 1989 no existía la posibilidad de comunicar individualmente el acuerdo adoptado, sino que se exigía su publicación en el BORME, por tres veces, y en dos periódicos de gran circulación en las provincias en las que estuviesen localizados los domicilios de las sociedades fusionadas, sin prever ningún otro medio alternativo (art. 242 LSA de 1989). Esto llevó a la doctrina a considerar que la publicación del acuerdo no iba dirigida exclusivamente a socios y acreedores, quienes debían ser informados en el anuncio de su derecho a obtener el texto íntegro del acuerdo

la referencia al derecho de información de socios y acreedores. Aun así, lo cierto es que el art. 10.2 RDLME solo establece que no es necesaria la publicación, a la que se refiere el art. 10.1 RDLME, cuando se comunique individualmente *el acuerdo*, con los requisitos formales que estipula el primer precepto citado. El segundo apartado del art. 10 RDLME no menciona que la comunicación deba incluir un contenido adicional al del acuerdo, a diferencia del art. 10.1 RDLME. Sin embargo, dado su carácter sustitutivo con respecto a la publicación se puede inferir que sea exigible el mismo contenido en ambos supuestos. Sobre este aspecto, aunque en referencia al art. 43 LME, se ha pronunciado la DGRN en el fundamento de derecho tercero de la RDGRN de 9 abril de 2015 (TOL4.895.697). En la que afirma que: "*Del artículo 43 de la Ley 3/2009 resulta la obligación de que en las publicaciones del acuerdo de fusión o en la comunicación individual por escrito sustitutoria enviada a los acreedores se haga constar el derecho que les asiste de obtener el texto íntegro del acuerdo adoptado y del balance de la fusión, así como el derecho de oposición que les corresponde*". También lo interpreta de este modo IGLESIAS-RODRÍGUEZ, P., "El derecho de...", ob. cit., 1.ª ed., p. 300.

adoptado y del balance de fusión. Se entendió que la publicidad del acuerdo operaba *"en beneficio del general conocimiento y difusión de la fusión"*, por lo que también interesaba a otros sujetos, distintos de socios y acreedores, como titulares de derechos especiales distintos de las acciones, trabajadores o las propias autoridades encargadas de la defensa de la competencia[413].

Conforme a la legislación vigente, entendemos que ya no resulta posible defender la referida interpretación, en la medida en que el art. 10.2 RDLME permite a la sociedad sustituir la publicación por la comunicación individual a socios y a acreedores[414], dejando, por tanto, de poder ser considerado un requisito previsto en beneficio de otros sujetos. La exigencia de publicación o comunicación del acuerdo, según la literalidad del precepto, se establece en interés de socios y acreedores, cuyo derecho de información debe constar expresamente en el anuncio, sin perjuicio de que la publicación permita que otros interesados puedan tener conocimiento a través del anuncio en el BORME, la web o, a falta de esta, en el diario en que se publique.

La finalidad que persigue la publicación o comunicación del acuerdo respecto de los socios es, en primer lugar, que los socios no asistentes a la junta en la que se aprobó la fusión puedan tener

413 V. CORTÉS DOMÍNGUEZ, L. J. y PÉREZ TROYA, A., *Fusión de sociedades*, ob. cit., p. 334.

414 Como ha puesto de manifiesto MARTÍNEZ MARTÍNEZ, M., "La fase decisoria...", ob. cit., p. 583. Asimismo, se ha señalado por la doctrina que la posibilidad de sustituir la publicación del acuerdo por la comunicación individual permite a las sociedades una mayor simplificación y ahorro de costes, conforme al derogado art. 43 LME en el que no estaba previsto la publicación en la web, pero como contrapartida aumenta la inseguridad al poder llevar a cabo una fusión sin ningún tipo de publicidad, ni siquiera la del depósito del proyecto si se acuerda conforme al art. 9 RDLME (previamente en el art. 42 LME). V. GONZÁLEZ-MENESES, M. y ÁLVAREZ, S., *Modificaciones estructurales de...*, ob. cit., pp. 209-210.

conocimiento de la decisión adoptada y, en segundo lugar, que los socios que lo consideren oportuno puedan ejercer su autotutela. Lo que significa poder impugnar el acuerdo de fusión y/o el balance de fusión antes de la inscripción de la operación o exigir, por las vías previstas en los arts. 12 y 49 RDLME: la enajenación de sus acciones o participaciones (en las fusiones en las que se reconozca conforme al art. 12.1 RDLME); una compensación complementaria, si la establecida por la enajenación de sus acciones o participaciones es considerada inadecuada (art. 12.4 RDLME); o una compensación por la inadecuación del tipo de canje (art. 49 RDLME). No obstante, debe señalarse que la vía impugnatoria ha quedado deliberadamente restringida en el RDLME. Lo que se pone de manifiesto, por un lado, en la limitación de las causas de impugnación del acuerdo de fusión, de las que han sido excluidas la inadecuación de la compensación por la enajenación de las acciones o participaciones o de la ecuación de canje y cualquier defecto legal respecto a la información ofrecida sobre ambas (art. 11 RDLME). Por otro lado, si la operación es finalmente inscrita, la autotutela de los socios tras el acuerdo ya no comprende la posibilidad de impugnar la fusión inscrita, sino que se limita a exigir el resarcimiento por los daños y perjuicios que la operación les hubiera podido ocasionar (art. 16.2 RDLME)[415].

En cuanto a los acreedores, siguen siendo destinatarios de la publicación o comunicación del acuerdo, al igual que bajo la LME, pero sin que quede clara la finalidad perseguida con el reconocimiento de este derecho. Tras la aprobación del acuerdo,

415 Sobre el interés de la publicación para socios y acreedores v. CORTÉS DOMÍNGUEZ, L. J. y PÉREZ TROYA, A., *Fusión de sociedades*, ob. cit., pp. 333-334; y GARRIDO DE PALMA, V. M., "Fusión", en GARRIDO DE PALMA, V. M., ANSÓN PEIRONCELY, R. y BANACLOCHE PÉREZ, J., *La reestructuración empresarial y las modificaciones estructurales de las sociedades mercantiles*, Tirant lo Blanch, Valencia, 2010, pp. 111-112.

no se prevén medidas específicas de autotutela en favor de los acreedores, como ocurría con el derecho de oposición durante la vigencia de la LME, por lo que los únicos mecanismos con los que cuentan son los reconocidos a cualquier tercero. Es decir, la posibilidad de impugnar el acuerdo de fusión, si tuviese un interés legítimo, o ejercitar acciones resarcitorias, si pudiese demostrar el haber sufrido un daño derivado de la modificación estructural. Por lo que, el mantener a los acreedores como destinatarios de la información prevista en el art. 10 RDLME, en la actualidad, solo podría justificarse en su condición de terceros afectados por el acuerdo aprobado por las sociedades participantes, lo que, a nuestro modo de ver, es insuficiente como para mantenerlos como destinatarios de la comunicación individual sustitutoria de la publicación (art. 10.2 RDLME).

1.2. Contenido o alcance del derecho

El contenido del derecho de información, tras la publicación o comunicación del acuerdo, incluye el texto íntegro del acuerdo y el balance de fusión. El art. 10 RDLME utiliza el singular al referirse al acuerdo y al balance de fusión, aunque cada sociedad adoptará su correspondiente acuerdo y aprobará su respectivo balance de fusión. En relación con el acuerdo, esta cuestión no resulta problemática, dado que el acuerdo de cada sociedad se ajustará al proyecto común de fusión y si este es modificado por la junta, no podrá hacerse de forma unilateral por una única sociedad o, de lo contrario, se entenderá rechazado (art. 47.1 RDLME)[416].

416 En el fundamento de derecho cuarto de la RDGRN de 3 de octubre de 2013 (TOL3.999.070) la Dirección interpretó que el art. 40 LME no prohibía la modificación del proyecto por la junta de socios, sino la unilateralidad. Es decir, las condiciones pactadas en el proyecto podían ser modificadas, siempre y cuando se contara con el consentimiento unánime de las sociedades participantes. Esa doctrina ha sido reflejada en el vigente art. 47.1 RDLME, en el

Así pues, el texto del acuerdo que obtengan será el adoptado por la sociedad de la que forman parte, en el caso de los socios, o de la sociedad deudora, en el supuesto de los acreedores, pero su contenido será común para todas las sociedades.

La forma en la que se interprete el uso del singular en referencia al balance de fusión en el art. 10 RDLME, por el contrario, sí tiene una gran relevancia a efectos de la correcta tutela de los intereses de socios y, en teoría, también de acreedores. En el RDLME el legislador emplea en todo momento el singular para referirse al balance de fusión (v. arts. 10, 43-46 y 50 RDLME), aun siendo consciente de que se exige un balance por cada sociedad, por lo que, en principio, no habría por qué interpretar que el art. 10 RDLME solo faculta a socios y acreedores a obtener el balance de la sociedad a la que están vinculados. Sin embargo, en el art. 46.1.2.º RDLME se especifica que el derecho de información previo a la adopción del acuerdo comprende el balance de fusión *"de cada una de las sociedades"*. Igualmente, en el art. 50.1 RDLME se exige la incorporación a la escritura del balance de fusión *"de aquellas"*, en referencia a las sociedades que se fusionan. Por eso, es significativo que el art. 10 RDLME mencione el balance de fusión sin especificar si se trata del balance de la sociedad con la que está relacionado el sujeto destinatario de la información o el de todas y cada una de las sociedades participantes.

A nuestro juicio, pese a que el legislador no lo especifique en el art. 10 RDLME en contraste con los arts. 46.1.2.º y 50.1 RDLME, los socios y acreedores tienen derecho a obtener el balance de fusión de todas las sociedades participantes. Por un lado, parece falto de sentido que los socios que no ejercieron su derecho de información sobre los balances de fusión antes de la celebración

---

que se establece que lo que equivale al rechazo de la propuesta es el *"acuerdo de una sociedad que modifique unilateralmente el proyecto de fusión"*.

de la junta solo puedan obtener el balance de su sociedad tras la publicación o comunicación del acuerdo y no el de las restantes. Si bien es indudable que tras la aprobación de la fusión se les reconoce un derecho de información más limitado, no teniendo derecho a obtener la mayor parte de la información que figura en el art. 46.1 RDLME, por lo que este primer argumento no es del todo concluyente. Por otro lado, el conocimiento de la situación patrimonial de todas las sociedades, por comparación, tiene importancia para la tutela de los intereses, especialmente, de socios, aunque también, a la vista de la literalidad del precepto, de acreedores[417]. Solo así, los socios pueden valorar correctamente si el tipo de canje fijado les es perjudicial y los acreedores si les corresponde ejercer las acciones impugnatorias y resarcitorias para las que pudiesen estar legitimados.

Para que el derecho de información sobre el balance de fusión pueda ser útil a los acreedores a la hora de ejercer las referidas acciones, la información ofrecida debe permitirles prever, en la medida de lo posible, la situación patrimonial de la que partirá la sociedad resultante de la fusión. Esto solo es posible si se comparan los balances de fusión de todas las sociedades participantes, mientras que ser informados exclusivamente de la situación patrimonial de la sociedad de la que ya son acreedores no les resulta prácticamente de ningún provecho[418].

---

417 En atención al interés que tiene, para socios y acreedores, conocer la situación patrimonial de todas las sociedades participantes y a que la Ley utiliza el singular y el plural sin mucha precisión para referirse a los documentos de la *sociedad* o *sociedades* CORTÉS DOMÍNGUEZ, L. J. y PÉREZ TROYA, A., *Fusión de sociedades*, ob. cit., p. 274, interpretan, con respecto a la LSA de 1989, que este derecho de información debe hacerse extensivo a los balances de fusión de cada una de las sociedades participantes.

418 Según ESTEBAN RAMOS, L. M., *Los acreedores sociales...*, ob. cit., pp. 183-184, el derecho de información de los acreedores, conforme era regulado en la LSA de 1989, para serles beneficioso, debía permitirles conocer tanto la situación de la sociedad deudora como la del resto de sociedades participantes, con el fin

1.3. Plazo y modo de ejercicio

Hasta ahora hemos analizado los aspectos del derecho de información tras la publicación o comunicación del acuerdo que figuran en el art. 10 RDLME, que son los destinatarios del derecho, cuyos intereses son tutelados, y el contenido o alcance de la información. Otras cuestiones verdaderamente relevantes, como pueden ser el momento en el que surge el derecho y el modo de ejercerlo, son omitidas por el legislador, lo cual contrasta con la regulación de la información previa al acuerdo donde estos aspectos son previstos con gran detalle en el art. 46 RDLME. Esto se debe a que, en sentido estricto, el propósito del art. 10 RDLME no es regular un derecho de información posterior a la adopción del acuerdo de fusión, sino la publicidad del acuerdo. Al establecer el contenido del anuncio sobre el acuerdo que debe ser publicado o comunicado individualmente, simplemente se limita a requerir que se haga constar el derecho de información de socios y acreedores sobre el acuerdo adoptado y el balance de fusión.

El art. 10 RDLME solo determina que socios y acreedores deben ser advertidos, en el anuncio del acuerdo adoptado, sobre el derecho a obtener el texto íntegro del acuerdo y el balance de fusión que les asiste. Sin embargo, el derecho de información de socios y acreedores sobre el acuerdo adoptado y el balance de fusión, tras la aprobación de la fusión, del cual deben ser advertidos en el anuncio del acuerdo en virtud del art. 10 RDLME, no es regulado en ningún otro precepto del RDLME. En consecuencia, se da la particularidad de que en el anuncio del acuerdo se debe comunicar a socios y acreedores que son titulares de un derecho de información cuyo reconocimiento legal se infiere de la exigencia

---

de que pudieran actuar de la manera que más conviniese a sus intereses. Indirectamente también beneficiaba a los socios, ya que impedía que se ejerciera el derecho de oposición, entonces reconocido, de manera infundada.

de que se les haga saber sin más que son titulares de tal derecho, sin poder acudir a ningún precepto en el que se regule el mismo.

Lo expresado anteriormente dificulta el poder dar una respuesta clara a cuestiones tan relevantes como son el plazo o modo de ejercicio del derecho de información. Con respecto a los acreedores, bajo la LME, dada la vinculación entre este derecho y el de oposición, podía plantearse que como mínimo se les asegurara el poder exigir la información mientras durara el plazo de ejercicio del derecho de oposición. Es decir, desde la publicación del último de los anuncios[419] o el envío, en su caso, de la comunicación al último de los acreedores, hasta el transcurso de un mes (*cfr.* apartados 1 y 2 del derogado art. 44 LME). No obstante, conforme al régimen vigente, no reconociéndose el derecho de oposición, resulta aun más difícil ofrecer una respuesta. Dado que no ostentan, a partir de la aprobación de la fusión, un derecho de autotutela específico, sino las acciones propias de cualquier tercero afectado por la modificación estructural, entendemos que la solución debe partir de supeditar el plazo de duración a las consideraciones que, a continuación, realicemos respecto de los socios, principales destinatarios de la información.

En lo que respecta a los socios, se les reconoce el derecho de información sobre el balance, el proyecto de fusión y el resto de la información documental desde la convocatoria de la junta en la que se delibere sobre la fusión (art. 46.1 RDLME). Con esta información y la certificación del acuerdo adoptado (art. 26.2 CCom), cualquier socio que lo considerase oportuno podría instar, después de la aprobación de la fusión y sin necesidad de espe-

419 No se especificaba en la LME si uno de los dos anuncios, el del BORME o el del diario de gran circulación, debía anteceder al otro, por lo que la última de las publicaciones que debía tomarse como referencia del inicio del cómputo del plazo para el ejercicio del derecho de oposición podía ser tanto una como otra, debiendo fijarse en la más tardía. En este sentido v. QUIJANO GONZÁLEZ, J. y ESTEBAN RAMOS, L. M.ª, "Tutela de los acreedores...", ob. cit., p. 598.

rar a la publicación o comunicación, la impugnación del acuerdo o cualquier otra acción para cuyo ejercicio esté legitimado. Ahora bien, la duda que se plantea en relación con el art. 10 RDLME es a partir de qué momento tienen derecho los socios a obtener el texto íntegro, no una mera certificación, del acuerdo y del balance ya aprobados, que son documentos formalmente distintos, y no siempre sustancialmente idénticos en el caso del acuerdo[420], al proyecto y al balance de fusión referidos en el art. 46.1 RDLME.

El derecho de información, en lo concerniente a los socios, no se asocia al ejercicio de un único derecho en particular, sino que, como hemos señalado, su reconocimiento responde más bien a que los socios que no asistieron a la junta puedan conocer lo acordado por la sociedad y a que tanto unos como otros puedan ejercer su autotutela[421]. Atendiendo al contenido del art. 10 RDLME, parece que el momento a partir del cual se reconoce a los socios el derecho a obtener el texto del acuerdo y del balance lo determina la publicación o comunicación del acuerdo adoptado, en el cual debe informarse de tal derecho. Hasta cuándo debe mantenerse tal derecho no es determinado por el Real Decreto-Ley, pero conside-

420 Los balances de fusión aprobados serán sustancialmente idénticos a los propuestos por los administradores, ya que la junta general de socios no puede introducir modificaciones, sino que se limita a ratificarlos o rechazarlos. En lo que respecta al acuerdo de fusión, debe ajustarse al proyecto común de fusión (art. 47.1 RDLME). Ahora bien, como ya hemos señalado, el art. 47.1 RDLME establece que la modificación del proyecto por una sociedad *unilateralmente* supone el rechazo de la fusión, pero eso no impide que pueda ser modificado por acuerdo de todas las sociedades participantes. Por tanto, el acuerdo de fusión sí puede tener un contenido distinto al del proyecto común de fusión.

421 Para CORTÉS DOMÍNGUEZ, L. J. y PÉREZ TROYA, A., *Fusión de sociedades*, ob. cit., p. 274, los derechos de autotutela respectivamente reconocidos a socios y acreedores, durante la vigencia de la LSA de 1989, el de impugnación de los socios y el de oposición de los acreedores, eran los que explicaban que estos, y no otros, fueran los únicos sujetos destinatarios de la información posterior a la publicación del acuerdo.

ramos razonable que la información sea ofrecida, al menos, hasta que transcurra el plazo previsto para el ejercicio de sus respectivos derechos específicos de autotutela. En concreto, el plazo para solicitar la enajenación de las acciones o participaciones, cuando sea reconocido en los términos del art. 12 RDLME, dura tan solo veinte días desde la adopción del acuerdo. No obstante, el derecho a reclamar una compensación complementaria puede alcanzar hasta cuatro meses después de la inscripción, si se toma en consideración que el socio cuenta con un plazo para reclamar de dos meses desde que se le pagó o debió haber pagado la compensación por la enajenación de sus acciones o participaciones y el plazo máximo en el que se le debería haber pagado es dos meses tras la fecha de efectos, es decir, la inscripción (apartados 3 y 4 del art. 12 RDLME). En cuanto al otro derecho que se les reconoce, el de reclamación por la ecuación de canje (art. 49 RDLME) cuenta con un plazo inferior al derecho anterior, dos meses desde la publicación del acuerdo, pero en la mayoría de fusiones internas (a excepción de la absorción de sociedad participada en más del noventa por ciento) será el único derecho específico que se les reconozca.

La forma en la que la sociedad debe facilitar el acceso al texto del acuerdo y del balance de fusión a socios y acreedores, es decir, el modo en el que se ejerce el derecho de información, tampoco se regula en el art. 10 RDLME. Este se limita a establecer el derecho a *"obtener"* dichos documentos, pero no prevé las formas de obtención, como sí hace el art. 46 RDLME. Algunos autores interpretaron, bajo el régimen de la LSA de 1989, que la redacción del art. 242 LSA de 1989, el cual reconocía el derecho de socios y acreedores *"de obtener el texto íntegro"* del acuerdo y del balance tras la publicación del acuerdo, indicaba que la forma de ofrecer esta información era mediante entrega o envío[422]. El fundamento

422 Esta postura fue defendida por ESCRIBANO GAMIR, R.C. *La protección de...*, ob. cit., p. 440, llegando a la conclusión de que solo era admisible la obten-

de esta interpretación se encontraba en que el art. 240.2 LSA de 1989 utilizaba una forma de expresión similar a la del art. 242 LSA de 1989, al requerir que en la convocatoria de la junta en la que se deliberara sobre la fusión se hiciera constar el derecho a examinar los documentos en el domicilio social y el "*de obtener la entrega o envío gratuitos del texto íntegro*" de los documentos del art. 238 LSA de 1989. Es decir, se diferenciaban el derecho a examinar los documentos en el domicilio social y el derecho de obtener entrega o envío de estos. Ambas formas de acceder a la información eran reconocidas antes de la aprobación del acuerdo, pero tras este solo se reconocía el derecho de obtener la entrega o envío.

En la actualidad, al igual que en la comentada legislación derogada, tanto el art. 47.2 RDLME, sobre la publicación de la convocatoria, como el art. 10.1 RDLME, sobre la publicación del acuerdo, emplean el verbo "*obtener*" y el primero lo utiliza en relación con la entrega o envío de la información documental del art. 46.1 RDLME. Sin embargo, no consideramos que esa mínima similitud entre ambos preceptos sea indicativa de que el legislador designa

ción por entrega o envío; y no mediante el examen de los documentos en el domicilio social, posibilidad que consideró excluida por el legislador en el ejercicio del derecho de información del art. 242 LSA de 1989.
Art. 240.2 LSA de 1989: "*La convocatoria de la Junta habrá de publicarse con un mes de antelación, como mínimo, a la fecha prevista para su celebración, deberá incluir las menciones mínimas del proyecto de fusión legalmente exigidas y hará constar el derecho que corresponde a todos los accionistas, obligacionistas y titulares de derechos especiales distintos de las acciones a examinar en el domicilio social los documentos indicados en el artículo 238, así como el de obtener la entrega o envío gratuitos del texto íntegro de los mismos*".
Art. 242 LSA de 1989: "*El acuerdo de fusión, una vez adoptado, se publicará tres veces en el «Boletín Oficial del Registro Mercantil» y en dos periódicos de gran circulación en las provincias en las que cada una de las Sociedades tengan sus domicilios. En el anuncio se hará constar el derecho que asiste a los accionistas y acreedores de obtener el texto íntegro del acuerdo adoptado y del Balance de la fusión*".

la entrega o envío como el medio que debe ser empleado para que los socios y acreedores de la sociedad puedan ejercer su derecho de información con respecto al acuerdo y al balance de fusión aprobados. La comentada interpretación supondría excluir la posibilidad de que los socios o los acreedores pudieran examinar el acuerdo y los balances tras la aprobación de la fusión en el domicilio social, pese a que esta modalidad no conlleva ningún coste para la sociedad, a diferencia de la entrega o envío. Además, impide que la sociedad pueda dar cumplimiento al derecho de información posterior al acuerdo mediante la inserción de los documentos en la página web, lo que, además de no suponer ningún coste adicional, constituye la opción preferente en el art. 46 RDLME (las modalidades de examen, entrega o envío tienen carácter subsidiario con respecto a la inserción en la web).

A nuestro modo de ver, la falta de concreción en el art. 10 RDLME del modo en que puede ser ejercido el derecho de información tras la publicación o comunicación del acuerdo debe salvarse aplicando lo dispuesto en el art. 46 RDLME[423]. El citado precepto, pese a regir el derecho de información previo a la deliberación sobre la fusión, lleva por título *"información sobre la fusión"*, lo que podría poner de manifiesto la intención del legislador de que regule con carácter general la información específica del proceso de fusión, incluso en la fase posterior al acuerdo en lo que le sea aplicable. Así pues, si la sociedad dispusiera de página web, la información sería insertada en esta, con oportunidad de imprimir y descargar los documentos y, en caso contrario, puesta a disposición de socios y acreedores en el domicilio social para su examen, con posibilidad de solicitar la entrega o envío gratuito.

423 IGLESIAS-RODRÍGUEZ, P., "El derecho de...", ob. cit., 1.ª ed., p. 300, con respecto a la LME, opinó que la puesta a disposición de la información posterior al acuerdo debía regirse por reglas similares a las del art. 39 LME (antecedente del vigente art. 46 RDLME).

1.4. La sustitución de la publicación o comunicación del acuerdo por la del proyecto en las fusiones especiales

La publicación o comunicación individual del acuerdo, exigida por el art. 10 RDLME, es sustituida por un tipo especial de publicación, regulado en el art. 55.1 RDLME[424], cuando la fusión es por absorción de sociedad participada en más del noventa por ciento o íntegramente, de forma directa en ambos casos. El motivo reside en que en los mencionados tipos de fusiones la sociedad absorbente no tiene que aprobar el acuerdo en junta, ni tampoco la absorbida cuando está íntegramente participada por la absorbente, de forma directa. Tal circunstancia conduce a que la publicación de la adopción del acuerdo (que no llega a aprobarse por las juntas generales en todas las sociedades) sea sustituida por la publicación del proyecto. Aunque no se establezca expresamente, y dado que en la absorción de sociedad participada en más del noventa por ciento de forma directa sin llegar a la totalidad la sociedad absorbida sí debe aprobar la fusión y el balance en junta, parece que la publicación del acuerdo solo es sustituida por la del proyecto (conforme al art. 55.1 RDLME) para las sociedades en las que no se requiera la celebración de la junta[425].

424 Según JUSTE MENCÍA, J., "Fusiones especiales", ob. cit., p. 798, la publicación regulada en el derogado art. 51 LME, que se corresponde en el RDLME con el art. 55, cumplía la función desarrollada por la publicación del acuerdo (conforme al art. 43 LME, en la actualidad en el art. 10 RDLME) cuando se adoptaba el acuerdo en junta.

425 JUSTE MENCÍA, J., "Fusiones especiales", ob. cit., nota 50, pp. 798-799, en relación con la LME, mostró sus dudas al respecto, principalmente porque podrían darse dos publicaciones sujetas a una regulación distinta (conforme a los arts. 43 y 51.1 LME) que llevarían a la aplicación de plazos diferentes de oposición para los acreedores de las distintas sociedades, pero concluyó que la interpretación literal conducía a que debían realizarse ambas publicaciones: la del proyecto por la sociedad absorbente (en los términos establecidos en el art. 51.1 LME) y la del acuerdo de la absorbida (conforme al art. 43 LME).

En sustitución de la publicación del acuerdo, el art. 55.1 RDLME establece que, un mes antes de la celebración de la junta de la sociedad absorbida o de la formalización de la fusión (cuando la absorbida está íntegramente participada), es decir, antes del otorgamiento de escritura[426], debe publicarse el proyecto con un anuncio insertado en la web corporativa o, en caso de no disponer de esta, en el BORME o en un diario de gran circulación en la provincia, o provincias, en las que las sociedades participantes tengan su domicilio[427]. En dicho anuncio debe hacerse constar el

426 V. GONZÁLEZ-MENESES, M. y ÁLVAREZ, S., *Modificaciones estructurales de...*, ob. cit., p. 283.

427 Nótese que el art. 55.1 RDLME prevé que la publicación del proyecto se realice con carácter preferente en la página web corporativa y, si no dispone de ella, solo requiere la publicación en el BORME "*o*" en un diario, mientras que el art. 10 RDLME exige la publicación tanto en el BORME como en la web o, a falta de esta, en un diario, que puede ser sustituida por la comunicación individual, lo que no se contempla en el art. 55.1 RDLME. Bajo la LME, también había una disparidad, aunque no exactamente como la actual, entre los medios de publicación del acuerdo, conforme al art. 43 LME, y del proyecto, *ex* art. 51.1 LME. Dichas diferencias llevaron a que se cuestionara, en la RDGRN de 19 de enero de 2015 (TOL4.751.027), si el art. 51.1 LME regulaba un régimen especial de publicidad de la fusión (con repercusión en el derecho de información de socios y de acreedores y en el de oposición de estos últimos) en los supuestos de absorción de sociedad íntegramente participada o en más del noventa por ciento sin llegar a la totalidad o si, por el contrario, debían observarse conjuntamente las previsiones del art. 43 y 51.1 LME (respectivamente arts. 10 y 55.1 RDLME). En la citada resolución, una sociedad absorbió a otra íntegramente participada sin necesidad de someter la aprobación de la fusión a deliberación en junta, ni en la sociedad absorbente ni en la absorbida. En virtud del art. 51.1 LME publicaron el proyecto común de fusión, pero solo a través de un diario (no en el BORME). El registrador calificó negativamente la escritura por considerar que la publicación en un diario, conforme al art. 51.1 LME, no suplía la exigida por el art. 43 LME (BORME y diario). En consecuencia, interpretó que el anuncio debía ser objeto de una publicación adicional en el BORME. El centro directivo revocó la nota de calificación, considerando que no era exigible esa segunda publicación. Ahora bien, en relación con la interpretación que defendemos, que la publicación del proyecto conforme al art. 55.1 RDLME sustituye la del acuerdo (art. 10

derecho de información de socios y de acreedores, aunque con importantes diferencias con respecto al art. 10 RDLME, así como, el derecho de la minoría de socios de la sociedad absorbente a solicitar la celebración de la junta.

El derecho de información de socios y acreedores en este supuesto consta, en primer lugar, del proyecto común de fusión, en lugar del acuerdo de fusión que no llega adoptarse por las juntas de las respectivas sociedades. En segundo lugar, incluye las cuentas anuales e informes de gestión de los tres últimos ejercicios y, si fueran exigibles, los informes de auditoría. En su caso, también se incluirán los informes de los administradores, los de expertos independientes y el balance de fusión distinto del balance de ejercicio o, en su caso, el informe financiero semestral.

La posibilidad de prescindir de los informes de los administradores y de los expertos o que, en su caso, puedan requerirse responde a que el art. 55.1 RDLME regula conjuntamente la ausen-

RDLME), puesto que este no es adoptado en ninguna de las sociedades participantes, nos interesa destacar la siguiente conclusión a la que llegó la DGRN en el fundamento de derecho cuarto de la comentada resolución: "*A falta de acuerdo de las respectivas juntas que publicar, el artículo 51 de la Ley garantiza el derecho de información de los acreedores mediante la necesaria publicación del proyecto de fusión en las respectivas páginas web de las sociedades participantes y si éstas no existieran mediante su publicación «en el «Boletín Oficial del Registro Mercantil» o en uno de los diarios de gran circulación en la provincia en las que cada una de las sociedades tenga su domicilio», con el contenido que especifica el propio precepto que necesariamente ha de comprender «el derecho de los acreedores de esa sociedad a oponerse a la fusión en el plazo de un mes desde la publicación del proyecto en los términos establecidos en esta Ley»*"; y en el fundamento de derecho quinto: "*A la luz de las consideraciones anteriores procede la estimación del recurso por cuanto no pude afirmarse que el sistema de protección del derecho de información de los acreedores previsto en el artículo 43 sea aplicable cualquiera que sea la forma en que, de acuerdo a las circunstancias de las sociedades implicadas, sea llevada a cabo la fusión... En definitiva, la Ley 3/2009 prevé un sistema de protección del derecho de información de los acreedores específico...*"

cia de junta general de la absorbente, tanto en las absorciones de sociedades íntegramente participadas como en las participadas en más del noventa por ciento (sin llegar a la totalidad), y en este segundo tipo de fusiones la exención de los informes está condicionada a que se ofrezca a los socios de las absorbidas la adquisición de sus acciones o participaciones por su valor razonable (art. 54.1 RDLME).

En cuanto al balance de fusión, a primera vista, sorprende que el art. 55.1 RDLME afirme que los balances de fusión solo formen parte del derecho de información *"en su caso"*. Aparentemente, da a entender que el balance de fusión puede no ser exigible en este tipo de fusiones[428]. Sin embargo, una interpretación en ese sentido sería errónea. El comentado precepto solo determina que, si el balance de fusión es el del último ejercicio, formará parte de la información documental al integrarse en las cuentas anuales de los tres últimos ejercicios, por lo que no se requiere incorporar a la información un balance distinto, el cual solo es exigible en caso de no adoptarse como balance de fusión el último balance de ejercicio.

Sí resulta más llamativo que se haya omitido el informe de auditoría del balance de fusión en la enumeración de documentos que conforman el derecho de información documental de acuerdo con el art. 55.1 RDLME. En las fusiones no acogidas a esta simplificación procedimental, se requiere que el balance de fusión vaya acompañado, cuando sea exigible, del informe de auditoría (art. 46.1.2.º RDLME), lo que se omite en el art. 55.1 RDLME. Si se atiende al contenido del art. 46.1.2.º RDLME, en él se enume-

428 IGLESIAS-RODRÍGUEZ, P., "El derecho de...", ob. cit., 1.ª ed., pp. 294-295 señaló la confusión a la que conducía la inclusión (en el art. 51.1 LME, antecedente del art. 55.1 RDLME) del balance de fusión como uno de los documentos que *"en su caso"* debían ser puestos a disposición de las partes interesadas, ya que este no podía ser omitido.

ran tres documentos distintos en el siguiente orden: el balance de fusión (distinto del balance anual), el informe de auditoría de este y el informe financiero semestral. Por el contrario, en el art. 55.1 RDLME se menciona el balance de fusión distinto del balance anual y a continuación, saltando el informe de auditoría, se hace referencia al informe financiero semestral. A la vista de la señalada omisión y de que, aunque de forma un tanto confusa, en el segundo párrafo del art. 44 RDLME también parece exonerarse de la verificación contable del balance a las sociedades que no se vean obligadas a la celebración de la reunión de la junta, todo apunta a que efectivamente el legislador ha querido extender la excepción del art. 44 RDLME a la auditoría del balance de fusión.

2. EL BALANCE DE FUSIÓN EN LA FORMALIZACIÓN E INSCRIPCIÓN DEL ACUERDO DE FUSIÓN

2.1. La escritura pública

a) Aspectos generales

Una vez aprobada la fusión por cada una de las juntas generales de las sociedades participantes y publicado (o comunicado) el acuerdo de fusión (art. 10.1 RDLME), debe elevarse a escritura pública dicho acuerdo, junto con los balances de fusión (o informe financiero sustitutivo) de todas las sociedades fusionadas (art. 50 RDLME).

El requisito de otorgamiento de escritura en la fusión tiene por finalidad el control por el notario autorizante de la legalidad de las actas de los acuerdos de fusión, así como acerca del cumplimiento de las formalidades del procedimiento de fusión y del proyecto. La formalización notarial de la fusión es necesaria para que esta pueda ser inscrita en el Registro Mercantil, de conformidad con el principio de titulación pública (art. 18.1 CCom y art. 5 RRM). En lo que respecta a las Directivas europeas, el art. 16

Tercera Directiva [en la actualidad, en el art. 102 Directiva (UE) 2017/1132] solo preveía la preceptiva intervención del notario, en los términos expuestos, para aquellos casos en los que el ordenamiento del Estado miembro no contemplara un control judicial o administrativo preventivo que abarcara todos los actos del procedimiento de fusión.

b) *Contenido de la escritura*

El art. 50.1 RDLME establece que la escritura de fusión debe comprender tanto el acuerdo como los balances de cada una de las sociedades participantes o, en su caso, el informe financiero semestral por el que hubiese sido sustituido, conforme al art. 43.3 RDLME. Asimismo, la Ley prevé un contenido específico en función de si la fusión es por constitución o por absorción (art. 50.2 RDLME). La regulación del contenido de la escritura en el art. 50 RDLME es desarrollada por los arts. 227-230 RRM, que no han sido adaptados al texto legal y, por tanto, deben ser interpretados a la luz del régimen legal vigente. De modo que expondremos el contenido que debe figurar en la escritura atendiendo a la estructura reglamentaria, pero realizando las oportunas correcciones en atención a la redacción actual del RDLME.

i) Contenido general

Según el art. 227.2 RRM, además de las circunstancias generales (art. 107.2 RRM), la escritura de fusión debe comprender, de forma separada respecto de cada sociedad participante, las siguientes:

1.ª La manifestación de los otorgantes, bajo su responsabilidad, sobre el cumplimiento de lo establecido en el art. 46 RDLME y de que han sido puestos a disposición de los socios y acreedores los documentos a los que se refiere el art. 10.1 RDLME. En relación con las obligaciones derivadas del art. 46 RDLME, debe atenderse a que el art. 9 RDLME permite prescindir de la publicación o depósito de los documentos exigidos legalmente cuando la fusión es acordada por todas las sociedades en junta universal y por unanimidad de todos los socios.

2.ª Debe entenderse derogada por el RDLME la declaración de inexistencia de oposición de los acreedores u obligacionistas, realizada por los respectivos otorgantes, o, en su caso, la identidad de quienes se hubiesen opuesto, el importe de su crédito y las garantías que hubiere prestado la sociedad.

3.ª La fecha de publicación en el BORME del depósito del proyecto de fusión. Debe tenerse en cuenta la indicación realizada sobre la exención del requisito de publicación o depósito del proyecto en las fusiones aprobadas conforme al art. 9 RDLME. Asimismo, en la actualidad el proyecto no es el único documento objeto de depósito, sino que se acompaña del informe de expertos, cuando sea exigible, el anuncio del derecho a presentar observaciones al proyecto (art. 7 RDLME) y, si solicitan su elaboración los administradores, la declaración sobre la situación financiera (art. 15 RDLME). Además, en la actualidad el proyecto y demás documentos, antes indicados, deben ser insertados en la web de cada una de las sociedades y, solo si alguna no dispusiera de esta, será depositado (art. 7 RDLME). Por lo que, en un caso, lo que se incluirá en la escritura será la fecha de publicación en el BORME del hecho de la inserción en la web y, en el otro, la de publicación en el BORME del depósito. Por otro lado, aunque el art. 227.2.3.ª RRM solo exige la fecha de publicación en el BORME del depósito del proyecto y no la de la convocatoria de la junta, la forma de realización de la convocatoria y el plazo que debe mediar entre la convocatoria y la reunión de la junta son circunstancias necesarias para calificar la validez del acuerdo elevado a público [art. 204.3.a) LSC] por lo que deberá consignarse en la escritura conforme al art. 107.2 RRM. Tales circunstancias, en la fusión, también deben comprender el contenido de la convocatoria, ya que el RDLME establece un contenido específico en relación con esta. En concreto, la convocatoria debe incluir la mención expresa en el orden del día de la aprobación del balance de fusión (art. 44 RDLME), el contenido mínimo legalmente exigido al proyecto y la referencia al derecho de información (art. 47.2 RDLME).

4.ª Las fechas de publicación del acuerdo en el BORME. Con respecto a la publicación del acuerdo, debe reparase en que el art. 10.2 RDLME permite sustituir la publicación por comunicación individual a todos los socios y acreedores, hecho del que debe quedar constancia en la escritura con indicación del modo en que ha sido realizada la comunicación, la fecha del envío al último de ellos[429] y el contenido de esa comunicación[430]. Por otro lado, en la absorción de sociedad íntegramente participada puede prescindirse tanto de la celebración de la junta de la sociedad absorbente como de la absorbida (*cfr.* arts. 53.1 y 55.1 RDLME) y en la absorción de sociedad participada en más del noventa por ciento, sin llegar a la totalidad, se exime de la celebración de la junta de la absorbente (art. 55.1 RDLME). Para las sociedades cuyas juntas no lleguen a celebrarse, se prevé la sustitución de la publicación

429 FERNÁNDEZ DEL POZO, L., "La fase de ejecución...", ob. cit., p. 651.

430 Como se resolvió en las RRDGRN de 9 de mayo de 2014 (TOL4.422.355) y de 9 de abril de 2015 (TOL4.895.697). V. el fundamento de derecho segundo de la citada RDGRN de 9 de abril de 2015 (TOL4.895.697): "*El notario recurrente manifiesta su conformidad con el segundo de los defectos según el cual la registradora considera que no es suficiente que la escritura de fusión contenga la manifestación del otorgante relativa al modo concreto y la fecha en que se ha llevado a cabo la comunicación individual enviada a los acreedores sobre los acuerdos de fusión adoptados sino que debe resultar de dicha escritura el contenido de dicha comunicación «en la que es necesario que conste el derecho de los acreedores de obtener el texto íntegro del acuerdo adoptado y del balance de fusión, así como el derecho de oposición que corresponde a los acreedores», y entiende que debe figurar también la identidad del administrador que suscribe la comunicación*".

del acuerdo por la publicación del proyecto, por lo que debería incluirse en el contenido de la escritura la fecha de dicha publicación (art. 55.1 RDLME).

5.ª El balance de fusión y, en su caso, el informe de auditoría de cada una de las sociedades participantes, no solo los de las extinguidas como figura en el art. 227.2.5.ª RRM[431]. No se prevé ninguna excepción respecto al balance de fusión en el RDLME, salvo para el *homólogo* balance de escisión en el supuesto de hecho contemplado en el art. 71 RDLME. No obstante, la DGRN ha interpretado que, cuando el balance de fusión adoptado es el del último ejercicio (sin incluir modificaciones *ex* art. 43.2 RDLME) y las cuentas a las que pertenece ya han sido depositadas en el Registro Mercantil, no es necesario incluir dicho balance en la escritura[432]. Si se hubiese adoptado el último balance de ejercicio, con o sin modificaciones, pero las cuentas anuales no hubiesen sido depositadas, deberá incluirse en la escritura la certificación

431 La DGRN ha resuelto, con respecto al art. 45.1 LME, aunque no vemos motivos para pensar que la solución sería distinta con respecto al art. 50.1 RDLME, que también debe incorporarse el balance de la sociedad absorbente a la escritura de fusión, pues así lo establece de forma indubitada la norma de rango legal. V. fundamento de derecho cuarto de la RDGRN de 21 de abril de 2014 (TOL4.357.883).

432 Tras argumentar que el balance de ejercicio, adoptado como balance de fusión, ya fue depositado en el Registro Mercantil, al integrarse en las cuentas anuales, y que se reconoce un amplio derecho de información en favor tanto de socios y demás interesados, en virtud del art. 39.1 LME (art. 46.1 en el RDLME), como de acreedores, conforme al art. 43.1 LME (art. 10.1 RDLME), antes de la inscripción, la DGRN llega a la siguiente conclusión en el fundamento de derecho quinto de la RDGRN de 21 de abril de 2014 (TOL4.357.883): *"De aquí que resulte excesivo exigir la protocolización de un balance que esté integrado en las cuentas anuales y previamente depositado en el Registro Mercantil. No resulta razonable que una interpretación literal del artículo 45 de la Ley 3/2009 lleve al resultado de que se refleje en la inscripción de fusión el balance de la sociedad absorbente cuando es objeto de depósito imperativamente en el mismo Registro Mercantil. Esta duplicidad carece de justificación y no protege interés alguno"*.

de la aprobación del balance de fusión y la de aprobación de las cuentas anuales. En primer lugar, porque del tenor literal del art. 43.1 RDLME se desprende que para adoptar como balance de fusión el último balance de ejercicio debe haber sido aprobado con las cuentas anuales. En segundo lugar, porque el plazo que debe mediar entre la fecha de cierre del balance y la del proyecto difiere según se trate del balance de ejercicio o el balance *ad hoc*. Por último, conforme al art. 43.3 RDLME, el balance de fusión puede ser sustituido por el informe financiero semestral si participa una sociedad cotizada. En tal caso, los otorgantes deberán manifestar el haberlo "*hecho público*", conforme a lo dispuesto en el art. 4 RD 1362/2007, de 19 de octubre, en la fecha correspondiente, que debe estar comprendida dentro de los seis meses previos a la del proyecto (art. 43.3 RDLME), y acompañar la declaración de las correspondientes capturas de pantalla en las que se refleje el contenido de la publicación en la web corporativa y de la *difusión* (normalmente a través de la web de la CNMV)[433].

433 Sobre el requisito de *hacer público* el informe financiero semestral v. *supra* "Capítulo III.2.5". Con respecto a la acreditación de las publicaciones realizadas en la página web corporativa para la inscripción de acuerdos sociales, se ha defendido que puede ser utilizado cualquier medio de prueba admitido en derecho como el acta notarial o que sea atestiguado por terceros independientes (conforme al art. 25 Ley 34/2002, de 11 de julio, de Servicios de la Sociedad de la Información y de Comercio Electrónico, precepto que ha sido derogado por la Ley 6/2020 de 11 de noviembre por quedar subsumidos tales servicios prestados por terceros en los *servicios de confianza* regulados por el Reglamento (UE) 910/2014, de 23 de julio de 2014), pero cualquiera de estos medios en los que intervenga un tercero conlleva un coste para la sociedad, por lo que se interpreta que podría bastar con la declaración de los administradores acompañada de una captura de pantalla en la que se refleje el contenido de la publicación, DÍAZ MORENO, A., "Cómo crear y...", ob. cit., pp. 19-20. En similares términos, aunque sin pronunciarse sobre la posibilidad de recurrir únicamente a la declaración de los administradores junto con la captura de pantalla v. BOQUERA MATARREDONA, J., "*La página web...*", ob. cit., p. 652.

6.ª El contenido íntegro del acuerdo de fusión, según lo previsto en el art. 228 RRM, que será tratado a continuación.

ii) El acuerdo

El art. 227.2.6.ª RRM únicamente establece que el acuerdo debe figurar en la escritura de fusión, de forma íntegra. Su contenido es desarrollado en el art. 228 RRM. La elevación a escritura pública del acuerdo de fusión puede llevarse a cabo tomando como base el acta o libro de actas, testimonio notarial de estos o certificación de los acuerdos (art. 107.1 RRM). Respecto a la facultad para elevar a instrumento público los acuerdos sociales, corresponde a las personas incluidas en el art. 108 RRM. La facultad de certificar las actas y acuerdos de los órganos colegiados es atribuida a quienes se detalla en el art. 109 RRM. Por último, la certificación del acuerdo debe ajustarse a lo dispuesto en el art. 112 RRM, lo que significa, dada la naturaleza de la fusión, que esta deberá ser literal[434].

Las *circunstancias* que según el art. 228.1 RRM debe incluir el acuerdo de fusión se corresponden con el contenido que establecía para el proyecto de fusión el art. 235 LSA de 1989, con la diferencia de que el art. 228.1.2.ª RRM incluye los estatutos de la nueva sociedad y en el art. 235 LSA de 1989 no figuraba. En la actualidad el RDLME sí incluye, como contenido del proyecto, los estatutos de la sociedad resultante (art. 40.2.º RDLME) y prevé nueve menciones que no aparecen recogidas en el art. 228 RRM (art. 4.1 apartados 1º, 2º, 4º, 6º, 7.º y 9º y art. 40 apartados 4º, 7º y 8º RDLME), pero deben formar parte del contenido del acuerdo elevado a escritura pública. Asimismo, deben tenerse en cuenta las excepciones con-

434 GONZÁLEZ-MENESES, M. y ÁLVAREZ, S., *Modificaciones estructurales de...*, ob. cit., p. 228.

tenidas en el RDLME respecto a determinadas menciones del proyecto en la absorción de sociedad íntegramente participada (art. 53.1 RDLME)[435], también aplicables a las fusiones asimiladas (art. 56.1 RDLME); y que, en la absorción de sociedad participada en más del noventa por ciento sin llegar a la totalidad, así como en las transfronterizas, el proyecto debe incluir el valor fijado para la adquisición de las acciones o participaciones de los socios de la absorbida (*cfr.* arts. 4.1.6º y 12.1 RDLME).

En virtud del art. 50.2 RDLME, la escritura debe presentar un contenido específico en función de si la fusión es por constitución o por absorción.

— Si la fusión es por constitución, "*la escritura deberá contener, además, las menciones legalmente exigidas para la constitución de la misma en atención al tipo elegido*" (art. 50.2 párr. 1.º RDLME). El citado precepto reitera lo establecido en el art. 47.3 RDLME, que requiere la inclusión en el acuerdo de fusión de las menciones legalmente exigidas para la constitución de la sociedad, si la fusión se lleva a cabo mediante la creación de una nueva sociedad. Por muy taxativa que parezca la Ley en este aspecto, lo cierto es que los comentados artículos no se interpretan de forma rígida, en el sentido de que no se requiere incluir punto por punto lo dispuesto en el art. 22 LSC, sino que se considera que la voluntad del legislador es la de evitar que se omitan elementos esenciales de la sociedad en su constitución mediante fusión de sociedades[436].

435 Al no requerirse la incorporación de nuevos socios, se prescinden de las menciones relativas al tipo de canje (art. 40.3.º RDLME), la de la fecha de participación en ganancias de los nuevos socios (art. 40.5.º RDLME) y de la valoración del patrimonio de las sociedades extinguidas (art. 40.7.º RDLME) y de la fecha de las cuentas utilizadas para establecer las condiciones en las que se realiza la fusión (art. 40.8.º RDLME).

436 GONZÁLEZ-MENESES, M. y ÁLVAREZ, S., *Modificaciones estructurales de...*, ob. cit., p. 229.

Tal interpretación se fundamenta, por un lado, en que las propias características de la fusión hacen innecesarias algunas de las previsiones que rigen la constitución de sociedades y, por otro lado, en que parte de las menciones legalmente necesarias para la constitución de la sociedad ya están contempladas en el proyecto y, por tanto, formarán parte del acuerdo.

En lo que respecta a las características propias de la fusión, en esta los otorgantes de la escritura no son los socios, sino las sociedades, por lo que no se considera exigible hacer constar la identidad de los socios fundadores[437]. Los socios de la sociedad constituida por fusión se identifican indirectamente por su pertenencia a las sociedades extinguidas[438] y no de forma individualizada conforme a lo dispuesto en el art. 22.1.a) LSC. Por otro lado, en la fusión no se realizan aportaciones como tal, sino que el patrimonio es adquirido por sucesión universal[439], de modo que no se indican en la escritura las aportaciones realizadas por cada socio [art. 22.c) LSC]. En su lugar, lo que figurará, como parte del contenido del acuerdo, será la valoración global de los patrimonios sujetos al efecto de la sucesión universal (art. 40.7.º RDLME) y los balances de fusión de todas las sociedades participantes, también incluidos en la escritura. Lo que permite el control registral del requisito de efectividad de la aportación (art. 59 LSC), mediante la exigencia del informe de expertos independientes cuando la sociedad resultante de la fusión sea una sociedad anónima o comanditaria por acciones en la fusión [*cfr.* arts.

437 En este sentido v. CORTÉS DOMÍNGUEZ, L. J. y PÉREZ TROYA, A., *Fusión de sociedades*, ob. cit., p. 389; FERNÁNDEZ DEL POZO, L., "La fase de ejecución...", ob. cit., p. 557; y GONZÁLEZ-MENESES, M. y ÁLVAREZ, S., *Modificaciones estructurales de...*, ob. cit., p. 229.

438 GONZÁLEZ-MENESES, M. y ÁLVAREZ, S., *Modificaciones estructurales de...*, ob. cit., p. 229.

439 CORTÉS DOMÍNGUEZ, L. J. y PÉREZ TROYA, A., *Fusión de sociedades*, ob. cit., p. 389.

41.3 RDLME y 69.c) LSC][440] y, con carácter general, a través de la incorporación de los balances de fusión a la escritura[441].

En cuanto a las menciones necesarias para la constitución de la sociedad ya incluidas en el proyecto, el art. 40 RDLME establece que deben figurar la forma jurídica, razón social y domicilio social de las sociedades participantes, incluida la resultante, así como el proyecto de escritura y sus estatutos [*cfr*. arts. 4.1.1.º y 40.2.º RDLME con los arts. 22.1b) y 22.1.d) LSC].

Por último, aunque no se establezca en los arts. 4.1 y 40 RDLME como parte del contenido del proyecto, del art. 228.1.2.ª RRM se deriva que el acuerdo de fusión también debe incluir las personas encargadas inicialmente de la administración y representación de la sociedad [de acuerdo con el art. 22.1.e) LSC]. Las restantes menciones legalmente exigidas, deberán ser acordadas por las juntas de las sociedades intervinientes e incluidas en la escritura, en virtud, de los arts. 47.3 y 50.2 párr. 1.º RDLME. Estas son, en el caso de fusión por constitución de sociedad limitada, el

440 El art. 34 LME, en su redacción original, permitía renunciar al informe de expertos, cuando era exigible por ser la Sociedad resultante de la fusión una anónima o comanditaria por acciones, si la totalidad de los socios de cada una de las sociedades participantes lo acordaba. La DGRN interpretó, con buen criterio, que la renuncia de los socios solo podía afectar a la parte del informe concerniente al tipo de canje y no a la relativa a si el patrimonio transmitido por la sociedad extinguida era igual, al menos, al capital social de la nueva sociedad o a la ampliación del capital de la sociedad absorbente, dado que eso contradecía lo dispuesto en el art. 67 LSC sobre la valoración de aportaciones no dinerarias en la sociedad anónima. V. RDGRN de 2 de febrero de 2011 (TOL2.059.673), fundamento de derecho segundo. En línea con la doctrina sentada por la comentada resolución, el art. 34 LME fue reformado por la Ley 25/2011, de 1 de agosto, de reforma parcial de la Ley de Sociedades de Capital, que estableció que los socios solo estaban facultados para renunciar a la parte del informe dedicada al tipo de canje. Sobre esta cuestión v. FERNÁNDEZ DEL POZO, L., "La dispensa del...", 2012, ob. cit., p. 16.

441 FERNÁNDEZ DEL POZO, L., "La fase de ejecución...", ob. cit., pp. 657-658.

modo en que se organizará la administración inicialmente, solo si se hubieran previsto distintas alternativas en los estatutos (art. 22.2 LSC); y, si la sociedad constituida por fusión fuera una sociedad anónima, los gastos de constitución (art. 22.3 LSC).

— Si la fusión es por absorción: "*la escritura contendrá las modificaciones estatutarias que se hubieran acordado por la sociedad absorbente con motivo de la fusión y el número, clase y serie de las acciones o las participaciones o cuotas que hayan de ser atribuidas, en cada caso, a cada uno de los nuevos socios*" (art. 50.2 párr.2.º RDLME). El citado precepto parte de la premisa de que en la absorción será preciso acordar una modificación de estatutos consistente en el aumento del capital social, por emisión de nuevas acciones o creación de participaciones, para incorporar a los socios de las sociedades extinguidas. Sin embargo, el aumento del capital social no es necesario en toda fusión por absorción. En concreto, no será preciso ampliar el capital social en los supuestos en los que la sociedad absorbente tuviera suficientes acciones o participaciones en autocartera para integrar a los nuevos socios, en la absorción de sociedad íntegramente participada (art. 53 RDLME) y en las fusiones asimiladas a la anterior (art. 56 RDLME). Tampoco se requerirá en la absorción de sociedad participada en más del noventa por ciento, sin llegar a la totalidad, si la absorbente adquiere las acciones o participaciones de los socios de la absorbida por su valor razonable o mediante autocartera (art. 54 RDLME).

En las absorciones en las que sí se emitan nuevas acciones o se creen nuevas participaciones, según lo dispuesto en el art. 50.2 párr. 2.º RDLME, se deberá hacer constar en la escritura "*el número, clase y serie de las acciones o las participaciones o cuotas que hayan de ser atribuidas, en cada caso, a cada uno de los nuevos socios*". El *número* de acciones emitidas, o el de participaciones creadas, no forma parte del contenido mínimo del proyecto, aunque se derive del tipo de canje (art. 40.3.º RDLME), por lo que es razonable que se haga constar en la escritura. Respecto al requisito de identificación de los socios (*"atribuidas, en cada caso, a cada uno"*), el legislador lo exige por coherencia con lo requerido en la inscripción del acuerdo y ejecución de aumento de capital (arts. 314 y 315.1 LSC), aunque la medida no esté exenta de polémica[442].

Finalmente, también deben constar en la escritura *"las modificaciones estatutarias que se hubieran acordado por la sociedad absorbente con motivo de la fusión"*. Lo que comprende tanto la modificación estatutaria de aumento del capital como cualquier otra que se hubiera acordado.

iii) Contenido adicional en supuestos especiales

En caso de concurrir circunstancias específicas, deben incluirse en la escritura manifestaciones adicionales no requeridas expresamente por el art. 227 RRM, pero derivadas de la existencia de supuestos especiales de fusión en el RDLME.

Entre tales manifestaciones podemos señalar, en primer lugar, la de que no ha dado comienzo la distribución del patrimonio entre los socios, cuando alguna de las sociedades participantes se encuentre en liquidación (art. 3.1 RDLME). En segundo lugar, se deberá indicar, en su caso, si concurre alguna de las circunstancias previstas en el supuesto de hecho del art. 42 RDLME, que determina requisitos especiales para poder realizar las conocidas

442 Se ha criticado el requisito de detallar en la escritura las acciones o participaciones atribuidas a cada socio, por considerarlo innecesario, salvo en el caso de que la absorbente sea una sociedad limitada en la que sí se requiere hacer constar en documento público cualquier transmisión (art. 106.1 LSC). V. en este sentido, FERNÁNDEZ DEL POZO, L., "La fase de ejecución...", ob. cit., p. 660; y GONZÁLEZ-MENESES, M. y ÁLVAREZ, S., *Modificaciones estructurales de...*, ob. cit., p. 231.

como fusiones por *apalancamiento* o *leveraged buyout*. En tercer lugar, si la fusión se acoge a alguno de los regímenes simplificados previstos en los arts. 43-56 RDLME, debe declararse en la escritura la situación de participación en el capital social que justifica la exención de requisitos procedimentales. Por último, en las fusiones por absorción de sociedad participada en más del noventa por ciento sin llegar a la totalidad, cuando se prescinda de los informes de administradores y expertos (art. 54 RDLME), y en las transfronterizas (en las que la sociedad resultante tenga su domicilio en otro Estado produciendo un cambio de *lex societatis*[443]) deberá manifestarse que ningún socio ha ejercido el derecho a enajenar sus acciones o participaciones (reconocido en el art. 12 RDLME), o bien detallar la relación de socios que han hecho uso de este[444].

iv) Documentos complementarios

426 En la normativa reglamentaria se diferencia entre el contenido que debe *recogerse* en la escritura (art. 227.2 RRM) y los *documentos complementarios* (art. 230.1 RRM), que *acompañan* a esta. El contenido que debe constar o *recogerse* en la escritura de

443 Durante la vigencia de la LME, el fundamento del reconocimiento del derecho de separación a los socios pertenecientes a una sociedad española que participara en una fusión transfronteriza en la que la sociedad resultante estuviera domiciliada en otro Estado miembro, y no en otros supuestos de fusión, era la consideración de que el alejamiento del lugar del domicilio social podía impedir o dificultar el ejercicio de los derechos de socio como el de asistencia, MARTÍNEZ SANZ, F. y PUETZ, A., "El derecho de separación de los socios en las modificaciones estructurales", en ROJO, A., CAMPUZANO LAGUILLO, A. B., CORTÉS DOMÍNGUEZ, L. J. y PÉREZ TROYA, A. (coords), *Las modificaciones estructurales de las sociedades mercantiles*, Thomson-Reuters Aranzadi, Cizur Menor (Navarra), 2015, pp. 316-317.

444 V. al respecto FERNÁNDEZ DEL POZO, L., "La fase de ejecución...", ob. cit., pp. 652-653; y GONZÁLEZ-MENESES, M. y ÁLVAREZ, S., *Modificaciones estructurales de...*, ob. cit., pp. 232-233.

fusión es el ya comentado al tratar lo dispuesto en los arts. 227 y 228 RRM.

El proyecto común de fusión, aunque habrá determinado el contenido del acuerdo, que figurará en la escritura (arts. 227.2.6.ª y 228 RRM), según el tenor literal del art. 230 RRM, debe *acompañar* la escritura como *documento complementario*, si no fue depositado (conforme al art. 7 RDLME) en el mismo registro en el que se presenta el título público para su inscripción (art. 230.1.1.º RRM). Igualmente, forman parte de dicha categoría los ejemplares de los diarios en los que se hubieran realizado las correspondientes publicaciones de la convocatoria y el acuerdo (art. 230.1.2.º RRM), así como los informes de los administradores y los de los expertos independientes, o el informe de expertos independientes común a todas las sociedades si se acogen a la posibilidad contemplada en el art. 41.1 párr. 2.º RDLME (art. 230.1.3.º y 4.º RRM). Por último, en caso de constitución de sociedad anónima europea por fusión, cuyo domicilio vaya a fijarse en España, el art. 230.2 RRM requiere que la escritura se acompañe de los certificados emitidos por las correspondientes autoridades extranjeras.

Los denominados *documentos complementarios*, en teoría, solo deberían ser presentados junto con la escritura para que el registrador pueda ejercer el correspondiente control de legalidad, sin que se exija que sean incorporados a esta. No obstante, lo cierto es que en la práctica lo habitual es que no se atienda a la comentada diferenciación entre lo que debe *recogerse* y lo que debe *acompañar*, sino que se incluye en la escritura tanto el contenido del art. 227 RRM como los documentos a los que se refiere el art. 230 RRM[445].

445 V. CORTÉS DOMÍNGUEZ, L. J. y PÉREZ TROYA, A., *Fusión de sociedades*, ob. cit., p. 405; FERNÁNDEZ DEL POZO, L., "La fase de ejecución...", ob. cit., p.

Por otro lado, entre los documentos necesarios para la inscripción de la fusión, en determinados supuestos, podrá requerirse presentar junto con la escritura algún tipo de autorización o certificación administrativa. Entre otros, si la fusión estuviese sujeta al procedimiento de control sobre *concentraciones económicas*, a cargo de la CNMC (arts. 7-10 LDC)[446]; o si participase una empresa de servicios de inversión y, por tanto, requiriese autorización previa de la CNMV (art. 139 LMV); o una Institución de Inversión Colectiva, en cuyo caso también requeriría autorización de la CNMV (art. 26.1 Ley 35/2003, de 4 de noviembre, de Instituciones de Inversión Colectiva)[447].

2.2. Finalidad de la incorporación del balance a la escritura

El requisito de incorporación del balance de fusión a la escritura (art. 50.1 RDLME) ha estado presente en las distintas regulaciones que se ha dado a la fusión en nuestro ordenamiento. Desde el art. 139 RRM de 1919, pasando por los arts. 146 y 147 LSA 1951, el art. 244.1 LSA de 1989 y el art. 45.1 LME, hasta nuestros días, siempre ha sido exigido, aunque con importantes diferencias. La principal es que, hasta la LME, solo se requería la incorporación de los balances de las sociedades extinguidas y no el de la absorbente. Esto se debe a que la inclusión en la escritura del ba-

653; y GONZÁLEZ-MENESES, M. y ÁLVAREZ, S., *Modificaciones estructurales de...*, ob. cit., p. 233.

446 Ley 15/2007, de 3 de julio, de Defensa de la Competencia.

447 Sobre los requisitos específicos exigibles a las fusiones entre instituciones de inversión colectiva v. CAZORLA GONZÁLEZ-SERRANO, L., "Deberes especiales de información en los supuestos de modificación estructural de instituciones de inversión colectiva", en RODRÍGUEZ ARTIGAS, F., FERNÁNDEZ DE LA GÁNDARA, L., QUIJANO GONZÁLEZ, J, ALONSO UREBA, A., VELASCO SAN PEDRO, L. A. y ESTEBAN VELASCO, G. (dirs.), *Sociedades Cotizadas y Transparencia en los Mercados*, T. I, Aranzadi, Cizur Menor (Navarra), 2019, pp. 1270-1277.

lance de fusión respondía a su carácter de balance final, de *cierre contable*, por lo que solo correspondía incorporar los de aquellas sociedades que se extinguirían y transmitirían su patrimonio con motivo de la fusión. En la LSA de 1989, el art. 244.1 solo exigía la incorporación de los balances de las extinguidas, al igual que en la LSA de 1951, si bien no cumplía la función de balance final, sino informativo. Defecto, el de no exigir la incorporación del balance de la sociedad absorbente, que fue puesto de relieve por la doctrina en aquel momento[448] y podría ser achacado a la propia inercia legislativa, lo cual se solventó al promulgar la LME.

En la actualidad, al igual que durante la vigencia de la LME, se reconoce al balance de fusión una función exclusivamente informativa, por lo que su incorporación a la escritura no puede responder a la función de balance final que desempeñó en el pasado y ahora no cumple. En consecuencia, se interpreta el requisito de incorporación de los balances de fusión a la escritura como una mera cuestión de control formal de legalidad[449].

En reiteradas ocasiones hemos señalado los distintos preceptos del RDLME que revelan la función atribuida por el legislador al balance de fusión, la de servir como base patrimonial al acuerdo de fusión (v. arts. 40.3.º, 40.7.º, 40.8.º y 44 RDLME)[450]. El proyecto de fusión debe incluir las menciones sobre la valoración del patrimonio de las sociedades objeto de sucesión universal (40.7.º RDLME) y la fecha de las cuentas utilizadas para fijar las condiciones en que se realiza la fusión (40.8.º RDLME). Es decir, las cuentas que sustentan la valoración de los patrimonios de todas las sociedades fusionadas, aprobadas por las respectivas juntas

---

448 Entre otros, SÁNCHEZ OLIVÁN, J., *Fusión y escisión...*, ob. cit., p. 262; y CORTÉS DOMÍNGUEZ, L. J. y PÉREZ TROYA, A., *Fusión de sociedades*, ob. cit., p. 275.

449 En opinión de CORTÉS DOMÍNGUEZ, L. J. y PÉREZ TROYA, A., *Fusión de sociedades*, ob. cit., p. 387.

450 V. *supra* "Capítulo V. 2.1".

generales (art. 44 RDLME), sobre la que se habrá fijado el tipo de canje (art. 40.3.º RDLME) y la correlativa cifra de capital social de la sociedad de nueva creación o el aumento del de la sociedad absorbente. La función de reflejar dicha información en la fusión, tradicionalmente, ha recaído en nuestro ordenamiento en los balances de fusión y no en el proyecto, por lo que tiene sentido que estas menciones (arts. 40.7.º y 8.º RDLME) sean interpretadas como remisiones a los balances. En tanto en cuanto el contenido del proyecto exigido por los arts. 4 y 40 RDLME no está completo sin recurrir a los balances de fusión, parece razonable que estos también se incorporen a la escritura junto al acuerdo[451].

Es conveniente advertir que el contenido de los balances incorporados a la escritura, contrariamente a la interpretación realizada en la RDGRN de 21 de abril de 2014 (TOL4.357.883), no incide en el efecto de la sucesión patrimonial. La incorporación de los balances de fusión, según el referido centro directivo, permite que la escritura pública incluya *"las concretas partidas que las respectivas sociedades, mediante la aprobación del balance, manifiestan sujetas al efecto legal de la sucesión universal"*[452]. Tal

451 En este sentido v. la RDGRN de 21 de abril de 2014 (TOL4.357.883), fundamento de derecho cuarto: *"El balance de fusión, en cuanto reflejo de la situación patrimonial de la sociedad, sirve de sustento material al negocio jurídico realizado por lo que la elevación a público del acuerdo mediante el otorgamiento y autorización por notario de la escritura pública, atribuye al negocio los efectos previstos por el ordenamiento jurídico (artículo 17 bis de la Ley del Notariado). De ahí que resulte patente que con la incorporación del balance a la escritura pública se documenta no sólo la expresión de la voluntad social sino además la base económica sobre la que se asienta"*.

452 V. la RDGRN de 21 de abril de 2014 (TOL4.357.883), fundamento de derecho cuarto: *"De este modo el instrumento público recoge el negocio jurídico llevado a cabo incluyendo las concretas partidas que las respectivas sociedades, mediante la aprobación del balance, manifiestan sujetas al efecto legal de sucesión universal. La Ley de Sociedades Anónimas entendió que esta finalidad se cumplía adecuadamente con la incorporación del balance de las sociedades que se extinguían habida cuenta que eran sus patrimonios únicamente los sujetos*

declaración de las partidas sujetas al efecto de la sucesión universal es del todo innecesaria en la fusión[453]. Los balances de fusión reflejan el valor y composición de los patrimonios objeto de la sucesión universal y, en su caso, del de la sociedad absorbente, pero no determinan los bienes y derecho sujetos a tal efecto, pues este abarca todo el patrimonio, sin que la omisión en el balance de un elemento concreto impida que este también sea adquirido por la sociedad resultante. De hecho, la propia estructura del balance, dividido en partidas, no permite identificar activos o pasivos de forma *individualizada*, por lo que no es apto para precisar los elementos patrimoniales que son transmitidos.

Ahora bien, la función que sí cumple el balance de fusión es la de reflejar de forma *global* el valor y composición del patrimonio de las sociedades fusionadas. Con anterioridad hemos señalado que, en atención a las características propias de la fusión, no corresponde aplicar de forma estricta las previsiones relativas a la constitución de sociedad y ejecución del acuerdo de aumento del capital. Del mismo modo que no cabe desligar de forma absoluta el régimen especial de la fusión de la legislación general societaria, lo que se pone de manifiesto en los arts. 47.3 y 50.2 RDLME. En concreto, al no realizarse *en puridad* aportaciones por parte de los socios, sino que los patrimonios son adquiridos por sucesión universal por la sociedad resultante, no es necesario incluir en la escritura de fusión una descripción detallada de cada uno de los elementos patrimoniales transmitidos, como se derivaría de una

al efecto legal de sucesión universal (al igual que ocurre con el balance final en caso de liquidación, aunque en este caso haya sucesión particular, situación que se mantiene en el texto vigente, artículo 395.2 de la Ley de Sociedades de Capital y artículo 247.4 del Reglamento del Registro Mercantil)".

453 No así en la escisión, por el hecho de la división del patrimonio, pese a reconocerse el efecto de la sucesión universal (art. 64.2.º RDLME). En este sentido, con respecto a la LME, v. CABANAS TREJO, R., "La ley de...", ob. cit., p. 102.

interpretación rígida o literal del art. 63 LSC y, según el tipo de fusión, de los arts. 22.1.c) y 314 LSC.

No obstante, si no se incluyesen los balances de fusión en la escritura, el único dato del que dispondría el registrador sobre los patrimonios transmitidos sería la valoración requerida por el art. 40.7.º RDLME, de carácter meramente referencial como hemos dicho, y, en el caso de ser la sociedad resultante una anónima o comanditaria por acciones, el informe de expertos. Adviértase que el contenido del informe de expertos independientes en la fusión (art. 41.3 RDLME) difiere en un aspecto para nada despreciable del de la valoración de aportaciones no dinerarias en la sociedad anónima. Este es que, en la fusión, solo debe "*manifestar la opinión*" sobre la correspondencia entre el patrimonio y el capital social (art. 41.3 RDLME), mientras que en las aportaciones no dinerarias en la sociedad anónima debe contener "*la descripción de la aportación*" (art. 67.2 LSC). Lo anterior ha de ponerse en relación con que en la fusión se elaboran los correspondientes balances, que *describen* el patrimonio societario.

Por todo lo anterior, entendemos que el requisito de incorporación de los balances de fusión a la escritura persigue evitar que, en virtud del carácter autónomo de la referida operación de modificación estructural y su sujeción a un régimen especial, se inapliquen previsiones esenciales del régimen de las sociedades de capital, como son las relativas al principio de efectividad o realidad del capital social.

En definitiva, la incorporación del balance de fusión a la escritura responde, en primer lugar, a que sirve de soporte valorativo al contenido del acuerdo de fusión, pues constituye la base patrimonial de la que se deriva el valor atribuido específicamente al patrimonio transmitido por las sociedades extinguidas (art. 40.7.º RDLME) y la contraprestación en acciones o participaciones, determinada por el tipo de canje (art. 40.3.º RDLME). En segundo lugar, al ser incluido junto con el acuerdo en la escritura, refleja el valor y composición de los patrimonios de las sociedades fusionadas, no a efectos de identificar qué elementos concretos quedan sujetos al efecto de la sucesión universal, sino para que se ejerza por parte del registrador el correspondiente control de legalidad sobre el cumplimiento de los principios rectores del capital, de lo que depende la adecuada tutela de los derechos de los acreedores.

2.3. La inscripción de la fusión

a) El carácter constitutivo de la inscripción de la fusión

La fusión adquiere eficacia plena con la inscripción de la nueva sociedad, en caso de fusión por constitución, o, si se trata de una absorción, con la inscripción del acuerdo de fusión en el Registro Mercantil competente según dicta el art. 51 RDLME. Es en ese momento cuando la fusión despliega sus efectos característicos, *ope legis*. Estos son, la extinción sin liquidación de las sociedades absorbidas o incorporadas, la sucesión universal de la sociedad resultante en la titularidad jurídica del patrimonio de las sociedades extinguidas y la incorporación de los socios de las sociedades participantes a la sociedad resultante.

La inscripción de la fusión en el Registro Mercantil desencadena los efectos antes mencionados, así como la constitución o modificación estatutaria de la sociedad resultante según el tipo de fusión de que se trate, por lo que se le atribuye carácter constitutivo respecto a estos, los efectos típicos de la fusión[454]. En

454 Así se establece en el art. 51.1 RDLME, determinando que *"la eficacia de la fusión se producirá con la inscripción de la nueva sociedad"*, o de la absorción, en el Registro Mercantil. La atribución de carácter constitutivo a la inscripción registral es la norma común en la regulación de las modificaciones es-

nuestro ordenamiento no cabe el reconocimiento de *fusiones de hecho*, debe culminarse el proceso con el otorgamiento de escritura e inscripción en el Registro Mercantil[455]. Hasta que no tiene lugar la inscripción no puede considerarse que las sociedades participantes hayan integrado su estructura patrimonial y personal bajo una misma personalidad jurídica, ya sea prexistente o de nueva creación. En este punto, el de los efectos propios de la fusión (art. 33 RDLME), se considera que la oponibilidad de lo inscrito (o inoponibilidad de lo no inscrito) es absoluta[456], independientemente de que los terceros con los que se relacione la

tructurales, como se establece en el art. 16.1 RDLME, comprendido en las disposiciones comunes. Lo que también acontecía bajo la LME, sobre el carácter constitutivo de la escritura de transformación v. RDGRN de 16 de septiembre de 2009 (TOL1.629.914) fundamento de derecho segundo; y sobre la escritura de escisión v. RDGRN de 21 octubre de 2014 (TOL4.542.465), fundamento de derecho séptimo.

455 Desde la LSA de 1989 hasta la actualidad, la doctrina ha atribuido a la inscripción de la fusión carácter constitutivo, rechazando las *fusiones de hecho* y las *fusiones irregulares*. En relación con la LSA de 1989 v. URÍA, R.; MENÉNDEZ, A.; e IGLESIAS PRADA, J. L., "Fusión y escisión...", 2006, ob. cit., p. 1404; y CÓRTES DOMÍNGUEZ, L. J. y PÉREZ TROYA, A., *Fusión de sociedades*, ob. cit., pp. 406-408. Con respecto a la LME, v. SEQUEIRA MARTÍN, A., "El concepto de...", ob. cit., pp. 404-405; FERNÁNDEZ DEL POZO, L., "La fase de ejecución...", ob. cit., p. 662; y CABANAS TREJO, R., "Exposición y crítica de la práctica judicial y registral reciente de la Ley de modificaciones estructurales de las sociedades mercantiles", *Diario La Ley*, n.º 9045, 2017, [https://laleydigital.laleynext.es/], p. 9. V. asimismo la SAP de Barcelona (Sección 14.ª) 141/2011, de 23 de marzo de 2011 (TOL2.180.283), fundamento de derecho primero: "*Un nuevo estudio de las actuaciones lleva a la Sala a confirmar los acertados razonamientos de la sentencia recurrida, en tanto, ni ha quedado probado, ni tiene efecto en nuestro ordenamiento jurídico una supuesta «fusión de facto» (por absorción)*".

456 En contra, v. CABANAS TREJO, R., "Una arcadia registral: inscripción constitutiva y convalidante de la fusión", *El Notario del siglo XXI*, n.º 51, 2013, [https://www.elnotario.es/]; y CABANAS TREJO, R., "La ley de...", ob. cit., pp. 105-106, quien propone una interpretación menos rígida del carácter constitutivo de la inscripción de la fusión en atención a las circunstancias concurrentes.

sociedad actúen de buena fe o no y de si han tenido conocimiento extrarregistral[457] de la fusión[458].

En cuanto al momento en que se considera realizada la inscripción, es el de la inmatriculación de la nueva sociedad, si la fusión es por constitución, o el de la anotación de las modificaciones estatutarias y demás circunstancias del acuerdo, en caso de fusión por absorción (art. 232 RRM). Sin perjuicio de que, si en la fusión participan sociedades inscritas en registros distintos, la cancelación de los asientos de las sociedades extinguidas deba ser realizada con posterioridad a la inscripción[459], procedimiento que será tratado en el siguiente apartado. Finalmente, no hay que olvidar que el art. 55 RRM también resulta aplicable a la inscripción de la fusión, por lo que, una vez completada la inscripción, debe tomarse por fecha de inscripción la del asiento de presentación[460].

457 Así lo interpretó la DGRN en relación con el art. 46 LME. En la RDGRN de 3 de octubre de 2013 (TOL3.999.070), fundamento de derecho cuarto, la Dirección manifestó que *"sólo con la inscripción se culmina el proceso de fusión en los términos definidos por el artículo 22 del propio texto legal"* (en referencia a la LME), siendo dicho precepto el que definía los efectos característicos de la fusión. Según se afirma en la citada resolución *"No se trata de que la inscripción sea constitutiva en el sentido de que forme parte del tipo negocial, [...], la inscripción supone el trámite exclusivo y excluyente para obtener la oponibilidad frente a terceros del acto sujeto a ella, de manera que el conocimiento extrarregistral del mismo no produce efecto alguno"*.

458 V. FERNÁNDEZ DEL POZO, L., "La fase de ejecución...", ob. cit., p. 662.

459 V. FERNÁNDEZ DEL POZO, L., "La fase de ejecución...", ob. cit., p. 663.

460 En contra v. las RRDGRN de 20 de septiembre de 2011 (TOL2.254.249), fundamento de derecho segundo, y la de 13 de octubre de 2011 (TOL2.288.684), fundamento de derecho segundo, en las que la Dirección afirmó que, pese a que el art. 55 RRM *"determina que se considera como fecha de la inscripción la fecha del asiento de presentación con carácter general, lo específico de la remisión legal a la fecha de la inscripción de la fusión, lleva a entender que es la inscripción misma y no las del asiento de presentación el momento determinante de la extinción de la sociedad absorbida"*. No obstante, esta interpretación fue refutada por el Alto Tribunal, refiriéndose expresamente a la doctrina de la DGRN, en la STS (Sala de lo Contencioso-Administrativo, Sección 2.ª) de 21

En otras palabras, inscrita la fusión sus efectos se retrotraen a la fecha del asiento de presentación[461].

b) La calificación de la escritura de fusión: particularidades de la calificación de los balances incorporados a la escritura

La incorporación del balance de fusión de las sociedades participantes a la escritura plantea serias dudas sobre el alcance de la calificación registral de la escritura de fusión. En concreto, si el control de legalidad llevado a cabo por el registrador al calificar la escritura debe ser idéntico tanto en la parte concerniente al acuerdo de fusión como en la relativa a los balances de fusión y

de mayo de 2012 (TOL2.544.855), FJ 3. En la citada sentencia, el TS señaló que, si bien es cierto que el art. 46 LME determinaba el carácter constitutivo de la inscripción de la fusión, la cuestión de cuándo debía atribuirse eficacia a la inscripción era resuelta por el art. 24 LH en consonancia con el art. 55.1 RRM, siendo considerada "*como fecha de la inscripción, para todos los efectos que esta deba producir, la fecha del asiento de presentación*". Aunque el TS se pronunció en clara oposición a la interpretación de la DGRN, ha habido quienes han considerado posible conciliar ambos criterios interpretativos, entendiendo que lo que la Dirección defiende es el carácter constitutivo de la inscripción de la fusión, lo que no es contrario a que una vez realizada la inscripción sus efectos se retrotraigan a la fecha del asiento de presentación, que entienden que es el criterio defendido por el TS, v. ARA, C. y RAMÍREZ, C., "De nuevo a vueltas con la fecha de la eficacia de la fusión entre terceros", *Revista de Derecho Mercantil*, n.º 285, 2012, pp.269-271. A nuestro modo de ver, sin embargo, y aunque compartamos la interpretación propuesta, esa no es la que han defendido ni la DGRN ni el TS. El primero negó la aplicación del art. 55 RRM al supuesto específico de la fusión y el Alto Tribunal rechazó que el art. 55.1 RRM y el 24 LH implicaran una retroacción temporal.

461 V. GARRIDO DE PALMA, V. M., "Fusión", 2013, ob. cit., p. 147; GONZÁLEZ-MENESES, M. y ÁLVAREZ, S., *Modificaciones estructurales de...*, ob. cit., p. 236; y SAN MIGUEL, F., "Escisión. Algunas consideraciones prácticas", en QUETGLAS, R. S. (dir.) y JORDANO LUNA, M. (coord.), *Manual de fusiones y adquisiciones de empresas*, Wolters Kluwer, 2.ª ed., Madrid, 2018, pp. 844-845.

si en ambos casos rige plenamente lo dispuesto en los arts. 18.2 CCom y 6 RRM.

En atención a lo establecido en los arts. 18.2 CCom y 6 RRM, el registrador mercantil al calificar la escritura de fusión debe comprobar tres aspectos: la legalidad de la forma extrínseca de los documentos, la capacidad y legitimación de los otorgantes y la validez de su contenido. Es decir, el control de legalidad de la escritura abarca tanto la forma extrínseca y capacidad y legitimación de los otorgantes como el contenido intrínseco. La calificación global de la escritura requiere que todos los aspectos referidos sean examinados por el registrador. Sin embargo, dadas las características de los balances incorporados a la escritura, elaborados conforme a criterios de carácter técnico contable, no parece apropiado que la calificación de la escritura en la parte concerniente a tales documentos sea estrictamente idéntica al control que debe realizarse sobre la parte del contenido de la escritura referida al acuerdo de fusión.

El control de legalidad del acuerdo de fusión elevado a escritura pública, al ser presentada esta para su inscripción registral, debe ceñirse estrictamente a lo dispuesto en los arts. 18.2 CCom y 6 RRM. En lo que respecta al control de legalidad de los balances de fusión incorporados a la escritura de fusión, por el contrario, y aunque el legislador guarde silencio al respecto, no parece razonable exigir una aplicación rigurosa de los referidos preceptos. En particular, el hecho de que las normas que rigen la elaboración de los balances de fusión procedan de la ciencia contable (las mismas aplicables al balance anual *ex* art. 43.1 RDLME) hace desaconsejable requerir del registrador un examen de la validez del contenido de tales documentos incorporados a la escritura. El control de la legalidad intrínseca de los balances de fusión implicaría la comprobación de la sujeción de estos a los principios y reglas contables. Esto no solo excedería el conocimiento exigible a un registrador mercantil, sino que, además, supondría una verificación contable, o segunda verificación según el caso[462].

Con base en el razonamiento anterior, el alcance de la calificación de la escritura en lo que respecta a los balances de fusión se limitaría al control de la forma extrínseca de estos. Por tanto, al ejercer el control de legalidad sobre los balances de fusión incorporados a la escritura, el registrador estaría desarrollando una

462 Sobre la falta de competencia del registrador mercantil para calificar la validez intrínseca de los documentos contables, aunque en relación con la calificación del depósito de las cuentas anuales v. BREZMES MARTÍNEZ DE VILLARREAL, A., "La obligación de depósito de las cuentas anuales. Nueva regulación", *Noticias de la Unión Europea*, n.º 167, 1998, p. 70; VÁZQUEZ CUETO, J.C., *Las cuentas y...*, ob. cit., p. 354; GALÁN CORONA, E., "Cuentas anuales", en ARROYO MARTÍNEZ, I., EMBID IRUJO, J. M. y GÓRRIZ LÓPEZ, C. (coords.), *Comentarios a la Ley de Sociedades de Responsabilidad Limitada*, 2.ª ed., Tecnos, Madrid, 2009, p. 952; ROCAFORT NICOLAU, A., "El depósito de las cuentas anuales de las sociedades de capital en el Registro Mercantil", *Revista de Derecho de Sociedades*, n.º 35, 2010, pp. 244-246; IBÁÑEZ GARCÍA, I., "La calificación del depósito de las cuentas anuales en el Registro Mercantil", *Diario La Ley*, n.º 7439, 2010, [https://laleydigital.laleynext.es/], pp. 5-11; e IBÁÑEZ GARCÍA, I., "De nuevo sobre la calificación registral de las cuentas anuales", *Diario La Ley*, n.º 7671, 2011, [https://laleydigital.laleynext.es/], pp. 1-7. Como han señalado PÉREZ DE MADRID CARRERAS, V. y PÉREZ HEREZA, J. "Una propuesta de revisión del sistema legal", *El Notario del Siglo XXI*, n.º 24, 2009 [https://www.elnotario.es/], al establecerse la obligatoria publicidad de las cuentas anuales, para la que se recurrió a la institución del Registro Mercantil, se tomó en consideración el carácter de expertos en derecho y no en contabilidad de los registradores mercantiles, así como los inconvenientes que podía acarrear la aplicación de los principios que inspiran el funcionamiento de la referida institución, como el de la publicidad material y titulación pública. Por tales motivos se estableció un modelo caracterizado por el "*principio de calificación atenuada*", en la que no se pretende asegurar la exactitud de la información. No obstante, debemos advertir que la DGRN ha admitido que determinados aspectos materiales de las cuentas anuales puedan ser analizados por el registrador y motiven el rechazo de su depósito, en concreto, cuando la cifra de capital social que figura en las cuentas no coincide con la que figura inscrita. V. RDGRN de 10 de diciembre de 2008 (TOL1.444.953).

calificación de un carácter más próximo al de la calificación del depósito de las cuentas anuales (art. 280 LSC y 368.1 RRM) que a la contemplada con carácter general en el art. 18.2 CCom[463].

463 En relación con las modificaciones estructurales, es especialmente relevante la RDGRN de 16 de septiembre de 2009 (TOL1.629.914), en la que la DGRN admitió la posibilidad de denegar la inscripción de la transformación por apreciar un error de carácter material en el balance que acompañaba a la escritura, conforme al art. 220.2 RRM. Entre los hechos expuestos en la citada resolución debe destacarse que la transformación fue de una sociedad anónima a una de responsabilidad limitada, que tuvo lugar en 2008 (estando vigente la LSA de 1989) y que en la misma junta en la que se acordó la transformación también se aprobó ampliar el capital social, con aportaciones no dinerarias y conforme al régimen de la sociedad limitada. En el régimen vigente, se requiere un único balance cerrado dentro de los seis meses anteriores a la reunión en la que se delibere sobre la transformación (art. 20.3.1.º RDLME). No obstante, el derogado art. 227 LSA de 1989 exigía que la escritura contuviese un balance cerrado el día anterior a la adopción del acuerdo y un segundo balance cerrado el día anterior al del otorgamiento de escritura. Ambos balances debían acompañar a la escritura de transformación, *"para su depósito en el Registro Mercantil"* (art. 220.2 RRM, cuya redacción no ha sido adaptada al texto legal vigente). El defecto que motivó la denegación de la inscripción, y que confirmó la DGRN en su resolución, fue que el balance cerrado el día anterior al otorgamiento de escritura (el 30 de octubre) no recogió la ampliación de capital que había sido acordada previamente (el 15 de octubre). La cuestión, por tanto, residía en si el registrador mercantil era competente para determinar la validez intrínseca del balance. Para su resolución, la DGRN analizó la finalidad de la anexión del balance a la escritura de transformación, de la que dependía el alcance de la función calificadora. La conclusión a la que llegó fue que el balance de transformación, al acompañar a la escritura *"para su depósito en el Registro Mercantil"* (art. 220.2 RRM), cumplía una función similar a la del depósito de las cuentas anuales, por lo que la calificación debía realizare en los términos establecidos en el art. 368.1 RRM. En consecuencia, interpretó que el examen del balance de transformación debía limitarse a la faceta estrictamente formal, sin perjuicio de que determinados aspectos materiales puedan ser también analizados, si el defecto puede ser constatado a partir de los documentos presentados y de los asientos del Registro, como ya había resuelto previamente en relación con la calificación del depósito de las cuentas anuales. La DGRN se equivocó al confirmar la denegación de la inscripción de la escritura por dos motivos. En primer lugar, el balance de transformación no tenía por qué reflejar en la

Dicho de otro modo, el alcance de la calificación registral de la escritura de fusión en lo concerniente a los balances de fusión abarcaría todos los aspectos contemplados en el art. 18.2 CCom salvo el control de legalidad intrínseca, de modo similar a lo preceptuado para la calificación del depósito de cuentas en el art. 280 LSC.

Comprobar la legalidad extrínseca de la escritura de fusión en lo que respecta a los balances de fusión implica atender a dos aspectos. Por un lado, debe examinarse si los balances incorporados a la escritura son los exigidos por la Ley y, por otro lado, deberá constatarse si se han cumplido los requisitos legales para su válida aprobación, así como los de carácter informativo previstos por

---

partida del capital social el aumento acordado, ya que esto no puede hacerse hasta que no es inscrito el acuerdo (v. Consulta 7 BOICAC n.º 37, de marzo de 1999), mientras tanto se incluyen las aportaciones en la partida del activo que corresponda y el importe de la ampliación del capital social en la partida de "*otros pasivos financieros*" o la de "*otras deudas a corto plazo*", que figuran en el pasivo corriente (NECA 6.ª.9 PGC). En segundo lugar, no entendemos por qué la DGRN condiciona la inscripción del aumento de capital social y la transformación, que gozan de la presunción de exactitud y validez (art. 20 CCom) y de oponibilidad material (art. 21 CCom), a la corrección de un balance objeto de depósito, que por el menor alcance de la calificación de este no le son aplicables tales presunciones. En lo que respecta al balance de fusión, no resulta del todo claro si la interpretación de la DGRN sobre el alcance de la calificación del balance de transformación le es extensible, puesto que el balance de fusión no es objeto de depósito en el Registro Mercantil. Sin embargo, la DGRN en su argumentación manifiesta que "*La única referencia que la normativa registral dedica a la calificación de los documentos contables se contiene en el art. 368.1* (del RRM)", pareciendo indicar que la aplicación del art. 368.1 RRM no responde únicamente a que considera que el depósito del balance de transformación cumple una función similar a la de las cuentas anuales, sino que la ausencia de cualquier otra indicación sobre la calificación de los documentos contables presentados en el Registro Mercantil justifica que tal laguna sea suplida por el comentado precepto reglamentario. Si es así, lo cual no carece de sentido, también resultaría aplicable al balance de fusión, como defendemos.

el RDLME en el desarrollo del proceso de fusión, tanto en la fase decisoria como en la de ejecución.

El control de legalidad sobre si los balances son los exigidos por la Ley se traduce en que el registrador verifique que cada sociedad participante cuenta con su correspondiente balance de fusión, que estos siguen la estructura de balance anual (o la correspondiente al informe financiero semestral, en su caso) y que su fecha de cierre es conforme con lo dispuesto en el art. 43.1 RDLME. Para comprobar este último dato, el de la fecha de cierre, el registrador deberá cotejar la fecha de cierre de los balances con la del proyecto de fusión. A tal efecto, se prevé en el art. 230.1.º RRM que la escritura se acompañe del proyecto de fusión cuando este haya sido depositado en otro registro. Aunque no se establezca expresamente en el RRM, el depósito del proyecto puede ser sustituido por la inserción en la web social corporativa, en cuyo caso el registrador habrá recibido certificación de la fecha y contenido de la inserción del proyecto en la web (art. 7.2 RDLME), por lo que tampoco sería exigible acompañar la escritura del proyecto de fusión si tal certificación ha sido recibida por el mismo registrador que califica la escritura.

Como ya se ha indicado, pese a que el art. 50.1 RDLME establece que deben incorporarse a la escritura los balances de fusión de las sociedades participantes, sin prever excepción alguna, la DGRN interpreta que este requisito no es exigible, por no haber interés tutelable, cuando se adopte como balance de fusión el del último ejercicio, sin introducir modificaciones, y este haya sido depositado junto a las cuentas anuales[464]. En tal caso, el registrador deberá atender a las cuentas anuales previamente depositadas para comprobar la legalidad extrínseca de la escritura en

464 V. la ya comentada RDGRN de 21 de abril de 2014 (TOL4.357.883), en su fundamento de derecho quinto.

lo que respecta al balance de fusión. Además del requisito de la fecha de cierre, si se hubiese adoptado el último balance de ejercicio, con o sin modificaciones, y las cuentas anuales a las que pertenece no hubiesen sido depositadas, el registrador deberá comprobar que estas hayan sido aprobadas, pues el ser un balance de ejercicio *aprobado* es un requisito específico que debe cumplir (art. 43.1 RDLME) y porque el plazo que debe mediar entre la fecha de cierre del balance y el proyecto no es idéntico para el balance de ejercicio y el balance *ad hoc*. Por último, si el balance de fusión hubiese sido sustituido por el informe financiero semestral, el registrador tendrá que atender a si tanto la fecha de cierre como aquella en la que ha sido *"hecho público"*[465] están comprendidas dentro de los seis meses previos a la fecha del proyecto (art. 43.3 RDLME).

La segunda categoría de aspectos que debe comprobar el registrador, en relación con los balances de fusión, al calificar la escritura engloba todos aquellos asociados al proceso conducente a la aprobación del balance y al cumplimiento de los requisitos informativos previstos para este documento durante todo el procedimiento de fusión. Para la comprobación de los requisitos relacionados con la aprobación de los balances de fusión y del acuerdo de fusión deben consignarse en la escritura las circunstancias del acta necesarias para calificar la validez de ambos acuerdos, como se requiere en la elevación a público de cualquier acuerdo social (art. 107.2 RRM), no siendo suficiente incluir únicamente las circunstancias relativas al acuerdo de fusión. Tales circunstancias comprenden las relativas a la forma, fecha y contenido de la convocatoria. En el anuncio de la convocatoria, además de

465 Sobre la forma en la que deben ser acreditadas la aprobación de las cuentas anuales de las que forma parte el balance de ejercicio adoptado como balance de fusión o el haber hecho público el informe financiero semestral v. *supra* "Capítulo VI.2.1.b)".

las condiciones generales que debe reunir la convocatoria para la adopción del acuerdo de fusión, el registrador deberá comprobar el cumplimiento del requisito específico de inclusión de la aprobación del balance en el orden del día (art. 44 RDLME). Finalmente, con el objetivo de poder comprobar si los balances de fusión han sido verificados, cuando la sociedad está obligada a auditar sus cuentas, los informes de auditoría de los balances de fusión también deben figurar en la escritura de fusión (art. 227.2.5.ª RRM)[466].

Respecto a los requisitos informativos vinculados al balance de fusión, el art. 227.2.1.ª RRM exige una declaración por parte de los otorgantes, en la propia escritura, de haber cumplido lo establecido en los arts. 238 y 242 LSA de 1989 (que conforme al régimen legal vigente irá referida al cumplimiento de lo dispuesto en los arts. 10 y 46 RDLME). Es decir, deben manifestar, bajo su responsabilidad, el haber puesto a disposición de socios y demás destinatarios, en la página web o en el domicilio social (con posibilidad de solicitar su examen, entrega o envío), el balance de fusión, así como los demás documentos del art. 46.1 RDLME, desde la convocatoria y, tras la aprobación, haber respetado el derecho de socios y acreedores a obtener el texto íntegro del acuerdo y del balance (art. 10.1 RDLME). Dado que el derecho de información, el anterior y el posterior a la adopción del acuerdo, debe constar en la publicación de la convocatoria, ya sea por inserción en la web o mediante BORME y diario (art. 173.1 LSC), y la del acuerdo de fusión respectivamente (arts. 47.2 y 10.1 RDLME),

466 La exigencia de recoger en la escritura tanto los balances de fusión como los informes de auditoría ha sido criticada por la doctrina por considerar que el derecho de socios y acreedores de obtener tales documentos es garantía suficiente, más aún cuando el art. 227.2.1.º RRM requiere que los otorgantes manifiesten en la escritura el haber cumplido con lo establecido en los arts. 238 y 242 LSA de 1989 (en la actualidad arts. 10 y 46 RDLME), v. CORTÉS DOMÍNGUEZ, L. J. y PÉREZ TROYA, A., *Fusión de sociedades*, ob. cit., pp. 386-388.

deberá examinarse por el registrador el contenido de ambas publicaciones o, en su caso, el de la comunicación individual por la que puede ser sustituida tanto la publicación de la convocatoria (art. 173.2 LSC) como la del acuerdo (art. 10.2 RDLME)[467].

c) El procedimiento registral

El proceso de inscripción de la fusión, cuando todas las sociedades participantes figuran en el mismo Registro Mercantil, es relativamente sencillo. La escritura es presentada ante el registrador mercantil y este, tras realizar el oportuno control de legalidad, será quien practique la anotación de las modificaciones estatutarias y demás circunstancias del acuerdo en la hoja de la sociedad absorbente o la inmatriculación de la sociedad recién constituida en cuya hoja registral se practicará una primera inscripción de las circunstancias legalmente exigibles al constituir una sociedad y demás circunstancias del acuerdo de fusión (art. 232 RRM). Asimismo, cancelará los asientos de las sociedades extinguidas y hará el traslado literal a la nueva hoja de los asientos que deban quedar vigentes (art. 233.1 RRM). Nótese que en el art. 232 RRM solo se contempla que la inscripción deberá recoger las menciones legalmente exigibles en la constitución de nueva sociedad o las modificaciones estatutarias, según se trate de fusión por constitución o de absorción, y el resto de circunstancias del acuerdo de fusión. Se omite la inclusión de cualquier circunstancia relativa al contenido de los balances de fusión, cuyas implicaciones veremos más adelante.

En el supuesto de que las sociedades participantes no figuren inscritas en el mismo registro, no bastará con la mera presenta-

---

467 En relación con la comunicación individual sustitutiva de la publicación del acuerdo v. las ya comentadas RRDGRN de 9 de mayo de 2014 (TOL4.422.355) y de 9 de abril de 2015 (TOL4.895.697).

ción de la escritura. Deberán acometerse actuaciones previas a la presentación de la escritura, para la inscripción de la fusión, y se requerirán trámites ulteriores a la inscripción, para la cancelación de los asientos de las sociedades extinguidas.

Respecto a las actuaciones previas, la escritura de fusión debe ser presentada en los registros de las sociedades a extinguir, para que el registrador extienda una nota al margen en el último asiento de la sociedad y otro en el título, declarando la inexistencia de obstáculos registrales. El efecto de la nota marginal es el cierre registral provisional durante un plazo de seis meses (art. 231.3 RRM), mientras se realizan las actuaciones preceptivas para llevar a cabo la inscripción de la fusión. La fusión no puede ser inscrita hasta que la escritura no reúna las referidas anotaciones declarativas de la inexistencia de obstáculos registrales de los registros en los que están inscritas las sociedades extinguidas (art. 231 RRM)[468]. Tales declaraciones no constituyen el juicio de legalidad requerido para la inscripción, pues la calificación de la escritura corresponde a un solo registrador, el del Registro Mercantil en el que será inscrita la nueva sociedad, si la fusión es por constitución, o en el que esté inscrita la sociedad absorbente. Los obstáculos registrales sobre los que debe declarar su inexistencia el registrador del domicilio de la sociedad absorbida o incorporada se refieren al contenido del Registro y no a la legalidad de la fusión, que corresponde al registrador de destino[469]. Una

468 La finalidad del art. 231 RRM, como señala la DGRN, es "*garantizar la coherencia de la inscripción a realizar en el Registro Mercantil de destino con los antecedentes registrales en el de origen*", RDGRN de 27 de mayo de 2013 (TOL3.785.897), fundamento de derecho segundo.

469 Sobre esta cuestión v. RDGRN de 6 de abril de 2013 (TOL3.671.024), fundamento de derecho tercero, "*Estos obstáculos registrales se refieren por tanto al contenido del Registro (falta de tracto sucesivo, falta de depósito de cuentas, prohibición judicial de practicar asientos...) y no al negocio jurídico cuya inscripción se pretende. Esta limitada actuación por tanto no puede amparar,*

vez satisfecho este trámite, la escritura de fusión es inscrita en el registro correspondiente, en el que será inmatriculada la sociedad resultante o en el que conste inscrita la sociedad absorbente. En el primer caso, el de la fusión por constitución, se abrirá a la nueva sociedad hoja registral con las menciones exigidas para la constitución y las circunstancias propias del acuerdo de fusión (art. 232.1 RRM). Si la fusión es por absorción, se inscribirán las modificaciones estatutarias, si las hubiera, y demás circunstancias derivadas del acuerdo de fusión (art. 232.2 RRM).

Una vez inscrita la fusión, si las sociedades extinguidas estuviesen registradas en registros distintos a los de la sociedad resultante de la fusión o de la absorbente, el registrador comunicará de oficio el haber realizado la inscripción a los registros de las sociedades extinguidas. Recibida la comunicación, estos practicarán la cancelación de los asientos de la sociedad extinguida inscrita en su registro y, en su caso, trasladarán certificación literal de los asientos que deban permanecer vigentes al registro en el que haya sido inscrita la fusión para su incorporación. Por último, cada uno de los registradores mercantiles en cuyo registro figurase alguna de las sociedades participantes, deberán remitir la información necesaria para la publicación que debe realizar el Registrador Mercantil Central en virtud del art. 388.1.15.º RRM. Es decir, los datos relativos a la extinción de las sociedades y los datos correspondientes a la primera inscripción de la sociedad, si es por constitución, o los de la modificación producida, en caso de fusión por absorción.

Si el registrador mercantil apreciase algún defecto en la escritura de fusión y denegase su inscripción calificando negati-

como ocurre en este supuesto, una extralimitación competencial que implique la revisión de la legalidad del negocio de fondo, la fusión por absorción, que corresponde como queda repetidamente dicho, al registrador de destino".

vamente la escritura, cabe la posibilidad de recurrir la decisión del registrador ante la DGRN o instar la calificación del cuadro de sustituciones, recogido en el art. 275 bis LH (art. 18.7 RRM). Asimismo, es posible impugnar directamente la calificación negativa ante el juzgado de lo mercantil competente, sin necesidad de agotar la vía del recurso gubernativo ante la DGSJFP, siendo este último de carácter potestativo [*cfr.* art. 324 LH; disposición adicional 24.ª Ley 24/2001, de 27 de diciembre, de Medidas Fiscales, Administrativas y del Orden Social; y art. 86 bis.3 LOPJ[470]].

d) La ausencia de cualquier referencia al contenido de los balances de fusión en la inscripción

El RRM omite cualquier referencia a que la inscripción de la fusión deba recoger algún aspecto de los balances de fusión incorporados a la escritura. Este silencio contrasta, por un lado, con los ya derogados arts. 133 y 134 RRM de 1956, en los que se establecía expresamente que la inscripción debía expresar el resultado de los balances de fusión[471]; y, por otro lado, con la claridad con

470 El art. 324 LH establece que "*Las calificaciones negativas del registrador podrán recurrirse potestativamente ante la Dirección General de los Registros y del Notariado en la forma y según los trámites previstos en los artículos siguientes, o ser impugnadas directamente ante los juzgados de la capital de la provincia a la que pertenezca el lugar en que esté situado el inmueble*". Este precepto es aplicable a los recursos contra la calificación del registrador mercantil en virtud de la DA 24.ª Ley 24/2001. En cuanto a la competencia del juzgado de lo mercantil para conocer de los recursos contra la calificación negativa del registrador mercantil, está prevista en el art. 86 bis.3 LOPJ.

471 Art. 133 RRM de 1956: "*En toda inscripción de fusión se expresará el número de la hoja, tomo y folio de las Sociedades que quedan fusionadas y el resultado del balance hecho el día anterior al acuerdo de fusión; y si se tratare de fusión de Sociedades en una Anónima, el de los balances a que se refiere el número sexto del artículo siguiente*".
Art. 134 RRM de 1956: "*La inscripción de fusión de cualesquiera Sociedades en una Anónima deberá expresar, además de los requisitos generales que le*

la que el RRM establece el contenido del balance que debe figurar en la inscripción de otras operaciones societarias. En el caso de la extinción, el art. 247.4 RRM indica que el balance final de liquidación, también incorporado a la escritura de extinción (art. 247.3 RRM), debe ser transcrito en la inscripción y, en los supuestos de aumento del capital con cargo a reservas y de reducción del capital por pérdidas o para dotar reservas, debe hacerse constar en la inscripción el nombre del auditor y las fechas de verificación y aprobación del balance (arts. 168.4 y 171.2 RRM).

El silencio respecto a los balances de fusión en el art. 232 RRM no puede ser suplido interpretando que los balances puedan ser considerados como parte de *"las circunstancias del acuerdo de fusión"* (art. 232 RRM). El art. 50.1 RDLME, sobre la escritura de fusión, distingue entre el acuerdo de fusión y los balances. Asimismo, el art. 227.2 RRM establece que la escritura debe recoger separadamente los balances de fusión (art. 272.2.5.ª RRM) y el contenido del acuerdo de fusión (art. 272.2.6.ª RRM); y los balances de fusión no forman parte del acuerdo, conforme al art. 228 RRM.

Tampoco parece posible atribuir *con certeza* tal omisión a que el RRM ha quedado desfasado con respecto a la legislación societaria y, particularmente, la legislación especial sobre modificaciones estructurales. La redacción vigente de la inscripción de la fusión en el RRM desarrolla el contenido de la derogada LSA de 1989. En la referida Ley se preveía la incorporación de los balances de fusión a la escritura, con la única diferencia, con respecto al RDLME, de que solo se exigían los balances de las sociedades extinguidas.

---

sean propios, los siguientes: 6.º El resultado del balance general de las respectivas Sociedades, cerrado el día anterior al del acuerdo de fusión, con expresión del hecho de haberse practicado las oportunas liquidaciones a los accionistas o acreedores disconformes, y el resultado del balance final, cerrado el día anterior al del otorgamiento de escritura".

Mostramos nuestras dudas con respecto a la afirmación anterior porque la inclusión en el contenido del proyecto común de fusión de las menciones relativas a la valoración del activo y del pasivo de los patrimonios de las sociedades extinguidas (art. 40.7.º RDLME) y las fechas de las cuentas utilizadas para establecer las condiciones en que se realiza la fusión (art. 40.8.º RDLME) sí han supuesto un cambio significativo con respecto a la LSA de 1989, como hemos tenido oportunidad de analizar. No obstante, la interpretación sobre si conforme al RDLME los balances de fusión deben o no ser objeto de inscripción ha de tomar en consideración las implicaciones aparejadas a que, al acceder a la hoja de la sociedad resultante, les serían aplicables los principios registrales, recogidos en los arts. 20, 21 y 23 CCom y 7-12 RRM. En particular los principios de *legitimación* (art. 20.1 CCom y 7 RRM), *fe pública* (art. 20.2 CCom y 8 RRM) y *oponibilidad material* (art. 21 CCom y 89 RRM). Dichos principios registrales parten de la realización de una actividad calificadora plena por parte del registrador. Es decir, se apoyan en que se lleva a cabo una comprobación de la validez de los documentos presentados, que abarca tanto su validez formal como sustancial[472]. En la inscripción de la

472 V. LEÓN SANZ, F.J., "Depósito y publicidad de las cuentas anuales" en ARROYO, I., EMBID, J.M. y GÓRRIZ, C. (coords.), *Comentarios a la Ley de Sociedades Anónimas*, Vol. III, 2ª ed., Tecnos, Madrid, 2009, p. 2112; y VÁZQUEZ CUETO, J.C., *Las cuentas y...*, ob. cit., p. 361. Asimismo, resulta de interés la RDGRN de 16 de marzo de 2011 (TOL2.075.935). Como ya hemos señalado, la DGRN ha interpretado en algunas de sus resoluciones, ya comentadas, que la calificación del depósito de las cuentas anuales u otros documentos contables como el balance de transformación puede extenderse a ciertos aspectos materiales como la correspondencia entre el capital social inscrito y el que figura en el balance. V. RDGRN de 10 de diciembre de 2008 (TOL1.444.953); y RDGRN de 16 de septiembre de 2009 (TOL1.629.914). Sin embargo, en la RDGRN de 16 de marzo de 2011 (TOL2.075.935), el centro directivo parece haber corregido en cierta medida tal interpretación. La resolución fue motivada porque el registrador condicionó la inscripción de un aumento del capital social a que previamente fueran rectificadas las cuentas anuales ya

escritura de fusión el control de legalidad es ejercido con carácter pleno respecto de las circunstancias del acuerdo, pero no en relación con el contenido de los balances de fusión. Sencillamente el Registro Mercantil no dispone de los medios materiales y humanos para realizar una actividad calificadora de tal naturaleza, en lo que concierne a los balances de fusión.

Los efectos adversos que podría desencadenar la inscripción de los balances de fusión no se circunscriben a la posibilidad de que los balances presenten algún error de carácter técnico no detectado por el registrador. La naturaleza del balance de fusión y los criterios que rigen en su elaboración de por sí, inclusive cuando su elaboración se adecua perfectamente a lo preceptuado por la ciencia económica y contable, es susceptible de originar tales efectos si los balances son inscritos. Como se ha indicado, el art. 43.2 RDLME permite introducir ajustes en los valores contables, en función de las modificaciones importantes en el valor razonable, que ni tienen que ceñirse estrictamente a los criterios que rigen en la formulación de las cuentas anuales, por el carácter estimativo y *extracontable* del balance de fusión, ni afectarán a los

depositadas, en las que, a su juicio, no se había reflejado el aumento del capital social. En este caso la DGRN revocó la calificación y, tras señalar las presunciones de exactitud, validez y oponibilidad material del contenido del Registro Mercantil, concluyó lo siguiente: "*Por el contrario, aquellos efectos, con el alcance expresado, no son predicables respecto de los documentos contables depositados en el Registro, en paralelo con el menor alcance que respecto de los mismos presenta la calificación registral (cfr. artículo 368 del Reglamento del Registro Mercantil), por lo que el contenido de las cuentas depositadas, carente de tal eficacia, no puede condicionar ni impedir la inscripción de una escritura de aumento del capital social que, en ausencia de otros obstáculos que la impidan, servirá para concordar el contenido del Registro con la realidad extrarregistral, determinando en sí, en la medida en que prevalece la publicidad del asiento de inscripción, la rectificación del asiento de depósito de las cuentas anuales*" '[RDGRN de 16 de marzo de 2011 (TOL2.075.935), fundamento de derecho segundo].

registros contables de la sociedad[473]. Entre otros cabría plantear la posibilidad de que la sociedad absorbente (adquirente desde la perspectiva contable) actualizase el valor de su activo conforme al valor razonable, ya sea porque concretos elementos patrimoniales registrados en su contabilidad no se adecuan a su valor razonable, o bien porque precisa aflorar activos ocultos como el fondo de comercio. De acuerdo con la normativa contable no sería posible revalorizar el patrimonio de la sociedad adquirente (solo el de la adquirida), sin embargo, es una posibilidad admitida por el art. 43.2 RDLME a los meros efectos de estimar el valor razonable para la fijación del tipo de canje (art. 36.1 RDLME). Se podría cuestionar si el inversor que adquirió acciones o participaciones de la sociedad, tras la fusión confiando en la exactitud del balance de la absorbente que figuraba en el asiento de inscripción, vería elevadas a la condición de derechos subjetivos las expectativas generadas, desvirtuadas por el depósito de las cuentas anuales posteriores a la fusión, ya que en estas no se reflejaría dicha actualización contable (arts. 20.2 CCom y 8 RRM). En relación con lo anterior, se podría plantear si el balance de fusión de la sociedad absorbente inscrito condicionará el depósito de las cuentas anuales posteriores, si estas (en aplicación de la normativa contable) no reflejan las actualizaciones valorativas.

En definitiva, las consecuencias que originaría la aplicación de los principios registrales que inciden sobre el plano material del contenido del Registro hacen desaconsejable interpretar el silencio normativo respecto a la inscripción de los balances de fusión en otro sentido que no sea el de no considerarla necesaria.

Por otro lado, tampoco se contiene ni en el RDLME ni en el RRM, en referencia a la fusión, un precepto análogo a los arts. 281 LSC y 369 RRM, sobre la publicidad del depósito de las cuentas

473 V. *supra* "Capítulo III.3.3".

anuales, o a los arts. 217.3, 218.3, 219.3, 220.2, 221.2 y 222.3 RRM, que especifican que el balance de transformación que acompaña a la escritura, en las distintas modalidades en las que se puede realizar esta operación, debe ser depositado en el Registro Mercantil. Por tanto, la falta de inscripción de los balances de fusión, unida a que no existe en este caso una previsión similar a la del art. 281 LSC y 369 RRM, sobre la publicidad del depósito de las cuentas anuales, o la de los citados preceptos del RRM sobre el depósito del balance de transformación, nos lleva a concluir que ni siquiera los balances de fusión son objeto de publicidad formal al inscribirse la fusión. No consideramos, sin embargo, que esto sea algo que lamentar ni que constituya un defecto normativo, pues los balances de fusión son objeto de un amplio sistema de previsiones legales que garantizan que sus destinatarios conozcan la existencia de dichos documentos y accedan a estos a lo largo de todo el procedimiento de fusión.

Capítulo VII

LA IMPUGNACIÓN DEL BALANCE DE FUSIÓN

1. ANTECEDENTES LEGALES Y FIGURAS AFINES

1.1. Planteamiento

La posibilidad de impugnar el balance de fusión es reconocida en el art. 45 RDLME y constituye una particularidad del ordenamiento español con respecto a otros ordenamientos de nuestro entorno, como tantos otros aspectos del régimen del balance de fusión. La excepcionalidad de la facultad de impugnar el balance de fusión se manifiesta en un doble sentido.

Por un lado, el balance de fusión es un documento informativo, por lo que es difícil comprender la utilidad de su impugnación si no sirve de base o no se conecta con otras acciones. En particular, podría impugnarse el balance de fusión, por ser incorrecta la valoración del patrimonio reflejada en dicho documento, con el fin de demostrar la antijuridicidad, o bien de la compensación en efectivo, en aquellas fusiones en las que se reconozca a los socios el derecho a enajenar sus acciones o participaciones (art. 12.1 RDLME), o bien del tipo de canje. En los casos antes señalados, la impugnación del balance iría dirigida a la reclamación de las compensaciones a las que se refieren, respectivamente, los arts. 12.4 y 49.1 RDLME sobre la compensación en efectivo y el tipo de canje. No obstante, como se verá más adelante, la impugnación del balance no es un requisito exigido para realizar las referidas reclamaciones.

Lo que resulta llamativo, dado el carácter informativo del balance, es que en el art. 45 RDLME se contemple que el balance pueda ser impugnado de forma autónoma, no resultando claro cuál sería la pretensión perseguida. Al determinar que "*La impugnación del balance de fusión no podrá suspender por sí sola la ejecución de la fusión*", se admite tanto la posibilidad de impugnar únicamente el balance, como impugnar el balance en conexión con otras pretensiones[474]. Esto lo convierte en el único de los documentos informativos de la fusión (art 46.1 RDLME) que puede ser impugnado, una vez aprobada la modificación estructural, sin necesidad de oponerse a la validez del acuerdo de fusión. En caso de apreciarse algún defecto formal o sustantivo en cualquiera de los demás documentos informativos, debe impugnarse la fusión misma con base en el vicio observado en la información. Siempre que este no se refiera a la información sobre la compensación en efectivo y el tipo de canje (art. 11.3.º RDLME) y que la fusión no haya sido inscrita (art. 16.2 RDLME).

La referida singularidad del balance de fusión, el poder ser impugnado con carácter autónomo (respecto al acuerdo de fusión), se explica en cierta medida por ser el único documento informativo sometido a aprobación por parte de la junta general de socios[475],

474 En este sentido v. CORTÉS DOMÍNGUEZ, L. J. y PÉREZ TROYA, A., *Fusión de sociedades*, ob. cit., p. 279; y CASTAÑER CODINA, J., "*La solución extrajudicial de controversias acerca del tipo de canje en la fusión y escisión de sociedades de capital (análisis del Artículo 38.II LME)*", *Revista de Derecho de Sociedades*, n.º 39, 2012, p. 135.

475 Parte de la doctrina considera que pueden ser impugnados algunos actos preparatorios de la fusión, entre los que se encuentran actos de elaboración de documentos que conforman la información documental del art. 46.1 RDLME, como el acuerdo del órgano de administración por el cual es suscrito el proyecto de fusión, con carácter previo a su aprobación por la junta general. Con respecto a la LME v. DÍAZ MARTÍNEZ, S., *Remedios contra la fusión: impugnación y resarcimiento*, Civitas, Cizur Menor (Navarra), 2016, pp. 309-316. En este mismo sentido, aunque en relación con la LSA de 1989, se ha señalado que los actos preparatorios de la fusión podrían ser impugnables autónomamente, siempre y cuando se concretaran en decisiones del consejo de administración. Eso comprendería, además del

pero no es el único motivo. Como argumentaremos al analizar los antecedentes históricos del art. 45 RDLME y sus figuras afines en el derecho nacional, la posibilidad de impugnar el balance de fusión guarda relación con el papel atribuido por el legislador a este documento como base valorativa de la operación sobre la que se establece el tipo de canje y, bajo la LSA de 1951, la cuota de liquidación derivada del ejercicio del derecho de separación (en la actualidad, la compensación en efectivo del art. 12 RDLME).

Por otro lado, pese a admitirse la impugnación del balance, esta no impide que la fusión llegue a inscribirse y que, por tanto, devenga plenamente eficaz. Así lo establece el legislador al indicar, en el art. 45 RDLME que la impugnación del balance *"por sí sola"* carece de efectos suspensivos frente a la ejecución de la fusión. Este precepto es idéntico al primer inciso del art. 38 de la derogada LME. Durante la vigencia de la mencionada Ley, parecía indicar que la mera acción de impugnación del balance no impedía la realización de la fusión, salvo que fuera acompañada de otra acción no

proyecto de fusión, la convocatoria de la junta y el informe de los administradores PÉREZ TROYA, A., *La tutela del...*, ob. cit., p. 447, nota 292. Se admita o no la impugnabilidad de los actos preparatorios, esto no afecta a la afirmación que hemos manifestado. Si se reconoce la posibilidad de impugnar los actos preparatorios, estos podrían ser impugnados antes de que fuese adoptado el acuerdo de fusión, pero no con posterioridad, pues este sustituiría a las decisiones previas del órgano de administración (art. 204.2 LSC). Tras la aprobación de la fusión, podrá ser impugnado el acuerdo de fusión con base en un defecto que tenga origen en la fase preparatoria de la fusión, pero el acto preparatorio en cuestión no podrá ser impugnado autónomamente. Precisamente esa es la particularidad de la impugnación del balance de fusión que hemos indicado, es un documento informativo que sí puede ser impugnado tras la aprobación de la fusión sin impugnar la operación misma, lo que se deriva de ser también el único documento informativo sometido al requisito de aprobación expresa en la junta en la que se delibere sobre la fusión, V. SÁNCHEZ-CALERO GUILARTE, J., "Informe de los Administradores...", ob. cit., p. 524; y CASTAÑER CODINA, J., *"La solución extrajudicial..."*, ob. cit., p. 135.

especificada por el legislador, pero que no podía ser otra que la de impugnación del acuerdo de fusión. No obstante, la restricción de las causas de impugnación del acuerdo de fusión en el RDLME (art. 11 RDLME) unida a la imposibilidad de declarar la nulidad de la fusión inscrita (art. 16.2 RDLME) en el texto vigente hacen necesaria una interpretación diferente del art. 45 RDLME. Como se verá en el apartado relativo a los efectos de la impugnación del balance, en la actualidad esta acción no parece tener, en ningún caso, efectos suspensivos o invalidantes sobre la modificación estructural.

En suma, la cuestión que se plantea es por qué, y con qué finalidad, el legislador admite la posibilidad de impugnar un documento meramente informativo a la vez que impide que el cuestionamiento de la validez del balance obstaculice la realización de la fusión. Para tratar de dar respuesta a esta cuestión, debemos remontarnos al primer antecedente legal de esta previsión normativa. En concreto a la Ley 83/1968 de 5 de diciembre.

1.2. Antecedentes legales

Como ya se explicó anteriormente, la Ley 83/1968 estableció normas especiales, fundamentalmente sobre el derecho de separación, aplicables a las fusiones acogidas al régimen de acción concertada o aquellas a las que fuesen concedidos beneficios fiscales. En el apartado dos de su artículo único, se determinó que el derecho de reembolso derivado de la separación del socio debía ser calculado en función del precio de cotización media anual, si la sociedad cotizaba en un mercado oficial, o en cualquier otro caso, conforme al valor del "*patrimonio líquido*" (patrimonio neto), según el balance de fusión aprobado por la junta[476].

---

476 Art. único apartado 2 Ley 83/1968: "*Los accionistas que se separen de la sociedad obtendrán el reembolso de sus acciones al precio de cotización media del último año o, si las acciones no tienen cotización oficial en Bolsa, al que*

En el segundo párrafo del apartado antes citado de la Ley 83/1968, se reconoció la posibilidad de impugnar *"el acuerdo"*, cuando el derecho de reembolso fuera fijado según el balance de fusión. En la Ley no se especificó si el acuerdo impugnable era el de aprobación de la fusión o el del balance, si bien al contenerse tal previsión a continuación de la referencia a la aprobación del balance por la junta general, debía referirse a este último acuerdo[477]. Sea como fuere, lo que sí dispuso el legislador con toda claridad fue que la impugnación, con el fin de revisar el *"justo precio"* a reembolsar al socio que se separara de la sociedad, no podría suspender la ejecución del acuerdo (de fusión)[478].

El apartado dos del artículo único de la Ley 83/1968 finalizaba con la frase *"La acción de impugnación no podrá suspender la ejecución del acuerdo"*. Su similitud con el art. 239.3 LSA de 1989 es evidente *"La impugnación del balance de fusión no podrá suspender, por sí sola, la ejecución de la fusión"*. En el régimen vigente de la fusión, el art. 45 RDLME repite el contenido del derogado art. 239.3 LSA de 1989, que también figuró con los mismos términos en el primer inciso del art. 38 LME.

---

resulte de la apreciación del patrimonio líquido, según balance del día anterior al acuerdo de la Junta, aprobado por la misma".

477 Así lo interpretan, entre otros, BRENES CORTÉS, J., *El derecho de separación...*, ob. cit., pp. 293-294; PÉREZ TROYA, A., *La determinación del...*, ob. cit., p. 133; y FERNÁNDEZ DEL POZO, L., *El derecho contable...*, 2010, ob. cit., p. 124. En contra, ALONSO ESPINOSA, F. J. y LÁZARO SÁNCHEZ, E.J., "Especialidades del procedimiento...", ob. cit., pp. 299-300 consideran que la referida norma fiscal se refería a la impugnación del acuerdo aprobatorio de la operación, pues entendían que el acuerdo específico de aprobación del balance solo resultaba exigible a partir de la entrada en vigor de la LSA de 1989.

478 Art. único apartado 2 Ley 83/1968, párrafo segundo: *"En este último supuesto, el socio que tenga derecho a la separación, y en igual plazo, podrá impugnar el acuerdo, con arreglo al procedimiento del artículo setenta de la Ley de Sociedades Anónimas, a fin de fijar el justo precio según valoración real. La acción de impugnación no podrá suspender la ejecución del acuerdo".*

El objetivo del apartado dos de la Ley 83/1968 era permitir que el socio perjudicado por la valoración de sus acciones al ejercer el derecho de separación pudiese impugnar el balance utilizado como base de dicha valoración, sin que esto conllevara la postergación u obstaculización de la realización de la fusión. Dicho de otro modo, la impugnación del balance de fusión permitía la revisión de la cuota de liquidación fijada para el socio que se separara de la sociedad. Asegurando, eso sí, que la ejecución de la fusión no se viese afectada por una cuestión que giraba exclusivamente en torno a la compensación que debía recibir el accionista al abandonar la sociedad.

Sin embargo, ni en la LSA de 1989 ni en la LME se reconoció el derecho de separación del socio con motivo de la fusión, a excepción de en la fusión transfronteriza, y solo para los socios de las sociedades participantes con domicilio en un estado miembro distinto al de la resultante (art. 62 LME). Tampoco en el régimen vigente se reconoce el derecho a una compensación en efectivo (derecho análogo *mutatis mutandis* al derecho de separación) con carácter general para cualquier tipo de fusión. Únicamente se reconoce en la absorción de sociedad participada en un noventa por ciento o más, sin llegar a la totalidad, si la fusión se realiza prescindiendo de los informes de administradores y de expertos, y en la fusión transfronteriza, cuando los socios de una o varias de las sociedades participantes vayan a quedar sometidos a una Ley extranjera (art. 12.1 RDLME). Dado que la impugnación del balance de fusión se contempla para toda fusión, pero el derecho a una compensación en efectivo (la prevista en el art. 12 RDLME) solo en supuestos específicos, su finalidad no puede responder, al menos no exclusivamente, a la revisión de la compensación establecida a favor de los socios a los que se reconozca tal derecho *de salida*, como ocurría con el derecho de separación en la Ley 83/1968.

Como ya se ha sentado a lo largo de este trabajo, los balances de fusión reflejan el valor patrimonial de las sociedades participantes, sobre el que se establecen las condiciones de la fusión (arts. 40.3.ª, 40.7.ª y 40.8.ª RDLME y, en las fusiones en las que se reconoce el derecho a la compensación en efectivo, art. 4.1.6.ª RDLME). Es decir, constituyen la base valorativa a partir de la cual se fija el tipo de canje, con los oportunos ajustes explicados en el informe de los administradores, la correlativa cifra de capital social de la sociedad resultante o la ampliación de capital de la absorbente y, en su caso, el derecho a la compensación en efectivo.

Por otro lado, la prohibición de efectos suspensivos o invalidantes sobre la modificación estructural es la solución utilizada por el legislador cuando persigue evitar que la tutela de los derechos e intereses de socios y acreedores ponga en peligro la operación, siguiendo lo dispuesto en las directivas europeas[479]. Así se pone de manifiesto en: la exclusión del tipo de canje, la compensación

479 La Directiva (UE) 2019/2121 del Parlamento Europeo y del Consejo de 27 de noviembre de 2019 reformó la Directiva (UE) 2017/1132, introduciendo entre otras modificaciones la prohibición de la impugnación del acuerdo de fusión transfronteriza por una fijación inadecuada del tipo de canje, de la compensación dineraria o por que la información relativa al tipo de canje o a la compensación dineraria no cumpla con los requisitos legales [art. 126.4 Directiva (UE) 2017/1132]. En conexión con esta medida, se reconoce en la Directiva el derecho de los socios, que no tengan o ejerzan el derecho a enajenar sus acciones o participaciones, de impugnar la relación de canje reclamando una compensación en efectivo [art. 126 bis.6 Directiva (UE) 2017/1132]. Este sistema ha sido incorporado al ordenamiento español por el RDLME, extendiendo la regulación prevista para las operaciones transfronterizas, también, a las fusiones nacionales. V., sobre la señalada reforma de la Directiva (UE) 2017/1132, PÉREZ TROYA, A., "La Directiva sobre transformaciones, fusiones y escisiones transfronterizas: Una primera aproximación, con particular referencia a la tutela de los socios", *Revista de Derecho de Sociedades*, n.º 58, 2020. En el art. 10.3 Directiva 2005/56/CE, sobre fusiones transfronterizas, ya se contemplaba la posibilidad de que los Estados miembros regulasen un mecanismo de estas características, pero no tenía carácter obligatorio, más bien se preveía cómo solventar el posible conflicto ante la fusión entre una sociedad sometida a un ordenamiento en el que se contemplase un sistema de revisión del tipo de canje sin impedir la

en efectivo y el derecho de información respecto a ambos de las causas de impugnación del acuerdo de modificación estructural (art. 11 RDLME); y la prohibición de efectos suspensivos sobre la ejecución de la modificación estructural ante el ejercicio, en el caso de los socios, del derecho a reclamar una compensación complementaria en efectivo y una compensación por el tipo de canje (art. 12.5 RDLME) o, en el caso de los acreedores, del derecho a reclamar garantías (art. 13.3 RDLME).

Teniendo presentes los argumentos anteriores, consideramos que el fundamento por el cual el legislador incluyó en la LSA de 1989, y ha mantenido en los sucesivos textos legales hasta el presente (art. 45 RDLME) la posibilidad de impugnar el balance de fusión sin efectos suspensivos frente a la ejecución de la fusión es el de permitir que los socios perjudicados puedan impugnar la valoración del patrimonio y exigir la correspondiente compensación (ya sea por la inadecuación del tipo de canje o, en su caso, de la compensación fijada en el proyecto) sin poner en riesgo la realización de la fusión[480]. Al igual que la impugnación del balance en la Ley 83/1968 permitía revisar la cuota de liquidación, la impugnación conforme al art. 45 RDLME permitiría revisar el tipo de canje o la compensación en efectivo sin impedir la ejecución de la fusión[481]. Ahora bien, aunque esa interpretación es la más

inscripción de la fusión y una sociedad cuya legislación nacional no hubiese regulado un mecanismo similar.

480 Así lo interpretan, en relación con el art. 38 LME, ALONSO ESPINOSA, F. J. y LÁZARO SÁNCHEZ, E.J., "Especialidades del procedimiento...", ob. cit., pp. 301-303. Los citados autores consideraron que la denegación de efectos suspensivos a la impugnación del balance tenía por finalidad que los socios pudieran tutelar sus intereses particulares mediante la vía reparadora o compensadora en lugar de a través de la suspensión de la ejecución del acuerdo o, si había sido inscrita, la declaración de ineficacia de la operación.

481 En contra de que la impugnación del balance de fusión cumpla una función similar a la que tenía en la Ley 83/1968, pero en relación con el art. 239 LSA, v. CORTÉS DOMÍNGUEZ, L. J. y PÉREZ TROYA, A., *Fusión de sociedades*, ob.

acorde, a nuestro entender, con la voluntad del legislador, no ha tenido aplicación en la práctica por la falta de claridad del precepto y la ausencia de desarrollo normativo del mecanismo de tutela de los socios esbozado en el art. 45 RDLME y sus antecesores.

1.3. Figuras afines: la impugnación del balance final de liquidación

Algunos de los requisitos y previsiones existentes en la vigente regulación del balance de fusión responden a la noción que se tuvo durante la vigencia de la LSA de 1951 de este documento como un balance de cierre análogo al balance final de liquidación. La impugnación (conforme al art. 45 RDLME) es una de dichas previsiones. Como se verá, las similitudes entre el régimen de impugnación del balance final de liquidación, en la legislación vigente y bajo la LSA de 1989, y el del balance de fusión hacen

cit., pp. 276-278. No obstante, bajo la LSA ni había una prohibición expresa respecto a la impugnación del acuerdo de fusión por el tipo de canje ni se reconocía la vía resarcitoria ante la inadecuación del tipo de canje como única posible, como sucede en el ordenamiento actual desde la entrada en vigor del RDLME. Como señalaron los citados autores, la única posibilidad a disposición de los socios bajo la LSA de 1989, ante la fijación de un tipo de canje injustificado, era la impugnación del acuerdo de fusión o la impugnación conjunta del acuerdo de aprobación de la operación y el del balance de fusión, cuando la relación de canje hubiese sido determinada de acuerdo con el balance. Por su parte, FERNÁNDEZ DEL POZO, L., *El derecho contable...*, 2010, ob. cit., pp. 124-126, señaló que, cuando se reconocía el derecho de separación con motivo de la fusión y se establecía que la cuota de liquidación debía ser calculada sobre la base del balance de fusión, resultaba claro que la impugnación del balance tenía por objeto la revisión de la cuota de liquidación. No obstante, como puso de relieve el referido autor, conforme al art. 38 LME, no se podía saber con seguridad ni el presupuesto de la norma (la pretensión perseguida con la impugnación del balance) ni la consecuencia jurídica de la impugnación del balance, es decir, el alcance de la declaración de nulidad de este.

necesaria la comparación de ambos regímenes para la adecuada comprensión de lo dispuesto en el art. 45 RDLME.

La singularidad, aludida en apartados anteriores, de que el legislador prevea la impugnación del balance que sirve de base a una operación societaria no es exclusiva de la fusión. En la liquidación, igualmente se contempla que el balance final pueda ser impugnado (art. 390.2 LSC), junto con los documentos que lo complementan (el informe sobre las operaciones de liquidación y el proyecto de división del activo resultante). Al referido balance, se le atribuye como función principal el reflejar el estado patrimonial de la sociedad, tras la conclusión de las operaciones de liquidación, y determinar el patrimonio repartible entre los socios en forma de cuota de liquidación[482]. Por lo tanto, su impugnación permite que el socio que se sienta agraviado en su derecho a participar en el reparto del haber social, y que no hubiese votado a favor del acuerdo, sea tutelado judicialmente en su derecho[483], sin perjuicio de que cabe impugnarlo por cualquiera de las causas aplicables con carácter general a los acuerdos sociales[484].

482 En este sentido, v. BELTRÁN, E., "Artículo 390. Balance final de liquidación", en ROJO, A. y BELTRÁN, E. (dirs.), *Comentario de la Ley de Sociedades de Capital*, Thomson Reuters, Cizur Menor (Navarra), 2011, p. 2675; MARTÍNEZ FLÓREZ, A., "Artículo 390. Balance final de liquidación" en GARCÍA-CRUCES, J.A. y SANCHO GARGALLO, I., *Comentario de la Ley de Sociedades de capital*, T. V, Tirant lo Blanch, Valencia, 2021, p. 5327; y VALPUESTA GASTAMINZA, E. *Comentarios a la Ley de sociedades de capital*, 4.ªed., Wolters Kluwer, Madrid, 2022, p. 973.

483 BELTRÁN, E., "Artículo 390. Balance...", ob. cit., p. 2678.

484 En el art. 275.2 LSA de 1989, antecedente legal del vigente art. 390.2 LSC, se requería como presupuesto para el ejercicio de la acción de impugnación que el socio se sintiera "*agraviado*", lo que hizo plantear a la doctrina que no cabía impugnar el balance final de liquidación por defectos formales en la adopción del acuerdo, v. URÍA, R., MENÉNDEZ, A. y BELTRAN, E., "Disolución y liquidación de la sociedad anónima", en URÍA, R., MENÉNDEZ, A. y OLIVENCIA, M., *Comentario al régimen legal de las sociedades mercantiles*, Civitas, Madrid, 1992, p.183. No obstante, conforme a la redacción actual del art. 390.2 LSC,

La finalidad perseguida por el legislador al regular la impugnación del balance de fusión en el art. 45 RDLM es similar a la de la impugnación del balance final de liquidación. En ambos casos, la impugnación del balance es contemplada como un mecanismo de tutela de los derechos de los socios. Con la diferencia de que, en la liquidación, se protege el derecho del socio a participar en el reparto del haber social y, en la fusión, el derecho a la continuidad en la participación (art. 35 RDLME), mediante el establecimiento de un tipo de canje adecuado, o, en su caso, el derecho a la obtención de una compensación en efectivo (art. 12 RDLME).

En apoyo de la idea anterior, llama la atención el hecho de que ni en el art. 45 RDLME ni en sus antecesores (arts. 239.3 LSA de 1989 y 38 LME) se haga referencia a la impugnación del acuerdo de aprobación del balance de fusión, sino al balance en sí mismo. Si se compara con su homólogo en la liquidación, pese a que en la actualidad el art. 390.2 LSC sí establece que el objeto de impugnación es el "*acuerdo aprobatorio*", bajo la LSA de 1989, en los preceptos relativos a la impugnación del balance de fusión (art. 239.3 LSA de 1989) y a la del balance final de liquidación (art. 272.2 LSA de 1989), se hablaba de impugnación del balance. En relación con el balance final de liquidación, estando en vigor la LSA de 1989, la doctrina puso de relieve esta cuestión, lo que se interpretó como indicativo de que el objeto de la impugnación no era el acuerdo social, sino "*el propio balance, que incluye el proyecto de división*"[485]. Es decir, lo que se impugnaba era el contenido

no se considera que las causas de impugnación del acuerdo de aprobación del balance, y de los demás documentos que lo acompañan, queden limitadas al perjuicio del socio en su derecho a la cuota de liquidación, v. BELTRÁN, E., "Artículo 390. Balance...", ob. cit., p. 2679; MARTÍNEZ FLÓREZ, A., "Artículo 390. Balance...", ob. cit., pp. 5347-5349; y VALPUESTA GASTAMINZA, E., *Comentarios a la Ley...*, 2022, ob. cit., p. 975.

485 URÍA, R., MENÉNDEZ, A. y BELTRAN, E., "Disolución y liquidación...", ob. cit., p. 183.

del balance, la situación patrimonial reflejada en él, de la que se obtenía la división del haber social propuesta. Así pues, impugnar el balance final de liquidación significaba impugnar la división del haber social resultante, que se derivaba del balance.

En el art. 239.3 LSA de 1989, y en los preceptos que han mantenido la misma redacción hasta el vigente art. 45 RDLME (previamente el art. 38 LME), la lógica utilizada por el legislador al referirse a la impugnación del balance de fusión fue análoga a la empleada en relación con la del balance de liquidación en el art. 272.2 de la misma Ley. El objeto de impugnación no era, ni es, el acuerdo de aprobación, sino el balance de fusión en sí mismo, del que se deriva el valor atribuido a los patrimonios de las sociedades participantes y, por ello, el tipo de canje y, en su caso, la compensación en efectivo. Así pues, donde en el art. 45 RDLME pone *balance de fusión*, puede leerse *relación de canje*[486] y, en caso de reconocerse, *compensación en efectivo*.

El segundo párrafo del derogado art. 38 LME, antecedente legal inmediato del art. 45 RDLME, contenía una previsión que, leída junto con el primer párrafo del mismo artículo, reforzaba la interpretación que sostenemos de la impugnación del balance de fusión. El primer párrafo del art. 38 LME, que ha sido trasladado con idéntica redacción a la que tenía en la norma derogada al art. 45 RDLME, establecía la posibilidad de impugnar el balance de fusión sin efectos suspensivos sobre la ejecución de la operación de modificación estructural, mientras que el segundo

486 Con respecto al art. 38 LME, FERNÁNDEZ DEL POZO, L., *El derecho contable...*, 2010, ob. cit., pp. 129-130, consideró que el legislador, en lugar de impugnación del balance de fusión, lo que quería decir era "*impugnación de la relación de canje insuficientemente soportada por el balance de fusión*". La razón de que en el precepto únicamente se refiriera al balance, según el citado autor, podía explicarse por el hecho de que la función esencial del balance de fusión era ilustrar sobre la relación de canje.

párrafo, excluido del texto vigente, regulaba un procedimiento extrajudicial[487] de revisión del tipo de canje[488]. Probablemente la eliminación de ese párrafo responda a los defectos que presentaba, señalados por la doctrina en su momento, y que han sido solventados con el RDLME, aunque estableciendo un sistema diferente[489]. No obstante, el hecho de que el lugar elegido para

487 Sobre los motivos que fundamentaron la inclusión del segundo párrafo del art. 38 de la derogada LME, fundamentalmente establecer una alternativa a la impugnación judicial de la fusión, v. RECAMÁN GRAÑA, E., "La responsabilidad de los administradores en relación con la determinación del tipo de canje en la fusión", *Revista de Derecho de Sociedades*, n.º 39, 2012, pp. 120-124.

488 Art. 38 LME: "*La impugnación del balance de fusión no podrá suspender por sí sola la ejecución de la fusión.*
A solicitud del socio que se considere perjudicado por la relación de canje establecida, podrá someterse al Registrador mercantil del domicilio social la designación de experto independiente que fije la cuantía de la indemnización compensatoria, siempre que así se hubiera previsto en los estatutos o decidido expresamente por las juntas que acuerden la fusión o escisión de sociedades. La solicitud al Registrador mercantil se efectuará en el plazo de un mes a contar desde la fecha de la publicación del acuerdo de fusión o escisión en el «Boletín Oficial del Registro Mercantil» y se sustanciará por las reglas establecidas en el Reglamento del Registro Mercantil".

489 Los defectos del procedimiento de revisión del tipo de canje por experto independiente del art. 38 LME fueron tan importantes que no tuvo aplicación práctica. De hecho, ya se llegó a omitir en la Propuesta y en el Anteproyecto de Código Mercantil, sin que parte de la doctrina lo considerase como algo que hubiera que lamentar, fundamentalmente por su difícil encaje en un sistema en el que no se determinaba expresamente si la previsión de este mecanismo excluía la posibilidad de impugnar el acuerdo de fusión por el tipo de canje. En este sentido v. CORTÉS DOMÍNGUEZ, L. J., "Las modificaciones estructurales ante la Propuesta de Código mercantil", *El Notario del siglo XXI*, n.º 54, 2014. Disponible en [https://www.elnotario.es/]; y CORTÉS DOMÍNGUEZ, L. J. y PÉREZ TROYA, A., "Las modificaciones estructurales en el Anteproyecto de Ley del Código Mercantil", en MORILLAS, M.ª J., PERALES VISCASILLAS, P. y PORFIRIO CARPIO, L. (dirs.), *Estudios sobre el futuro Código Mercantil: Libro homenaje al profesor Rafael Illescas Ortiz*, Universidad Carlos III de Madrid, 2015, pp. 642-643. Igualmente, DÍAZ MARTÍNEZ, S., *Remedios contra la...*, ob. cit., pp. 595-598, señaló como uno de los defectos del citado precepto el hecho de que la LME no prohibía iniciar el procedimiento de revi-

establecer un procedimiento alternativo al judicial, para resolver las disputas respecto al tipo de canje, fuese en el mismo artículo en el que se regulaba la impugnación del balance de fusión era bastante esclarecedor de la finalidad atribuida por el legislador a la impugnación del mencionado documento.

Algunos autores señalaron que la interpretación conjunta de ambos párrafos del art. 38 LME parecía indicar que la impugnación del balance de fusión era un requisito necesario para acceder a la vía de revisión extrajudicial del segundo párrafo. Sin embargo, acertadamente, se apuntó que tal interpretación no era razonable, pues obligaría a iniciar un procedimiento judicial, en el que el juez tendría que determinar si el balance de fusión había dado lugar a la fijación de un tipo de canje lesivo, como presupuesto para acceder a una vía extrajudicial de revisión de la relación de canje[490].

---

sión del tipo de canje por experto independiente y que, durante su tramitación o incluso después de haber resuelto el experto, otro socio recurriera a la vía judicial impugnando la fusión y, en su caso, reclamando el resarcimiento del daño por el tipo de canje, conforme al art. 47 LME. Parcialmente en contra, CASTAÑER CODINA, J., *"La solución extrajudicial...",* ob. cit., pp. 133-139, sostuvo que, conforme al art. 38 LME, si las sociedades participantes permitían acudir a la vía de revisión del tipo de canje por experto independiente, quedaba excluida la posibilidad de impugnar la fusión o el balance de fusión con motivo del tipo de canje. Sin embargo, sí consideraba compatible el procedimiento del art. 38 LME con el ejercicio de acciones resarcitorias *ex* art. 47.1 LME para reclamar los daños derivados del tipo de canje. En el RDL-ME, por el contrario, se prohíbe impugnar el acuerdo de fusión por el solo motivo de la inadecuación de la compensación en efectivo por la enajenación de las acciones o participaciones, la relación de canje o el incumplimiento de los requisitos de información respecto a ambas (art. 11 RDLME). Como contrapartida, se reconoce el derecho a reclamar una indemnización por la compensación en efectivo (art. 12.4 RDLME) y por el tipo de canje (art. 49 RDLME). La competencia sobre dichas reclamaciones corresponde al juez de lo mercantil o, en caso de que así se prevea estatutariamente, un tribunal arbitral (arts. 12.4 y 49 RDLME).

490 En este sentido v. SÁNCHEZ-CALERO GUILARTE, J., "Informe de los Administradores...", ob. cit., pp. 524-525. Otros autores igualmente expresaron

A nuestro modo de ver, lo que denotaba la inclusión de una vía extrajudicial de revisión de la relación de canje en el mismo artículo que el relativo a la impugnación del balance de fusión era que se trataban de dos opciones a disposición de los socios para resolver las disputas relativas al tipo de canje. En el primer párrafo del art. 38 LME se regulaba la vía judicial, mediante la impugnación del balance de fusión, y en el segundo párrafo una vía alternativa a la judicial y voluntaria para las sociedades participantes, por la que un experto independiente nombrado por el registrador mercantil competente fijaría la indemnización correspondiente al socio perjudicado por la relación de canje[491].

El por qué en el art. 45 RDLME se hace referencia a la impugnación del balance y no a la del acuerdo de modificación estructural, adoptado de conformidad con el proyecto común de fusión, en el que debe figurar entre sus menciones el tipo de canje (art. 40.3.º RDLME) y la compensación en efectivo (art. 4.1.6.º RDLME), puede ser explicado igualmente a través de su comparación con el régimen del balance final de liquidación. En el art. 275.2 LSA de 1989, sobre la impugnación del balance final de liquidación, también se omitía cualquier referencia al proyecto o propuesta de división del haber social. Sin embargo, tal omisión no

sus dudas acerca de si la impugnación del balance de fusión era un requisito necesario, conforme al art. 38 LME, para acceder a la vía de revisión del tipo de canje por experto independiente del citado artículo, v. MARTÍ MOYA, V., *El procedimiento de...*, ob. cit., p. 286.

491 FERNÁNDEZ DEL POZO, L., *El derecho contable...*, 2010, ob. cit., p. 129, señaló que la colocación sistemática del precepto relativo a la impugnación del balance de fusión (en el art. 38 LME), conteniéndose la denegación de efectos suspensivos por la impugnación del balance de fusión y la vía extrajudicial de revisión del tipo de canje en el mismo artículo, indicaba que la voluntad del legislador era impedir que la impugnación de la fusión por la relación de canje (aunque se dijese "*impugnación del balance de fusión*") pudiese conllevar la nulidad de la operación de modificación estructural y establecer como única vía posible la indemnizatoria.

era vista como un impedimento para sostener que la impugnación del balance final de liquidación tenía como finalidad la tutela del socio perjudicado por la cuota de liquidación reconocida, pues el proyecto de división era considerado, y lo sigue siendo en el presente, un apéndice o suplemento del balance. En el sentido de que, el balance permite conocer el haber social repartible y la división establecida en el proyecto es consecuencia de la información contenida en el primero[492].

En el art. 45 RDLME, el legislador ha empleado un esquema similar al utilizado en la impugnación del balance final de liquidación. Se impugna el balance de fusión porque es el documento que refleja la situación patrimonial de las sociedades participantes, de la que se derivan el tipo de canje y, en su caso, la compensación en efectivo. Eso no significa que el método de valoración deba ser el del patrimonio neto y que la relación de canje y la compensación en efectivo se calculen por una simple regla aritmética a partir del contenido del balance, como ya se trató en su momento[493]. Lo que queremos decir es que, cuando el legislador regula la impugnación del balance de fusión, no lo hace pensando en el documento formal, sino en la base valorativa de la operación de modificación estructural. Es decir, el sentido de la impugnación es la discrepancia con el valor atribuido a los patrimonios de las sociedades participantes y, con ello, la relación de canje o, en su caso, la compensación en efectivo, fijadas a partir de dicha valoración.

492 En relación con la LSA de 1989 v. URÍA, R., MENÉNDEZ, A. y BELTRAN, E., "Disolución y liquidación...", ob. cit., p. 178. Con respecto a la legislación vigente, v. BELTRÁN, E., "Artículo 390. Balance...", ob. cit., p. 2677; MARTÍNEZ FLÓREZ, A., "Artículo 390. Balance...", ob. cit., p. 5333; y VALPUESTA GASTAMINZA, E., *Comentarios a la Ley...*, 2022, ob. cit., p. 974.

493 V. *supra* "Capítulo II.2".

Junto a las similitudes apuntadas entre la regulación de la impugnación del balance final de liquidación y la del de fusión, existen importantes diferencias, fundamentalmente en lo que respecta a las consecuencias del ejercicio de la acción de impugnación. Diferencias que se justifican en la distinta situación en la que se encuentran las sociedades en un caso y en otro. En la liquidación, el balance final se formula una vez "*concluidas las operaciones de liquidación*" (art. 390.1 LSC). Lo que incluye: las actuaciones conducentes a la conclusión de las operaciones pendientes y realización de las nuevas que sean necesarias para la liquidación de la sociedad (art. 384 LSC); cobro de los créditos y pago de las deudas sociales (art. 385.1 LSC); y la enajenación de los bienes sociales (art. 387 LSC). Por lo tanto, el contexto en el que se elabora el balance final de liquidación es el de una sociedad que ha concluido sus relaciones con terceros y a la que solo resta la división del activo resultante, si lo hubiera, entre sus socios[494], para proceder a su extinción.

La particular situación en la que se encuentra la sociedad en liquidación explica que el pago de la cuota de liquidación a los socios no tenga que realizarse hasta que transcurra el plazo de impugnación del balance final o, en caso de ser impugnado, sea

494 Tradicionalmente se considera que la elaboración del balance final de liquidación marca la línea divisoria entre la conclusión de las operaciones de liquidación en sentido estricto (las dirigidas a eliminar las relaciones jurídicas con terceros) y la liquidación en sentido amplio (el pago de la cuota de liquidación a los socios), v., con respecto a la LSA de 1989, URÍA, R., MENÉNDEZ, A. y BELTRAN, E., "Disolución y liquidación...", ob. cit., pp. 176-177 y, en relación con la legislación vigente, BELTRÁN, E., "Artículo 390. Balance...", ob. cit., p. 2675. No obstante, esta distinción no es tan clara en la práctica, pues los socios pueden cobrar la cuota de liquidación existiendo créditos no vencidos, siempre que se asegure previamente el pago (art. 395.1 LSC) y porque pueden realizarse pagos a cuenta de la cuota de liquidación con anterioridad a la aprobación del balance final de liquidación, según MARTÍNEZ FLÓREZ, A., "Artículo 390. Balance...", ob. cit., p. 5322.

firme la sentencia (art. 394.1 LSC). Motivo por el cual, la admisión de demanda de impugnación contra el balance final de liquidación es objeto de anotación preventiva en el Registro Mercantil (art. 390.2 LSC)[495]. Asimismo, la impugnación del referido balance y su anotación preventiva hacen que los liquidadores no puedan otorgar escritura pública de extinción y, por ello, procederse a la extinción registral de la sociedad, hasta que no se resuelva por sentencia firme [art. 395.1. a) LSC][496].

En el caso del balance de fusión, por el contrario, el legislador quiere evitar que su impugnación postergue la realización de la operación de modificación estructural, prohibiendo que esta pueda suspender la ejecución de la fusión (art. 45 RDLME). La distinta solución a la que se llega con respecto al balance final de liquidación se debe a que la paralización del procedimiento de fusión acarrea consecuencias más graves, pudiendo llegar a frustrar la propia operación. En esta, no se extinguen las relaciones con socios y terceros, sino que continúan en la sociedad resultante por el efecto de la sucesión universal y la integración de los socios de las sociedades absorbidas o incorporadas a una sociedad de nueva creación. Con el art. 45 RDLME, se pretende evitar que se produzca un perjuicio en los intereses de los socios que votaron a favor del acuerdo y de la propia sociedad con la suspensión de la ejecución de la modificación estructural, cuando el motivo de disputa gira únicamente en torno a la relación de canje o, en su caso, la compensación en efectivo.

495 Según VALPUESTA GASTAMINZA, E., *Comentarios a la Ley...*, 2022, ob. cit., p. 976, la anotación preventiva de la impugnación del balance final de liquidación tiene por finalidad hacer público que no puede tener lugar el reparto del activo resultante y que, en caso de hacerse y que la impugnación prosperara, los socios deberán devolver sus cuotas.

496 MARTÍNEZ FLÓREZ, A., "Artículo 390. Balance...", ob. cit., p. 5358.

En definitiva, la razón por la cual el legislador prevé la impugnación del balance de fusión es semejante a la que históricamente ha tenido la del balance final de liquidación, en el sentido de que en ambas el objeto de impugnación es la situación patrimonial de la sociedad reflejada en el balance, sobre la que se han establecido, respectivamente, la cuota de liquidación o la relación de canje y, en su caso, la compensación en efectivo. Así pues, se configuran como mecanismos de tutela de los socios frente al perjuicio que podría derivarse, para estos, de la fijación de una división del activo resultante, en la liquidación, o del tipo de canje y, en su caso, compensación en efectivo, en la fusión, inadecuadas. No obstante, se diferencian, por la distinta naturaleza de dichas operaciones societarias, en que, en la liquidación, la impugnación del balance final impide que la sociedad pueda concluir el proceso conducente a la extinción de la sociedad, mientras que, en la fusión, la impugnación no obstaculiza la continuación de la operación de modificación estructural hasta su inscripción.

2. RÉGIMEN VIGENTE DE LA IMPUGNACIÓN DEL BALANCE DE FUSIÓN

2.1. Aspectos previos

De la redacción del art. 45 RDLME no se obtienen con claridad ni el propósito ni los efectos de la impugnación del mencionado documento. Hemos adelantado que la pretensión perseguida con la impugnación del balance es la de revisión de las valoraciones de los patrimonios societarios sobre las que se han establecido las condiciones económicas de la fusión (tipo de canje y, en su caso, compensación en efectivo). No obstante, en lo que se refiere a las consecuencias que se puedan derivar del ejercicio de tal acción, la denegación de efectos suspensivos de la impugnación del balance sobre la ejecución de la fusión dificulta su comprensión. Si, al igual que en la impugnación del balance final de liquidación, tuviera efectos suspensivos e invalidantes, la solución ante una sentencia estimatoria sería la reformulación del balance, elaboración de un nuevo proyecto (con un tipo de canje adecuado) de acuerdo con los valores rectificados en el balance y la aprobación de ambos. Sin embargo, la anterior solución sería contradictoria con la prohibición de efectos suspensivos sobre la ejecución de la fusión, planteando importantes interrogantes. El uso de la expresión *"por sí sola"* unido a que solo se haga referencia a la suspensión de la ejecución del acuerdo, y no a la validez de la fusión en sí, dificultan la comprensión del alcance del art. 45 RDLME. En concreto, no queda patente si la eventual estimación de la impugnación del balance de fusión puede afectar a la validez de la modificación estructural ni si la verdadera naturaleza de la acción es impugnatoria o meramente resarcitoria.

2.2. Efectos sobre el acuerdo de fusión y la fusión inscrita

Realmente, lo único que establece con claridad el art. 45 RDLME es que la fusión puede proseguir, inscribirse y desplegar sus efectos propios mientras se tramita el procedimiento judicial sobre la impugnación del balance de fusión[497]. Según el tenor literal del precepto, eso significa que el juez que resuelva la impugnación del balance de fusión no podrá adoptar como medida cautelar la suspensión de la ejecución de la modificación estructural, si solo se pretende la nulidad del acuerdo aprobatorio del balance[498]. Ahora bien, el citado artículo no permite descartar, al

497 En este sentido, con respecto al art. 38 LME, v. DÍAZ MARTÍNEZ, S., *Remedios contra la...*, ob. cit., p. 329; y en relación con el antecesor del art. 38 LME, el 239 LSA de 1989, v. PÉREZ TROYA, A., *La determinación del...*, ob. cit., p. 133.

498 Parte de la doctrina, bajo la LME, sí lo consideró posible. Al respecto, se alegó que la expresión *"por sí sola"* del art. 38 LME significaba que, por sí misma, la impugnación del balance no acarrearía la suspensión de la fusión, pero que eso no impediría dictar la suspensión cautelar DÍAZ MARTÍNEZ, S., *Remedios*

menos no se dice de forma expresa, que la sentencia por la cual se resuelva declarar nulo el balance de fusión pueda afectar a la validez de la fusión[499].

En el supuesto (bastante improbable) de que la impugnación del balance de fusión fuese resuelta antes de la inscripción de la operación de modificación estructural, cabría preguntarse si podría otorgarse escritura de fusión y admitir la inscripción, ignorando el requisito de incorporación del balance de fusión a la escritura (art. 50.1 RDLME). En principio, parece difícil inscribir la operación en tales términos[500]. No obstante, en caso de no admitirse la inscripción con un balance declarado nulo, aun no habiendo una suspensión formal, *de facto* se estaría produciendo precisamente lo que pretende evitar el art. 45 RDLME, pues para subsanar el defecto debería reformularse el balance y someterlo a votación por la junta general, dando cumplimiento a todos los requisitos informativos, paralizando la ejecución de la fusión mientras tanto. Siempre y cuando el defecto apreciado en el balance de fusión no afectara significativamente a la valoración del patrimonio sobre la que fue calculado el tipo de canje, en cuyo caso podría requerirse reiniciar por completo el proceso de fusión desde la redacción de un nuevo proyecto[501].

---

contra la..., ob. cit., p. 329. Por el contrario, consideramos que la expresión *"por sí sola"* indica que, para que pueda suspenderse la ejecución de la operación, se precisa impugnar también el acuerdo de fusión, no bastando la *sola* impugnación del balance, v. CORTÉS DOMÍNGUEZ, L. J. y PÉREZ TROYA, A., *Fusión de sociedades*, ob. cit., p. 277.

499 Como señalaron CORTÉS DOMÍNGUEZ, L. J. y PÉREZ TROYA, A., *Fusión de sociedades*, ob. cit., p. 279, estando vigente la LSA de 1989.

500 V. PÉREZ TROYA, A., *La determinación del...*, ob. cit., p. 133, nota 114.

501 La rectificación de un elemento sustancial del contrato de fusión, como es el tipo de canje, no podría ser llevada a cabo unilateralmente, sino que requeriría la aprobación de todas las sociedades participantes. Esto obligaría a reiniciar el proceso, dado que el procedimiento de fusión cumple la función de preparar y conformar la voluntad de las sociedades participantes respecto

Lo esperable es que, no suspendiendo la ejecución de la fusión, la sentencia que resuelva la impugnación del balance sea dictada con posterioridad a la inscripción. En ese supuesto, la estimación de la impugnación del balance no podría afectar a la validez de la fusión, pues el art. 16.2 RDLME[502] prohíbe la declaración de nulidad de una modificación estructural tras su inscripción.

Ante las dudas que se plantean, conforme a una interpretación literal del contenido del art. 45 RDLME, por la que la resolución de la impugnación del balance de fusión antes o después de la inscripción podría conducir a soluciones distintas[503], consideramos que debe darse una solución homogénea, entendiendo que la voluntad del legislador al denegar efectos suspensivos a la impugnación del balance es en realidad negarle efectos sobre la validez de la modificación estructural y no únicamente impedir la suspensión de la ejecución de la operación. De lo contrario, las consecuencias de la impugnación del balance dependerían de la mayor rapidez en la resolución del procedimiento de impugnación frente a la agilidad en el desarrollo de los trámites conducentes a la inscripción, en una suerte de *carrera procesal* sin fundamento.

a la fusión, v. CORTÉS DOMÍNGUEZ, L. J. y PÉREZ TROYA, A., *Fusión de sociedades*, ob. cit., p. 424.

502 Art. 16.2 RDLME: "*No podrá declararse la nulidad de una modificación estructural una vez inscrita*".

503 Con respecto a la LME, DÍAZ MARTÍNEZ, S., *Remedios contra la...*, ob. cit., p. 329, defendió que el efecto de la declaración de nulidad del balance de fusión sobre la propia fusión dependía de si esta había sido inscrita o no. Cuando la sentencia declaratoria de la nulidad del balance era dictada antes de la inscripción de la fusión, se consideraba que la operación no sería inscribible y si era dictada cuando la fusión ya había devenido eficaz, dicha sentencia no podía afectar a la validez de la fusión. Interpretación que consideran también aplicable conforme a la regulación vigente, DÍAZ MARTÍNEZ, S. y SCAIANSCHI MÁRQUEZ, H., "Eficacia y validez de las modificaciones estructurales" en ROJO, A., CAMPUZANO LAGUILLO, A. B., CORTÉS DOMÍNGUEZ, L. J. y PÉREZ TROYA, A. (coords), *Las Modificaciones Estructurales de las Sociedades Mercantiles*, 2ª ed., Aranzadi, Madrid, 2024, p. 531.

En otras palabras, lo que pretende la denegación de efectos suspensivos a la impugnación del balance de fusión, aunque la literalidad del art. 45 RDLME pueda indicar lo contrario, es impedir que la impugnación del balance pueda afectar a la validez de la fusión[504]. Esta medida legislativa responde a la, ya comentada, asociación que realiza el legislador entre balance de fusión, en el que se refleja la situación patrimonial de las sociedades participantes, y relación de canje o, en caso de reconocerse, compensación en efectivo de los socios que ejerzan su derecho de enajenación de las acciones o participaciones. La *ratio legis* es evitar que la discusión sobre el valor de los patrimonios de los que derivan el tipo de canje y la compensación en efectivo puedan frustrar la operación. Su finalidad es, por tanto, restringir la vía impugnatoria manteniendo la resarcitoria como única posible.

En lo que respecta a la expresión "*por sí sola*", y en consonancia con el planteamiento anterior, con ella se deja abierta la posibilidad de impugnar el balance para invalidar la fusión cuando el motivo es distinto al de la inadecuación del tipo de canje o, en su caso, de la compensación en efectivo. Es decir, consideramos que el "*por sí sola*" es una manifestación más de que en la Ley existe una vinculación entre impugnación del balance y del tipo de canje o compensación en efectivo. Pretende evitar que la discusión sobre tales aspectos pueda dilatar o impedir la culminación de la fusión, cuando sea el único motivo de impugnación, pero salvando

504 Ya durante la vigencia de la LME se sostuvo esta interpretación por FERNANDEZ DEL POZO, L., *El derecho contable...*, 2007, ob. cit., p. 82; y FERNÁNDEZ DEL POZO, L., *El derecho contable...*, 2010, ob. cit., pp. 124 y 126-127. El citado autor defendió que, aunque el tenor literal de la norma (art. 38 LME) apuntaba a que solo se impedía la suspensión de la inscripción como medida cautelar, la voluntad del legislador era evitar que la impugnación del balance pudiera ocasionar la nulidad del acuerdo de fusión. En consecuencia, lo que se negaba, según esta interpretación, no era solo la suspensión de la ejecución, sino cualquier efecto invalidante sobre el acuerdo de fusión.

la posibilidad de que la impugnación del balance pueda servir de base a la de la fusión por otro tipo de defecto, este sí invalidante. Esta interpretación del art. 45 RDLME es, además, coherente con el art. 11 RDLME, por el que se excluyen, como motivos de impugnación del acuerdo de modificación estructural, la compensación en efectivo, la relación de canje y la información facilitada respecto a ambas. Incluso el legislador utiliza la misma expresión en el art. 11 RDLME que en el art. 45 RDLME (y en sus antecedentes legales), *"No constituirán por sí solos..."*.

Hasta la derogación de la LME por el RDLME, ese motivo distinto de la inadecuación de la relación de canje podía ser que el defecto en el balance o en su proceso de aprobación pusiese de manifiesto una vulneración del derecho de información documental[505]. El balance de fusión, tanto bajo la LME como en la regulación actual, se configura como un elemento fundamental en el sistema de información previsto en este tipo de modificaciones estructurales y, por ello, necesario para la válida adopción y ejecución de la operación. Es más, la limitación de las causas de impugnación de los acuerdos sociales por la vulneración del derecho de información ejercitado antes de la junta (art. 204.3.b LSC) o durante esta (art. 197.5 LSC), no afectaba al derecho de información documental en general[506], ni en particular en la fu-

505 Entre los autores que sostuvieron, estando en vigor la LME, que si la infracción de la normativa aplicable al balance de fusión afectaba al derecho de información y, por tanto, a la correcta formación de la voluntad societaria o la tutela de los derechos de los destinatarios de esa información, era una causa que podía dar lugar a la nulidad de la fusión v. FERNÁNDEZ DEL POZO, L., *El derecho contable...*, 2010, ob. cit., pp. 125-126; y respecto a la escisión v. CERDÁ ALBERO, F., *Escisión de la...*, ob. cit., p. 408.

506 V. MARTÍNEZ MARTÍNEZ, M., "El nuevo régimen de impugnación de los acuerdos de las Juntas Generales en las Sociedades de Capital: las causas de invalidez y los motivos de inimpugnabilidad", *Revista de Derecho Bancario y Bursátil*, n.º 137, 2015.

sión[507]. Así pues, aunque su impugnación *"por sí sola"* no pudiese suspender la ejecución de la modificación estructural, conforme a la Ley derogada, podía servir para impugnar la fusión[508].

Sin embargo, a nuestro modo de ver, la restricción en el art. 11 RDLME de las causas de impugnación del acuerdo de fusión ha hecho que ya no sea posible utilizar la impugnación del balance para invalidar la operación, dejando de tener utilidad el matiz *"por sí sola"*. El citado artículo establece que la inadecuación de la compensación en efectivo ofrecida, la de la relación de canje fijada o la información facilitada sobre ambos *"No constituirán por sí solos, individual o conjuntamente, motivos de impugnación del acuerdo de modificación estructural"* (art. 11

507 Como advierte IGLESIAS-RODRÍGUEZ, P., "El derecho de...", ob. cit., 1.ª ed., pp. 305-306, la reforma operada sobre los supuestos de infracción del derecho de información que pueden motivar la impugnación de acuerdos sociales solo afecta a los derechos contemplados en la LSC (el derecho a solicitar información antes de la celebración de la junta y durante la junta *ex* arts. 196 y 197 LSC), pero no a los derechos de información previstos específicamente en la regulación de los distintos tipos de modificaciones estructurales.

508 V. al respecto la SAP de Barcelona (Sección 15.ª) 161/2008 de 5 de mayo (TOL1.373.798). En primera instancia el Juzgado de lo Mercantil n.º1 de Barcelona declaró la nulidad de la fusión, ya inscrita, por haberse aprobado un balance *ad hoc* cerrado en una fecha que superaba el margen de los tres meses marcados por la Ley. Aunque la Audiencia Provincial de Barcelona revocara dicha resolución, no lo hizo por considerar que el incumplimiento de las normas que rigen la elaboración del balance de fusión no fuese causa suficiente para impugnar la fusión inscrita. El incumplimiento en este caso fue originado porque una vez formulado correctamente el balance, respetando el plazo de cierre con respecto al proyecto, se introdujeron modificaciones en el proyecto original. Eso llevó al juez de lo mercantil a considerar que la fecha que debía tomarse como referencia era la de modificación del proyecto, que superaba el margen de tres meses con respecto al cierre del balance, en lugar de la del proyecto original. La Audiencia Provincial resolvió que la fecha que debía ser tomada en consideración era la de la primera redacción del proyecto y, en consecuencia, revocó la sentencia que declaró la nulidad de la fusión, pero no cuestionó que el defecto del balance pudiese provocar la nulidad de la fusión inscrita.

RDLME). Resulta difícil imaginar un motivo de impugnación de la fusión, distinto de los anteriores, que pudiera poner de manifiesto la impugnación del balance. Como corolario, además de la restricción de las causas de impugnación del acuerdo de fusión, el posible efecto invalidante de la impugnación del balance se ve limitado por el hecho de que la modificación estructural, una vez inscrita, no puede ser declarada nula (art. 16.2 RDLME). De manera que, la impugnación del balance no solo no puede suspender la ejecución de la operación, como ya se preveía bajo la LME, sino que, conforme a la regulación vigente, a efectos prácticos se imposibilita que pueda motivar la impugnación del acuerdo de fusión y, en caso de ser admitida la impugnación del balance por resolución judicial, no podrá conllevar la nulidad de la modificación estructural inscrita.

En definitiva, el art. 45 RDLME no debe leerse según su tenor literal, desde una perspectiva procesalista, como una mera prohibición de efectos suspensivos sobre la inscripción de la operación, sino como una prohibición absoluta de eficacia paralizante e invalidante sobre la fusión, según su sentido teleológico.

2.3. Naturaleza resarcitoria de la acción de impugnación del balance de fusión

Aceptando, como se ha argumentado, que la impugnación del balance no puede suspender la inscripción ni invalidar el acuerdo de fusión o la fusión inscrita, la naturaleza del mecanismo establecido en el art. 45 RDLME no puede ser impugnatoria, sino resarcitoria. Ahora bien, no resulta sencillo encontrar referentes comparables en nuestro ordenamiento que permitan entender el procedimiento de tutela de los derechos de los socios contenido en el citado artículo. La regulación de la impugnación del balance de fusión da la errónea apariencia de que el sistema establecido es una impugnación de un acuerdo social al uso, el de aprobación del balance, lo que nos llevaría a dos posibles interpretaciones, ambas insatisfactorias.

En primer lugar, cabría pensar que la impugnación del balance, si fuese estimada por resolución judicial, implicaría la necesidad de que la sociedad cuyo balance hubiera sido impugnado reformulara y aprobara un nuevo balance de fusión sobre el que se calcularían el tipo de canje o, en su caso, la compensación por el ejercicio del derecho de *salida* de los socios. Solución que se asemejaría a la prevista en la impugnación del balance final de liquidación. El motivo por el que entendemos que debe ser descartada esta interpretación es que no parece lógico exigir subsanar este defecto, dada la denegación de efectos suspensivos sobre la ejecución de la fusión, la reciente exclusión de la información sobre el tipo de canje y la compensación en efectivo de las causas de impugnación del acuerdo de modificación estructural y la, también novedosa, imposibilidad de que la fusión inscrita sea declarada nula. Cualquier defecto en el balance quedaría convalidado automáticamente con la inscripción[509], por lo que, además de no afectar a la validez de la modificación estructural, impide exigir a posteriori una reformulación del balance y alteración de las bases de la operación.

Como segunda opción, podría apreciarse una cierta similitud entre la impugnación no invalidante del balance de fusión y los supuestos en los que la LSC restringe la impugnación de acuerdos sociales, manteniendo la posibilidad de exigir el resarcimiento por

509 En este sentido, aunque con respecto a la LME, v. FERNÁNDEZ DEL POZO, L., *El derecho contable...*, 2010, ob. cit., p. 127. En contra, aunque en relación con la eficacia convalidante de la inscripción de la fusión y no específicamente en referencia al balance v. DÍAZ MARTÍNEZ, S., *Remedios contra la...*, ob. cit., pp. 451-452, quien considera que la inscripción de la fusión tiene un efecto *subsanador* y no *convalidante*, pues los defectos persisten, con la diferencia de que la modificación estructural deviene inatacable.

los daños derivados del acuerdo. Nos referimos a los supuestos de vulneración del derecho de información durante la junta general (art. 197.5 LSC), eliminación de los efectos y reparación del daño derivado de un acuerdo dejado sin efecto o sustituido (art. 204.2 LSC) y el derecho a exigir el resarcimiento cuando el socio carece de legitimación por el requisito de titularidad mínima del capital social (art. 206.1 LSC). Sin embargo, la comparación tampoco es del todo adecuada en este caso, si se atiende al sentido literal del precepto. Por un lado, el art. 45 RDLME no prohíbe ni restringe la impugnación del balance, en realidad la reconoce, lo que limita son sus efectos sobre la ejecución de la operación, es decir, la inscripción de otro acuerdo formalmente distinto, aunque evidentemente conectado, el de fusión. Por otro lado, el daño no se derivaría directamente del acuerdo de aprobación del balance, sino del acuerdo de fusión que toma como base las valoraciones contenidas en el balance de fusión.

La interpretación que vemos más acorde con la finalidad perseguida por el legislador es que lo establecido por el art. 45 RDLME, y sus antecesores legales, no es el reconocimiento de una acción impugnatoria frente al acuerdo aprobatorio del balance de fusión. Contrariamente al sentido literal del citado precepto, lo que reconoce es la posibilidad de instar la revisión judicial de la valoración de los patrimonios de las sociedades participantes sobre la que se han establecido el tipo de canje o, en su caso, la compensación por la enajenación de acciones o participaciones. Se trata de una acción resarcitoria, sin efectos suspensivos ni invalidantes sobre la operación, por el daño derivado de la inadecuada fijación del tipo de canje o de la compensación por el ejercicio del *derecho de salida* del socio. El objeto de esta acción, por lo tanto, es el de obtener una compensación por el tipo de canje o, en su caso, una compensación complementaria para los socios que hayan ejercitado el derecho a enajenar sus acciones o participaciones.

En apoyo de las consideraciones anteriores, el 45 no es el único artículo del RDLME en el que el legislador utiliza el término impugnación al regular una acción resarcitoria, sin ir acompañada de la anulación de un acuerdo social. En el art. 49 RDLME igualmente se reconoce la impugnabilidad de la *ecuación de canje*, en lugar de la del acuerdo de fusión por el cual esta es aprobada (como parte del contenido del proyecto), al mismo tiempo que en el art. 11.2.º RDLME se excluye la fijación inadecuada del tipo de canje de los motivos de impugnación del acuerdo de fusión. Asimismo, al igual que en la impugnación del balance de fusión, con respecto a la de la ecuación de canje, se establece que esta "*no paralizará la fusión ni impedirá su inscripción*" (art. 49.3 RDLME)[510].

Los preceptos citados se corresponden respectivamente con los arts. 126.4 y 126 bis de la Directiva (UE) 2017/1132, tras su reforma por la Directiva (UE) 2019/2121. Ambos se refieren a las fusiones transfronterizas, pero el legislador español ha extendido su contenido a las fusiones nacionales además de a las transfronterizas. En el art. 126.4 de la citada Directiva se prohíbe la impugnación del acuerdo de fusión fundada únicamente en la inadecuación del tipo de canje. Por su parte, en el art. 126 bis.6, se reconoce el derecho de los socios, que no tengan o no hayan ejercido el derecho de enajenación y consideren que la relación de canje es inadecuada, a "*impugnar tal relación y reclamar un pago en efectivo*", sin que el procedimiento pueda ser un obstáculo al registro de la operación[511].

510 Sobre la regulación de la impugnación de la ecuación de canje en el RDLME v. PÉREZ TROYA, A., "La protección de..." ob. cit., 2024, pp. 176-179.

511 Párrafo primero del art. 126 bis 6 Directiva (UE) 2017/1132 tras su reforma por la Directiva (UE) 2019/2121: "*Los Estados miembros velarán por que los socios de las sociedades que se fusionen que no tenían o no ejercieron el derecho a enajenar sus acciones o participaciones, pero consideren que la relación de canje de las acciones o participaciones fijada en el proyecto común de fusión transfronteriza es inadecuada, puedan impugnar tal relación y reclamar un*

En los preceptos mencionados, tanto en el RDLME como en la Directiva (UE) 2017/1132, no se comprende por qué cuando el socio considere inadecuado el tipo de canje debe "*impugnar*" (la ecuación de canje, pero no el acuerdo) y "*reclamar*", mientras que en el supuesto de inadecuación de la compensación por el ejercicio del derecho de *salida* solo se dice "*reclamar*" una compensación complementaria [art. 12.4 RDLME y art. 126 bis 4. Directiva (UE) 2017/1132[512]]. Pese a la confusión que pueda generar la terminología empleada, entendemos que el procedimiento previsto para la tutela del derecho de los socios perjudicados por el tipo de canje no es impugnatorio, sino el reconocimiento de un derecho de reclamación de una compensación por el daño, de naturaleza meramente resarcitoria. Lo anterior se puede apreciar en que en el párrafo segundo del art. 126 bis 6 Directiva (UE) 2017/1132[513] se da la facultad a los Estados miembros de decidir

pago en efectivo. El procedimiento a ese respecto se iniciará ante la autoridad competente o el organismo habilitado en virtud del Derecho del Estado miembro al que esté sujeta la sociedad correspondiente que se fusiona, dentro del plazo establecido por ese Derecho nacional, y ese procedimiento no será obstáculo al registro de la fusión transfronteriza. La decisión será vinculante para la sociedad resultante de la fusión transfronteriza".

512 Art. 126 bis 4 Directiva (UE) 2017/1132 tras su reforma por la Directiva (UE) 2019/2121: "*Los Estados miembros velarán por que todo socio que haya declarado su decisión de ejercer el derecho a enajenar sus acciones o participaciones, pero considere que la compensación en efectivo ofrecida por la sociedad que se fusiona no se ha fijado adecuadamente, tenga derecho a reclamar una compensación en efectivo complementaria ante la autoridad competente o el organismo habilitado en virtud del Derecho nacional. Los Estados miembros establecerán un plazo para la reclamación de la compensación en efectivo complementaria*".

513 Párrafo segundo del art. 126 bis 6 Directiva (UE) 2017/1132 tras su reforma por la Directiva (UE) 2019/2121: "*Los Estados miembros podrán disponer asimismo que la relación de canje de las acciones o participaciones establecida en dicha decisión sea válida respecto de cualesquiera socios de la sociedad que se fusiona afectados que no tenían o no ejercieron su derecho a enajenar sus acciones o participaciones*".

si se extienden o no los efectos de la resolución relativa a la reclamación por la ecuación de canje a todos los socios (en el caso de España se ha optado por no hacerlo). La no extensión de los efectos de la resolución a los demás socios no casa con un procedimiento impugnatorio, pero sí con una acción resarcitoria.

2.4. Confrontación con la impugnación de la ecuación de canje

Las similitudes indicadas entre el art. 45 RDLME, sobre la impugnación del balance de fusión, y el art. 49 RDLME, sobre la impugnación de la ecuación de canje, hacen necesario resolver cómo se relacionan ambos preceptos en la regulación vigente o si, no estando conectados, se produce una innecesaria reiteración en el mismo texto legal. Estas similitudes se encuentran en que la impugnación del balance de fusión cumple el mismo propósito que la de la ecuación de canje, la obtención de una compensación por la fijación de un tipo de canje inadecuado. Es igualmente llamativo como en ambos preceptos se emplea una terminología y estructura parecida: impugnación del balance o de la ecuación de canje, pero no del acuerdo de fusión, acompañada de la negación de efectos suspensivos sobre la ejecución de la operación[514].

Sin perjuicio de que mantenemos, como se ha argumentado a lo largo de este capítulo, la identidad de propósito entre las señaladas disposiciones, debe reconocerse que esa no ha sido la interpretación mayoritaria de la impugnación del balance de fusión ni ha tenido aplicación en la práctica, aun habiendo estado presente en la regulación española de la fusión desde la LSA de 1989 hasta la actualidad. Prueba de ello es que, aunque en muy pocas ocasio-

514 *Cfr.* art. 45 RDLME "*La impugnación del balance de fusión no podrá suspender por sí sola la ejecución de la fusión*" y art. 49.3 RDLME "*La impugnación de la relación de canje no paralizará la fusión ni impedirá su inscripción en el Registro Mercantil*".

nes llegó a declararse la nulidad de la fusión por el tipo de canje, los tribunales aceptaban, tanto bajo la LSA de 1989[515] como la LME[516], la infracción de los preceptos aplicables en la fijación del tipo de canje como causa de impugnación de la fusión.

El sentido que se le ha dado al precepto ha sido el correspondiente a una interpretación literal, es decir, como una mera limitación de los efectos de una eventual impugnación del acuerdo de aprobación del balance, que por ser objeto de aprobación por la junta puede ser impugnado como cualquier acuerdo social, sobre la ejecución de la fusión. Interpretación que ha acarreado la consideración de la impugnación autónoma del balance, no acompañada de la impugnación del acuerdo de fusión o de otras pretensiones, como algo carente de utilidad[517]. Por el contrario, la interpretación fundada en la *ratio legis* del art. 45 RDLME y en

515 Durante la vigencia de la LSA de 1989 v. SAP de Navarra (Sección 1.ª) de 27 de julio de 1994; SAP de Vizcaya (Sección 4.ª) 995/1999, de 4 de noviembre de 1999; SAP de Barcelona (Sección 15.ª) 283/2004, de 2 de junio de 2004 (TOL468.196); SAP de Las Palmas (Sección 3.ª) 389/2006, de 16 de octubre de 2006 (TOL1.027.199); STS (Sala de lo Civil, Sección 1.ª) 118/2007, de 15 de febrero de 2007 (TOL1.038.339); y SAP de Barcelona (Sección 15.ª) 161/2008, de 5 de mayo de 2008 (TOL1.373.798). Especial atención merece la Sentencia del Juzgado de lo Mercantil n.º 1 de Zaragoza, de 30 de enero de 2009 (TOL4.431.428). En esta última sentencia se admitió la demanda de impugnación de la fusión por el carácter injustificado del tipo de canje, debido a una sobrevaloración de los parámetros aplicados en el método de valoración (el de descuento de flujos de caja).

516 Bajo la LME v. SAP de Valencia (Sección 9.ª) 68/2014, de 27 de febrero de 2014 (TOL4.294.291). En cuyo FJ5 se afirma que: "*Cabría la impugnación de la fusión con referencia al tipo de canje —al que nos referiremos seguidamente— si se produce una infracción de los artículos 24 y 25 LME cuando ello implica la vulneración del principio de continuidad del «status quo» de los socios*".

517 En este sentido, recogiendo la interpretación que se dio a la impugnación del balance de fusión bajo la LME, v. MERCADAL VIDAL, F., "Los balances en las modificaciones estructurales", en ROJO, A., CAMPUZANO LAGUILLO, A. B., CORTÉS DOMÍNGUEZ, L. J. y PÉREZ TROYA, A. (coords), *Las Modificaciones Estructurales de las Sociedades Mercantiles*, 2ª ed., Aranzadi, Madrid, 2024, p. 284.

el análisis de sus antecedentes históricos, aunque a nuestro juicio sea la más acertada, no solo no ha sido la seguida en la práctica, sino que es poco probable que la situación vaya a cambiar con la vigente regulación de las modificaciones estructurales.

La primera de las razones que hacen pensar que no va a servir el art. 45 RDLME para el que originalmente (en la LSA de 1989) fue previsto, es que sigue adoleciendo de la necesaria claridad en su redacción y desarrollo normativo. Dar sentido a la impugnación del balance de fusión implica tener que asumir que donde el legislador dice balance hay que entender valoración sobre la que se han fijado el tipo de canje y, en su caso, la compensación por el ejercicio del derecho a enajenar las acciones o participaciones; y que lo que se presenta como una acción impugnatoria de uno de los documentos informativos de la modificación estructural es en realidad una acción de reclamación del daño derivado de otro acuerdo conectado, pero formalmente separado, como es el acuerdo de fusión.

Con todo, el motivo anterior no es el definitivo, ya que se ha visto que el art. 49 RDLME, aun siendo más claro en la pretensión perseguida, también requiere un esfuerzo interpretativo con respecto al uso de la expresión *impugnar la ecuación de canje*, cuando se trata de una vía resarcitoria no invalidante del acuerdo de fusión. La razón de peso para entender que la impugnación del balance va a continuar sin tener utilidad práctica es que en la actualidad se regulan, con una identificación más clara de la pretensión perseguida, el derecho a reclamar compensación en los dos supuestos previstos para la tutela de los derechos de los socios, por la inadecuada fijación del tipo de canje (art. 49 RDLME) y, en su caso, por el precio de enajenación de acciones o participaciones (art. 12.4 RDLME). Sin embargo, en ninguno de los dos casos el ejercicio del derecho está condicionado a la impugnación del balance de fusión ni se relacionan o complementan de forma alguna. En otras palabras, la impugnación del balance, por un lado, y, por el otro lado, la de la ecuación de canje y la reclamación de compensación complementaria simplemente coexisten en el mismo texto normativo en paralelo y cumpliendo un propósito idéntico. Probablemente por la dificultad que ha tenido entender la verdadera finalidad de la impugnación del balance de fusión y darle encaje en las sucesivas leyes en las que se ha ido arrastrando el mismo precepto sin la debida reflexión[518].

Teniendo en cuenta ese solapamiento normativo en lo que respecta a la tutela de los derechos de los socios, da la impresión de que el único motivo por el que la impugnación del balance de fusión se ha mantenido en la normativa vigente es que la derogación del art. 45 RDLME pudiera abrir la posibilidad de obstaculizar la modificación estructural impugnando el acuerdo de aprobación del balance por simple defectos formales. Sin embargo, entendemos que ese riesgo no existe, habida cuenta de que la fusión ya queda *blindada* frente a la impugnación del balance por la exclusión, de las causas de impugnación del acuerdo de fusión, de los defectos legales en la información referente a la ecuación de canje y derecho de enajenación (art. 11.3.º RDLME) y por la imposibilidad de declarar la nulidad de la fusión inscrita (art. 16.2 RDLME). Por todo ello, conforme a la regulación vigente, el art. 45 RDLME ha perdido utilidad, hasta el punto de que no parece que la derogación de este pudiera tener significación sobre la regulación de la fusión, más allá de que conforme a una adecuada técnica legislativa sería deseable depurar un precepto vacío de contenido.

---

518 Han sido varios los autores que han calificado la regulación de la impugnación del balance de fusión como un *arrastre irreflexivo*, proveniente de la Ley 83/1968. En relación con la LSA de 1989 v. VICENT CHULIÁ, F., *Compendio crítico de...*, 3.ª ed., ob. cit., p. 848; y con respecto a la LME, v. FERNÁNDEZ DEL POZO, L., *El derecho contable...*, 2010, ob. cit., p. 124. En contra, v. CORTÉS DOMÍNGUEZ, L. J. y PÉREZ TROYA, A., *Fusión de sociedades*, ob. cit., pp. 277-278.

BIBLIOGRAFÍA

ALONSO ESPINOSA, F. J., "Fusión y escisión de sociedades", *Anales de Derecho. Universidad de Murcia*, n.º 17, 1999, pp. 9-25.

ALONSO ESPINOSA, F. J. y LÁZARO SÁNCHEZ, E.J., "Especialidades del procedimiento de escisión" en RODRÍGUEZ ARTIGAS, F. *et al.* (dirs.), *Modificaciones Estructurales de las Sociedades Mercantiles*, t. II, Aranzadi, Cizur Menor (Navarra), 2009, pp. 209-339.

ÁLVAREZ ROYO-VILLANOVA, S., *La sucesión universal en las modificaciones estructurales*, Dykinson S.L., Madrid, 2017.

ÁLVAREZ RUBIO, J., "El informe de expertos independientes en las modificaciones estructurales" en ROJO, A., CAMPUZANO LAGUILLO, A. B., CORTÉS DOMÍNGUEZ, L. J. y PÉREZ TROYA, A. (coords.), *Las modificaciones estructurales de las sociedades mercantiles*, Thomson-Reuters Aranzadi, Cizur Menor (Navarra), 2015 pp. 161-223.

— "El informe de expertos independientes" en ROJO, A., CAMPUZANO LAGUILLO, A. B., CORTÉS DOMÍNGUEZ, L. J. y PÉREZ TROYA, A. (coords.), *Las modificaciones estructurales de las sociedades mercantiles*, 2ª ed., Aranzadi, Madrid, 2024, pp. 191-263.

APELLÁNIZ GÓMEZ, T. y APELLÁNIZ GÓMEZ, P., "Normativa contable en los procesos de fusión", *Partida Doble*, n.º 102, 1999, pp. 36-47.

— "Regulación contable de las fusiones. Nuevas tendencias internacionales", *Partida Doble*, n.º 115, 2000, pp. 54-65.

ARA, C. y RAMÍREZ, C., "De nuevo a vueltas con la fecha de la eficacia de la fusión entre terceros", *Revista de Derecho Mercantil*, n.º 285, 2012, pp. 231-272.

ÁVILA NAVARRO, P., *Modificaciones estructurales de las sociedades mercantiles. Ley 3/2009*, Bosch, Barcelona, 2009.

BELTRÁN, E., "Comentario del art. 381", en ROJO, A. y BELTRÁN, E., *Comentario de la ley de Sociedades de Capital*, t. II, Aranzadi, Cizur Menor (Navarra), 2011, pp. 2640-2644.

— "Artículo 390. Balance final de liquidación", en ROJO, A. y BELTRÁN, E. (dirs.), *Comentario de la Ley de Sociedades de Capital*, Thomson

Reuters, Cizur Menor (Navarra), 2011, pp. 2674-2680.

BERCOVITZ, A., "La fusión de sociedades", en ALONSO UREBA, A., CHICO ORTIZ, J. M., y LUCAS FERNÁNDEZ, F. (coords.), *La reforma del derecho español de sociedades de capital*, Colegio Nacional de Registradores de la Propiedad, Madrid, 1987, pp. 633-661.

BERGAMO, E., "La fusione", en BERGAMO, E. y TIBURZI, P., *Le nuove trasformazioni, fusioni, scissioni*, Giuffrè editore, Milán, 2005, pp. 107-252.

BONARDELL LENZANO, R. y CABANAS TREJO, R., "El aumento del capital en la fusión de sociedades por absorción", *Revista de Derecho de Sociedades*, n.º 44, 2015, pp.107-167.

BOQUERA MATARREDONA, J., "Aprobación de las cuentas anuales y derecho de información del socio en la sociedad anónima y en la sociedad de responsabilidad limitada" en *Derecho de sociedades: libro homenaje al profesor Fernando Sánchez Calero*, vol. 2, McGraw-Hill, España, 2002, pp. 2069-2093.

— "La página web corporativa de las sociedades cotizadas", en RODRÍGUEZ ARTIGAS, F., FERNÁNDEZ DE LA GÁNDARA, L., QUIJANO GONZÁLEZ, J, ALONSO UREBA, A., VELASCO SAN PEDRO, L. A. y ESTEBAN VELASCO, G. (dirs.), *Sociedades Cotizadas y Transparencia en los Mercados*, T. I, Aranzadi, Cizur Menor (Navarra), 2019, pp. 641-681.

BRENES CORTÉS, J., *El derecho de separación del accionista*, Marcial Pons, Barcelona, 1999.

BREZMES MARTÍNEZ DE VILLARREAL, A., "La obligación de depósito de las cuentas anuales. Nueva regulación", *Noticias de la Unión Europea*, n.º 167, 1998, pp. 69-82.

BUITRAGO RUBIRA, J. R., "Fusión por absorción de bancos cotizados. Métodos de valoración a efectos del tipo de canje", *Revista Aranzadi de Derecho Patrimonial*, n.º 10, 2003, pp. 25-46.

CABANAS TREJO, R., *Procedimientos simplificados de fusión de sociedades*, Bosch, Madrid, 2010.

— "Una arcadia registral: inscripción constitutiva y convalidante de la fusión", *El Notario del siglo XXI*, n.º 51, 2013. Disponible en [https://www.elnotario.es/].

— "Las modificaciones estructurales simplificadas", en ROJO, A., CAMPUZANO LAGUILLO, A. B., CORTÉS DOMÍNGUEZ, L. J. y PÉREZ TROYA, A. (coords), *Las modificaciones estructurales de las socie-*

dades mercantiles, Thomson-Reuters Aranzadi, Cizur Menor (Navarra), 2015, pp. 521-580.

— "Exposición y crítica de la práctica judicial y registral reciente de la Ley de modificaciones estructurales de las sociedades mercantiles", *Diario La Ley*, n.º 9045, 2017, pp. 1-29. Disponible en [https://laleydigital.laleynext.es/].

— "La ley de modificaciones estructurales de las sociedades mercantiles en la práctica reciente", *La notaria*, n.º 1, 2018, pp. 98-108.

CABRAS, G., "Trasformazione e fusione", *Giurisprudenza Commerciale*, fasc. 6, 1978, pp. 943-962.

CAMPOBASSO, G. F., *Diritto commerciale: 2. Diritto delle società*, 4.ª ed., UTET, Turín, 1999.

CASTAÑER CODINA, J., *"La solución extrajudicial de controversias acerca del tipo de canje en la fusión y escisión de sociedades de capital (análisis del Artículo 38.II LME)", Revista de Derecho de Sociedades*, n.º 39, 2012, pp. 129-160.

CAZORLA GONZÁLEZ-SERRANO, L., "Deberes especiales de información en los supuestos de modificación estructural de instituciones de inversión colectiva", en RODRÍGUEZ ARTIGAS, F., FERNÁNDEZ DE LA GÁNDARA, L., QUIJANO GONZÁLEZ, J, ALONSO UREBA, A., VELASCO SAN PEDRO, L. A. y ESTEBAN VELASCO, G. (dirs.), *Sociedades Cotizadas y Transparencia en los Mercados*, T. I, Aranzadi, Cizur Menor (Navarra), 2019, pp. 1267-1279.

CERDÁ ALBERO, F., *Escisión de la sociedad anónima*, Tirant lo Blanch, Valencia, 1993.

CORTÉS DOMÍNGUEZ, L. J., "Novedades en el régimen de la fusión", *El Notario del siglo XXI*, n.º 28, 2009. Disponible en [https://www.elnotario.es/].

— "Las modificaciones estructurales ante la Propuesta de Código mercantil", *El Notario del siglo XXI*, n.º 54, 2014. Disponible en [https://www.elnotario.es/].

CORTÉS DOMÍNGUEZ, L. J. y PÉREZ TROYA, A., *Fusión de sociedades*, en URÍA, R., MENÉNDEZ, A. y OLIVENCIA, M. (dirs.), *Comentario al régimen legal de las sociedades mercantiles*, t. IX, vol. 2.º, Civitas, Madrid, 2008.

— "La fusión de sociedades: concepto, naturaleza, supuestos y efectos", en SÁENZ GARCÍA DE ALBIZU, J. C.; OLEO BANET, F.; y MAR-

TÍNEZ FLÓREZ, A. (coords.), *Estudios de Derecho mercantil en memoria del Profesor Aníbal Sánchez Andrés*, Civitas Thomson-Reuters, Cizur Menor (Pamplona), 2010, pp. 813-852.

— "La Ley de modificaciones estructurales y el nuevo régimen de la fusión", en GÓMEZ SEGADE, J. A.; GARCÍA VIDAL, Á. y OLIVENCIA RUIZ, M. (coords.), *El Derecho Mercantil en el umbral del siglo XXI: libro homenaje al Prof. Dr. Carlos Fernández-Novoa*, Marcial Pons, Madrid, 2010, pp. 125-138.

— "Las modificaciones estructurales en el Anteproyecto de Ley del Código Mercantil", en MORILLAS, M.ª J., PERALES VISCASILLAS, P. y PORFIRIO CARPIO, L. (dirs.), *Estudios sobre el futuro Código Mercantil: Libro homenaje al profesor Rafael Illescas Ortiz*, Universidad Carlos III de Madrid, 2015, pp. 630-648.

— "El informe de los administradores en las modificaciones estructurales" en ROJO, A., CAMPUZANO LAGUILLO, A. B., CORTÉS DOMÍNGUEZ, L. J. y PÉREZ TROYA, A. (coords.), *Las modificaciones estructurales de las sociedades mercantiles*, Thomson-Reuters Aranzadi, Cizur Menor (Navarra), 2015, pp. 225-263.

D'ANIELLO, A., "Le operazioni di fusione: fasi preparatorie e accordo di fusione", en SERRA, A. (dir.) y DEMURO, I. (coord.) *Trasformazione, fusione, scissione*, Zanichelli editore S.P.A., Turín (Italia), 2014, pp. 711-725.

DE ANGELIS, L., "Le operazioni di trasformazione, fusione e scissione nella legge delega per la riforma del diritto societario", *Rivista delle Società*, fasc. 1, 2002, pp. 41-77.

DELLA FAILLE, P., *Fusions, acquisitions et évaluations d'entreprises. Une approche juridique, économique et financière,* Larcier, Bruselas, 2001.

DEMURO, I., "Forme e progetto di fusione" en SERRA, A. (dir.) y DEMURO, I. (coord.) *Trasformazione, fusione, scissione*, Zanichelli editore S.P.A., Turín (Italia), 2014, pp. 365-396.

DÍAZ MARTÍNEZ, S., *Remedios contra la fusión: impugnación y resarcimiento*, Civitas, Cizur Menor (Navarra), 2016.

DÍAZ MARTÍNEZ, S. y SCAIANSCHI MÁRQUEZ, H., "Eficacia y validez de las modificaciones estructurales" en ROJO, A., CAMPUZANO LAGUILLO, A. B., CORTÉS DOMÍNGUEZ, L. J. y PÉREZ TROYA, A. (coords), *Las Modificaciones Estructurales de las Sociedades Mercantiles*, 2ª ed., Aranzadi, Madrid, 2024, pp. 519-546.

DÍAZ MORENO, A, "Cómo crear y gestionar su web corporativa", 2012, pp. 6-27. Disponible en [https://www.ga-p.com/].

— "Votación separada por asuntos", en JUSTE MENCÍA, J. (coord..), *Comentario de la reforma del régimen de las sociedades de capital en materia de gobierno corporativo (Ley 31/2014)*, Civitas, Cizur Menor (Navarra), 2015, pp. 115-127.

DÍAZ MORENO, A. y JUSTE MENCÍA, J., "Apuntes de urgencia sobre la ley 1/2012, de 22 de junio, de simplificación de las obligaciones de información y documentación de fusiones y escisiones de sociedades de capital", *Revista de Derecho de Sociedades*, n.º 39, 2012, pp. 199-228.

DÍAZ RUIZ, E., "El balance de fusión en la absorción de sociedades participadas en más de un 90%", *Revista de Derecho Mercantil*, n.º 278, 2010, pp. 1401-1410.

— "La fusión de sociedades; en particular, las fusiones transfronterizas", en BENEYTO PÉREZ, J.M. y LARGO GIL, R. (dirs.) y HERNÁNDEZ SAINZ, E. (coord.), *Transmisiones de empresas y modificaciones estructurales de sociedades*, Bosch, Barcelona, 2010, pp. 355-385.

DIDIER, P. et DIDIER, P., *Les sociétés commerciales*, en MOLFESSIS, N. (dir.) *Droit Commercial*, t. II, Economica, Paris, 2011.

DOMÍNGUEZ PÉREZ, J. L., "La retroactividad contable en las fusiones de empresas", *Partida Doble*, n.º 102, 1999, pp. 28-34.

DUQUE DOMÍNGUEZ, J. F., "La fusión en el Proyecto de reforma del Derecho de las Sociedades de Capital y su comparación con el Derecho comunitario de la Tercera Directiva", *Revista de Derecho Bancario y Bursátil*, n.º 32, 1988, pp. 719-781.

— "Las formas del derecho de separación del accionista y la reorganización jurídica y financiera de la sociedad", *Boletín de estudios económicos*, vol. 45, n.º 139, 1990, pp. 75-126.

ELÍAS-OSTUA RIPOLL, R., "La junta universal", *Revista de Derecho de Sociedades*, n.º 3, 1994, pp. 190-200.

EMBID IRUJO, J. M., "Comentario del artículo 234", en ARROYO MARTÍNEZ, I.; EMBID IRUJO, J. M.; y GÓRRIZ LÓPEZ, C. (coords.), *Comentarios a la Ley de Sociedades Anónimas*, vol. 3, 2.ª ed., Tecnos, Madrid, 2009, pp. 2245-2253.

— "Comentario del artículo 235", en ARROYO MARTÍNEZ, I.; EMBID IRUJO, J. M.; y GÓRRIZ LÓPEZ, C. (coords.), *Comentarios a la Ley de Sociedades Anónimas*, vol. 3, 2.ª ed., Tecnos, Madrid, 2009, pp. 2253-2262.

— "Comentario del art. 238", en ARROYO MARTÍNEZ, I.; EMBID IRUJO, J. M.; y GÓRRIZ LÓPEZ, C. (coords.), *Comentarios a la Ley de Sociedades Anónimas*, vol. 3, 2.ª ed., Tecnos, Madrid, 2009, pp. 2274-2284.

— "Comentario del artículo 240", en ARROYO MARTÍNEZ, I.; EMBID IRUJO, J. M.; y GÓRRIZ LÓPEZ, C. (coords.), *Comentarios a la Ley de Sociedades Anónimas*, vol. 3, 2.ª ed., Tecnos, Madrid, 2009, pp. 2302-2317.

EMPARANZA, A., "Modificaciones estructurales, preconcurso y protección de los derechos de los socios", en DÍAZ MORENO, A. y VÁZQUEZ CUETO, J. C. (dirs), *Sociedades y Concurso. Estudios de Derecho societario de la crisis*, Aranzadi, Cizur Menor (Navarra), 2018, pp. 223-249.

ESCRIBANO GAMIR, R.C. *La protección de los acreedores sociales frente a la Reducción del Capital Social y a las Modificaciones Estructurales de las Sociedades Anónimas*, Aranzadi, Pamplona, 1998.

ESPÍN GUTIÉRREZ, C., "El balance (art. 323)" en ROJO, A. y BELTRÁN, E., (dirs) *Comentario de la Ley de Sociedades de Capital*, t. II, Aranzadi, Cizur Menor (Navarra), 2011, pp. 2370-2373.

— "La verificación y aprobación del balance en las variaciones del capital social", *Revista de Derecho de Sociedades*, n.º 43, 2014, pp. 55-83.

ESTEBAN RAMOS, L. M., *Los acreedores sociales ante los procesos de fusión y escisión de sociedades anónimas: instrumentos de protección*, Aranzadi, Cizur Menor (Navarra), 2007.

FERNÁNDEZ DEL POZO, L., "Las cuentas anuales", *Noticias de la Unión Europea*, n.º 152, 1997, pp. 19-42.

— *Las reservas atípicas. Las reservas de capital y de técnica contable en las sociedades mercantiles*, Marcial Pons, Madrid, 1999.

— "La denominada «retroactividad contable» de la fusión. Un examen societario de un falso problema", *Revista de Derecho Mercantil*, n.º 239, 2001, pp. 97-136.

— *El Derecho contable de fusiones y escisiones*, Marcial Pons, 2.ª ed., Madrid, 2007.

— "El derecho contable de fusiones", en GINÉS CASTELLET, A. M.ª (coord.), *La reforma contable y su proyección sobre la normativa mercantil y fiscal*, Colección de formación continua Facultad de Derecho ESADE, J. M. Bosch editor, Barcelona, 2008, pp. 163-250.

— "La fase de ejecución (Escritura Pública e Inscripción en el Registro. Impugnación)", en RODRÍGUEZ ARTIGAS, F. *et al.* (dirs.), *Modificaciones estructurales de las sociedades mercantiles*, t. I, Aranzadi, Cizur Menor (Navarra), 2009, pp. 645-720.

— *El derecho contable de fusiones y de las otras modificaciones estructurales. Problemática contable en la Ley de modificaciones estructurales de las sociedades mercantiles*, Marcial Pons, Madrid, 2010.

— "A vueltas con la «fecha de efectos contables» de la fusión/escisión o cesión global tras la última reforma del PGC por RD 1159/2010", *Revista de Derecho de Sociedades*, n.º 36, 2011, pp. 357-385.

— "La dispensa del informe del experto en las fusiones y escisiones tras la desafortunada reforma de la LME por la Ley 25/2011", *Revista de Derecho de Sociedades*, n.º 37, 2011, pp. 141-160.

— "La dispensa del informe del experto en las fusiones y escisiones tras la desafortunada reforma de la LME por el Real Decreto-Ley 9/2012, de 16 de marzo", *Revista de Derecho del Mercado de Valores*, n.º 11, 2012, pp. 1-27. Disponible en [https://laleydigital.laleynext.es/].

— "La protección de acreedores frente a las modificaciones estructurales" en PULGAR EZQUERRA, J. (dir.) y FUENTES NAHARRO, M. (coord..) *La nueva Ley de modificaciones estructurales*, La Ley, Madrid, 2024, pp. 181-274.

FERRI, G., "Fusione di società, collegamenti tra società e gruppi", en VASSALLI, F., *Trattato di Diritto Civile Italiano*, vol. 10, t. III, 3.ª ed., UTET, Turín, 1997, pp. 979-1044.

FUENTES NAHARRO, M. "El acuerdo sobre la modificación estructural", en PULGAR EZQUERRA, J. y FUENTES NAHARRO, M., *La nueva Ley de modificaciones estructurales*, La Ley, Madrid, 2024, pp. 125-154.

GALÁN CORONA, E., "Cuentas anuales", en ARROYO MARTÍNEZ, I., EMBID IRUJO, J. M. y GÓRRIZ LÓPEZ, C. (coords.), *Comentarios a la Ley de Sociedades de Responsabilidad Limitada*, 2.ª ed., Tecnos, Madrid, 2009, pp. 931-971.

GARDEAZÁBAL DEL RÍO, F. J., "La fusión en la Ley de Sociedades Anónimas", en GARRIDO DE PALMA, V. M. *et al.*, *Las sociedades de capital conforme a la nueva legislación*, Trivium, 3.ª ed., Madrid, 1990, pp. 783-904.

GARRIDO DE PALMA, V. M., "Fusión", en ANSÓN PEIRONCELY, R.; BANACLOCHE PÉREZ, J. y GARRIDO DE PALMA, V. M., *La Ley 3/2009, de las modificaciones estructurales de las sociedades mercantiles*, Aranzadi, Cizur Menor (Navarra), 2009, pp. 59-131.

— "Fusión", en GARRIDO DE PALMA, V. M., ANSÓN PEIRONCELY, R. y BANACLOCHE PÉREZ, J., *La reestructuración empresarial y las modificaciones estructurales de las sociedades mercantiles*, Tirant lo Blanch, Valencia, 2010, pp. 79-150.

— "La autonomía de la voluntad en las modificaciones estructurales de las sociedades mercantiles", en GARRIDO DE PALMA, V. M. (coord.), *Modificaciones estructurales y reestructuración empresarial*, Tirant lo Blanch, Valencia, 2012, pp. 15-51.

— "Fusión", en GARRIDO DE PALMA, V. M., ANSÓN PEIRONCELY, R., BANACLOCHE PÉREZ, J., y ARANGUREN URRIZA, F. J., *Las modificaciones estructurales de las sociedades mercantiles*, Tirant lo Blanch, Valencia, 2013, pp. 85-185.

GARRIGUES, J., Tratado de Derecho Mercantil, t. I, vol. 3, Revista de Derecho Mercantil, Madrid, 1947.

— Curso de Derecho mercantil, t. I, Imprenta Aguirre, 7.ª ed., Madrid, 1976.

GAY SALUDAS, J. M., "Fusiones y adquisiciones empresariales (I): Revisión de experiencias", *Partida Doble*, n.º 160, 2004, pp. 92-105.

— "Fusiones y adquisiciones empresariales (y II): Procedimientos contables", *Partida Doble*, n.º 161, 2004, pp. 94-103.

GIMENO RIBES, M. *Endeudamiento empresarial y fusión de sociedades. Contribución al estudio de la fusión apalancada*, Marcial Pons, Madrid, 2015.

GIRÓN TENA, J., *Derecho de sociedades anónimas (según la Ley de 17 de julio de 1951)*, Publicaciones de los seminarios de la Facultad de Derecho, Valladolid, 1952.

GÓMEZ PORRÚA, J. M., *La fusión de sociedades anónimas en el derecho español y comunitario*, La Ley, Madrid, 1991.

GONDRA ROMERO, J.M.ª, "Significado y función del principio de «Imagen Fiel» («True and fair view») en el sistema del nuevo Derecho de Balances" en ALONSO LEDESMA, C., *et al.*, *Derecho mercantil de la Comunidad Económica Europea: estudios en homenaje a José Girón Tena*, Civitas, Madrid, 1991, pp. 555-602.

GONZÁLEZ ANGULO, J. A. y LARRIBA DÍAZ-ZORITA, A., "El régimen contable de las combinaciones de negocios (I): El método de adquisición", en ROJO, A., CAMPUZANO LAGUILLO, A. B., CORTÉS DOMÍNGUEZ, L. J. y PÉREZ TROYA, A. (coords), *Las modificaciones estructurales de las sociedades mercantiles*, Thomson-Reuters Aranzadi, Cizur Menor (Navarra), 2015, pp. 777-819.

GONZÁLEZ-MENESES, M. y ÁLVAREZ, S., *Modificaciones estructurales de las sociedades mercantiles*, Dykinson, 2.ª ed., Madrid, 2013.

GUASCH MARTORELL, R., *La escisión de sociedades en el derecho español: la tutela de los intereses de socios y acreedores*, Civitas, Madrid, 1993.

HERNÁNDEZ BARROS, R., "Operaciones de integración en las Fusiones y Adquisiciones de Empresas", *Análisis Financiero*, n.º 119, 2012, pp. 6-12.

IBÁÑEZ GARCÍA, I., "La calificación del depósito de las cuentas anuales en el Registro Mercantil", *Diario La Ley*, n.º 7439, 2010, pp. 1-20. Disponible en [https://laleydigital.laleynext.es/].

— "De nuevo sobre la calificación registral de las cuentas anuales", *Diario La Ley*, n.º 7671, 2011, pp. 1-7. Disponible en [https://laleydigital.laleynext.es/].

IGLESIAS-RODRÍGUEZ, P., "El derecho de información del socio y otros interesados en las modificaciones estructurales", en ROJO, A., CAMPUZANO LAGUILLO, A. B., CORTÉS DOMÍNGUEZ, L. J. y PÉREZ TROYA, A. (coords.), *Las modificaciones estructurales de las sociedades mercantiles*, 2ª ed., Aranzadi, Madrid, 2024, pp. 289-338.

— "El derecho de información del socio y otros interesados en las modificaciones estructurales", en ROJO, A., CAMPUZANO LAGUILLO, A. B., CORTÉS DOMÍNGUEZ, L. J. y PÉREZ TROYA, A. (coords), *Las modificaciones estructurales de las sociedades mercantiles*, Thomson-Reuters Aranzadi, Cizur Menor (Navarra), 2015, pp. 265-308.

ILLESCAS ORTIZ, R., "La formulación de las cuentas anuales de la sociedad anónima" en IGLESIAS PRADA, J. L. (coord.), *Estudios jurídicos en homenaje al Profesor Aurelio Menéndez*, t. II, Civitas, Madrid, 1996, pp. 1925-1939.

— *Auditoría, aprobación, depósito y publicidad de las cuentas anuales*, en URÍA, R., MENÉNDEZ, A. y OLIVENCIA, M., *Comentario al régimen legal de las sociedades mercantiles*, t. VIII, *Las cuentas anuales de la sociedad anónima*, vol. 2.º, Civitas, Madrid, 1993.

JUSTE MENCÍA, J., "Fusiones especiales" en RODRÍGUEZ ARTIGAS, F. *et al.* (dirs.), *Modificaciones Estructurales de las Sociedades Mercantiles*, t. I, Aranzadi, Cizur Menor (Navarra), 2009, pp. 767-803.

LAMONTHE FERNÁNDEZ, P. y LÓPEZ LUBIÁN F. J., "Tendencias en la valoración de empresas: DFC vs Opciones Reales", *Análisis Financiero*, n.º 96, 2004, pp. 26-34.

LANGLE RUBIO, E., *Manual de Derecho mercantil español*, T.I, Bosch, Barcelona, 1950.

LARGO GIL, R., "Las modificaciones estructurales de las sociedades según la Dirección General de los Registros y del Notariado", *Revista de Derecho de Sociedades*, n.º 9, 1997, pp. 143-185.

— *La fusión de sociedades mercantiles. Fase preliminar, proyecto de fusión e informes*, 2.ª ed., Civitas, Madrid, 2000.

— "Algunos problemas en la fusión y la escisión de sociedades de responsabilidad limitada", en HERNÁNDEZ MORENO, A., *Anales (II) 1997/99*, Cedes, Barcelona, 2001, pp. 81-98.

— "La modificación del proyecto de fusión por los socios", en *Derecho de sociedades: libro homenaje al profesor Fernando Sánchez Calero*, vol. 5, McGraw-Hill, España, 2002, pp. 5041-5081.

— "La simplificación del procedimiento de las reestructuraciones intracomunitarias de sociedades (El supuesto de las sociedades vinculadas en las fusiones transfronterizas en la Unión Europea y en la constitución de la Sociedad Anónima Europea)" en RIVERO LAMAS, J. R. y DE VAL TENA, A. L. (dirs.), *La Reestructuración de Empresas: Diversificación de técnicas y su régimen jurídico*, Aranzadi, Cizur Menor (Navarra), 2008, pp. 339-374.

— "La fase previa y el proyecto de fusión", en RODRÍGUEZ ARTIGAS, F. *et al.* (dirs.), *Modificaciones estructurales de las sociedades mercantiles*, t. I, Aranzadi, Cizur Menor (Navarra), 2009, pp. 421-487.

— "Adopción de acuerdos de fusión de sociedades en junta universal (RDGRN 30-6-1993)", en RODRÍGUEZ ARTIGAS, F. (Dir.). *Derecho de sociedades I. Comentarios a la jurisprudencia*, t. II, Aranzadi, Cizur Menor (Navarra), 2010, pp. 2723-2737.

LARRIBA DÍAZ-ZORITA, A., "Problemas de valoración en las fusiones y escisiones de sociedades", Partida Doble, n.º 44, 1994, pp. 5-22.

— "Responsabilidad del auditor en una auditoría innecesaria: la del balance de fusión", *Partida Doble*, n.º 65, 1996, pp. 15-18.

— "Problemas de valoración en las fusiones de sociedades. El balance de fusión", en *Anales (II) 1997/99*, Cedecs, Barcelona, 2001, pp.

157-198.

— "Régimen contable de sociedades en situaciones especiales", *Partida Doble*, n.º 137, 2002, pp. 46-63.

LARRIBA DÍAZ-ZORITA, A. y MIR FERNÁNDEZ, C., "Aspectos contables de la ley sobre modificaciones estructurales de las sociedades mercantiles", *Revista de Derecho de Sociedades*, n.º 34, 2010, pp. 167-199.

LÁZARO SÁNCHEZ, E. J., "Comentario del art. 239", en ARROYO MARTÍNEZ, I.; EMBID IRUJO, J. M.; y GÓRRIZ LÓPEZ, C. (coords.), *Comentarios a la Ley de Sociedades Anónimas*, vol. 3, 2.ª ed., Tecnos, Madrid, 2009, pp. 2284-2302.

— "Comentario del art. 246", en ARROYO MARTÍNEZ, I.; EMBID IRUJO, J. M.; y GÓRRIZ LÓPEZ, C. (coords.), *Comentarios a la Ley de Sociedades Anónimas*, vol. 3, 2.ª ed., Tecnos, Madrid, 2009, pp. 2353-2371.

— "Comentario del art. 247", en ARROYO MARTÍNEZ, I.; EMBID IRUJO, J. M.; y GÓRRIZ LÓPEZ, C. (coords.), *Comentarios a la Ley de Sociedades Anónimas*, vol. 3, 2.ª ed., Tecnos, Madrid, 2009, pp. 2372-2375.

— "El «balance de fusión»", *Revista de Derecho de Sociedades*, n.º 32, 2009, pp. 231-252.

LEÓN SANZ, F. J., "La significación de la información contable en las modificaciones estructurales" en *Derecho de sociedades: libro homenaje al profesor Fernando Sánchez Calero*, vol. 2, McGraw-Hill, España, 2002, pp. 2143-2185.

— "Depósito y publicidad de las cuentas anuales" en ARROYO, I., EMBID, J.M. y GÓRRIZ, C. (coords.), *Comentarios a la Ley de Sociedades Anónimas*, vol. III, 2ª ed., Tecnos, Madrid, 2009, pp. 2095-2153.

LIBONATI, B., "I bilanci straordinari", *Giurisprudenza Commerciale*, fasc. 6, 1982, pp. 824-840.

LOJENDIO OSBORNE, I. M.ª, "Delimitación de competencias entre los órganos de la sociedad anónima y modificación de balance", *Revista de Derecho Mercantil*, n.º 140-141, 1976, pp. 281-345.

LOPERA PERALES, A., "La simplificación de requisitos en el artículo 42 de la Ley de Modificaciones Estructurales: mínimos establecidos para garantizar la protección de socios y terceros (a propósito de la Resolución de 10 de abril de 2014 de la Dirección General de los Registros y del Notariado)", *Cuadernos de Derecho y Comercio*, n.º 62, 2014, pp. 215-230.

LUCARELLI, P., "La nuova disciplina delle fusioni scissioni: una modernizzazione incompiuta" *Rivista delle società*, fasc. 6, 2004, pp. 1343-1390.

MACHADO, J., "Comentario del art. 263", en ROJO, A. y BELTRÁN, E., *Comentario de la Ley de Sociedades de Capital*, t. II, Aranzadi, Cizur Menor (Navarra), 2011, pp. 1974-1981.

MAMBRILLA RIVERA, V., "Los medios para la publicación y difusión de la información regulada", en RODRÍGUEZ ARTIGAS, F., FERNÁNDEZ DE LA GÁNDARA, L., QUIJANO GONZÁLEZ, J, ALONSO UREBA, A., VELASCO SAN PEDRO, L. A. y ESTEBAN VELASCO, G. (dirs.), *Sociedades Cotizadas y Transparencia en los Mercados*, T. I, Aranzadi, Cizur Menor (Navarra), 2019, pp. 605-640.

MARCHETTI, P., "Appunti sulla nuova disciplina delle fusioni", *Rivista del notariato*, fasc. 1, 1991, pp. 17-51.

MARINA GARCÍA-TUÑÓN, A., "Los deberes de información financiera periódica de las sociedades cotizadas", en RODRÍGUEZ ARTIGAS, F., FERNÁNDEZ DE LA GÁNDARA, L., QUIJANO GONZÁLEZ, J, ALONSO UREBA, A., VELASCO SAN PEDRO, L. A. y ESTEBAN VELASCO, G. (dirs.), *Sociedades Cotizadas y Transparencia en los Mercados*, T. I, Aranzadi, Cizur Menor (Navarra), 2019, pp. 585-601.

MARTÍ MOYA, V., *El procedimiento de fusión de las sociedades mercantiles: preparación, adopción e impugnación del acuerdo*, Comares, 2010.

— "Sobre la modificabilidad del proyecto y el acuerdo unánime de fusión en la Ley de modificaciones estructurales. El art. 42 LME", *Revista de Derecho de Sociedades*, n.º 37, 2011, pp. 87-101.

— "El acuerdo unánime de fusión (artículo 42)", en GARRIDO DE PALMA, V. M. (coord.) *Modificaciones estructurales y reestructuración empresarial*, Tirant lo Blanch, Valencia, 2012, pp. 111-142.

MARTÍNEZ FLÓREZ, A., "Artículo 390. Balance final de liquidación" en GARCÍA-CRUCES, J.A. y SANCHO GARGALLO, I., *Comentario de la Ley de Sociedades de capital*, T. V, Tirant lo Blanch, Valencia, 2021, pp. 5321-5361.

MARTÍNEZ MARTÍNEZ, M., *El derecho de información del accionista en la sociedad anónima*, McGraw-Hill, Madrid, 1999.

— "La fase decisoria: información sobre la fusión, desarrollo de la junta, publicación del acuerdo de fusión", en RODRÍGUEZ ARTIGAS, F. *et al.* (dirs.), *Modificaciones estructurales de las sociedades mercantiles*, t. I, Aranzadi, Cizur Menor (Navarra), 2009, pp. 527-588.

— "El nuevo régimen de impugnación de los acuerdos de las Juntas Generales en las Sociedades de Capital: las causas de invalidez y los motivos de inimpugnabilidad", *Revista de Derecho Bancario y Bursátil*, n.º 137, 2015, pp. 63-114.

MARTÍNEZ SANZ, F. y PUETZ, A., "El derecho de separación de los socios en las modificaciones estructurales", en ROJO, A., CAMPUZANO LAGUILLO, A. B., CORTÉS DOMÍNGUEZ, L. J. y PÉREZ TROYA, A. (coords), *Las modificaciones estructurales de las sociedades mercantiles*, Thomson-Reuters Aranzadi, Cizur Menor (Navarra), 2015, pp. 309-356.

MELCHOR GIMÉNEZ, E., "La fusión gemelar: Especial referencia al supuesto de participación por una pluralidad de socios", *Revista Lex Mercatoria*, n.º 21, 2022, pp. 7-30. Disponible en: https://revistas.innovacionumh.es/index.php/lexmercatoria/article/view/1841/1834

MERCADAL VIDAL, F., "El proyecto de las modificaciones estructurales", en ROJO, A., CAMPUZANO LAGUILLO, A. B., CORTÉS DOMÍNGUEZ, L. J. y PÉREZ TROYA, A. (coords), *Las modificaciones estructurales de las sociedades mercantiles*, Thomson-Reuters Aranzadi, Cizur Menor (Navarra), 2015, pp. 55-134.

— "Los balances en las modificaciones estructurales", en ROJO, A., CAMPUZANO LAGUILLO, A. B., CORTÉS DOMÍNGUEZ, L. J. y PÉREZ TROYA, A. (coords), *Las modificaciones estructurales de las sociedades mercantiles*, Thomson-Reuters Aranzadi, Cizur Menor (Navarra), 2015, pp. 135-160.

— "Los balances en las modificaciones estructurales", en ROJO, A., CAMPUZANO LAGUILLO, A. B., CORTÉS DOMÍNGUEZ, L. J. y PÉREZ TROYA, A. (coords), *Las Modificaciones Estructurales de las Sociedades Mercantiles*, 2ª ed., Aranzadi, Madrid, 2024, pp. 265-287.

MILANESI, S., "Fusione societaria e processo: l'intervento delle Sezioni Unite", *Giurisprudenza Commerciale*, fasc. 4, 2007, pp. 787-799.

MILLA GUTIERREZ, A., "Contabilidad de Fusiones y Escisiones: Una propuesta de regulación", *Partida Doble*, n.º 148, 2003, pp. 6-19.

MORENO GONZÁLEZ, D., "L'actuació de l'expert i l'auditor de comptes davant la Llei de modificacions estructurals", *La Notaria*, n.º 1, 2010, pp. 28-38.

MOTOS GUIRAO, M., *Fusión de sociedades mercantiles*, Revista de Derecho Privado, Madrid, 1953.

MOYA BALLESTER, J.M "Deberes de información de las entidades emisoras de valores distintos de las acciones admitidos a negociación en mercados secundarios oficiales", en RODRÍGUEZ ARTIGAS, F., FERNÁNDEZ DE LA GÁNDARA, L., QUIJANO GONZÁLEZ, J, ALONSO UREBA, A., VELASCO SAN PEDRO, L. A. y ESTEBAN VELASCO, G. (dirs.), *Sociedades Cotizadas y Transparencia en los Mercados*, T. I, Aranzadi, Cizur Menor (Navarra), 2019, pp. 685-698.

MUÑOZ PÉREZ, A. F., "La escisión", en BENEYTO PÉREZ, J.M. y LARGO GIL, R. (dirs.) y HERNÁNDEZ SAINZ, E. (coord.), *Transmisiones de empresas y modificaciones estructurales de sociedades*, Bosch, Barcelona, 2010, pp. 387-441.

OLEO BANET, F., *La escisión de la sociedad anónima*, Civitas, Madrid, 1995.

PERERA NAVAS, V.E. y MARTÍ MORENO, J., "La supuesta simplificación de las obligaciones de información y documentación en las fusiones, *Diario La Ley*, n.º 8286, 2014, pp. 1-4. Disponible en [https://laleydigital.laleynext.es/].

PÉREZ DE MADRID CARRERAS, V. y PÉREZ HEREZA, J. "Una propuesta de revisión del sistema legal", *El Notario del Siglo XXI*, n.º 24, 2009. Disponible en [https://www.elnotario.es/].

PÉREZ TROYA, A., *La tutela del accionista en la fusión de sociedades*, Civitas, Madrid, 1998.

— *La determinación del tipo de canje en la fusión de sociedades*, Marcial Pons, Madrid, 1998.

— "La Directiva sobre transformaciones, fusiones y escisiones transfronterizas: Una primera aproximación, con particular referencia a la tutela de los socios", *Revista de Derecho de Sociedades*, n.º 58, 2020.

— "La protección de los socios en las modificaciones estructurales: Derecho de enajenación y de impugnación de la relación de canje", en PULGAR EZQUERRA, J. y FUENTES NAHARRO, M., *La nueva Ley de modificaciones estructurales*, La Ley, Madrid, 2024, pp. 153-179.

PORTALE, G. B., "I bilanci straordinari delle società per azioni", *Rivista delle società*, fasc. 2-3, 1978, pp. 305-402.

QUIJANO GONZÁLEZ, J. y ESTEBAN RAMOS, L. M.ª, "Tutela de los acreedores: la responsabilidad de las sociedades que participan en la escisión" en RODRÍGUEZ ARTIGAS, F. *et al.* (dirs.), *Modificaciones estructurales de las sociedades mercantiles*, t. II, Aranzadi, Cizur Menor (Navarra), 2009, pp. 558-626.

RECALDE CASTELLS, A. y APILÁNEZ PÉREZ ONRAITA, E., "Reforma de la Ley de Sociedades de Capital y de la Ley sobre modificaciones estructurales de las sociedades mercantiles", *Diario La Ley*, n.º 7853, 2012, pp. 1-10. Disponible en [https://laleydigital.laleynext.es/].

RECAMÁN GRAÑA, E., "La responsabilidad de los administradores en relación con la determinación del tipo de canje en la fusión", *Revista de Derecho de Sociedades*, n.º 39, 2012, pp. 107-128.

RESCIO, G. A., "La fusione e la scissione", en IBBA, C. e MARASÀ, G. (dirs.) *Trattato delle società a responsabilità limitata*, vol. 7, Wolters Kluwer, Italia, 2015, pp. 135-360.

ROCAFORT NICOLAU, A., "El depósito de las cuentas anuales de las sociedades de capital en el Registro Mercantil", *Revista de Derecho de Sociedades*, n.º 35, 2010, pp. 233-254.

RODRÍGUEZ ARTIGAS, F., *Escisión*, en URÍA, R., MENÉNDEZ, A. y OLIVENCIA, M. (dirs.), *Comentario al régimen legal de las sociedades mercantiles*, t. IX, *Transformación, fusión y escisión de la sociedad anónima*, vol. 3.º, Civitas, Madrid, 1993.

RODRÍGUEZ SÁNCHEZ, S., "El acuerdo de la Junta General en las modificaciones estructurales", en ROJO, A., CAMPUZANO LAGUILLO, A. B., CORTÉS DOMÍNGUEZ, L. J. y PÉREZ TROYA, A. (coords), *Las Modificaciones Estructurales de las Sociedades Mercantiles*, 2ª ed., Aranzadi, Madrid, 2024, pp. 339-388.

ROJO, A., "La fusión de sociedades anónimas", en BELTRÁN SÁNCHEZ, E. *et al.*, ROJO, A. (dir.), *La reforma de la ley de sociedades anónimas*, Civitas, Madrid, 1987, pp. 345-387.

— "La escisión de sociedades", en ALONSO UREBA, A., CHICO ORTIZ, J.M. y FERNÁNDEZ LUCAS, F. (coords.), *La reforma del Derecho español de sociedades de capital*, Madrid, 1987, pp. 663-709.

ROJO RAMÍREZ, A., *Principios contables y fiscalidad de la fusión de sociedades*, Instituto de Planificación Contable, Madrid, 1988.

ROMERO FERNÁNDEZ, J. A., *El derecho de información documental del accionista*, Marcial Pons, Madrid, 2000.

ROUTIER, R., *Les fusions de sociétés commerciales. Prolégomènes pour un nouveau droit des rapprochements*, Librairie Générale de Droit et de Jurisprudence, Paris, 1994.

SÁENZ GARCÍA DE ALBIZU, J. C., "Aumento con cargo a reservas (art. 303)", en ROJO, A. y BELTRÁN, E., (dirs) *Comentario de la Ley de Sociedades de Capital*, t. II, Aranzadi, Cizur Menor (Navarra), 2011, pp. 2237-2247.

SALVADOR MONTIEL, M. D., "Operaciones de escisión: Valoración de los patrimonios societarios", *Partida Doble*, n.º 153, 2004, pp. 36-47.

SAN MIGUEL, F., "Escisión. Algunas consideraciones prácticas", en QUETGLAS, R. S. (dir.) y JORDANO LUNA, M. (coord.), *Manual de fusiones y adquisiciones de empresas*, Wolters Kluwer, 2.ª ed., Madrid, 2018, pp. 829-859.

SÁNCHEZ-CALERO GUILARTE, J., "Informe de los Administradores y de los expertos independientes. Balance de fusión", en RODRÍGUEZ ARTIGAS, F. *et al.* (dirs.), *Modificaciones estructurales de las sociedades mercantiles*, t. I, Aranzadi, Cizur Menor (Navarra), 2009, pp. 489-526.

SÁNCHEZ OLIVÁN, J., *La fusión de sociedades. Estudio económico, jurídico y fiscal*, Editoriales de derecho reunidas, Madrid, 1984.

— *La fusión de sociedades. Estudio económico, jurídico y fiscal*, EDERESA, 3.ª ed., Madrid, 1991.

— *La fusión y la escisión de sociedades. Aportación de activos y canje de valores. Cesión global del activo y del pasivo*, Edersa, 1998.

— *Fusión y escisión de sociedades. Aportaciones de activos y canje de valores. Cesión global del activo y del pasivo*, 2.ª ed., CEF, Madrid, 2007.

SÁNCHEZ RUS, H., "El balance de modificación estructural", *La Ley mercantil*, n.º 111, 2024, [https://laleydigital.laleynext.es/], pp. 1-11.

SANTAGATA, C. "Le fusioni", en COLOMBO, G. E. y PORTALE, G. B. (dirs.), *Trattato delle Società per Azioni*, vol. 7.º, *Fusione-Scissione*, t. II (1.ª parte), UTET, Turín, 2004.

SANTOS, V., "La escisión de las sociedades anónimas", en QUINTANA CARLO, I. (dir.), *El nuevo derecho de las sociedades de capital*, Trivium, Madrid, 1989, pp. 217-258.

— "La escisión de sociedades en el Derecho Comunitario Europeo", en ALONSO LEDESMA, C. *et al.*, *Derecho Mercantil de la Comunidad Económica Europea. Estudios en homenaje a José Girón Tena*, Civitas, Madrid, 1991, pp. 961-1042.

SEQUEIRA MARTÍN, A., "Fusión", en SÁNCHEZ CALERO, F. (dir.), *Comentarios a la Ley de Sociedades Anónimas*, t. VII, EDERSA, Madrid, 1993, pp. 77-328.

— "La fusión y la escisión en la Ley de Sociedades de Responsabilidad Limitada", *Revista de Derecho de Sociedades*, n.º 8, 1997, pp. 93-117.

— "El concepto de fusión y sus elementos componentes" en RODRÍGUEZ ARTIGAS, F. *et al.* (dirs.), *Modificaciones estructurales de las sociedades mercantiles*, t. I, Aranzadi, Cizur Menor (Navarra), 2009, pp. 375-420.

SORIA SORJÚS, J. "Consideraciones sobre el procedimiento de fusión de sociedades anónimas en junta universal", *Diario La Ley*, n.º 7680, 2015, pp. 1-12. Disponible en [https://laleydigital.laleynext.es/].

SUPINO, G., "Il primo bilancio successivo alle fusione", en SERRA, A. (dir.) y DEMURO, I. (coord.) *Trasformazione, fusione, scissione*, Zanichelli editore S.P.A., Turín, 2014, pp. 449-475.

TAPIA FRADE, A., *La fusión transfronteriza de sociedades anónimas en Derecho español y europeo*, Aranzadi, Cizur Menor (Navarra), 2019.

URÍA, R., MENÉNDEZ, A. y BELTRAN, E., "Disolución y liquidación de la sociedad anónima", en URÍA, R., MENÉNDEZ, A. y OLIVENCIA, M., *Comentario al régimen legal de las sociedades mercantiles*, Civitas, Madrid, 1992.

URÍA, R., MENÉNDEZ, A. e IGLESIAS PRADA, J. L., "Fusión y escisión de sociedades", en URÍA-MENÉNDEZ, *Curso de Derecho mercantil*, t. I, Civitas, Madrid, 1999, pp. 1247-1278.

— "Fusión y escisión de sociedades", en URÍA-MENÉNDEZ, *Curso de Derecho mercantil*, t. I, 2.ª ed., Civitas, Madrid, 2006, pp. 1383-1420.

VALLS MARTÍNEZ, M. C., "Métodos clásicos de valoración de empresas", *Investigaciones Europeas de Dirección y Economía de la Empresa*, vol. 7, n.º 3, 2001, pp. 49-56.

VALPUESTA GASTAMINZA, E., *Comentarios a la Ley de Sociedades de Capital*, 3.º ed., Wolters Kluwer, Madrid, 2018.

— *Comentarios a la Ley de sociedades de capital*, 4.ªed., Wolters Kluwer, Madrid, 2022.

VARA DE PAZ, N., "La protección de los acreedores en la fusión y escisión de sociedades" en ALONSO LEDESMA, C. *et al.*, *Derecho Mercantil de la Comunidad Económica Europea: estudios en homenaje a José Girón Tena*, Madrid, 1991, pp. 1097-1123.

VÁZQUEZ CUETO, J. C., *Las cuentas y la documentación contable en la sociedad anónima*, en OLIVENCIA, M., FERNÁNDEZ NOVOA, C. y JIMÉNEZ DE PARGA, R. (dirs.), *Tratado de Derecho Mercantil*, t. IX, *La sociedad anónima*, vol. 5.º, Marcial Pons, Madrid, 2001.

— "Las cuentas anuales durante la fase de liquidación. La articulación de su régimen jurídico por el instituto de contabilidad y auditoría de cuentas", en ROJO, A., QUIJANO, J. y CAMPUZANO, A. B. (dirs.), *La liquidación de la masa activa. VI Congreso Español de Derecho de la Insolvencia «In memoriam Emilio Beltrán»*, Thomson-Reuters Civitas, Cizur Menor (Navarra), 2014, pp. 417-446.

VELASCO FABRA, G., *Régimen jurídico de la verificación de las cuentas anuales. Propuesta de Reforma*, Aranzadi, Cizur menor (Navarra), 2011.

VICENT CHULIÁ, F. *Concentración y Unión de empresas en el Derecho español*, Confederación Española de Cajas de Ahorros, Madrid, 1971.

— "La fusión propia y las fusiones impropias en el Derecho español", en *Estudios jurídicos en homenaje a Joaquín Garrigues*, vol. 3, Tecnos, Madrid, 1971, pp. 483-508.

— *Compendio crítico de Derecho mercantil*, t. I, vol. 2.º, 3.ª ed., Bosch, Barcelona, 1991.

— "Disposiciones generales, balance, cuenta de pérdidas y ganancias", en URÍA, R., MENÉNDEZ, A. y OLIVENCIA, M. (dirs.), *Comentario al régimen legal de las sociedades mercantiles*, t. VIII, *Las cuentas anuales de la sociedad anónima*, vol. 1.º, Civitas, Madrid, 2000.

— "Opciones de la Ley de Modificaciones Estructurales", *El Notario del siglo XXI*, n.º 28, 2009. Disponible en [https://www.elnotario.es/].

VIRGÓS SORIANO, M. y GARCIMARTÍN ALFÉREZ, F., "El nuevo regimen de las modificaciones estructurales: aspectos internacionales", en PULGAR EZQUERRA, J. y FUENTES NAHARRO, M., *La nueva Ley de modificaciones estructurales*, La Ley, Madrid, 2024, pp. 294-324.

VIVES RUIZ, F. y TAPIAS MONNÉ, A., "La Ley de Modificaciones Estructurales: una norma técnicamente fallida", *InDret*, 2013, pp. 1-49. Disponible en [indret.com].

YANES YANES, P., "La tutela del socio en la escisión: continuidad de la participación, proporcionalidad asignativa y relación de canje", en RODRÍGUEZ ARTIGAS, F. *et al.* (dirs.), *Modificaciones Estructurales de las So-*

ciedades Mercantiles, t. II, Aranzadi, Cizur Menor (Navarra), 2009, pp. 527-552.

— "La votación separada por asuntos", *Revista de Derecho Mercantil*, n.º 299, 2016, pp. 33-80.

— "La adopción de acuerdos por la Junta General: régimen de mayorías y votación separada por asuntos (arts. 201 y 197 bis. LSC)", en, RODRÍGUEZ ARTIGAS, F. (dir.), *Junta General y Consejo de Administración en la sociedad cotizada*, T. I, Aranzadi, Cizur Menor (Navarra), 2016, pp. 241-303.

ÍNDICE DE RESOLUCIONES

1. RESOLUCIONES JUDICIALES

- STS (Sala de lo Civil, Sección 1.ª) 118/2007, de 15 de febrero de 2007 (TOL1.038.339).
- STS (Sala de lo Civil, Sección 1.ª) 204/2011 de 21 de marzo de 2011 (TOL2.117.156).
- STS (Sala de lo Civil, Sección 1.ª) 846/2011 de 21 de noviembre de 2011 (TOL2.300.076).
- STS (Sala de lo Civil, Sección 1.ª) 830/2011 de 24 de noviembre de 2011 (TOL2.299.608).
- STS (Sala de lo Contencioso-Administrativo, Sección 2.ª) de 21 de mayo de 2012 (TOL2.544.855).
- STS (Sala de lo Civil, Sección 1.ª) 741/2012 de 13 de diciembre de 2012 (TOL2.710.155).
- STS (Sala de lo Civil, Pleno) 531/2013 de 19 de septiembre de 2013 (TOL3.984.724).
- SAP de Navarra (Sección 1.ª) de 27 de julio de 1994.
- SAP de Vizcaya (Sección 4.ª) 995/1999, de 4 de noviembre de 1999.
- SAP de Barcelona (Sección 15.ª) 283/2004, de 2 de junio de 2004 (TOL468.196).
- SAP de Las Palmas (Sección 3.ª) 389/2006, de 16 de octubre de 2006 (TOL1.027.199).
- SAP de Barcelona (Sección 15.ª) 161/2008, de 5 de mayo de 2008 (TOL1.373.798).

- SAP de Barcelona (Sección 14.ª) 141/2011, de 23 de marzo de 2011 (TOL2.180.283).
- SAP de Valencia (Sección 9.ª) 68/2014 de 27 de febrero de 2014 (TOL4.294.291).
- Sentencia del Juzgado de lo Mercantil n.º 1 de Zaragoza, de 30 de enero de 2009 (TOL4.431.428).
- Auto del Juzgado de lo Mercantil n.º 2 de Pontevedra, de 10 de noviembre de 2008 (TOL6.996.398).

2. RESOLUCIONES ADMINISTRATIVAS

2.1. Resoluciones de la Dirección General de los Registros y el Notariado:

- RDGRN de 30 de junio de 1993 (TOL273.974).

- RDGRN de 20 de febrero de 1995 (TOL223.396).
- RDGRN de 18 de febrero de 1998 (TOL132.449).
- RDGRN de 22 de marzo de 2002 (TOL228.558).
- RDGRN de 10 de diciembre de 2008 (TOL1.444.953).
- RDGRN de 26 de mayo de 2009 (TOL1.538.821).
- RDGRN de 16 de septiembre de 2009 (TOL1.629.914).
- RDGRN de 2 de febrero de 2011 (TOL2.059.673).
- RDGRN de 16 de marzo de 2011 (TOL2.075.935).
- RDGRN de 20 de septiembre de 2011 (TOL2.254.249).
- RDGRN de 13 de octubre de 2011 (TOL2.288.684).
- RDGRN de 6 de abril de 2013 (TOL3.671.024).

- RDGRN de 27 de mayo de 2013 (TOL3.785.897).
- RDGRN de 3 de octubre de 2013 (TOL3.999.070).
- RDGRN de 10 de abril de 2014 (TOL4.277.895).
- RDGRN de 21 de abril de 2014 (TOL4.357.883).
- RDGRN de 8 de mayo de 2014 (TOL4.422.347).
- RDGRN de 9 de mayo de 2014 (TOL4.422.355).
- RDGRN de 21 de octubre 2014 (TOL4.542.465).
- RDGRN de 5 de noviembre de 2014 (TOL4.557.675).
- RDGR de 19 de enero de 2015 (TOL4.751.027).
- RDGRN de 9 de abril de 2015 (TOL4.895.697).
- RDGRN de 24 de abril de 2015 (TOL5.167.765).
- RDGRN de 21 de octubre de 2015 (TOL5.555.223).
- RDGRN de 6 de julio de 2016 (TOL5.806.681).

2.2. Consultas del Instituto de Contabilidad y Auditoría de Cuentas:

- Consulta 2 BOICAC n.º 12, de marzo de 1993.
- Consulta 7 BOICAC n.º 12 de marzo de 1993.
- Consulta 7 BOICAC n.º 37 de marzo de 1999.
- Consulta 1 BOICAC n.º 60 de diciembre de 2004.
- Consulta 1 BOICAC n.º 73 de marzo de 2008.
- Consulta 1 BOICAC n.º 75 de septiembre de 2008.
- Consulta 8 BOICAC n.º 80 de diciembre de 2009.

— Consulta 13 BOICAC n.º 85 de marzo de 2011.
— Consulta 3 BOICAC n.º 89 de marzo de 2012.
— Consulta 3 BOICAC n.º 119 de septiembre de 2019.